gardez ! verlag

Maximilian Prinz zu Wied-Neuwied

Reise nach Brasilien
in den Jahren 1815 bis 1817

Reprint der Ausgabe aus dem Jahr 1820

Herausgegeben von Hermann Josef Roth

Erster Band

Gardez! Verlag
St. Augustin

Die Deutsche Bibliothek - CIP-Einheitsaufnahme

Wied, Maximilian /zu:
Reise nach Brasilien in den Jahren 1815 bis 1817 : Reprint
der 2-bändigen Ausgabe aus den Jahren 1820/21 / Maximilian Prinz zu
Wied-Neuwied. Hrsg.: Hermann Josef Roth. - Repr.. - Sankt Augustin :
Gardez!-Verl.
  ISBN 3-89796-026-5

Bd. 1. - Repr. der Ausg. von 1820. - 2001
  ISBN 3-89796-027-3

Abbildung Umschlag vorne: *Der Botocuden-Chef Kerengnatnuck mit seiner Familie*
Abbildung Umschlag hinten: *Brasilianische Jaeger*

© 2001 Michael Itschert, Gardez! Verlag
Meisenweg 2, D-53757 St. Augustin
Tel.: 0 22 41/34 37 10, Fax: 0 22 41/34 37 11
E-Mail: gardez@pobox.com
Internet: http://pobox.com/~gardez
Alle Rechte vorbehalten.

Printed in Germany.
ISBN 3-89796-027-3 (Einzelband)
ISBN 3-89796-026-5 (Gesamtwerk)

INHALT

VORWORT DES HERAUSGEBERS

„Maximilian Prinz zu Wied-Neuwied gehört zu den bedeutendsten Persönlichkeiten, die in der ersten Hälfte des 19. Jahrhunderts an der wissenschaftlichen Erschließung des amerikanischen Kontinents beteiligt waren," urteilt Dr. Renate Löschner vom Ibero-amerikanischen Institut in Berlin. „Unter den Forschungsreisenden seiner Zeit sichern Maximilian seine Reisewerke eine wichtige Stelle. Als Zoologe und Ethnograph steht er in vorderster Reihe," stellt Prof. Dr. Dorothea Kuhn von der Brasilien-Bibliothek der Robert-Bosch-Stiftung in Stuttgart fest. Beide Experten bestätigen, was vor Ihnen Persönlichkeiten wie Johann Wolfgang von Goethe und Alexander von Humboldt bereits erkannt haben.

Und dennoch hat ausgerechnet der Bericht Maximilians über die bahnbrechende Reise durch Brasilien seit über 170 Jahren weder eine Neuauflage noch wenigstens einen Nachdruck in deutscher Sprache erlebt. Während die „Reise in das innere Nordamerika in den Jahren 1832-1834" immerhin 1978 in verkleinertem Maßstab nachgedruckt worden ist, liegt von der Brasilienreise auf Deutsch lediglich ein längerer Auszug vor, der 1978 in Leipzig erschien. Die 500-Jahrfeier der „Entdeckung" Brasiliens (24. April 1500) lieferte schließlich den letzten Anstoß, endlich einen Reprint des brasilianischen Reisewerkes zu wagen.

Der ungekürzte Nachdruck erfolgt im Maßstab 1:1. Nur die Vignetten mussten aus technischen Gründen geringfügig verkleinert werden (auf 95 %). Als Vorlage dienten Exemplare des Originalwerkes aus Privatbesitz. Ein Anhang mit Biographie, Glossar und Literaturhinweisen soll den Zugang zu dem alten und doch so spannenden Text erleichtern.

Das ehrenamtlich betreute Projekt war nur mit fremder Hilfe realisierbar. An erster Stelle zu nennen ist die Stiftung Rheinland-Pfalz für Kultur, die durch Zuschüsse die Dokumentation und Präsentation sowohl der wiedischen Leistungen (1995) als auch des rheinischen Beitrages insgesamt zur Erschließung Brasiliens (2000) erst ermöglicht hat.

Der Herausgeber dankt ferner dem Landkreis Neuwied und insbesondere Herrn Landrat Rainer Kaul, dem Leiter des Kreismuseums Neuwied, Herrn Bernd Willscheid, sowie Frau Rechtsanwältin M. Charlotte Fichtl-Hilgers, Neuwied. Große Ermutigung bedeutete die Unterstützung des fürstlichen Hauses zu Wied und dessen Archivars, Herrn Dr. Hans-Jürgen Krüger. Insbesondere Seine Durchlaucht Friedrich Wilhelm Fürst zu Wied († 28. August 2000) hat bis zuletzt das Projekt wohlwollend begleitet. Die Deutsch-Brasilianische Gesellschaft e.V., Bonn, warb erfolgreich für das Projekt. Mit dem Gardez! Verlag konnte ein fachkundiges Unternehmen für Lektorat, Produktion und Vertrieb gewonnen werden. Sachliche Kritik und sonstige Anregungen werden gerne entgegengenommen. Die Forschung muss weitergehen, ganz im Sinne von Maximilian Prinz zu Wied.

Köln/Montabaur am 23. September 2000   Hermann Josef Roth

Reise

nach

Brasilien

in den Jahren 1815 bis 1817

von

MAXIMILIAN
Prinz zu Wied-Neuwied.

Mit zwei und zwanzig Kupfern, neunzehn Vignetten und drei Karten.

Erster Band.

Frankfurt a. M. 1820.

Gedruckt und verlegt bei Heinrich Ludwig Brönner.

Reise nach Brasilien.

Erster Band.

Erster bis Eilfter Abschnitt.

Subscribenten-Verzeichnifs.

A a r a u.

	Exempl. Imp. Roy.

Durch Herrn Buchhändler H. R. Sauerländer daselbst	»	1
unterzeichnete:		
Ihro Kaiserl. Hoheit, die Frau Grosfürstin Paulowna, Prinzessin von Sachsen-Coburg, in Elfenau bei Bern	1	»
Herr Thomas Beuther, Negt. in Lindau	»	1
» Blumer, Chorrichter in der Wiese in Glarus	»	1
Son Altefse Mons. le Duc de Dalberg, Ambafsadeur de Sa. Maj. le Roi de France, à Turin	»	1
Herr Deloséa, Amtsschreiber in Murten	»	1
» Egloff, im grofsen Stadthof in Baden	»	1
» Prof. Jos. Eiselein in Donau-Eschingen, für die fürstliche Bibliothek daselbst .	1	»
» Hans Conrad Efslinger in Zürich	»	1
» Doctor Med. Hagenbach in Basel	»	1
Se. Hochwürden, Herr P. Xaver Hecht, Grofs-Keller im Kloster St. Urban	1	»
Herr Hunzicker-Frey in Aarau	1	»
» Hurter, Conrector und Professor in Schaffhausen	»	1
» Professor Fr. Meisner in Bern	1	2
» Graf Friedrich von Pourtales, in Greng bei Neuenburg	»	1
» Domherr von Roll in Constanz	»	1
» J. R. Ryhiner, auf dem Ebenrain bei Sifsach, Canton Basel	»	1
Die Stadt-Bibliothek in Solothurn	»	1
Se. Durchlaucht, der Fürst von Starhemberg, K. K. Oesterreich. Gesandter am Sardinischen Hofe, in Turin	»	1
Herr Bartholome Tschudy, Landesfähndrich in Ennenda, Cant. Glarus	1	»
» Doctor von Vicari, Official in Constanz	»	1
» Walchner, Oberamtmann in Rudolfzell	»	1

	Exempl.	Imp. Roy.
Se. Excellenz Herr Graf von Waldburg, Truchsefs, Königl. Preufs. Gesandter am Sardinischen Hofe, in Turin	1	»
Herr Dietrich von Zollikofer von Altenklingen in St. Gallen	»	2
» Doctor Zollikofer, Appellations-Rath in St. Gallen	»	1

Altenburg.

Durch die Schnuphasische Buchhandlung daselbst unterzeichnete:

	Exempl.	Imp. Roy.
Die Herzogliche Cammer in Altenburg	1	»
Herr Gottlob Germar, Kauf- und Handelsherr in Glauchau in Sachsen	»	1
» Geheime Rath von Hardenberg, in Altenburg	1	»
» Doctor Schnuphase in Altenburg	»	1

Altona.

Durch Herrn Buchhändler Karl Busch daselbst . . . . » 1

unterzeichnete:

	Exempl.	Imp. Roy.
Herr Kaufmann J. M. F. Köhler daselbst	»	1
» Doctor L. Steinheim daselbst	»	1
» Buchhändler Timmermann in Augustenburg	»	1
Demoiselle J. Willink in Altona	1	»

Amsterdam.

	Exempl.	Imp. Roy.
Herr Buchhändler C. G. Sülpke, daselbst	»	4
Durch die Herren F. Müller et Comp., Buchhändler daselbst	»	3

unterzeichneten:

	Exempl.	Imp. Roy.
Ihro Königl. Hoheit, die verwittwete FRAU HERZOGIN VON BRAUNSCHWEIG-LÜNEBURG, geborne Prinzessin von Nassau-Oranien, im Haag	»	1
Herr Baron Fagel, Bothschafter Sr. Maj. des Königs der Niederlande in London	1	»
» Geheimer Regierungsrath E. W. Hoffmann, im Haag	»	1
» J. W. Huyfsen van Kattendyke, Kammerherr Ihro K. H. der verwittweten Frau Herzogin von Braunschweig-Lüneburg im Haag	»	1
» K. F. Kalkmann, in Baltimore in Nord-Amerika	1	»
Frau Wittwe A. Loosjes, P. Z. Buchhändler in Haarlem	»	1
Herr E. Maritz in Amsterdam	»	1
» M. van Marum, Director von Teylers Museum in Haarlem	1	»
» G. Müller in Amsterdam	1	»
» A. C. W. Münter, Rath der Stadt Amsterdam	1	»
» G. Voorhelm Schneevoogt, in Haarlem	»	1
» Gerhard Schumacher, in Crefeld	»	1
» J. Steengracht van Ost-Capelle, Director der Niederländischen Gemälde-Gallerie im Haag	1	»

B e r l i n.

Exempl.
Imp. Roy.

Durch die Herren Haude und Spener, Buchhändler daselbst
unterzeichneten:

	Exempl.	Imp. Roy.
Se. Majestät der König von Preussen . . . . ₁ Exemplar mit color. Kupfern	1	1
Se. Königl. Hoheit der Kronprinz von Preussen	1	1
Se. Königl. Hoheit der Prinz Wilhelm von Preussen, Sohn Sr. M. des Königs	1	»
Se. Königl. Hoheit der Prinz Carl von Preussen	»	1
Se. Königl. Hoheit der Prinz Friedrich von Preussen	1	»
Se. Königl. Hoheit der Prinz Wilhelm von Preussen, Bruder Sr. M. des Königs	1	»
Se. Königl. Hoheit der Herzog von Cumberland	1	»
Ihro Königl. Hoheit die Frau Herzogin von Cumberland	1	»
Se. Durchl. Herr Fürst zu Sayn-und Wittgenstein, Königl. Staatsminister	»	1
Se. Excellenz Herr Graf von Bernstorff, Königl. Staats- und Cabinets-Minister . .	»	1
Se. Excellenz Herr Freyherr von Altenstein, Königl. Staats-Minister	»	1
Se. Excellenz Herr von Schuckmann, Königl. Staats-Minister	»	1
Se. Excellenz Herr Graf von Gneisenau, General der Infanterie	»	1

Durch Herrn Buchhändler G. Reimer in Berlin unterzeichnete:

	Exempl.	Imp. Roy.
Se. Königl. Hoheit der Prinz August von Preussen	1	»

Durch Herrn Buchhändler C. F. Amelang in Berlin unterzeichnete:

	Exempl.	Imp. Roy.
Herr Banquier Beneke in Berlin	»	1
Son Excellence Mons. le Marquis de Bonnay, Pair de France et Ministre de Sa Maj. très-chrétienne, près la Cour de Prusse	»	1
Herr von Deter, Landrath zu Neu-Salz in Schlesien	»	1
» Baron von Heeckèren-d'Enghuizen, Kammerherr und Legations-Secretair bey der Niederländischen Gesandschaft in Berlin	1	»
Se. Excellenz Herr Lobo da Sylveira, Edelmann des Königl. Hauses etc. etc., ausserordentlicher Gesandte und bevollmächtigter Minister des Portugiesischen Hofes .	1	»
Se. Excellenz Herr Baron von Perponcher, Königl. Niederl. General-Lieutenant und Gesandter am Königl. Preuss. Hofe	1	»
Herr Graf von Poninski, ehemaliger Präfect des Posener Departements	»	1
Die Regierungs-Bibliothek in Danzig	1	»
Herr David Schickler, Banquier in Berlin	»	1
Gräfin von Schmettau in Berlin	»	1
Herr Esaias Senff, Banquier in Conitz	»	1

Durch Herrn Buchhändler F. Dümmler in Berlin . . . . 1 · 5
unterzeichnete:

	Exempl.	Imp. Roy.
Herr Graf von Itzenplitz in Berlin	»	1
» Lichtenstein, Professor an der Universität zu Berlin	»	1

	Exempl.	
	Imp.	Roy.
Durch die Herren Dunker und Humblot, Buchhändler in Berlin	»	2
unterzeichneten:		
Herr Graf von Brühl, Kammerherr Sr. Maj. des Königs von Preussen, General-Intendant der Königl. Schauspiele	»	1
» Graf von Puttbus	»	1
Die Königl. Preuss. Ober-Bau-Deputation in Berlin	»	1
Die Königl. Preuss. Bergwerks-Bibliothek	»	1
Durch Herrn Buchhändler Th. J. C. F. Enslin in Berlin	1	»
unterzeichnete:		
Die Bibliothek des zweiten Bataillons des 24sten Königl. Preuſs. Infanterie-Regiments	»	1
Durch die Maurer'sche Buchhandlung in Berlin	»	1
unterzeichnete:		
Herr Landrath von Marwitz in Stargardt	»	1
» Factor Müller in Stettin	»	1
Durch Herrn Buchhändler E. S. Mittler in Berlin	1	2
unterzeichnete:		
Herr Regierungsrath Contius in Stettin	»	1
» von Meyerink, Rittmeister a. D. in Grünberg	»	1
Die Regierung in Potsdam	1	»
Herr von Wedell, Capitain auf Malchow	»	1
Durch die Nauck'sche Buchhandlung in Berlin unterzeichnete:		
Die Königl. Regierungs-Bibliothek zu Marienwerder	»	1
Die Akademische Buchhandlung in Berlin	»	1
Die C. G. Flittner'sche Buchhandlung daselbst	»	1
Herr Buchhändler Aug. Mylius daselbst	1	4
Die Nicolaische Buchhandlung daselbst	1	2
Herr Buchhändler August Rücker daselbst	»	3
» Buchhändler C. A. Stuhr daselbst	»	1

Bonn.

	Imp.	Roy.
Herr Buchhändler A. Marcus in Bonn	»	4
Durch Herrn Buchhändler Weber daselbst unterzeichnete:		
Königl. Ober-Berg-Amt daselbst	»	1
» Universitäts-Bibliothek daselbst	»	1
Herr Ernst zur Lippe	»	1

Braunschweig.

	Imp.	Roy.
Herr Buchhändler Lucius daselbst	»	3

Exempl.
Imp. Roy.

Durch Herrn Buchhändler Fr. Vieweg in Braunschweig 1   3
    unterzeichnete:

Se. Durchlaucht der HERZOG AUGUST VON BRAUNSCHWEIG-LÜNEBURG 1   »
Se. Durchlaucht der HERZOG CARL VON BRAUNSCHWEIG-LÜNEBURG 1   »
Se. Durchlaucht der HERZOG WILHELM VON BRAUNSCHWEIG-LÜNEBURG 1   »
Herr General-Lieutenant von Bernewitz .... »   1
 » Geheime Legations-Rath von Breymann .... »   1
 » Hofrath Emperius .... »   1
 » Obrist-Lieutenant von Eschwege .... »   1
 » Carl Dietrich Löbbecke .... »   1
 » Graf von Oberg auf Duttenstedt .... »   1
 » Franz Rönckendorff, in Braunschweig 1   »
 » Graf von der Schulenburg-Wolffsburg 1   »
 » Freyherr von Spiegel 1   »
 » Ober-Appellations-Rath von Strombeck .... »   1
 » Ober-Stallmeister von Thielau .... »   1
 » Graf von Veltheim auf Harbke 1   »
Frau Majorin von Vinke zu Dameron .... »   1

Bremen.

Durch Herrn Buchhändler J. G. Heyse daselbst unterzeichnete:
Das Museum daselbst .... »   1
Die Union daselbst .... »   1
Durch Herrn Buchhändler Wilhelm Kaiser in Bremen unterzeichnete:
Se. Herz. Durchl. der ERBPRINZ VON HOLSTEIN-OLDENBURG, in Oldenburg 1   »
Herr Dr. A. von Gröning, in Bremen .... »   1
 » Albrecht Heinrich Hoffmeyer, in Oldenburg 1   »
Das Museum in Bremen .... »   1
Herr Professor Ricklefs, in Oldenburg .... »   1
 » Amtmann Schwartz, in Elsfleth .... »   1

Breslau.

Herr Buchhändler Joh. Friedr. Korn der Aeltere, daselbst .... »   6
Durch Herrn Buchhändler Wilh. Gottl. Korn in Breslau 1   2
    unterzeichnete:
Ihro Königl. Hoheit, die FRAU HERZOGIN LOUISE VON WÜRTEMBERG ... »   1
Ihro Königl. Hoheit die PRINZESSIN MATHILDE VON WÜRTEMBERG ..... »   1
Se. Durchlaucht der FÜRST LICHNOWSKY 1   »
Se. Durchl. der PRINZ BIRON VON CURLAND, Königl. Preuss. General-Lieutenant

1 Exemplar mit color. Kupfern

	Exempl.
	Imp. Roy.

Franz Joseph, Graf und Herr von Zierotin, K. K. Oesterr. Kammerherr	1	»
Frau Gräfin Magni, geb. Gräfin Götzen auf Eckersdorff	»	1
Die Bibliothek des Königl. Preuss. hochlöbl. ersten Schlesischen Schützen-Bataillons	»	1
Herr Kaufmann F. G. Grosse	»	1
Der Journal-Cirkel des Königl. Preuss. hochlöbl. ersten Schlesischen Cürassier-		
Regiments Prinz Friedrich von Preussen	»	1
Herr Bibliothekar Kluge	»	1
» Kaufmann Carl August Köpke	»	1
» Graf Matuschka auf Pitschen	»	1
» von Mielecki, Ober-Berg-Rath in Waldenburg	»	1
» General-Major von Miltitz	»	1
Fräulein Sophie von Montbach	1	»
Herr von Poser und Nedlitz, Königl. Kammerherr auf Draschkau	»	1
Hochlöblich Königliche Regierungs-Bibliothek	»	1
Herr Commandantur-Secretair Riewe, in Cosel	»	1
» Major von Rothkirch	»	1
» J. E. Scholtz, Buchbinder in Landshut	1	1
» Inspector von Seidlitz in Gnadenfrei	»	1
Frau von Tschirschky auf Schlantz	»	1
Hochlöbliche Universitäts-Bibliothek zu Cracau	»	1
Durch die Herren Max et Comp., Buchhändler in Breslau unterzeichnete:		
Herr Doctor Elbers daselbst	»	1

Carlsruhe.

Durch Herrn Buchhändler Braun daselbst unterzeichnete:		
IHRO MAJESTÄT DIE KÖNIGIN VON SCHWEDEN	»	1
Se. Hoheit der Herr MARKGRAF LEOPOLD VON BADEN	»	1
Ihro Hoheit die Frau MARKGRÄFIN AMALIE VON BADEN	»	1
Se. Durchlaucht der regierende FÜRST VON FÜRSTENBERG	1	»
Se. Excellenz Herr Staats-Minister Freyherr von Berstett in Carlsruhe	»	1
» » Herr General-Lieutenant und Präsident des Kriegsministerii, von Schäffer	»	1
Herr Hof-Banquier Haber in Carlsruhe	»	1
» Chr. Meerwein daselbst	»	1
» Roth, Grofsherzogl. Badischer Forst-Practicant	»	1

Coblenz.

Herr Buchhändler Hölscher daselbst	»	1
Durch Herrn Post-Secretair Falkenberg daselbst unterzeichnete:		
Se. Durchlaucht der FÜRST von der LEYEN, zu Gondorff	»	1

Se. Durchlaucht der PRINZ LOUIS zu HESSEN-HOMBURG, in Luxemburg . . » 1

Se. Excellenz Herr General-Lieutenant von Hacke, in Coblenz . . . . » 1

Herr General-Major und Divisions-Commandeur von Lobenthal, in Magdeburg . . » 1

» Postmeister Michaelis in Reichenbach in Schlesien . . . . » 1

C o b u r g.

Durch die Herren J. T. Meusel et Sohn, Buchhändler daselbst unterzeichnete:

Die Herzogl. Sachsen-Coburgische Stadt-Bibliothek . . . . » 1

C ö l l n.

Herr Buchhändler H. Rommerskirchen daselbst . . . . » 1

Durch Herrn Buchhändler J. P. Bachem daselbst unterzeichnete:

Herr Geheime Ober-Revisions-Rath Bölling in Cölln . . . . 1 »

» Assessor B r e w e r daselbst. . . . . » 1

» Friedensrichter E s s e r daselbst . . . . 1 »

» Canzley-Director Kiesling daselbst . . . . 1 »

» Regierungs-Secretair Klenze daselbst . . . . » 1

» Conr. Jac. Moll daselbst. . . . . 1 »

Durch Herrn Buchhändler Du Mont-Schauberg in Cölln . . . . » 1

unterzeichnete:

Herr Post-Secretair Aldenhoven in Gladbach . . . . » 1

C o p e n h a g e n.

Durch Herrn Buchhändler Fr. Brummer in Copenhagen . . . . » 4

unterzeichnete:

SE. MAJESTÄT FRIEDRICH VI. KÖNIG VON DÄNEMARCK. . . . . 2 »

Die Gyldendalsche Buchhandlung in Copenhagen 1 1

D a r m s t a d t.

Durch die Herren Heyer et Leske, Buchhändler daselbst . . . . » 1

unterzeichneten:

Ihro Königliche Hoheit die FRAU GROSHERZOGIN VON HESSEN 1 2

Se. Hoheit der GROSS- und ERBPRINZ VON HESSEN . . . . 2 »

Ihro Hoheit die FRAU GROSS- und ERBPRINZESSIN VON HESSEN . . . . . » 1

Se. Hochfürstl. Durchlaucht der LANDGRAF CHRISTIAN VON HESSEN . . 1 »

Se. Durchlaucht der PRINZ VON WITTGENSTEIN-BERLEBURG . . . . » 1

Se. Hochgräfliche Erlaucht Herr Graf von Erbach-Schönberg, zu Schönberg. . . 1 »

Madame Canalli Borgnis . . . . » 1

Herr Carl Netz, Kaufmann in Darmstadt . . . . » 1

» Inspector Stuber in Rheinheim . . . . » 1

Exempl.
Imp. Roy.

D r e s d e n.

Durch die Arnoldische Buchhandlung daselbst . . . . » 4
    u n t e r z e i c h n e t e :
Herr Friedrich Graf Kalkreuth in Dresden . . . . » 1
  » Major von Olsufieff auf Niederpoyritz . . . . » 1
Frau Geheime Räthin Freifrau von Palm, geb. von Schacht auf Lauterbach . . . . » 1
Herr Fr. Rudolph Peyer, Kauf- und Handelsherr in Dresden . . . . » 1
Ihro Erlaucht die Frau Gräfin von Schall in Dresden . . . . » 1
Herrn Joh. Friedr. Schmidts seel. Erben Leih-Bibliothek daselbst . . . . » 1
Herr Joh. Aug. Theodor Vaupel, Candidat des Prediger-Amts daselbst . . . . . . » 1
Durch die Walthersche Hofbuchhandlung in Dresden . . . . » 1
    u n t e r z e i c h n e t e :
Die Königliche Bibliothek daselbst . . . . » 1
Herr Hofrath Franz daselbst . . . . » 1

D ü s s e l d o r f.

Durch Herrn Kaufmann J. W. Reitz daselbst 1 3
    u n t e r z e i c h n e t e :
Se. Durchlaucht der Fürst von Salm-Krautheim in Düsseldorf . . . . 1 »
Die Königl. Bibliothek in Düsseldorf . . . . » 1
Herr Breitenbach daselbst . . . . » 1
  » A. Matthieu, Königl. Preuss. Domainen-Inspector in Coblenz . . . . » 1
  » Carl Mumm, Weinhändler in Cölln . . . . » 1
  » Wilh. Osterroth, Kaufmann in Barmen . . . . » 1
  » Scheidtmann, Königl. Preuss. Ober-Amtmann in Meurs . . . . » 1
  » Carl Schöller, Doctor der Philosophie in Düsseldorf . . . . » 1

E i s e n a c h.

Herr Buchhändler Joh. Friedr. Bärecke daselbst . . . . » 1

E l b e r f e l d.

Durch Herrn Buchhändler Heinrich Büschler daselbst u n t e r z e i c h n e t e : . . . . . . » 2
Herr Heinrich Kamp in Elberfeld . . . . 1 »
  » Jacob Platzhoff daselbst . . . . » 1
  » P. von Roth daselbst . . . . 1 »
Durch Herrn Buchhändler Schaub daselbst u n t e r z e i c h n e t e :
Herr Friedr. Tönnies in der Oede . . . . » 1

E r l a n g e n.

Die Herren Buchhändler Palm und Enke daselbst . . . . » 1

E s s e n.

Durch Herrn Buchhändler G. D. Bädecker daselbst u n t e r z e i c h n e t e : . . . . 1 »
Se. Excellenz Herr Minister, Graf von Nesselrode-Reichenstein zu Herten . . 1 »

**

	Exempl.	
	Imp.	Roy.
Se. Excellenz Herr Graf Reinhard, Königl. Franz. Staatsrath und bevollm. Minister	»	1
Herr von Riedesel auf Altenburg	»	1
Frau von Riedesel zu Neuenhoff bey Eisenach	»	1
Herr Carl von Rothschild in Frankfurt	»	1
Ihro Erlaucht die verwittwete Frau Gräfin Caroline von Rüdenhausen, geb. Gräfin von Voſs	»	1
Herr J. M. Sarasin in Frankfurt	»	1
» Georg Schepeler daselbst	»	1
» Amtmann M. Schilgen in Vörden im Osnabrückschen	»	1
Herr Joh. Jacob Friedr. Schmid in Frankfurt	»	1
» Joh. Friedr. Schmidt daselbst	»	1
» Dr. Schwenck in Lich in der Wetterau	»	1
Ihro Erlaucht die verwittwete Frau Gräfin von Solms-Laubach in Utphe	»	1
Die löbl. Stadtbibliothek in Frankfurt	1	»
Herr Johann Stern daselbst	»	1
Frau von Steigentesch, geborne von Hopffer in Hannover	1	»
Se. Excellenz Herr Minister Freyherr von Stein in Nassau	1	»
Se. Erlaucht Herr Graf Christian von Stollberg-Roſsla	»	1
Herr Jacob Sturm in Nürnberg	»	1
» Hofrath Thomas in Stuttgard	»	1
» Alex. Freyherr von Vrints-Berberich, K. K. Oesterr. Kammerherr, Fürstl. Thurn und Taxischer geheimer Rath und General-Postdirector in Frankfurt	1	»
Se. Excellenz Herr Staatsminister Freyherr von Wangenheim	»	1
Herr Wilh. Wecke in Frankfurt	»	1
Se. Excellenz Herr Freyherr von Wessenberg, K. K. wirkl. geh. Rath und Staatsminister	»	1
Monsieur le comte Woronzow	1	»
Freyfrau von Zwierlein, geb. Freyin von Nordeck zur Rabenau in Stammheim	»	1

Durch die Herrmannsche Buchhandlung daselbst unterzeichnete:

Se. Erlaucht der regierende Graf zu Isenburg und Büdingen	»	1
Se. Erlaucht der regierende Graf zu Solms-Rödelheim	»	1
Das Königl. Preuſs. Bergamt in Saarbrücken	»	1
Herr Universitäts-Secretair Doctor Biecheler in Freyburg im Breisgau	»	1
» Stadt-Director Schnetzler daselbst	»	1

Die Andreä'sche Buchhandlung in Frankfurt	1	3
Herr Wilhelm Eichenberg daselbst	»	1
Die Schäfersche Buchhandlung daselbst	»	5

G i e s s e n.

Durch Herrn Buchhändler G. F. Heyer daselbst . . . . »   1

unterzeichnete:

Se. Erlaucht der Graf von Isenburg-Philippseich   1   »

Herr Professor Wilbrandt in Gießen . . . . »   1

G ö t t i n g e n.

Die Herren Vandenhoeck und Ruprecht, Buchhändler in Göttingen . . . . »   1

Durch die Dieterich'sche Buchhandlung daselbst . . . . »   1

unterzeichneten:

Herr Hüllesheim, Königl. Preuſs. Consul in Emden   1   »

G o t h a.

Herr Buchhändler Gläser daselbst . . . . »   1

Durch die Beckersche Buchhandlung daselbst unterzeichnete:

»   Postmeister C. F. Becker daselbst . . . . »   1

G r ä t z.

Herr Buchhändler Ferstl daselbst . . . . »   2

G r e i f s w a l d e.

Herr Buchhändler Mauritius daselbst . . . . »   1

H a l b e r s t a d t.

Die Vogler'sche Buch- und Kunsthandlung daselbst   1   1

H a l l e.

Durch die Herren Hemmerde und Schwetschke, Buchhändler daselbst . . . . »   2

unterzeichneten:

Die Königl. Universitäts-Bibliothek daselbst . . . . »   1

Die Herzogl. Bibliothek in Ballenstedt   1   »

Herr Professor Dr. Dzondi in Halle . . . . »   1

H a m b u r g.

Herr Buchhändler J. G. Herold daselbst . . . . »   1

Die Herren Hoffmann und Campe, Buchhändler daselbst   5   6

Durch die Herren Perthes und Besser, Buchhändler daselbst. 1 Exemplar mit color. Kupfern   6   22

unterzeichneten:

Se. Königl. Hoheit der Grosherzog von Oldenburg . . . . 1 Exemplar mit color. Kupfern.

Se. Durchlaucht der Landgraf von Hessen, Statthalter der Herzogthümer

Schleſswig und Holstein   1   »

Se. Durchlaucht der Herzog von Holstein-Beck, Königl. Dänischer General

in Schleswig . . . . »   1

	Imp.	Roy.
Se. Excellenz der Herr Graf von Bernstorff auf Drey Lützow	»	1
Se. Excellenz der Herr General-Lieutenant Graf von Blome, Dänischer Gesandter in Petersburg	1	»
Se. Excellenz der Herr Graf von Grote, Kön. Preufs. aufserordentl. Abgesandter und bevollm. Minister an den Höfen Hannover, Mecklenburg etc.	»	1

H a m m.

	Imp.	Roy.
Die Herren Schultz und Wundermann, Buchhändler daselbst	1	1

H a n n o v e r.

Durch die Herren Gebrüder Hahn, Buchhändler daselbst unterzeichnete:

	Imp.	Roy.
Se. Königl. Hoheit der HERZOG VON CAMBRIDGE in Hannover	1	»
Ihro Hochfürstliche Durchlaucht die regierende FRAU FÜRSTIN PAULINE zur LIPPE in Detmold	1	»
Herr Domherr Freyherr von Brackel in Hildesheim	1	»
Fräulein Wilhelmine von dem Busche-Ippenburg in Ippenburg bey Osnabrück	»	1
Herr Postmeister Corsica in Osnabrück	1	»
Se. Excellenz der General von Drechsel in Hannover	1	»
Herr Cammerrath Flebbe daselbst	1	»
Die Naturhistorische ökonomische Gesellschaft daselbst	»	1
Herr Commerzienrath Hahn daselbst	»	1
Se. Excellenz der Herr General von Hake daselbst	»	1
Herr geheimer Legationsrath von Hinüber daselbst	1	»
» Domherr Graf Carl von Hönsbröck in Hildesheim	1	»
» Chef-Präsident Freyherr von der Horst in Münden	1	»
» Consistorialrath Kaufmann in Hannover	»	1
» Justiz-Commissair und Garnisons-Auditeur Klose in Emden	1	»
Die grofse gemeinnützige Lese-Gesellschaft in Hannover	»	1
Das neue Lese-Institut in Celle	1	»
Herr Canonicus Lüdgers in Hildesheim	1	»
Se. Excellenz der Erb-Marschall und Staatsminister Graf von Münster in Hannover	»	1
Herr Oberforstmeister und Obrist-Lieutenant Graf von Münster in Osnabrück	»	1
Frau Gräfin Caroline zu Schaumburg-Lippe in Bückeburg	»	1
Herr Justiz-Commissair Schnedermann in Leer	»	1
» Graf Andreas von Stolberg in Söder	1	»
» Hof- und Canzleyrath von Werlhof in Hannover	»	1

Durch die Helwingsche Hof-Buchhandlung daselbst unterzeichnete:

	Imp.	Roy.
Herr Landrentmeister Blum in Hildesheim	»	1
Frau Hofräthin Heiliger in Hannover	»	1

Exempl.
Imp. Roy.

L e m g o.

Durch die Meyersche Hof-Buchhandlung daselbst unterzeichnete:
Se. Durchlaucht der regierende Fürst zu Schaumburg-Lippe in Bückeburg   1   »
Herr geheime Rath Baron von Hohenhausen und Hochhaus, Primat und Prior
   des ritterl. Ordens-Vereins der Kreuzherrn vom heil. Grabe . . . .   »   1

L i n g e n.

Herr Buchhändler K. A. Jülicher daselbst   1   »

L i n z.

Durch Herrn Cajetan Haßlinger, Buchhändler daselbst . . . .   »   1
   unterzeichnete:
Die Löbl. Stiftsbibliothek in St. Florian bey Linz . . . .   »   1
Herr von Ehrenstein, Kaiserl. Königl. Rath und Fabrik-Direktor in Linz . . . . .   »   1

L o n d o n.

Herr Buchhändler R. Ackermann daselbst . . . .   »   1
Die Herren J. H. Bohte et Comp. Buchhändler daselbst   1   2

L ü n e b u r g.

Die Herren Herold und Wahlstab, Buchhändler daselbst . . . .   »   2

M a g d e b u r g.

Durch die Creutz'sche Buchhandlung daselbst . . . .   »   1
   unterzeichneten:
Der Hochlöbliche Magistrat daselbst . . . .   »   1
Herr Nathusius, Rittergutsbesitzer auf Althaldensleben bey Magdeburg . . . . . .   »   1
   » Carl Brüggemann daselbst . . . .   »   1
   » von Rüvill, Obristlieutenant in Neuhaldensleben . . . .   »   1
   » Justiz-Commissarius Sachse daselbst . . . .   »   1
   » Kaufmann Wolter in Gr. Salze . . . .   »   1

M a i n z.

Durch Herrn Buchhändler F. Kupferberg daselbst unterzeichnete:
Herr Baron von Strauch, K. K. Oesterreich. Gouverneur von Mainz . . . .   »   1
   » Ergänzungsrichter Hermes in Trier . . . .   »   1
Die Lesegesellschaft in Mainz . . . .   »   1
Die Stadt-Bibliothek daselbst . . . .   »   1

M a n n h e i m.

Die Herren Artaria und Fontaine daselbst   3   6
Herr Buchhändler Löffler daselbst . . . .   »   1

N e u w i e d.

Durch Herrn Hofrath Bernstein daselbst	1	»
unterzeichnete:		
Ihro Durchlaucht die verwittwete FRAU FÜRSTIN VON WIED-NEUWIED ..	1	»
Ihro Durchlaucht die PRINZESSIN LOUISE VON WIED-NEUWIED	1	»
Se. Durchlaucht der PRINZ CARL VON WIED-NEUWIED	»	1
Se. Durchlaucht der FÜRST VON SOLMS-BRAUNFELS	1	»
Se. Durchlaucht der FÜRST VON WITTGENSTEIN-BERLENBURG	»	1
Se. Durchlaucht der PRINZ CHRISTIAN VON WITTGENSTEIN-BERLENBURG .	»	1
Se. Durchlaucht der PRINZ FRANZ VON WITTGENSTEIN-BERLRENBURG ..	1	»
Se. Erlaucht Herr Lothar Graf von Eltz in Coblenz	1	»
Se. Erlaucht Herr Carl Ludwig Graf von Flemming daselbst	»	1
Herr Kammerdirektor Cäsar in Neuwied	»	1
» Joh. Wilh. Cäsar daselbst	»	1
» Premier-Lieutenant Eder daselbst	»	1
» Regierungsrath Hachenberg daselbst	»	1
» Christian Remy daselbst	»	1
» Edmund Freyherr von Schmitz-Grollenburg in Coblenz	»	1
Fräulein von Schacht in Neuwied...............	»	1
Herr Pastor Held in Rengsdorf	»	1

N ü r n b e r g.

Herr Carl Felsecker, Buchhändler daselbst	»	1
Die Herren Riegel und Wiefsner, Buchhändler daselbst	»	1
Durch die Raspe'sche Buchhandlung daselbst unterzeichnete:		
Herr Georgy in Leipzig	1	»

O l d e n b u r g.

Herr Buchhändler Schulze daselbst	»	1

P a d e r b o r n.

Durch Herrn Buchhändler Wefener daselbst unterzeichnete:		
Herr Premier-Lieutenant Freyherr von Brenken auf Ertbearnburg	»	1

P e s t h.

Durch Herrn Buchhändler Hartleben daselbst	»	1
unterzeichnete:		
Se. Erlaucht Herr Graf Carl Szecsen, K. K. Oberst-Lieutenant	»	1
Durch Herrn Buchhändler Kilian daselbst	»	1
unterzeichnete:		
Se. Erlaucht Herr Graf Joh. Casimir Esterhazy de Galantha	1	»
Herr Baron Joseph Pronay de Toth Prona	1	»
» Anton von John, Königl. Hungar. Statthalterey-Rath	»	1

Exempl.
Imp. Roy.

Petersburg.

Durch Herrn Buch- und Musikhändler J. Brieff daselbst unterzeichnete:

Herr Sebastian Cramer daselbst. . . . . 1 »

» J. Jörs daselbst. . . . . 1 »

» J. N. Wettner daselbst . . . . 1 »

Potsdam.

Die Herren Buchhändler Horvath und Sohn daselbst . . . . » 2

Prag.

Herr Buchhändler W. Enders in Prag . . . . » 3

Durch die Calve'sche Buchhandlung daselbst unterzeichnete:

Se. Durchlaucht der Fürst Rudolph von Colloredo-Mannsfeld . . . . . 1 »

Ihro Durchlaucht die Frau Fürstin von Kinsky, geb. Reichsfreyin v. Kerpen » 1

Se. Durchlaucht der Prinz Wilhelm zu Bentheim, in Prag . . . . . . 1 »

Se. Erlaucht Herr Graf Christian von Clamm-Gallas. . . . . » 1

Se. Erlaucht Herr Graf Franz von Schlick . . . . » 1

Se. Erlaucht Herr Graf Carl Friedrich von Schönborn . . . . » 1

Se. Erlaucht Herr Graf Caspar von Sternberg . . . . » 1

Herr Leopold Edler von Lämmel, in Prag . . . . 1 »

» Heinrich Michelsky. . . . . » 1

Durch Herrn Buchhändler Wittmann daselbst » 1

unterzeichnete:

Die Kaiserl. Königl. Bibliothek daselbst . . . . » 1

Se. Erlaucht Herr Graf Leopold von Kaunitz, Gubernialrath daselbst . . . . » 1

Prenzlau.

Durch die Ragoczische Buchhandlung daselbst unterzeichnete:

Herr Ritterschafts-Direktor von Arnim auf Neuensum . . . . » 1

Quedlinburg.

Herr Buchhändler G. Basse daselbst . . . . » 1

Riga.

Durch die Herren Deubner und Treuy, Buchhändler daselbst, unterzeichnete:

Herr Ober-Pastor Dr. von Bergmann daselbst . . . . » 1

» Collegien-Assessor von Berner in Mitau . . . . » 1

» Collegien-Rath und Ritter von Bienenstamm daselbst . . . . » 1

» von Bienenstamm auf Privat-Mifshof . . . . » 1

» Professor Dr. Bilterling in Mitau . . . . » 1

» Collegien-Secretair von Feldmann daselbst . . . . » 1

Exempl.
Imp. Roy.

Die Gesellschaft der Ressource in Riga	»	1
Se. Erlaucht Herr Reichsgraf Carl von Medem, Curländischer Landes-Bevollmächtigter etc.	»	1
Herr Buchdrucker J. C. D. Müller in Riga	1	»
Das Museum in Mitau	»	1
Das Museum in Riga	»	1
Se. Excellenz Herr geheime Rath und Ritter von Offenberg in Mitau	»	1
Herr G. von Renngarten daselbst	»	1
» Landrichter von Samson in Dorpat	»	1
» Secretär Franz Schmid in Mitau	»	1
» Caspar David Schmidt in Pernau	»	1
» Aeltester Herrm. Schmidt in Riga	1	»
Die Universitäts-Bibliothek in Dorpat	»	1

Durch Herrn Buchhändler Hartmann in Riga unterzeichnete:

Herr Landrath von Liphart zu Rathshoff bey Dorpat	1	»

R o s t o c k.

Durch die Stillersche Hofbuchhandlung daselbst und in Schwerin unterzeichnete:

Se. Königl. Hoheit der regierende GROSHERZOG VON MECKLENBURG-SCHWERIN	»	1
Die Bibliothek der Mecklenburgischen Ritter und Landschaft	1	»
Herr von Blücher auf Poggelow	»	1
» Lieutenant Graumann in Schwerin	»	1
» Hofrath Holm daselbst	»	1
» Kürschner daselbst	»	1
» von Langen auf Klein-Belitz	»	1
» von Levetzow auf Sarmstorff	1	»
» Herr Justizrath von Maydel in Schwerin	»	1
» Kammerherr von Oertzen auf Gros-Vielen	»	1
» Canzlist Prange in Schwerin	»	1
Die Universitäts-Bibliothek in Rostock	»	1
Herr Kammerherr von Vofs auf Schwandt	»	1

R u d o l s t a d t.

Durch die Hofbuch- und Kunsthandlung daselbst unterzeichnete:

Ihro Durchlaucht die verwittwete FRAU FÜRSTIN CAROLINE VON SCHWARZBURG-RUDOLSTADT	»	1
Herr geheime Rath von Beulwitz in Rudolstadt	»	1
» Hofmarschall und Kammerpräsident Freyherr von Wurmb daselbst	»	1
Die Fürstliche Bibliothek daselbst	»	1

S c h l e s w i g.

Durch Herrn Buchhändler R. Koch daselbst . . . . » 1

unterzeichnete:

Herr Landschreiber Bahnsen auf Pellworm . . . . 1 »

S t r a l s u n d.

Durch Herrn Regierungsbuchhändler Carl Löffler daselbst unterzeichnete:

Se. Durchlaucht der Fürst Malte von Putbus zu Putbus . . . . » 1

Die Rathsbibliothek in Stralsund . . . . » 1

S t r a ſ s b u r g.

Die Herren Buchhändler Treuttel und Würtz daselbst 2 4

S t u t t g a r d.

Durch die Metzlersche Buchhandlung daselbst unterzeichnete:

Se. Majestät der König Wilhelm I. von Würtemberg . . . . » 1

Ihro Hoheit die Frau Fürstin von Colloredo in Sindlingen. . . . . » 1

Se. Excell. Herr Staatsminister und Groſskanzler Graf von Wintzingerode in Stuttgard » 1

Herr Kaufmann C. Beck in Tuttlingen. . . . . » 1

Die Königliche öffentliche Bibliothek . . . . » 1

Herr Bergrath von Bilfinger in Stuttgard. . . . . » 1

Se. Excellenz Herr General Graf von Bismarck in Eſslingen . . . . » 1

Herr Kaufmann Georg Dörtenbach in Stuttgard. . . . . » 1

» Baron von Ixküll der Aeltere in Ludwigsburg . . . . » 1

Das Museum in Stuttgard . . . . » 1

Herr Schönleber, Director der Königl. Tuchfabrik zu Ludwigsburg . . . . » 1

» Baron von Wagner in Stuttgard . . . . 1 »

» Präsident von Weckhrlin daselbst . . . . » 1

Herr F. C. Löfflund, Buchhändler daselbst. . . . . » 2

T r i e r.

Herr Buchhändler Linz daselbst 1 1

Herr Major von Baurmeister daselbst, für dortige Divisionsschule . . . . » 1

» Rittmeister von Seebach im 8ten Husarenregiment in Trier. . . . . » 1

Die Herren Gebrüder Stumm, Hütten-Eigenthümer zu Saarbrücken . . . . » 1

T ü b i n g e n.

Herr C. F. Osiander, Buchhändler in Tübingen . . . . » 2

Durch Herrn Buchhändler Laupp daselbst unterzeichnete:

Die Grempische Bibliothek daselbst . . . . 1 »

Herr Ober-Amtmann von Bühler in Schwäbisch-Hall . . . . » 1

U l m.

Herr Jacob Ebner, Buchhändler daselbst	1	»
Durch die Stettin'sche Buchhandlung daselbst unterzeichnete:		
Se. Durchlaucht der Fürst von Waldburg-Wolffegg	»	1
Se. Erlaucht Herr Graf von Maldeghem zu Nieder-Stotzingen	1	»
Se. Erlaucht Herr Graf von Waldbott-Bassenheim	»	1
Herr Freyherr von Bobenhausen auf Oberhart bey Memmingen	1	»
» Jos. von Reck auf Autenried bey Günzburg an der Dorfau	1	»
Die Lesegesellschaft in Ulm	»	1

W e i m a r.

Durch die Herren Gebrüder Hoffmann, Buchhändler daselbst unterzeichnete:		
Se. Königl. Hoheit der regierende Grosherzog von Sachsen-Weimar-Eisenach.	1	»
Ihro Königl. Hoheit die Frau Grosherzogin Louise von Sachsen-Weimar-Eisenach.	1	»
Das privilegirte Landes-Industrie-Comptoir in Weimar	»	1

W i e n.

Durch Herrn Buchhändler Ph. Jos. Schalbacher daselbst	1	»
unterzeichnete:		
Die Privat-Bibliothek Sr. Majestät des Kaisers Franz von Oesterreich	1	»
Inno Majestät die Durchlauchtigste Frau Erzherzogin Marie Louise, Herzogin von Parma, Piacenza und Guastalla	1	»
Se. Kaiserl. Königl. Hoheit der Erzherzog Ferdinand, Kronprinz von Oesterreich	1	»
Se. Königl. Hoheit Herzog Alexander zu Würtemberg	1	»
Se. Durchlaucht der Fürst von Clary in Wien	1	»
Se. Durchlaucht der Fürst Adam Czartorisky daselbst	1	»
Se. Durchlaucht der Fürst Paul Esterhazy, Kaiserl. Königl. Bothschafter am Königl. Grosbrittanischen Hofe	1	»
Se. Durchlaucht der regierende Fürst Nicolaus Esterhazy	1	»
Ihro Durchlaucht die Frau Fürstin Therese Jabloxowska	1	»
Se. Durchlaucht der Fürst Friedrich Lubomirski	1	»
Se Durchlaucht der Fürst Heinrich Lubomirsky	1	»
Se. Durchlaucht der Fürst von Metternich, K. K. Staats- Conferenz- und dirigirender Minister der auswärtigen Geschäfte	1	»
Se. Durchlaucht der Fürst Innoc. von Odescalchi	1	»
Se. Durchlaucht der Fürst Rasoumoffsky	1	»

| | Exempl. |
| | Imp. Roy. |

Herr J. A. Pilat, K. K. wirklicher Hofsecretair in Wien . . . . » 1

» J. B. Baron von Puthon . . . . 1 »

» Baron von Rückmann, Kaiserl. Russischer Legations-Secretair in Wien . . . . 1 »

» J. Schickh, Herausgeber der Wiener Zeitschrift . . . . » 1

» Franz Vogl in Steinschönau in Böhmen . . . . 2 »

Durch Herrn Buchhändler Beck in Wien unterzeichnete:

Se. Kaiserl. Königl. Hoheit der ERZHERZOG FRANZ VON OESTERREICH,
regierender Herzog von Modena . . . . 1 »

Se. Durchlaucht der souveraine FÜRST JOHANN VON LICHTENSTEIN . . . 1 »

Durch die Herren Schaumburg und Comp. Buchhändler in Wien 1 1
unterzeichnete:

Se. Kaiserl. Königl. Hoheit der ERZHERZOG FERDINAND, Grosherzog von
Toscana . . . . 1 »

Ihro Kaiserl. Hoheit die ERZHERZOGIN HENRIETTE . . . . 1 »

Se. Durchlaucht der FÜRST LICHNOWSKY . . . . 1 »

Se. Erlaucht der Herr Graf Ladislaus Festetics . . . . » 1

Durch die Carl Gerold'sche Buchhandlung in Wien 1 1
unterzeichnete:

Se. Excellenz Herr Graf Ludwig von Sarntheim in Wien. . . . . 1 »

Herr von Meisl . . . . 1 »

» Katechet Rainharter . . . . » 1

Durch Herrn Heubner, Buchhändler in Wien 3 2
unterzeichnete:

Se. Erlaucht Herr Ludwig Graf Messey Bielle, K. K. Oesterreichischer Rittmeister » 1

Herr Baron Fr. von Meiners, Russisch Kaiserl. Gesandtschafts-Cavalier in Wien . » 1

Die Herren Artaria und Comp. in Wien 6 18

Die Tendlersche Buchhandlung daselbst . . . . » 1

W i e s b a d e n.

Herr H. W. Ritter, Buchhändler daselbst . . . . 1 »

W i n t e r t h u r.

Die Steinersche Buchhandlung daselbst . . . . » 1

W ü r z b u r g.

Die Stahelsche Buchhandlung daselbst . . . . 1 Exemplar mit color. Kupfern.

Nachtrag.

Exempl. Imp. Roy.

Amsterdam.

Herr Buchhändler C. G. Sülpke daselbst	1	»

Augsburg.

Durch Herrn Prof. Dr. J. G. Dingler daselbst unterzeichnete:

Se. Excellenz Herr Freyherr von Gravenreuth auf Affing, General-Commissar, Präsident der Regierung des Ober-Donau-Kreises in Augsburg	»	1
Herr Philipp Franz Kremer, Bürgermeister und Vorstand des Handlungs-Greniums daselbst.	»	1
Herr Ludwig Sander, Fabrik- und Handelsherr daselbst	»	1
Die Königl. Kreis- und Stadtbibliothek daselbst	»	1

Berlin.

Durch die Herren Buchhändler Haude und Spener daselbst unterzeichnete:

F. A. von Winterfeld in Neuendorf bey Wusterhausen	»	1

Dresden.

Die Arnoldsche Buchhandlung daselbst	»	2

Düsseldorf.

Durch Herrn Kaufmann J. W. Reitz daselbst unterzeichnete:

Se. Erlaucht Herr Reichsgraf von Spée daselbst	»	1
Herr Wilhelm Osterroth, Kaufmann in Barmen	»	1
» Friedr. Rittershausen, Kaufmann daselbst	»	1

Frankfurt a. M.

Durch Buchhändler H. L. Brönner daselbst unterzeichnete:

Herr Rath Schlosser daselbst	1	»
Mr. Antoine Marie Labouchère, Banquier à Nantes	1	»

Durch Herrn Buchhändler Ferd. Boselli in Frankfurt unterzeichneten:

Se. Durchlaucht der regierende Fürst von Hohenlohe-Neuenstein zu Oehringen	1	»

Halle.

Durch die Herren Buchhändler Hemmerde und Schwetschke daselbst . . . . » 2

unterzeichnete:

Die Königl. Ober-Berg-Amts-Bibliothek daselbst	»	1
Die Hemmerde und Schwetschkesche Buchhandlung in St. Petersburg	»	4

Hamburg.

Durch die Herren Hoffmann und Campe daselbst unterzeichnete:

Die Commerz-Bibliothek daselbst	1	»
Die Patriotische Gesellschaft daselbst	1	»
Herr J. A. Schmidt daselbst.	1	»
» J. A. Meifsner, Rathsbuchdrucker daselbst	1	»
» Dr. Kunhardt daselbst	1	»
» J. G. Kramer in Calmar (in Schweden)	1	»
» Boedecker in Hamburg	»	1
» W. G.	»	1
» B. M. A.	»	1
» F. Rehfeld in Hamburg	»	1
Madame Möglich daselbst	»	1
Herr Em. Scholz in Mallaga, Königl. Dänischer Consul	»	1
» Bürgermeister Heise in Hamburg	»	1
» M. Evers in Itzehoe	»	1
» Daniel Stockfleth in Hamburg	»	1
Die Herren N. B. Eybe Söhne daselbst	»	1
Madame Chapeaurouge daselbst	»	1
Herr Capitain Schröder daselbst	»	1
» A. F. Lindenberg, K. K. Oesterreichischer und Hanseatischer Consul in Lissabon	1	»
» G. Schindler daselbst	»	1
» C. D. Peters daselbst	»	1
Die Herren Wegener und Broedermann daselbst	1	»
Herr J. J. du Costa de Macedo daselbst	1	»
» G. P. Möller daselbst	1	»
» N. B. Schlick daselbst	1	»
» G. D. Hintze daselbst	1	»
» B. W. Klingelhoever daselbst	1	»
» E. Biester daselbst	1	»
» Carl Kauffmann in Hamburg	1	»

Heidelberg.

Die Herren Mohr und Winter, Buchhändler daselbst	»	2

Hannover.

Durch die Herren Gebrüder Hahn, Hofbuchhändler daselbst unterzeichnete:

Herr Ober-Amtmann Hoppe in Norden	»	1

Herr Pastor Kropp in Wiedensahl . . . . » 1

» Müller und Comp., Buchhändler in Arnheim . . . . » 1

Leipzig.

Die J. C. Hinrich'sche Buchhandlung daselbst . . . . » 1

Herr Buchhändler C. Cnobloch daselbst . . . . » 2

Nordhausen.

Herr Buchhändler G. W. Happach daselbst . . . . » 1

Prag.

Durch die Calve'sche Buchhandlung daselbst unterzeichnete:

Herr Ignatz Leitenberger, K. K. privil. Cattunfabrikant in Reichstadt . . . . » 1

Inhalt des ersten Bandes.

Einleitung.

Dem Streben, das Gebiet der Natur- und Erdkunde durch Reisen in fremde Welttheile zu erweitern, legten eine lange Reihe verhängnißvoller Jahre hindurch, immer sich erneuernde Kriege, mannigfaltige Hindernisse in den Weg; und das durch diese Hindernisse minder gebundene England lieferte fast allein noch für diesen Theil des wissenschaftlichen Forschens einige Bereicherungen. Der endlich wieder hergestellte Friede der Völker gewährt bei so manchen andern frohen Aussichten auch die, daß nun wieder von der Sehnsucht nach neuen Entdeckungen in der Natur begeisterte Männer mit günstigem Erfolg bedeutendere Reisen unternehmen, und die gefundenen Schätze ihren, durch Verhältnisse, Neigung und Beruf an den vaterländischen Boden gefesselten Landsleuten mittheilen können. Möge eine lange Dauer des Friedens uns diese erfreulichen Aussichten sichern!

Der Blick der Naturforscher war lange Zeit vorzüglich auf Brasilien gerichtet, dieses glücklich gelegene, der Wißbegierde reiche Ausbeute versprechende, und doch dem Forscher früherhin so sorgfältig verschlossene Land.

Die alten Nachrichten einiger Reisenden, die Mittheilungen spanischer und portugiesischer Seefahrer, die gründlichern endlich, welche die Jesuiten uns gaben, und die Beobachtungen MARCGRAF's und PISO's, machten die ärmliche Litteratur jenes vorlängst entdeckten und so interes-

1

santen Landes aus. Seit nicht langer Zeit indessen haben sich die
Verhältnisse, die ehedem die Erforschung Brasiliens erschwerten, sehr
wohlthätig verändert. Ungünstige Umstände bewogen den Monarchen,
sich selbst nach dem so schönen noch nie gesehenen Quell seiner Reich-
thümer zu begeben; eine Auswanderung, welche auf jenes Land den
gröfsten Einflufs haben mufste. Aufgehoben ward nun das drückende
System geheimnifsvoller Sperre ; Vertrauen trat an die Stelle der
Aengstlichkeit und fremde Reisende erhielten den Zutritt zu diesem
Felde neuer Entdeckungen. Die liberalen Gesinnungen eines weisen
Königs, durch ein aufgeklärtes Ministerium unterstützt, gestatteten Aus-
ländern nicht nur den Eintritt, sondern beförderten auch auf die grofs-
müthigste Art ihre Nachforschungen. So erhielt der Engländer MAWE
die Erlaubnifs, jene reichen Diamantgruben untersuchen zu dürfen, zu
welchen bis dahin keinem Ausländer der Zutritt gestattet war, und
durchstrich einen Theil von *Minas Geraës* in mineralogischer Hinsicht. Seitdem haben einige deutsche Reisende jene Provinz bereist.
Obristlieutenant VON ESCHWEGE, der zu *Villa Rica* im königlichen
Ingenieur-Corps angestellt ist, hat, durch einen mehrjährigen Aufenthalt
in Brasilien begünstigt, schon einige interessante Abhandlungen dem
Publikum übergeben, und mit allem Rechte haben wir von diesem, mit
gründlichen Kenntnissen ausgerüsteten Mann, noch viele wichtige Entdeckungen zu erwarten. Er mafs die höheren Ketten der Gebürge von
Minas, entwarf ihre Profile, und untersuchte auf seinen mineralogischen
Reisen die verschiedenen Produkte jener hohen Erdrücken, wo er
unter andern noch kürzlich Schwefelleber-Quellen entdeckte. Mit zuvor-
kommender Güte unterstützt er fremde Reisende mit seinem Rath und
Beistand. Einige andere Deutsche, von gleichem Eifer beseelt, haben
sich nun dorthin begeben, und auch ihnen wird es gewifs nicht an
reichem Stoff zu Beobachtungen fehlen. Durch den Beschützer der

Wissenschaften, Minister Conde da Barca, dem König empfohlen, gab man ihnen nicht nur die Erlaubniſs, die verschiedenen Capitanien der Monarchie ungehindert zu durchreisen, sondern man unterstützte sie auch auf die groſsmüthigste Weise durch eine gewisse ihnen jährlich ausgesetzte Summe, so wie durch günstige Pässe und nachdrückliche Empfehlungsschreiben an die General-Capitaine der verschiedenen Provinzen. Wie weit tritt gegen diese aufgeklärten und liberalen Maſsregeln der jetzigen Regierung das ehemalige System zurück, wo der Reisende bei seiner Ankunft in Brasilien von Soldaten ängstlich umgeben und bewacht ward! Im Namen meiner Landsleute und aller europäischen Reisenden sey dies Bekenntniſs hier öffentlich niedergelegt, um die Empfindungen des Dankes auszudrücken, von welchen ich mich gegen den Monarchen durchdrungen fühle, der solche liberale Verfügungen traf. Dem Weltwanderer, entfernt von den heimischen Gestaden, ist eine solche günstige Aufnahme und so freundliche Behandlung unaussprechlich erfreulich, und gewiſs bringt sie für die Wissenschaften einen nicht zu berechnenden Gewinn, an welchem die ganze gebildete Welt Theil nimmt.

Wer die innern Gegenden jenes weiten Continents mit bedeutendem Nutzen bereisen will, muſs sogleich mehrere Jahre dazu bestimmen und seinen Plan darnach einrichten. Um zum Beispiel nur nach *Goyaz* und *Cuiabá* vorzudringen, sind zwei Jahre nicht hinreichend; welche Zeit wird man aber bestimmen müssen, um bis zu den Gränzen von *Paraguay* Brasilien quer zu durchschneiden, bis zu den Ufern des *Uruguay*, bis zu den entfernten Gränzen von *Matto Grosso*, wo eine in *Lisboa* gehauene Marmor-Pyramide die Gränze an der Mündung des *Jauru* bezeichnet. *Minas Geraës* war durch Mawe und von Eschwege schon bereist, und wenn auch noch nicht erschöpft, dennoch groſsentheils bekannt. Ich fand es daher bei meiner Ankunft

in Brasilien zweckmäfsiger, lieber die noch ganz unbekannte oder vielmehr noch nicht beschriebene Ostküste zu wählen. Hier leben mehrere
Stämme der Urbewohner noch in ihrer Originalität und unangefochten
von den sich überall nach und nach ausbreitenden Europäern. Der hohe
nackte Rücken des mittlern Brasiliens, der Provinzen von *Minas Geraës*,
Goyaz und *Pernambucco*, wird von der Ostküste durch einen breiten
Strich hoher Urwälder getrennt, die von *Rio de Janeiro* bis in die
Gegend der *Bahia de todos os Santos*, etwa 11 Breitengrade, 198 Legoas,
(165 geographische Meilen) weit sich ausdehnen, und von den portugiesischen Ansiedlern noch nicht in Besitz genommen sind; denn nur
einige wenige Strafsen an und auf den sie durchströmenden Flüssen hat
man mit Mühe bis jetzt eröffnet. Hier in diesen Wäldern, wo dem
sonst überall bedrängten Urbewohner ein ruhiger Aufenthalt bis jetzt
gesichert war, kann man diese Menschen noch in ihrem ursprünglichen
Zustande finden. Wie hätte nicht eine solche Gegend für den Reisenden vor allen andern anziehend seyn sollen, der nicht gesonnen war,
viele Jahre in diesen heifsen Regionen unserer Erde zu verleben?

    Die Stämme der Urbewohner, welche diese Wildnisse bevölkern,
sind selbst dem Namen nach bei uns in Europa unbekannt, Portugal
vielleicht ausgenommen. Die Jesuiten und unter ihnen VASCONCELLOS
in seinen *Noticias curiosas do Brazil*, theilten alle Stämme der Wilden,
welche sowohl die Küste, als jenen Strich der Urwälder bewohnten, in
zwei Klassen, nehmlich in solche, welche die Küste bevölkerten und von
den Portugiesen, besonders den Jesuiten, der Europäischen Bildung näher
gebracht wurden, *Indios mansos*, und in solche, welche als rohe unbekannte Barbaren die Wälder und innern Wildnisse bewohnten, *Tapuyas*,
und diese letztern sind es, welche noch heut zu Tage im rohen Zustande der Natur existiren und es wohl verdienen, näher gekannt zu
werden. Wenn wir von diesen Strichen der aneinander hängenden

Küstenwälder auch durch die Schriften der Jesuiten und mehrerer alten Reisenden einige wenige Notizen hatten, so war dennoch dies alles äußerst unvollkommen und durch fabelhafte Zumischungen verunstaltet; auch geben sie uns keine naturhistorischen Nachrichten. Wir wußten also von den hier noch im Zustande der Natur lebenden Urbewohnern, so wie von der belebten und leblosen Schöpfung dieser Gegenden wenig oder gar nichts, und dennoch giebt es hier so unendlich viel Merkwürdiges und Neues, besonders für den Botaniker und Entomologen. Allein auf eben so zahlreiche große Beschwerden und Hindernisse, zum Beispiel Mangel an Lebensmitteln, an Weide für die Thiere, Schwierigkeit des Transports der Naturalien, anhaltende Regenzeiten, Feuchtigkeit und dergleichen muß der Reisende sich zum voraus gefaßt machen. Die bedeutendste Unannehmlichkeit bei den Reisen in Brasilien ist indessen unstreitig der gänzliche Mangel an brauchbaren Landkarten. ARROWSMITHS Karte ist voll von Irrthümern, ja es fehlen ansehnliche Flüsse an der Ostküste; dagegen sind deren an Stellen angegeben, wo gar keine existiren; und so ist die beste biß jetzt vorhandene Karte von Brasilien dem Reisenden beinahe unnütz. Diesem Mangel abzuhelfen hat unlängst die portugiesische Regierung den Befehl zur genauen Aufnahme der Küste gegeben, um alle dem Seefahrer drohende Gefahren genau bestimmen zu können; auch hat man mit dieser gemeinnützigen Arbeit bereits den Anfang gemacht und geschickte Marine-Offiziere, Capitain-Lieutenant JOSÉ DA TRINDADE und ANTONIO SYLVEIRA DE ARAUJO haben die Küste von *Mucuri*, *S. Matthaeus*, *Viçoza*, *Caravellas* bis *Porto Seguro* und *Sta. Cruz* aufgenommen.

Der Liberalität und der aufgeklärten Denkungsart der portugiesischen Regierung habe ich es gleichfalls zu verdanken, daß ich mich im Stande sehe, meinen Landsleuten diese Nachricht einer Reise längs der Ostküste vom 23ten bis zum 13ten Grad südlicher Breite, vorlegen zu können. Zwey Deutsche, die Herren Freyreiss und Sellow, welche noch mehrere Jahre hindurch in Brasilien zu reisen gesonnen sind, haben an Sr. Majestät dem Könige von Portugal und Brasilien einen grofsmüthigen Unterstützer gefunden; besser als sie wird nicht leicht ein Fremder in dieses Land eindringen können, da sie mit Sprache und Sitten desselben bekannt, und durch ihre mehrjährigen Reisen hinreichend vorbereitet sind. Einen Theil der von mir vollbrachten Reise, machte ich in ihrer Gesellschaft, und von Herrn Freyreiss erhielt ich selbst manche interessante Notiz, wofür ich ihm meinen Dank hier öffentlich ausdrücke. Herr Freyreiss wird mir auch in der Folge den Bericht seiner fortgesetzten Reisen, so wie naturhistorische Beobachtungen mittheilen, und ich werde mich glücklich schätzen, sie alsdann den Freunden solcher Forschungen vorzulegen. Mein gegenwärtiger Reisebericht wird demnach nur als Vorläufer interessanterer Beobachtungen anzusehen seyn. Weitere Nachrichten und wiederholte Beobachtungen werden die Lücken ausfüllen, die sich in diesen Blättern finden müssen, und die der gütige Leser hoffentlich mit Nachsicht übersehen und verzeihen wird. Wohl fühle ich, wie gewagt es ist, nach der glänzenden Erscheinung jenes hellen Sterns an unserm wissenschaftlichen Horizonte — ich meine unsern grofsen Landsmann, den ausgezeichneten Alexander von Humboldt, — mit diesen Reisebemerkungen über einen Theil von Südamerica öffentlich aufzutreten! Indessen ist doch der reine gute Wille, auch bei geringerer Kraft, der Beobachtung nicht unwerth; und so wenig ich auch Anspruch darauf machen kann, etwas Vollendetes zu liefern, so darf ich doch hoffen, dafs Freunde der Natur-, Länder- und Völkerkunde in meinen Mittheilungen manchen nicht ganz unwichtigen Beitrag zur Erweiterung dieser Wissenschaften finden werden.

Stürmische Seefahrt.

Reise des Prinzen von Neuwied in Brasilien 1ᵗ B.ᵈ I.

I.

Reise von England nach Rio de Janeiro in Brasilien.

Brasilien, nach dem seit einer Reihe von Jahren eine Menge von Reisenden ihr Auge richten, hat den Vortheil, daſs es durch eines der friedlichern Meere von Europa getrennt wird. Der unermeſsliche Ocean hat gewisse Monate, besonders um die Zeit der Aequinoctien, wo Stürme gewöhnlich sind; dennoch aber sind sie in diesen Regionen im ganzen weniger gefährlich, als in andern Theilen desselben, zum Beispiel in der Nähe des Vorgebürgs der guten Hoffnung, des Cap Horn u. a.

Ich verlieſs London zu der Zeit, wo die Stürme gewöhnlich ihre gröſste Heftigkeit verloren haben; und wir sahen daher einer ruhigen angenehmen Fahrt zuversichtlich entgegen. Unser Schiff, *der Janus*, von 320 Tonnen, verlieſs die Themse bei dem heitersten schönsten Wetter, und wir vertrauten um so mehr auf das Sprüchwort der englischen Seeleute: *Evening red and morning grey sign of a very fine day*, als wir am Abend den Himmel auf das schönste geröthet erblickten. Wir erreichten die Mündung der Themse mit einem guten frischen Winde, allein schon gegen Abend verlor sich dieser günstige Zephyr und man sah sich genöthigt, den Anker fallen zu lassen.

Die ersten Tage der Reise benutzt man gewöhnlich zu seiner Einrichtung im Schiffe und zur Betrachtung der neuen sich darbietenden Gegenstände; sie verfliessen daher sehr schnell. Am zweiten Tage, als der Morgen anbrach, hatte man die gegründetste Hoffnung auf eine günstige Reise. Stolze dreimastige Schiffe segelten mit uns gleichen Weg; colossale Ostindienfahrer, mit schwellenden Segeln bedeckt, feuerten ihre Kanonen ab, und glitten ruhig über den grünen Spiegel dahin; aber schon gegen Mittag wandte sich der Wind und wurde conträr, so daſs wir uns genöthigt sahen zu kreuzen. Wir segelten bei *Margate*, einem hübschen Städtchen, vorbey, umschifften *Cape North Foreland* mit seiner steil abgeschnittenen weiſsen Küste, fuhren in den Canal ein, und ankerten gegen Abend in den *Downs*, Angesichts der Stadt *Deal*. Die Küste von England ist in dieser Gegend völlig offen, keine Bucht, keine Höhe schützt hier den Seemann, wenn Stürme eintreten. Die Menge der Schiffe vor *Deal* war groſs; die gröſsten Ostindienfahrer und mehrere Kriegsschiffe ankerten mit uns zugleich; ein Linienschiff gab den Retraiteschuſs (*Sunset*) und auf den andern gab ein Flintenschuſs das Zeichen, worauf Zapfenstreich geschlagen ward. — Ungünstiger Wind hielt unser Schiff mehrere Tage auf der Rhede zurück; der Capitain benutzte die Zeit, um frisches Fleisch, mancherley Grünes und einige lebende Thiere zur Verproviantirung zu nehmen. Nach einigen Tagen, da der Wind etwas günstiger schien, lichteten wir die Anker und segelten um *Cape South Foreland* herum, begleitet von dem Brigg *Albatros*, geführt von Capitain HARRISON. Von nun an wurde uns das Wetter immer ungünstiger, und da wir dem immer conträrer werdenden Winde nicht mehr widerstehen konnten, so liefen wir wieder vor *Deal* auf unserm Ankerplatze ein. Der Wind nahm zu, so daſs man in der Nacht schon starke Wache auf dem Verdeck halten muſste; der Himmel trübte sich immer mehr und verdunkelte das nahe Vorgebürge *South Foreland*. Der Sturm brauste furchtbar um uns her, und die dunkelgrünen Wogen der See erschienen mit weißem Schaum bedeckt. Man nahm die Segelstangen (*Yards*) herab und befestigte sie in senkrechter Stellung, um dem Wind desto weniger Fläche zu bieten. So dauerte das stürmische Wetter mit abwechselnder Heftigkeit einige Tage fort und gab den Reisenden, die zum erstenmale sich auf diesem unsichern Elemente befanden, eben nicht den angenehmsten Vorschmack von den Freuden des Seelebens. An einem Nachmittage, als der Wind etwas günstiger schien, erhielten wir das Signal von einem Kriegsschiff, worauf die ganze Flotte die Anker lichtete. Als die Dämmerung eintrat, bedrohte uns eine neue Gefahr; die Schiffe segelten zum Theil so nahe aneinander hin und drängten sich so zusammen, daß es der größten Vorsicht bedurfte, damit nicht eins das andere beschädigte. Einer noch größern Gefahr waren wir um Mitternacht ausgesetzt, der wir aber auch glücklich entgingen; ein mächtiges Schiff kam uns mit vollen Segeln pfeilschnell entgegen und unsere Wachen auf dem Vordertheil bemerkten es wegen der Dunkelheit nicht eher, als bis es dicht bey uns vorbey strich. Der Wind nahm an Stärke immer zu, und da der Morgen kam, hatte sich die Scene sehr geändert; trüb und wie von Rauch umhüllt schien der wolkenleere Himmel und bey stetem Sonnenschein wuchs der heulende Sturm. Unser ganz auf die Seite gelegtes Schiff kämpfte nur mit wenigen Segeln gegen den Wind, bis wir uns etwa um zehn Uhr Morgens dem Leuchtthurm von *Dungeneßs* gegenüber befanden. Alle Passagiere waren krank im Raum des Schjffs, wo eine öde traurige Stille nur durch das Tosen des Sturms in dem Tauwerke, und durch das furchtbare Brausen und Schlagen der Wogen unterbrochen wurde. Der Capitain, der alles mögliche versuchte, um die Reise fortzusetzen, mußte endlich umkehren und seinen Lauf wieder nach *Deal* richten. Jetzt wirkte der Sturm

mit günstiger Kraft auf das Schiff; denn nur mit wenigen kleinen Segeln
flogen wir dermaſsen schnell dahin, daſs wir in kurzer Zeit den Raum
zurücklegten, zu welchem wir die ganze Nacht gebraucht hatten. Ein
Brigg, der mit uns segelte, war von den Wellen immerfort bedeckt,
während wir auf dem höheren Schiffe noch ziemlich trocken blieben.
Wir trafen vor *Deal* ein, jedoch mit solcher Schnelligkeit, daſs
man, um nicht auf die Küste zu laufen, in gröſster Eile den Anker
muſste fallen lassen, welches jedoch nur mit vieler Mühe bewerkstelligt
werden konnte; denn die starke Reibung des schnell ablaufenden
Ankerthaues verursachte eine solche Hitze, daſs es bereits dampfte,
und sich gewiſs entzündet haben würde, wenn nicht das in Strömen
von den Matrosen aufgegossene Wasser es abgekühlt hätte; endlich
fiel der colossale Anker und wir sahen uns auch aus dieser Gefahr
glücklich gerettet. Glücklicher Weise hatte unser Schiff, das überhaupt
eins der besten und dauerhaftesten war, gute neue Cables und ein
treffliches Tauwerk. Die Menge von Fahrzeugen, die wir hier vor
Anker fanden, tröstete uns einigermaſsen über unsern Zeitverlust; alle
groſse Schiffe hatten ihre oberen Maste und ihre Segelstangen abgenommen, um sich gegen den Sturm zu sichern, und die Kriegsschiffe
lagen auf zwey Ankern. — Der augenscheinlichen Gefahr waren wir
zwar nun entgangen, aber eingesperrt in den Kasten, der noch
immer von den Wellen aufs furchtbarste geworfen wurde, führten wir
eine Zeit lang ein trauriges Leben; und doppelt fühlten wir nun uns
glücklich, als endlich das Ungestüm der Wogen nachlieſs, und wir
froh unserer Bestimmung entgegen segeln konnten. *Dungeneſs* liefen
wir vorbey, sahen die schönen Felsenküsten von *Beachyhead*, einem
Vorgebürge in *Sussex* zwischen den Städten *Hastings* und *Shoreham*,
wo die französische Flotte im Jahr 1690 die vereinte holländische und
englische schlug, sahen am Mittage die wegen ihrer Seebäder so

berühmte Stadt *Brighthelmstone* (*Brighton*) 56 englische Meilen von London und befanden uns Abends im Angesicht der Insel *Wight* bey unbewegtem ruhigem Meere und dem schönsten Mondscheine. Fröhlichkeit war wieder bey unserer Schiffsgesellschaft zurückgekehrt; die Geigen der Matrosen liefsen sich wieder vernehmen, und beym Tanze vergafsen die jungen Leute die erlittene Angst.

Am 2oten May Morgens verliefsen wir *S. Catharina's Point* auf der Insel *Wight*, und segelten dann *Portland Point* in *Dorsetshire* vorbey, wo der schöne Londoner Baustein gebrochen wird. In der nächsten Nacht erhob sich wieder ein so heftiger Sturm, dafs das Schiff kreuzen mufste, um nicht gegen die Felsküsten von England geworfen zu werden, wobey uns von dem Winde ein Segel zerrissen wurde. Am Abend des folgenden Tages liefen wir wegen hoher See und etwas ungünstigen Windes in dem sichern Busen von *Torbay* ein. Dieser Busen ist weit und von Felsgebürgen schön eingefafst. Nördlich tritt *Cape Portland Point* und südlich *Cape Start Point* vor. Hier gedachten wir besseres Wetter abzuwarten, und uns von den überstandenen Beschwerden auszuruhen. Allein zwey Schiffe, die mit uns gleiche Bestimmung hatten, signalisirten und gaben uns zu verstehen, dafs sie mit uns zu segeln wünschten. Wir mufsten also der gehofften Ruhe schon wieder entsagen, und die Briefe nach dem Vaterlande, die wir sämmtlich fertig liegen hatten, mit in See nehmen. Gegen Abend umsegelten wir das südlich vortretende *Cape Start Point;* hohe zackigte Felswände bilden ein wildes Vorgebürge, auf dessen Höhe wie an allen Küsten von *Devonshire*, eine schöne grün bewachsene Fläche sich zeigt. Die Berge erschienen zum Theil gelb gefärbt von den weit ins Auge fallenden Blumen des *Ulex*, eines Strauchs, der in England und Frankreich sehr gemein ist. In der See blicken kleine Fels-Inselchen hervor, an denen weifs schäumend die Wogen sich brechen, ein Gemählde, das heute noch reizender ward durch die milde Beleuchtung der freundlich untergehenden Sonne. Unser Schiff, von der stark bewegten See bald hoch gehoben, bald in die Tiefe zu stürzen scheinend, eilte nun dem Ocean entgegen. Als der folgende Morgen erschien, erblickten wir *Fort Pendennis*, unweit *Falmouth*, in der Ferne, und verliefsen den Canal bey *Cape Lizzard*, das sich durch seine beyden weißen Leuchthäuser (*Lighthouses*) auszeichnet. Die Küsten von *Devonshire* und *Cornwall* haben nicht die weiße Farbe derer von *North* und *South Foreland*, sondern sind mehr rothgefärbt. *Falmouth* in *Cornwall* ist ein kleiner aber wichtiger Hafen, indem von hier alle Pakete nach den verschiedenen Gegenden der Welt abgehen; in den ersten Tagen eines jeden Monats findet man hier Schiffe, welche nach Lisboa, Brasilien, Westindien, Nordamerika, Indien und so weiter bestimmt sind. So befanden wir uns denn nun in dem unermefslichen Ocean. Alles Land verschwand aus unsern Augen. Auch die letzte Spitze von England, *Cape Landsend*, entzog sich am 22ten May gegen Mittag unserm Blicke. Von diesem Augenblick an hören Unterhaltung in den Umgebungen auf: Meer und Himmel sind nun die einzigen sichtbaren Gegenstände, die man bald ziemlich genau kennen lernt; jetzt sucht man Beschäftigung am Schreibtische und ist glücklich, wenn man sich hinlänglich mit guten Büchern versehen hat. Unsere Reise gieng ohne Zufälle mit abwechselnd gutem Wetter in zehn Tagen bis *Madeira*. Wir unterhielten uns auf dieser Fahrt häufig durch das Auswerfen der Angeln und anderer Fischergeräthschaften; allein nur die *Trigla Gurnardus*, ein guter efsbarer Fisch, ward gefangen. Schaaren von Braunfischen (*Delphinus Phocaena* Linn.) begleiteten oft weit unser Schiff, besonders bey etwas unruhiger See; wir feuerten nach ihnen, hatten aber nicht das Glück einen zu erlegen. Zu den häufigen Begleitern der Schiffe gehört auch besonders der kleine schwarze Sturmvogel (*Procellaria pelagica*), der von den Portugiesen *Alma de Mestre* genannt wird. Die Seeleute halten es für ein Zeichen eines nahe bevorstehenden Sturms, wenn diese Vögel sich in bedeutender Anzahl um die Schiffe versammeln, und sehen sie darum höchst ungern. Ein Kriegskutter überbrachte uns die Nachricht von der Kriegserklärung Englands an Frankreich; man rief unsere Matrosen auf, ohne jedoch einen davon für den königlichen Dienst zu nehmen. Die erhaltene Nachricht war Ursache, daß wir bald nachher in grofse Unruhe versetzt wurden, als wir von der spanischen Küste herüber ein Schiff geradezu auf das unsrige seine Richtung nehmen sahen; doch dauerte unsere Besorgnifs nicht lange; man erkannte es sehr bald für ein englisches. Es übernahm unsere Briefe nach Europa zur Besorgung. Am 1ten Juny gegen Mittag zeigte sich südlich ein hohes Land und hohe Gebürge in trüber Ferne; es war die schöne grofse Insel *Madeira*. Abends sechs Uhr befanden wir uns an ihrer Westspitze, *Ponta Pargo*, und umschifften dieselbe mit frischem Winde. Eine grofse Menge von Sturmvögeln, Möven und andern Wasservögeln belebten das Meer. Die Ansicht von *Madeira* ist schön; die Insel zeigte sich uns als einfaches Felsenland, dessen Rücken heute in Wolken verhüllt war. Von allen Seiten erhebt sie sich steil, schwärzlich gefärbt, mit tiefen Schluchten und Rissen; überall aber breitet der Weinstock seine grünen Ranken aus, und zwischen ihnen schimmern die weifsen Wohnungen und Landhäuser der Bewohner durch. Auf den Rücken jener Höhen, die nicht durch Wolken verschleyert waren, zeigten sich grüne Weiden, gleich Alpen, und hohe dunkle Baumgruppen beschatteten die kleinen Wohnungen. Diese schöne Insel hat ein vorzüglich glückliches Clima, in welchem die Gewächse der heifsen wie der gemäfsigten Zone gedeihen; grofse Wärme ist hier mit vieler Feuchtigkeit verbunden, und Regen mufs häufig fallen; denn an den steilen Felswänden haben die von Zeit zu Zeit herabstürzenden Regenbäche tiefe Rinnen und Einschnitte ausgewaschen. Achtzig tausend

Einwohner nähren sich hier grofsentheils vom Bau des so beliebten Weines, so wie mancher herrlichen Früchte, der Orangen, Bananen, Citronen und anderer mehr.

Da es unsere Absicht nicht war, *Funchal*, die Hauptstadt der Insel, zu besuchen, so hielten wir uns nicht auf, sondern strichen mit einem frischen Winde vorwärts und verloren bald die Insel aus dem Gesicht. Ein günstiger Passatwind trieb uns mit grofser Schnelligkeit nach dem Wendekreise hin, ohne dafs besondere Ereignisse unsere Ruhe gestört hätten. Fliegende Fische erhoben sich in silbernen Geschwadern, und flohen zu beyden Seiten vor unserm Schiffe. Je näher man dem Aequator kommt, desto häufiger erscheinen diese Thiere; ehe man den Wendekreis berührt, sind sie noch selten.

Am 6ten Juny durchschnitten wir den nördlichen Wendekreis, und erhielten von nun an einige Unterhaltung durch verschiedene sich uns zeigende Mollusken. Unter 22° 17′ nördlicher Breite, erblickten wir die erste Physali (*Physalis*), ein äufserst sonderbares Mollusk (*), das von hier an nach dem Aequator nun immer häufiger erscheint, so dafs man weiter südlich deren mehrere Hunderte an einem Tage zählen kann. Sehr viele Reisebeschreiber haben dieses sonderbaren Geschöpfes schon erwähnt, und es interessirte mich daher ganz besonders dasselbe genauer zu beobachten. Der gröfsere über dem Wasser schwimmende Theil des Thiers ist eine mit Luft gefüllte Blase, die blos dazu zu dienen scheint, den Obertheil über Wasser zu halten; an ihrem untern Theile stehen acht bis neun Bündel langer Fleischfäden, welche an der Wurzel in kurze dicke Stämme verwachsen sind und hier an der Basis der Blase ein Ganzes ausmachen. In diesem Theile liegt das Leben des

(*) Ueber dieses Mollusk siehe die Nachrichten des Herrn Hofrath TILESIUS im 3ten Band von Capt. von KRUSENSTERNS Reise um die Welt. S. 1 bis 108.

Thiers; die Fäden sind reizbar (aber nicht die Blase), verlängern und verkürzen sich, fangen auch den Raub, und sind mit einer Menge von Saugnäpfchen und Saugwarzen bedeckt. Die Blase scheint unveränderlich: ich habe keine Canäle finden können, die sich in dieselbe öffnen; sie fällt beym Absterben des Thieres nicht zusammen, denn selbst in Weingeist gesetzt, behält sie ihre Gestalt. Ihr Bewegungsvermögen ist nur schwach; sie krümmt sich in die Gestalt eines halben Mondes, auch biegt sie ihre beyden Enden auf- und abwärts. Durch diese Bewegungen richtet sie sich auf, wenn eine heranrollende Welle sie umgeworfen hat. Die Blase selbst kann man ohne schmerzhafte Empfindung berühren; allein die Saugfäden verursachen einen brennenden Schmerz. Dieses merkwürdige Mollusk wird von den Engländern *Portuguese man of war*, von den Franzosen *Galère*, und von den Portugiesen *Agoa viva* oder *Caravela* genannt. Näher nach dem Aequator zu nahm die große Zahl dieser Mollusken ab; hier fanden wir hingegen die *Medusa pelagica* oft sehr häufig. Seevögel umflatterten uns ebenfalls einigemal; nach einem Sturmschauer fing der Steuermann Cook eine Meerschwalbe (*Sterna stolida*, Linn.) mit den Händen, da sie ermüdet sich niedergesetzt hatte; auch zeigten sich Fregattvögel (*Pelecanus aquilus*, Linn.) die von den benachbarten Klippen verschlagen worden waren.

Das Wetter blieb während wir die nördliche heiße Zone durchschifften, im ganzen gut, aber nun wurde uns oft die immer zunehmende Hitze im Schiffe sehr beschwerlich. Dunkle Regen- und Sturmwolken stiegen zuweilen völlig isolirt am Horizonte auf; sie breiteten sich aus, kamen schnell heran mit einem äußerst heftigen Sturm und Regenschauer, wovon sogleich das ganze Schiff überschwemmt war, machten aber gewöhnlich in einer halben Stunde dem heitern Sonnenschein schon wieder Platz. Da es uns zuletzt an gutem frischen Wasser zu fehlen anfing, so waren die Regengüsse oft sehr willkommen. Unvorsichtige Schiffer, die bey der Annäherung ähnlicher Wetter nicht die obern Segel einziehen, leiden zuweilen von diesen plötzlichen Windstöfsen (*Squalls*) Schaden, oder verunglücken gar; nach den Erzählungen unserer Schiffer hatte vor noch nicht langer Zeit dieses traurige Schicksal ein Schiff betroffen. Auch auf unserm Schiffe zerrifs der Sturm einige Segel, that aber übrigens keinen Schaden, da man jederzeit auf dergleichen Fälle vorbereitet war.

Am 22ten Juny durchschnitt der *Janus* den Aequator, wo Neptun, wie gewöhnlich seinen Besuch an Bord abstattete. Schon am Abend zuvor hatte man uns einen Abgeordneten des Herrschers der Meere angekündigt: dieser stieg zu uns herauf und unterhielt sich mit dem Capitain durch das Sprachrohr, worauf er mit einem feurigen Schiffe wieder abfuhr; seine Fregatte, bestehend in einer brennenden Theertonne, gewährte uns Allen noch einen schönen Anblick in der Dunkelheit der Nacht.

Vom Aequator südlich fanden wir jetzt weniger gutes Wetter. Kurze Regenschauer, begleitet von Sturmstöfsen stellten sich häufiger ein; die See war nicht selten bewegt, Sturmvögel (*Procellaria pelagica*) und Delphine, Braunfische und gröfsere Cetaceen zeigten sich öfter. Wir hatten die Linie unter 28° 25' W. L. von *Greenwich* durchschnitten, weil wir früher, den afrikanischen Küsten näher, viel Regen und Gewitter gefunden hatten, und deshalb mehr westlich gesteuert waren; dies brachte uns in die Strömungen, welche nach der amerikanischen Küste hinziehen.

Am 27ten Juny Morgens, als wir zum Frühstücke vereint waren, wurde uns die Ansicht des Landes gemeldet. Alles stürzte aufs Verdeck und siehe da, Brasilien stieg vor unsern freudigen Blicken über dem Spiegel des Oceans empor. Bald erschienen zwey Arten von Tang (*Fucus*) und mancherley Anzeigen der Küste, bis wir endlich ein

Fischerflofs in See erkannten, auf welchem sich drey Menschen befanden. Diese Flöfse, *Jangadas*, werden aus fünf bis sechs Baumstämmen von einer leichten Art Holz gemacht, die in Brasilien *Pao de Jangada* genannt wird. KOSTER hat in seiner Reise nach Brasilien die Zeichnung davon gegeben. Diese *Jangadas* gehen ziemlich sicher in See: sie werden zum Fischfange oder zu Fortschaffung verschiedener Gegenstände längs der Küste gebraucht, und laufen schnell, da sie ein starkes Segel an einem niedern Maste führen. Wohl würden wir nach einer langen Fahrt gern die Gelegenheit benutzt haben, uns mit einigen frischen Fischen zu versehen; doch schien uns die Befriedigung dieses Wunsches nicht bedeutend genug, um deshalb der Fischerjangade nachzusegeln. Wir liefen schnell nach der Küste hin, und hatten uns derselben schon gegen Mittag so sehr genähert, dafs man sie für die Gegend von *Goiana* oder *Paraiba do Norte* in der *Capitania* von *Pernambucco* erkennen konnte. Wenn wir bey starkem Winde und bey Nacht in dieser Richtung dem Lande uns so genähert haben würden, so hätten wir in grofse Gefahr gerathen können. Glücklicher Weise konnten wir jetzt bey Zeiten umlegen und wieder der hohen See zusteuern. Schon in der Nacht trat sehr heftiger Regen mit Sturm ein, der uns nöthigte mehrere Tage beynahe auf derselben Stelle zu kreuzen. Der Wind heulte, das Schiff ward heftig umhergeworfen, Regen stürzte in Strömen vom Himmel, so dafs wir selbst in unsern Betten kaum mehr sicher waren. Unsere Matrosen litten am meisten durch die Nässe; sie mufsten wegen den uns bedrohenden Gefahren Nacht und Tag auf dem Verdecke seyn, und selbst der Rum war kaum mehr hinreichend, sie bey Muth und gutem Willen zu erhalten. Der Anblick der See in diesen finstern stürmischen Regennächten war furchtbar; hoch sich aufthürmend schlugen die brausenden Wogen bis aufs Schiff und die ganze unabsehbare Wasserfläche schien im Feuer zu stehen; tausend leuchtende Punkte,

Striche, und selbst große weite Felder glänzten um uns her und veränderten Gestalt und Ort in jedem Augenblicke. Dieses Licht gleicht vollkommen dem des feuchten faulenden Holzes, das wir öfters in den Wäldern sehen. Man hofft bey jenen finstern Sturmnächten gewöhnlich auf den kommenden Tag; allein der Tag erschien uns oft ohne unsere Lage zu bessern. Furchtbar trübe und dunkel zeigte er sich uns, wie die Nacht, die vor ihm hergieng, und die Seeleute konnten ihre Besorgnisse vor noch heftigerm Sturm nicht unterdrücken. Man machte alsdann jedesmal die erforderlichen Vorbereitungen, zog manche Stricke, die in der Nacht gewichen waren, fester an, befestigte die Masten, den Bowsprit, und so weiter, und setzte die Pumpen in Bewegung, um die Dichtigkeit des Schiffes zu untersuchen und dergleichen. Solche Zurüstungen sind für die Passagiere äußerst beunruhigend und ängstigend. Einen bedeutenden Fehler hatten wir dadurch gemacht, daß wir uns hier bey *Pernambucco* der Küste so sehr genähert hatten, da in dieser Gegend im Winter der heißen Zone stets ähnliche Gewitter und Stürme herrschen. Der Capitain wandte das Schiff, so viel es der Wind erlaubte, um die hohe See zu suchen, mußte aber beständig kreuzen, und kam demnach wenig vorwärts. Endlich, etwa acht Tage nach unserer ersten Ansicht des Landes, wurde der Wind etwas besser und erlaubte uns eine günstigere Richtung zu nehmen. Man maß einigemal die Strömung der See, eine nöthige Vorsichtsmaßregel, da wir der Küste so nahe steuerten; große Seevögel, Möven oder Petrelle umschwebten uns einzeln, ohne daß wir jedoch einen davon hätten schießen können, dabey umschwammen Physalien unser Schiff; fliegende Fische flohen vor uns, und große Cetaceen bliesen ihren Wasserstrahl in die Luft.

Am 8ten gegen Mittag hatten wir wieder die Ansicht der brasilischen Küste in der Gegend der *Bahia de todos os Santos*. Sie zeigte uns hohe schön geformte Gebürge, über denen dichte Wolkenschichten gelagert waren. Man sah Strichregen auf sie herabfallen, so wie auch wir in See noch beständig abwechselnd Sturm, Regen und ungünstigen Wind hatten. Da wir Abends den Wind immer von der Küste her zu erwarten hatten, so segelten wir am Tage nach derselben hin; und da jener nie eintrat, bey Nacht immer wieder in die hohe See; auf diese Art hatten wir fast beständig den Anblick der Küste. Am 10ten ward das Wetter schön und der Wind günstig. Wir waren die gefährlichen Fels-Inseln der *Abrolhos* (Oeffne die Augen, *abra os olhos*) vorbey geschifft, und konnten jetzt die Richtung gerade auf *Cabo Frio* nehmen. Unter 22° 23′ südlicher Breite beobachtete ich eine zweyte Art von Seeblase (*Physalis*), die weit kleiner als die gewöhnliche Art ist, und nichts rothes in ihrer Färbung hat; es ist ohne Zweifel die, welche Bosc im zweyten Bande seiner *Histoire naturelle des Vers*, *Tab.* 19 abgebildet hat. Dieses Thier fand sich in grofser Menge. Die Hitze wurde jetzt am Mittage in dieser Region des Meeres immer drückender; von einer Tasse Thee gerieth man sogleich in starke Transpiration. Dagegen waren die Nächte bey hellem Mondschein und dem Glanz der Sterne, welche vorzüglich hell und heiter strahlten, von angenehmer Temperatur. Die Anzeigen des nahen Landes nahmen nun immer mehr zu: Fucus, Pflanzen, Holz und dergleichen zeigten sich in Menge, bis wir am Nachmittage des 14ten die Küste wieder erblickten und deutlich vor uns das Vorgebürge *Cabo Frio* mit einer kleinen vorliegenden Felsen-Insel erkannten. Laut und lebhaft äufserte sich die allgemeine Freude; denn wir waren heute seit unserer Einschiffung zu *Gravesend* an der Themse schon 70 Tage in See, und hatten bis *Rio de Janeiro* nur noch eine kurze Reise zu machen. Gegen Morgen umsegelte der *Janus* mit günstigem frischem Winde *Cabo Frio*, und am 15ten July waren wir im nahen Angesicht der Südküste von Brasilien, da das Vorgebürge die Südküste von der Ostküste trennt. Der frische günstige

Wind bewegte stark das Meer, welches hier, wie an den Küsten von
Europa schon die hellgrüne Küstenfarbe angenommen hatte. Die Berge
von Brasilien, von den schönsten abwechselndsten Formen, alle grün
mit jetzt eben mannigfaltig beleuchteten schönen Waldungen bedeckt,
die sich in ununterbrochener Reihe längs der Küste hinziehen, versetzten
uns sämmtlich in eine ungemein fröhliche Stimmung; wir mahlten uns
im Geiste schon jene neuen noch nie gesehenen Scenen aus, und
erwarteten mit Sehnsucht den Augenblick der Ankunft. Die Urgebürge,
an denen wir hinsegelten, haben die mannigfaltigsten Bildungen; oft
sind sie kegel- oder pyramidenförmig; Wolken waren auf ihnen gelagert und ein leichter Nebel oder Dunst gab ihnen eine angenehme sanfte
Färbung. Am Mittage hatten wir im Schatten bey sehr schwachem
Winde 19° REAUMUR ($74\frac{3}{4}$ FAHRENHEIT) Wärme. Bey einer bald darauf
eingetretenen Windstille, die uns bis zum Abend aufhielt, stand um
9 Uhr das Thermometer auf 17° REAUMUR; etwas später erhob sich der
Wind hinlänglich stark, das Schiff segelte schnell, und am folgenden
Morgen befanden wir uns vor dem Eingange in das grofse Binnenwasser
von *Rio de Janeiro.*

    Bey einer von neuem eingetretenen Windstille lagen wir eine Zeit
lang auf ein und derselben Stelle, wurden aber von der bewegten See stark
geschaukelt. Nahe vor uns hatten wir die Oeffnung in der Küste, die
nach der Königsstadt *Rio de Janeiro* führt; eine Menge kleiner Fels-Inseln
liegt darin zerstreut, von denen einige durch sehr ausgezeichnete Formen
auffallen, und mit den entfernteren Gebürgsmassen der Küste eine höchst
mahlerische Ansicht gewähren. Die dem zweyten Abschnitte beygefügte
Vignette liefert davon ein treues Bild, die Sonne geht auf und beleuchtet mit ihren kräftigen Strahlen den glänzenden Spiegel des bey der
Windstille glatten ruhigen Meeres, so wie die sich zu beyden Seiten in
mahlerische Perspektive verlierenden Gebürge. Unter ihnen zeichnet sich

zur Linken der sogenannte Zuckerhut (*Pào d'assucar*) durch seine kegel-förmige Gestalt besonders aus, und zur Rechten gewahrt man ihm gegen-über in der Ferne die Landspitze, auf welcher zum Schutze der Haupt-stadt das Fort *Sta. Cruz*, eine kleine aber starke und mit vielen Kanonen versehene Festung, erbauet ist.

Da sich der Wind gegen 11 Uhr äußerst leise erhoben hatte, so rückte das Schiff kaum bemerkbar vorwärts, wiewohl man ihm durch alle Segel zu helfen suchte. Diese Zeit der Unthätigkeit beschlossen wir zu benutzen, um durch die Untersuchung einer jener Fels-Inseln die erste nähere Bekanntschaft des brasilianischen Bodens zu machen. Der Capitain ließ das Boot in See setzen, nahm einige Matrosen mit, und drey der Passa-giere, worunter auch ich mich befand, begleiteten ihn. Man ruderte vorwärts, ohne zu bemerken, daß unser Boot sehr stark Wasser zog, indem es immer am Hintertheile des Schiffes aufgehangen, durch die Hitze der Sonnenstrahlen stark ausgetrocknet war. Als wir eine halbe Stunde heftig gegen die hochschwellende See gearbeitet hatten, sahen wir uns genöthigt, das eingedrungene Wasser auszuschöpfen; da es uns aber an Schöpf-Instrumenten fehlte, so blieb nichts übrig als die Schuhe auszu-ziehen und mit ihnen dies Geschäft zu verrichten. Das hohe Anschwellen der See hatte das Schiff unsern Augen entzogen; wir erreichten indeß nach zweymaligem Ausschöpfen des Bootes mit unsern Nothschaufeln glücklich die *Ilha raza* (die flache Insel zum Unterschied von der hohen, *Ilha rotunda* so genannt), wo wir zu landen wünschten. Leider zeigte sich aber bey unserer Ankunft an dieser wüsten Insel die Unmöglichkeit, das Ufer zu ersteigen; denn rings umher waren steile, gebrochene, bunte Felsen, woran eine Menge Fleischgewächse ein wahres Wurzel-und Zweignetz verbreiteten; die ungestüme mit weißem Schaum hoch aufspritzende Brandung tobte so heftig, daß wir voll Ehrfurcht uns begnügen mußten, die schönen Baumformen in dem auf der Fläche der

Insel dicht verflochtenen Gebüsche aus der Ferne zu bewundern, und uns über den zu uns herüberschallenden Gesang der Vögel zu erfreuen. Völlig neu und interessant war uns dieser Anblick der ersten Tropen-Insel. Auf den Felsspitzen standen paarweise in grofser Menge die weifsen Möven mit schwarzen Rücken, welche völlig unserer *Larus marinus* an den europäischen Meeren gleichen. Wir schossen häufig nach ihnen, ohne eine davon zu erlegen; denn bey unsern ersten Schüssen hatten sie sich alle hoch in die Luft erhoben, wo sie uns gleich Schwalben umflogen, und ihre Stimmen hören liefsen. Nach einem Aufenthalt von etwa einer Stunde entfernten wir uns wieder von der Insel und sahen uns nach dem Schiff um; allein dieses war nun nicht mehr sichtbar. Unsere Lage ward jetzt bedenklich; denn es herrschen in dem Eingange dieses grofsen Binnenwassers von *Rio* Strömungen in der See, welche die Schiffe unbemerkbar von ihrer Bahn seitwärts abziehen, und wodurch schon mehrere gescheitert sind (*). Unsere Matrosen mufsten gegen die hohe angeschwollene See heftig arbeiten, ohne die Richtung des *Janus* bestimmt zu wissen. Wir arbeiteten aus allen Kräften mit, schöpften wieder ein paarmal das Wasser mit unsern Schuhen aus dem Boote, und hatten endlich das Glück über den hohen

(*) Die Strömungen im Eingange des Busens von *Rio* werden den Schiffen bey eintretender Windstille oft gefährlich. Kurz vor meiner Ankunft hatte sich ein merkwürdiger Fall dieser Art daselbst zugetragen. Ein amerikanisches Schiff lief ein, und gleich darauf ein englischer Caper; der Amerikaner zögerte lange auszulaufen, mufste aber endlich absegeln, und der Engländer wollte ihm sogleich folgen, um ihn zu nehmen. Nach den Hafengesetzen von *Rio* ist den Schiffen eine Frist von drey Stunden vergönnt, ehe ein feindliches Fahrzeug ihnen folgen darf. Der Engländer mufste daher drey Stunden verstreichen lassen, dann aber zog er alle Segel auf und eilte nach. Kaum war er in die Gegend der *Ilha rotunda* gekommen, als eine völlige Windstille eintrat; die Strömung warf nun das Schiff mit grofser Gewalt an den Felsen; es scheiterte und gieng mit aller Mannschaft zu Grunde, während der Amerikaner schon längst in offener See war.

Wellen, die Spitzen der Masten des *Janus* zu entdecken. Nach einer langen anstrengenden Arbeit erreichten wir endlich das Schiff, auf welchem man auch in Besorgniſs um uns gerathen war. Wegen des schwachen Windes rückten wir nur äuſserst langsam fort, ankerten aber dennoch, als der Abend kam, schon in dem stark verengten Eingange des groſsen Busens von *Rio de Janeiro*, der vor Zeiten von den hier wohnenden Stämmen der Urbewohner *Ganabara* genannt wurde. Dieser Eingang ist imponirend und äuſserst mahlerisch. Zu beyden Seiten erheben sich hohe schroffe Felsgebürge, denen der Schweiz ähnlich, mit mancherley sonderbar gestalteten Kuppen und Hörnern, die zum Theil ihre eignen Nahmen haben. Unter ihnen belegt man zwey gepaarte Spitzen mit dem Nahmen der *Duos Irmaos* (der beyden Brüder), eine andere wird von den Engländern *Parrotbeak* (Papageyschnabel) genannt, und weiter hinein liegt der hohe *Corcovado*, welchen man von *Rio* aus besteigt, um eine weite Uebersicht der ganzen schönen Gegend zu erhalten. Als wir etwa eine englische Meile von dem Fort den Anker geworfen hatten, durchspäheten unsere Blicke die neue groſse uns umgebende Natur. Die hohen Zackengebürge sind zum Theil mit Wald bedeckt, aus dessen dunklem Grün stolz und schlank die Cocospalmen empor steigen. Wolken lagen Morgens und Abends auf jenen ansehnlichen Urgebürgen und verschleyerten ihre Gipfel; an ihrem Fuſse brandete weiſsschäumend die See, und verursachte ein Geräusch, das wir von allen Seiten rund um uns her die ganze Nacht hindurch vernahmen. In dem Schimmer der untergehenden Sonne erblickten wir auf dem Spiegel des Meeres Schaaren sehr schön gefärbter Fische, deren prächtig rothe Farbe einen seltenen Anblick gewährte. Seetang (*Fucus*) und einige Mollusken, die wir fischten, beschäftigten uns bis die einbrechende Nacht und der in dieser Zone der Erde gewöhnliche heftige Thau, uns vom Verdecke in den Raum des Schiffes hinab

nöthigten.   Als wir aber im Begriffe waren, uns zur Ruhe zu begeben,
rief uns ein fernes Schiefsen wieder aufs Verdeck.   Im Hintergrunde
des Meerbusens, da, wo wir wegen einer Menge grofser Schiffe die
Lage von *Rio de Janeiro* vermuthet hatten, überraschte uns nun in
der Dunkelheit der Nacht ein wahrhaft prachtvoller Anblick — ein
schönes grofses Feuerwerk. — Der nächste Morgen ward nunmehr mit
Ungeduld von uns erwartet; auch lichteten wir, als kaum die Sonne
ihre ersten heifsen Strahlen verbreitete, die Anker, und segelten mit
einem mäfsigen Winde dem Hafen zu.   So viel unserer waren, vereinten
wir uns alle fröhlich auf dem Verdeck; stolz wehete über unsern Köpfen
die englische Flagge und alle Segel waren majestätisch aufgeschwellt.
Ein Boot nahete sich mit acht indischen Ruderern (*), und brachte
zwey Piloten, um den *Janus* zur Stadt *Rio* vor Anker zu führen.   Sie
überreichten uns als Proben ihres schönen Landes, köstliche Orangen,
die uns um so viel willkommener waren, da wir nun in den 72 Tagen
unsrer Seefahrt keine frischen Früchte genossen hatten.   Jetzt segelten
wir von einem Ufer zum andern in den engen Eingang des Busens,
immer weiter nach der Stadt hinauf.   Prachtvoll schwanden die Gebürge
an beyden Ufern dahin; wir sahen niedliche Wohnungen mit freundlich
rothen Dächern in von dunklem Gebüsch beschatteten Bergschluchten
liegen, aus welchen schlanke Cocospalmen emporstiegen; Schiffe segelten
hin und her, kleine Inseln wurden zurückgelegt, unter welchen sich
eine auszeichnet, auf welcher VILLEGAGNON das Fort *Colligny* erbaut
hatte, und welche noch seinen Nahmen trägt; im Jahr 1560 wurden die
Franzosen von da vertrieben.   Von hier übersieht man einen weiten
Theil des grofsen Busens von *Rio*, welcher in blauer Ferne rund umher

---

(*) Indier (*Indios* nennen die Portugiesen alle Urbewohner von Brasilien, so wie man
überhaupt fälschlich alle amerikanische Völkerstämme, in allen Theilen dieses weiten Continents, Indianer oder Indier zu nennen pflegt.

von hohen Gebürgen eingefaßt ist, worunter die *Serra dos Orgâos* (das Orgelgebürge) durch die merkwürdigsten den schweizerischen ähnlichen Kegelhörner sich auszeichnet. Mancherley niedliche Inseln liegen in diesem schönsten und sichersten Hafen der neuen Welt, dessen Eingang an beyden Seiten durch starke Batterien vertheidigt wird. Gerade gegenüber ist man hier der Stadt *Rio de Janeiro* oder eigentlich *S. Sebastiam*, die auf mehreren Hügeln unmittelbar am Ufer erbaut ist, und mit ihren Kirchen und Klöstern auf den Höhen einen angenehmen Anblick gewährt. Den nahen Hintergrund der Stadt bilden schöne mit Wald bedeckte grüne Gebürge von ziemlich kegelförmiger oben abgerundeter Gestalt; sie verschönern unendlich die Landschaft, deren Vordergrund durch eine Menge Schiffe aller Nationen belebt wird. Hier herrscht reges Leben und mannigfaltige Thätigkeit; Boote und Canots fahren hin und her, und die kleinen Küstenschiffe der benachbarten Häfen füllen den Raum zwischen den majestätischen Dreymastern der europäischen Völker.

Kaum hatte unser Schiff geankert, als wir schon von mehreren Booten umlagert wurden; eines derselben führte Soldaten, die sogleich das Verdeck besetzten; die Bedienten der *Alfandega* (Zollbeamten) stellten sich ein; auch erschien eine Gesundheits-Commission, welche den Gesundheits-Zustand der Angekommenen, und Offiziere, welche unsere Pässe untersuchten; endlich ward das Schiff von einer Menge Engländer angefüllt, welche nach Neuigkeiten aus dem Vaterlande verlangten. Leicht schwand uns nun am Bord unseres Schiffes der letzte Abend, nach einer Gefangenschaft von zwey und siebenzig Tagen, und während wir uns bey heiterem Mondschein und einer stillen angenehm warmen Temperatur bis spät in die Nacht auf dem Verdeck unterhielten, konnten wir uns gegenseitig die ungeduldigen Erwartungen für den kommenden Tag nicht bergen. Unsere Einbildungskraft beschäftigte sich mit den lebhaftesten Bildern der nahen Zukunft, und doch

4

konnte ich dabey nicht ohne Interesse auf die jetzt in Ruhe versetzten hohen Masten des guten Schiffs zurücksehen, welches uns so sicher und nach so manchen glücklich überstandenen Prüfungen aus fernen Landen herüber geführt hatte. Der Reisende, welcher auf dem unermeſslichen Ocean für eine lange Zeit seine Heimath in einer solchen künstlichen Arche gefunden hat, fühlt gegen sie eine gewisse Dankbarkeit, wenn er sie verlassen soll und dem rohen aber biederen Seemann, der so lange seine Stütze war, wünscht er herzliches Lebewohl, und Glück zu den weiteren Zügen auf jenem unsicheren trügerischen Elemente, dem er sein Leben gewidmet hat.

Ansicht der Einfahrt in den Busen von Rio de Janeiro.

Reise des Prinzen von Neuwied in Brasilien I. B. 2.

II.

Aufenthalt in Rio de Janeiro.

Die Stadt und ihre Umgebungen. Die Indier zu *S. Lourenzo*. Anstalten zur Reise ins Land.

Rio de Janeiro, welches in der letzten Hälfte des siebenzehnten Jahrhunderts nur 2500 Einwohner mit etwa 600 Soldaten zählte (*), hat sich nun zum Range einer der ersten Städte der neuen Welt erhoben. Da man schon mehrere Schilderungen dieser Hauptstadt besitzt, so würde es unnütze Wiederholung seyn, wenn ich mich auf eine förmliche Beschreibung derselben einlassen wollte. BARROW, der angenehme Reisebeschreiber, gab eine ziemlich anschauliche Idee von ihr; man findet aber jetzt die Ansicht im Ganzen sehr verändert, da mit dem Könige beynahe 20000 Europäer aus Portugal einwanderten, welches die natürliche Folge hatte, daſs nun brasilianische Gebräuche den europäischen weichen muſsten. Verbesserungen aller Art wurden in der Hauptstadt vorgenommen: sie vorlor viel von ihrer Originalität, und ward hierdurch europäischen Städten ähnlicher. Freylich befremdete es den neuen Ankömmling, unter den zahlreichen, in den Straſsen

(*) SOUTHEY's *History of Brazil.* *Vol. II. p.* 667.

sich drängenden Menschen den gröfsern Theil schwarz oder gelbbraun
gefärbt zu sehen: denn *Rio* zählt unter seiner beträchtlichen Volksmenge
mehr Neger und farbige Leute als Weifse.   Mancherley Nationen werden
hier durch den Handel vereint, und aus ihrer Verbindung entspringen
wieder mancherley neue Blendlinge.   Den vorzüglicheren Theil der
Bewohner aller portugiesisch-brasilianischen Staaten machen ächte europäische Portugiesen aus, *Portuguezes* oder *Filhos do reino*, ferner *Bra-
zileiros* (Brasilianer oder Portugiesen in Brasilien geboren, von mehr
oder weniger reiner Abkunft), *Mulatos* (Mulatten, aus der Vermischung
der Weifsen mit Negern), *Mamaluccos* (Mamelucken, von Weifsen und
Indiern, sonst auch Mestizen genannt), *Negros* (ächte Neger aus Afrika,
auch *Muleccos* genannt), *Creolos* (Creolen, von Negern in Brasilien
geboren), *Caribocos* (vom Neger und Indier), *Indios*, reine Indier oder
Urbewohner von Brasilien, unter denen man die civilisirten *Caboclos*
nennt, und die noch im rohen Urzustande lebenden mit dem Nahmen der
Gentios, *Tapuyas* oder *Bugres* belegt.

Von allen diesen Farbenvarietäten kommen Proben in *Rio de
Janeiro* vor, jedoch von den *Tapuyas* nur einzeln, als Seltenheiten.
Dieses merkwürdige Gemisch siehet man bey dem ersten Eintritte in
die Strafsen der Stadt mannigfaltig beschäftigt, so wie neben ihnen auch
alle europäische Nationen.   Sehr zahlreich sind hier die Engländer,
Spanier und Italiener; Franzosen wandern jetzt aus ihrem Vaterlande in
Menge dorthin aus; in geringerer Anzahl findet man Deutsche, Hollän-
der, Schweden, Dänen und Russen.   Neger, zum Theil mit halbnacktem
Körper, ziehen schwere Lasten, und durch diese nützliche Menschen-
Klasse werden alle Kaufmannsgüter vom Hafen in die Stadt geschafft; sie
tragen vereint zu zehn und zwölf, durch Gesang oder vielmehr Geheul
sich im Tacte haltend, schwere Lasten an grofsen Stangen.   Der Karren
bedient man sich nie um Waaren fortzuschaffen; dagegen sieht man

Kutschen und andere von Maulthieren gezogene Fuhrwerke, welche die, im allgemeinen schlecht gepflasterten, aber mit Trottoirs versehenen Straßen durchkreuzen. Die Straßen durchschneiden sich meistens in rechten Winkeln; die Häuser sind größtentheils niedrig von ein oder zwey Stockwerken. Doch giebt es in einigen Theilen der Stadt ansehnliche Gebäude, besonders in der Nähe des Hafens, der *Rua direita* und in der Gegend des nicht besonders prächtigen aber schön gelegenen königlichen Pallastes, wo man nach dem Meere hin eine herrliche Aussicht hat. Zu den vorzüglicheren Gebäuden gehören besonders die zahlreichen Kirchen, welche innerlich zum Theil prächtig verziert sind; Kirchenfeste, Processionen und ähnliche Feyerlichkeiten fallen hier häufig vor, und man hat die sonderbare Gewohnheit, bey allen Gelegenheiten der Art, in den Straßen vor den Kirchthüren Feuerwerke unter heftigem Geknalle und Geprassel abzubrennen.

Rio besitzt ein ziemlich ansehnliches Opernhaus, eine italienische Oper und französische Ballettänzer. Ein bedeutendes Werk ist der Aquäduct, und vorzüglich angenehm der Spaziergang nach der Höhe, von welcher derselbe in die Stadt hinabläuft; herrlich ist von dort aus die Aussicht in den Hafen, und auf die in einem Thal-Einschnitte ausgebreitet liegende Stadt, aus welcher Cocospalmen (*Cocos butyracea*) emporsteigen. Auf der Landseite ist die Stadt von einigen mit Mangle-, oder wie die Portugiesen sagen Mangibäumen (*Rhizophora*) bewachsenen Sümpfen umgeben, welche Nachbarschaft, so wie überhaupt ihre Lage, nicht sehr günstig für die Gesundheit der Bewohner seyn soll.

Der Europäer, welcher sich zum erstenmal in diese tropischen Regionen verpflanzt sieht, wird von allen Seiten durch die Schönheit der Natur und besonders durch die Ueppigkeit und Fülle der Vegetation angezogen. In allen Gärten wachsen die herrlichsten Bäume, zum Beyspiel hohe colossale Mangostämme (*Mangifera indica*, Linn.), die dunkeln Schatten

und eine angenehme Frucht geben, hohe schlanke Cocospalmen, Bananenbäume (*Musa*) in dichten Gruppen, dunkelgrüne Orangenwäldchen
mit goldnen Früchten beladen, Melonenbäume (*Carica*), die prachtvolle
scharlachroth blühende Erythrina und andere mehr. Diese und manche
andere treffliche Gewächse in den nächsten Umgebungen der Stadt verschaffen eine Menge angenehmer Spaziergänge; auch bieten diese schönen
Gebüsche der Bewunderung der Ausländer noch nie gesehene Vögel
und Schmetterlinge dar, unter denen ich nur die vergoldeten Colibris
als die bekanntesten nennen will. Herrlich sind ferner die Spaziergänge
am Strande des Meeres, und der Anblick der aus fernen Weltgegenden
in dem Hafen glücklich anlangenden Schiffe; auch darf ich des *Passeio
publico*, eines von Bäumen beschatteten Platzes mit Gängen und einer
Terrasse am Ende, zu erwähnen nicht vergessen. Bis jetzt hat in Brasilien
die Natur mehr gethan, als der Mensch; jedoch ist seit der Anwesenheit
des Königs schon viel zum Vortheil des Landes geschehen. Besonders
hat *Rio* viele Verbesserungen erhalten; hierhin gehören vorzüglich
manche Anordnungen zu Begünstigung eines sehr thätigen Handels, auf
welchen jedoch zum Schaden der Unterthanen Großbrittanien zu starken
Einfluß hat: denn selbst die Schiffe der Portugiesen müssen mehr Abga-
ben entrichten als die brittischen. Indessen hat der Umlauf bedeutender
Summen den Wohlstand der Stadt sehr gehoben, und hiezu trägt der
Aufenthalt des Hofes nicht wenig bey; der Hof selbst ernährt eine große
Menge Menschen; dabey haben die Gesandten der europäischen Höfe und
andere dadurch herbeygezogene Fremde, einen bedeutenden Grad des
Luxus unter den verschiedenen Classen der Bewohner verbreitet. Trach-
ten und Moden sind völlig die unserer europäischen Hauptstädte; auch
findet man schon so viele Künstler und Handwerker aller Art aus allen
Ländern, daß man in wenigen Jahren nicht leicht etwas von dem
vermissen wird, was zu den Annehmlichkeiten des Lebens gehört.

Hierzu kommt der Reichthum an Früchten und anderen Erzeugnissen jeder Art, welche das vortreffliche Clima hervorbringt, und die nur der Mensch durch Fleifs, Wartung und Veredlung mufs zu schätzen und zu gebrauchen wissen. Orangen, Mangos, Feigen, Weintrauben, Goyaven (*Psidium pyriferum*, Linn.), Ananas (*Bromelia Ananas*, Linn.) gedeihen zu einer seltnen Vollkommenheit; die Bananen (*Musa*) hat man von mehreren Abarten, besonders die von *S. Tomé* und die *Banana da terra*, welche man für noch gesünder hält: beyde sind sehr nahrhaft und wohlschmeckend; die Cocosnüsse mit ihrer erfrischenden Milch; die Jacas (*Artocarpus integrifolia*) mit widerlich süfsem Geschmack; die *Melancias* (Wassermelonen), die Nüsse des Sapucaya-Baums (*Lecythis Ollaria*, Linn.), die der brasilianischen Fichte (*Araucaria*) und andere Früchte werden auf den Strafsen zu allen Stunden zum Verkauf angeboten: das Zuckerrohr soll ursprünglich besonders in der Gegend von *Rio* wild gefunden worden seyn. Eben so reich sind die Märkte an Fischen verschiedener Art, von den sonderbarsten Gestalten und den schönsten Farben; Geflügel, so wie mancherley vom Jäger verkauftes Wildpret, vermehren den Ueberflufs. Von den Hühnern hat man hier eine Race mit gelben Füfsen und Schnäbeln, die aus Afrika gekommen seyn soll. Ein jetzt bedeutend zahlreiches Militär ernährt ebenfalls viele Menschen. Der Unterschied zwischen den von Portugal herüber geschifften Truppen, die unter Wellington in Spanien gefochten hatten, und jenen, welche in Brasilien errichtet worden sind, ist sehr auffallend. Ein militärischer Anstand zeichnet die erstern aus; die letztern sind durch das warme Clima weichlicher und gemächlicher, und lassen sich vom Exercierplatz ihre Gewehre durch Negersclaven nach Hause tragen.

Von einem Reisenden, der sich nur eine kurze Zeit in dieser Stadt aufgehalten hat, wird man keine vollendete Schilderung derselben und ihrer Bewohner verlangen; denn hierzu ist eine längere Beobachtung nöthig und falsche übereilte Angaben würden in einem solchen Gemählde unvermeidlich seyn und seine Zuverläfsigkeit sehr gefährden. Gewifs haben wir indessen in kurzem von den vielen gegenwärtig dort lebenden Europäern interessante Darstellungen dieser Königsstadt zu erwarten.

Ich trat im Winter des tropischen Clima's in *Rio* ans Land, bey einer Temperatur, die der Hitze unserer wärmsten Sommermonate gleich war, und erwartete Regen in diesem amerikanischen Winter; allein ich hatte mich zu meiner Freude geirrt: es regnete nicht; ein Beweis, wie ungegründet die gemeine Sage ist, dafs es in dem heifsen amerikanischen Clima in der kalten Jahreszeit beständig regne. Meine Empfehlungsbriefe verschafften mir in einigen Häusern sehr zuvorkommende Aufnahme. Ich mufs hier mit innigem Dankgefühle des schwedischen General-Consuls WESTIN, des russischen Consuls VON LANGSDORF, des englischen Chargé d'affaires CHAMBERLAIN, und des russischen SWERTSKOFF erwähnen. Diese Herren bestrebten sich um die Wette, mir meinen Aufenthalt angenehm zu machen, und mein Landsmann, der Ingenieur-Major FELDNER, überhäufte mich mit Beweisen seiner Güte. Ihnen verdanke ich mehrere unterhaltende Landparthien, welche mich die schöne Gegend um *Rio* kennen lehrten. Unter diesen war eine für mich vom höchsten Interesse, da sie mir die erste Ansicht der Urbewohner Brasiliens verschaffte. Das Dörfchen *S. Lourenzo* ist in der Nähe von *Rio de Janeiro* der einzige Ort, wo sich noch Ueberreste der ehemals so zahlreichen eingebornen Stämme dieses Landes erhalten haben. Um diese näher kennen zu lernen, verliefsen wir in angenehmer Gesellschaft die Stadt, geführt von dem der Gegend kundigen Capitain PERREIRA, und überschifften einen Theil des Busens von *Rio*. Das schönste Wetter begünstigte uns und jeder Augenblick brachte mir Freude durch die neuen Ansichten und Naturscenen, wozu die reizenden Gebüsche an den Ufern, die aus den schönsten Formen zusammen-

gesetzt, von dem lieblichsten Colorit belebt, und durch die grellsten
Lichter gehoben sind, unendlich viel beytrugen. Wir landeten unweit.
S. Lourenzo und erstiegen mäſsige Höhen auf einem Pfade, der durch
dunkles Buschwerk von den schönsten Gewächsen hinauf führt. Lantanen
(*Lantana*) mit ihren feuerfarbenen, hochrothen oder rosenrothen Blu-
menköpfchen bilden hier, mit Helikonien (*Heliconia*) und anderen zierlichen Pflanzen gemischt, ein dichtes Gesträuch. Auf der Höhe liegen
die Wohnungen der Indier zerstreut in Wäldchen von finster-schattigen
Orangen-, Bananen-, Melonen und anderen Bäumen, die mit herrlichen
Früchten beladen sind. Hier würde der Mahler Gelegenheit haben, seinen Pinsel an der tropischen Pflanzenfülle und an den ländlichen Scenen
einer erhabenen Natur zu vervollkommnen. Wir fanden die Bewohner
in ihren Hütten sämmtlich mit Verfertigung irdener Geschirre aus einer
dunkelgrauen Thonart, die sich nachher röthlich brennt, beschäftigt.
Sie bereiten daraus groſse Gefäſse, blos mit den Händen, ohne Töpfer-
Scheibe, und glätten sie mit einer kleinen Seemuschel, die sie mit dem
Munde anfeuchten; Jung und Alt saſs dabey auf der Erde. Die Männer
arbeiten im Dienste des Königs auf den Schiffen. Der gröſste Theil dieser
Menschen hat noch unverkennbar seine ächt indische Gesichtsbildung,
andere hingegen schienen schon etwas vermischter Abkunft. Die unter-
scheidenden Züge der brasilianischen Menschenraçe, die ich hier zuerst
beobachtete, später aber immer bestätigt fand, sind ein mäſsig groſser,
öfters kleiner, wohlgewachsener Körper, bey den Männern untersetzt
und muskulös; eine röthlich oder gelblich braune Farbe; ein sehr starkes,
hartes, langes, kohlschwarzes, schlichtes Haar; ein breites, etwas stark
knochigtes Gesicht, oft mit etwas schief gestellten Augen, jedoch häufig
wohlgebildet, mit starken Zügen und meist etwas dickem Munde; Hände
und Füſse klein und zierlich; bey den Männern ein gewöhnlich dünner,
harter Bart.

Die wenigen hier wohnenden Indier machen den ganzen Ueberrest
der alten, zahlreichen Bevölkerung dieser Gegend aus; doch ist diese
nicht eigentlich ihre Heimath.   Ursprünglich war *Rio* und die umliegende
Gegend von dem kriegerischen Stamme der *Tamoyos* bewohnt.   Diese,
von den *Tupin-Imba* (die Portugiesen nennen sie *Tupinambas*) zum Theil
verdrängt, verbanden sich nachher mit jenen gegen die Portugiesen,
und schlossen sich mit ihnen an die Franzosen an, bis sie endlich auch
bey der Vertreibung der letztern im Jahr 1567 aus dieser Gegend, von
den Portugiesen und den mit diesen vereinten Indiern zum Theil ausgerottet, zum Theil in die Wälder weiter zurückgedrängt wurden.   Diese
Tupinambas sollen, wie eine, jedoch kaum glaubwürdige Sage behauptet, quer durch die Urwälder bis zum Amazonenstrome gezogen seyn
und sich dort niedergelassen haben.   So viel ist aber gewiß, daß man
heut zu Tage an jenem großen Strome auf einer Insel am Ausflusse des
Madeira, in dem Flecken *Tupinambara*, aus welchem später der Ort
Topayos entstanden ist, einen Ueberrest dieses Stammes findet.   Man
kann hieraus auf die weite Verbreitung dieses Volkes schließen (*).
Ueber den Zustand, die Lebensart und Gebräuche der *Tupinambas* finden
wir die interessantesten Nachrichten in LERY und HANS STADEN's wahren und treffenden Schilderungen.   Diese Nachrichten bleiben um so
lehrreicher, da sie zugleich ein Gemählde aller dieser nun civilisirten
Stämme der Küsten-Indier, die von den Portugiesen heut zu Tage gezähmte

---

(*) Nach der Beschreibung des Pater D'ACUNHA bey DE LA CONDAMINE pag. 137. Die
Stämme der *Tupinambas* und der andern mit ihnen verwandten Küsten-Indier waren weit
verbreitet.   Dieses beweisen aus ihrer Sprache hergenommene Benennungen an der ganzen
Ostküste, am Amazonenstrome und selbst in *Paraguay*, wo sie AZARA mit dem Nahmen der
Guaranis belegt. Vol. II. p. 52. — Zwar findet sich in den Wörtern, welche dieser Schriftsteller aus der Guarani-Sprache hernahm, manche Abweichung von denen der *Lingoa geral*,
jedoch auch viel Uebereinstimmung, so daß beyde Völker einander wenigstens sehr nahe verwandt scheinen.

Indier oder *Indios mansos* genannt werden, darstellen. Southey in seiner gehaltreichen, und Beauchamp in seiner romanartigen Geschichte von Brasilien, haben diese Quellen benutzt. Vasconcellos (*) theilt, in seinen *Noticias curiosas do Brazil*, alle Stämme der Urvölker des östlichen Brasiliens in zwey Klassen, nehmlich in gezähmte oder civilisirte Indier, *Indios mansos*, und in *Tapuyas*, oder wilde Horden. Die erstern bewohnten, als die Europäer dies Land zuerst besuchten, blos die Seeküste; sie waren in viele Stämme getheilt, aber durch Sprache, Sitten und Gebräuche sehr wenig von einander verschieden. Bey ihnen herrschte der Gebrauch, die Gefangenen zu mästen, an einem festlichen Tage sie mit der Keule *Tacapé* oder *Iwera Pemme*, die mit bunten Federn geschmückt war, zu erschlagen, und sie alsdann aufzufressen. Unter ihnen nennt man die Stämme der *Tamoyos, Tupinambas, Tupinaquins, Tobayaras, Tupis, Tupigoáes, Tumiminos, Amoigpyras, Araboyaras, Rariguaras, Potigoares, Carijos* u. a. m. Von ihrer Sprache, die man, weil sie allen Küstenstämmen gemein war, die allgemeine Sprache *Lingoa geral* oder *matriz* nannte, haben uns die Jesuiten, besonders Pater José de Anchieta (**) eine sehr vollständige Grammatik hinterlassen. Ob nun gleich alle diese Indier heut zu Tage civilisirt sind, und portugiesisch reden, so verstehen sie doch, mehr oder weniger, noch immer einige Worte derselben, und manche Alte unter ihnen sprechen sie selbst noch ziemlich vollständig; allein mit jedem Tage verliert sich die Gewohnheit, sie zu reden, mehr und mehr. Aus dieser Sprache sind alle in den Reisebeschreibungen von Brasilien vorkommende Benennungen der Thiere, Pflanzen, Flüsse u. s. w. übrig geblieben. Da dieselbe von *S. Paulo* bis *Pará* längs der Küste geredet wird, so finden wir die darin üblichen Benennungen, hauptsäch-

(*) Noticias antecedentes, curiosas, e necessarias das Cousas do Brasil in Padre Simão de Vasconcellos Chronica da Companhia de Jesu do Estado do Brasil etc.
(**) Pater Joseph de Anchieta arte da Lingoa Brasilica. Lisboa etc.

lich die der Thiere, besonders in MARCGRAF's Naturgeschichte. Indessen sind durch die Aufnahme solcher Provinzial-Benennungen in den Systemen nicht selten schädliche Irrungen veranlaſst worden; denn obgleich in der Regel dieselben Nahmen in einem weiten Umkreise längs der Küste hin gelten, so kommen dennoch groſse Abänderungen darin vor, wie sich dies in der Folge meines Reiseberichts zeigen wird. Einige Beyspiele von Worten und Nahmen aus dieser Sprache sind: *Jaiiaréte* (*Felis Onca*, LINN.) *Tamanduá* (*Myrmecophaga*), *Pécari* (Schwein), *Tapiiréte* (*Tapirus americanus*, LINN.) *Cúia* (Cabasse) (*), *Tapyyia* (Barbar oder anderes feindseliges Volk), woraus man nachher *Tapuyas* gemacht hat, *Panacum* (ein länglichter Korb), *tinga* (weiſs), *uassú* oder *assú* (groſs), *miri* (klein) etc. Eben so haben die Portugiesen für die verschiedenen eſsbaren Gewächse und die daraus zubereiteten Speisen die alten indischen Benennungen angenommen und beybehalten. Sie essen z. B. den *Mingau* der alten Küstenstämme.

Daſs diese Sprache in Brasilien und in den angränzenden Provinzen Südamerika's weit verbreitet war, beweisen unter andern die Nahmen der Thiere, welche AZARA in seiner Naturgeschichte von *Paraguay* anführt. Sie sind aus der Sprache der *Guaranis* aufgenommen, stimmen aber mit denen der *Lingoa geral* zum Theil ganz überein.

Die erste Klasse der Indier (nach VASCONCELLOS Eintheilung) hat demnach ihre Lebensweise gänzlich verändert und dadurch ihre Originalität verloren. Anders ist es mit der zweyten, den *Tapuyas*; diese befinden sich noch unverändert in dem Urzustande der Rohheit. Durch

(*) Diese *Cuia's* sind Abschnitte von der Schaale einer gewissen Art Kürbis, die, ausgeleert und gesäubert, gute leichte Schüsseln, Näpfe zum Essen und Trinken geben. Ist der ausgehöhlte Kürbis noch ganz und stellt eine Flasche vor, so nennt man das Gefäſs *Cabaça*. Dieser Gebrauch, so wie das Wort *Cuia* stammt, wie schon gesagt, aus der *Lingoa geral*, und ward auch von den Europäern in Brasilien angenommen.

ihre Wohnplätze im Innern der grofsen Küstenwälder dem Auge und dem
Einflusse der europäischen Ankömmlinge entzogen, lebten diese rohen
Barbaren sicherer und ungestörter als ihre an der Küste wohnenden
Brüder, mit denen sie, wie mit den Europäern, in beständige Kriege
verwickelt waren. Sie theilen sich in viele Stämme, wobey es dem
Forscher sehr merkwürdig seyn mufs, dafs alle diese kleinen Horden
völlig verschiedene Sprachen reden. Ein einziger, sehr wilder Stamm
der *Tapuyas*, die *Uëtacas* (*) oder *Goaytacases*, wie die Portugiesen sie
nennen, wohnte zwar an der Ostküste zwischen den Völkern der *Lingoa*
geral, redete aber eine von der ihrigen völlig verschiedene Sprache,
lebte in beständigen Kriegen mit denselben, und ward auch von ihnen,
wie von den Europäern, gefürchtet, bis die in der Bildung jener rohen
Horden so erfahrenen Jesuiten durch Geduld, Muth und Ausdauer endlich
auch diesen wilden Stamm bändigten.

Das Dorf *S. Lourenzo* hatte MENDO DE SA 1567 bey der Erbauung
von *S. Sebastiam* (*Rio de Janeiro*) unter einem gewissen MARTIM
AFONSO für die Indier, welche sich in den verschiedenen Gefechten
gegen die Franzosen und die mit ihnen verbundenen *Tupinambas*, und
bey der Vertreibung derselben sehr tapfer gezeigt hatten, angelegt. Nach
dieser Zeit haben die Jesuiten neubekehrte *Goaytacases* dahin geführt,
um den Ort durch sie neu zu bevölkern. Die jetzt daselbst wohnenden
Indier stammen also von jenem Volke ab.

Nach dieser Abschweifung kehren wir zu den stillen Wohnungen
von *S. Lourenzo* zurück. Gatterwerk von Stäben, die Zwischenräume
mit Lehm ausgefüllt, bildet die Mauern der Hütten, deren Dächer mit
Cocosblättern gedeckt sind. Der Hausrath ist sehr einfach. Rohrmatten
(*Esteiras*), auf Pritschen von Stangen gelegt, vertreten die Stelle der

(*) LERY pag. 15.

Betten; hie und da sieht man auch noch Schlafnetze (*Rede*) von baumwollenen Schnüren geknüpft, die in den frühern Zeiten unter ihnen gebräuchlich waren.   Diese beyden Arten von Lagerstätten sind in ganz Brasilien
auch von den niedern Klassen der Portugiesen angenommen worden.
Grofse Töpfe, worin man das Wasser stets kühl erhält, *Talha* genannt,
sind hier, wie im ganzen Lande, im Gebrauch; sie werden von einer
Thonart gemacht, durch die das Wasser langsam sintert, an der äufseren
Seite des Gefäfses verdunstet, und so im Innern desselben abgekühlt wird.
Zu diesen Gefäfsen gehört alsdann eine durchgeschnittene, mit einem hölzernen Stiele zum Handgriffe versehene Cocosnufs als Schöpflöffel.   Einige
irdene Kochtöpfe (*Panellas*) und Cuias oder Kürbisschüsseln, als Teller zu
gebrauchen, so wie mehrere andere Kleinigkeiten des Anzuges, des Putzes
und etwa die Flinte oder der Bogen und Pfeile zur Jagd, machen den
übrigen Hausrath aus.

     Alle diese Leute leben zum Theil von ihren Mandiocca- (*Jatropha
Manihot*, Linn.) und Mays-(*Milho*) Pflanzungen, deren Beschreibung ich
nicht mehr zu geben brauche, da Koster und Mawe(*) davon sehr
ausführlich gesprochen haben.   Aufser diesen Gewächsen, die den eigent-
lichen Unterhalt der Brasilianer aller Nationen ausmachen, pflanzt man
um die Wohnungen her noch einige Gewürzsträuche (*Pimenteiras*).
Verschiedene Arten von *Capsicum*, wovon das mit länglichter, rother
Frucht *Malagueta*, und das mit runder, rother oder gelber Frucht
Pimenta di cheiro genannt wird, und Gebüsche von Ricinus (*Baga*(**)
mit ihren winklichten Blättern, umgeben das Haus und versorgen die
Haushaltung mit dem aus ihrem Saamen geprefsten Oele.   Unser Botaniker,
Herr Sellow, fand nahe bey den Wohnungen der Indier eine Art Kresse

---

(*) Koster giebt einen besondern Abschnitt für die Agricultur von Brasilien, und Mawe
spricht pag. 73 von den Mandiocca-Pflanzungen.

(**) Nach Koster in Pernambucco *Carrapato* genannt. p. 376.

(*Lepidium*) wild wachsend, die im Geschmacke unserer europäischen ähnlich ist, und von welcher die Indier behaupten, daſs sie ein gutes Mittel gegen Brustbeschwerden sey. Während Herr SELLOW Ausbeute in seinem Fache machte, erhielt ich einige hübsche Vögel, die uns die Indier, in hölzernen Käfigen eingeschlossen, zum Verkaufe anboten, unter andern die violet und orangegelbe Tangara (*Tanagra violacea*), welche in dieser Gegend von Brasilien *Gatturama* genannt wird.

Nach einem interessanten Aufenthalte zu *S. Lourenzo* traten wir den Rückweg an, und stiegen bald ohnfern dem Landhause des Herrn CHAMBERLAIN wieder ans Land. Dies Landhaus liegt in einer kleinen Felsenbucht, von lieblichen Gebüschen umgeben. Sie bestehen in Anpflanzungen von Orangen- und Cacaobäumen (*Theobroma*), an welchen die angenehme Frucht unmittelbar aus dem Stamme hervorwächst: hohe Mangobäume (*Mangifera indica*, LINN.), die unsere gröſsten Eichen übertreffen, beschatten in einer kleinen Schlucht eine kühle Quelle, und machen diesen Platz zu einem angenehmen Ruhepunkt. Am Ufer bewunderten wir die mancherley wilden Früchte, Schooten, Hülsen, Kapseln und Nüsse, worunter die groſse gurkenähnliche Frucht der vielästigen, ganz mit Stacheln überdeckten Bombax-Stämme besonders häufig ist. Auf dieser Baumart lebt, der Entdeckung des Herrn SELLOW zufolge, der prachtvolle Brillantkäfer (*Curculio imperialis*), eines der schönsten Insecten Brasiliens, über dessen merkwürdige Verwandlungsart wir von jenem Reisenden nähere Nachrichten zu erwarten haben. An den benachbarten Bergen zeigen sich, nahe an der Küste, äuſserst hohe Felswände mit groſsen Cactus-Stämmen und der *Agave fœtida* bewachsen, und an ihrem Fuſse erheben sich mahlerisch-dunkle Gebüsche. Auf dem Rückwege nach *Rio* sahen wir noch die *Armaçao das Baleïias* oder die Magazine für den Wallfischfang. Die Wallfische halten sich an den brasilianischen Küsten in Menge auf, man stellt ihnen aber jetzt zu sehr nach: vor

Zeiten kamen sie bis in das Binnenwasser von *Rio de Janeiro*, wie
LERY (*) erzählt.

So angenehm mir ein längerer Aufenthalt in der Hauptstadt hätte
seyn müssen, so lag es dennoch nicht in meinem Plane, hier lange zu
verweilen, da der Reichthum der Natur nicht in Städten, sondern in Feld
und Wald zu finden ist. Durch die Regierung, deren liberale Gesinnungen
sich in dem wohlwollenden Benehmen des alles Gute und Nützliche beför-
dernden Ministers CONDE DA BARCA höchst erfreulich offenbarten, unterstützt, ward ich in den Stand gesetzt, meine Anstalten zur Abreise schnell
betreiben zu können. Ich erhielt meine Pässe und Empfehlungs-Schreiben
an die verschiedenen General-Capitaine so günstig für mich ausgefertigt,
wie sie wohl schwerlich anderen Reisenden früher gegeben worden sind.
Die Obrigkeiten waren darin angewiesen, uns auf alle Art behülflich zu
seyn, unsere Sammlungen nach *Rio* zu besorgen, und uns, wenn wir
es fordern würden, mit Lastthieren, Soldaten und andern Leuten zu
unterstützen. Zwey junge Deutsche, die Herren SELLOW und FREYREISS,
welche Sprache und Sitte des Landes kannten, hatten sich mit mir zu
dem gemeinschaftlichen Zwecke verbunden, die Untersuchungsreise längs
der Ostküste nach *Caravellas* hinauf zu machen. Wir hatten 16 Maulthiere
angeschafft, deren jedes zwey hölzerne, mit roher Ochsenhaut überzogene,
und so gegen Regen und Feuchtigkeit geschützte Kisten trug, und zehn
Menschen, theils zur Wartung unserer Thiere, theils als Jäger in unsere
Dienste genommen. Alle waren bewaffnet, und so traten wir mit hinlänglicher Munition und allen zum Sammeln der Naturalien nöthigen Bedürf-
nifsen versehen, die ich zum Theil unnöthiger Weise aus Europa mitgebracht hatte, unsere Reise an.

(*) LERY pag. 92.

Brasilianische Jaeger.

Reise des Prinzen von Neuwied in Brasilien I. Bd. 3.

III.

Reise von Rio de Janeiro nach Cabo Frio.

Praya Grande, S. Gonzalves, Flufs Guajintibo, Serra de Inuá, See und Freguesia de Marica, Gurapina, Ponta negra, Sagoarema, Lagoa de Araruama, S. Pedro dos Indios, Cabo Frio.

Nachdem wir zu *S. Christoph*, einem kleinen Orte in der Nähe von *Rio*, die nöthigen Vorbereitungen zu unserer Abreise getroffen hatten, wurden unsere Thiere in einer grofsen Barke eingeschifft. Die Halsstarrigkeit der Maulthiere ist bekannt; auch uns kostete es viel Mühe, bis wir sie dahin brachten, den Sprung in die tiefe Barke zu wagen, und zwar um so viel mehr, da es in diesem Lande noch sehr an den nöthigen Vorrichtungen fehlt, um Lastthiere leicht in die Fahrzeuge zu bringen. Wir verliefsen *S. Christoph* am 4ten August, und durchschifften das grofse Binnenwasser von *Rio* bis nach dem Dorfe *Praya Grande*, wo wir um Mitternacht landeten. Alles lag hier in tiefem Schlafe. Wir fanden daselbst Neger, die sich unter freyem Himmel ohne Umstände in den Sand gebettet hatten: ein kleines Feuer verbreitete nothdürftige Wärme, und ihre nackten Körper waren nur mit einem dünnen baumwollenen Tuche bedeckt, welches sie vor dem starken Thau sehr wenig schützen konnte. Nach langer Bestürmung eines Wirthshauses

6

öffnete uns endlich der Wirth, in seinen Mantel gehüllt mit halb schla-
fenden Augen, die Thür.   Wir sahen uns genöthigt, uns den ganzen folgenden Tag hier aufzuhalten, da unsere *Tropa* (so nennt man eine vereinigte Anzahl Lastthiere) wegen des seichten Wassers erst spät am
Mittage ausgeschifft werden konnte.   Dies geschah wieder unter vielen
Schlägen, ohne welche die Maulthiere nicht zu dem gefährlichen Sprunge
aus der Barke zu bringen waren.   Ein Paar sehr geübte Treiber (*Tropeiros*), Mariano und Felippe, beyde Bewohner von *S. Paulo*, einer der
südlichen Capitanien von Brasilien, welche eine besondere Geschicklichkeit
in Behandlung der Maulthiere haben, leisteten dabey gute Dienste.

Wir verliefsen, von einigen unserer Freunde, die unsere Abreise
mit ansehen wollten, begleitet, am 6ten *Praya Grande* in der Hoffnung,
noch eine gute Strecke Weges zurück zu legen; allein wir fanden bald,
dafs es weit umständlicher und mühsamer ist, mit beladenen Maulthieren
zu reisen, als nach europäischer Art sein Gepäck auf Wagen fortzuschaffen.   Die Beschwerde war für uns um so gröfser, da die zum Theil
unbändigen Thiere, welche in der Eile zusammen gekauft worden, ihre
Sättel und ihr Gepäck noch nicht kannten: hier war ein Riemen, welcher
drückte, dort eine Last, die nicht recht gerade lag.   Kaum waren wir
aufgebrochen, so sahen wir zu unserm Kummer, aber auch zur grofsen
Belustigung der Zuschauer, beynahe alle unsere Thiere unter den seltsamsten Sprüngen angestrengte Versuche machen, sich ihrer Bürde zu entledigen.   Man läfst bey dergleichen Reisen seine Lastthiere, die sich bald
an einander gewöhnen, frey hinter einander hergehen; die unsrigen aber
liefen jetzt nach allen Richtungen ins Gebüsch, und vielen glückte es, ihre
Last abzuwerfen.   Wir waren genöthigt umher zu reiten, das abgewor-
fene Gepäck aufzusuchen und zu bewachen, bis unsere *Tropeiros* herbey
kamen und die Thiere von Neuem beluden.   Dieser Zeitverlust hinderte
uns heute, weit vorwärts zu kommen.   Wir erreichten nach ein Paar

Stunden eine hübsche, ebene, rundum von Gebüschen fein gefiederter Mimosen eingeschlossene Wiese, wo, um uns ans Lagern unter freyen Himmel zu gewöhnen, Halt gemacht wurde, obgleich Wohnungen in der Nähe waren. Unser Gepäck wurde zum Schutz vor feuchter Nacht-Luft in einem Halbkreis herum gestellt, und Ochsenhäute vor demselben zu unserm Lager ausgebreitet; in der Mitte zündeten wir ein hoch aufloderndes, helles Feuer an. Gegen den starken Thau dieses Clima's schützten wir uns durch dicke wollene Decken; unsere Mantelsäcke dienten zu Kopfkissen. Unser frugales Abendessen von Reis und Fleisch war bald zubereitet; einige Schüsseln, Löffel und andere nöthige Geräthschaften führten wir mit uns. Wir speisten unter dem herrlichen tropischen Sternenhimmel; unbeschreiblicher Frohsinn würzte das Mahl, und die benachbarten Pflanzer, die sich zur Ruhe nach ihren Wohnungen begebend an uns vorübergiengen, machten ihre Glossen über die seltsame Zigeunerbande (*). Um vor Diebstahl in diesen bewohnten Gegenden sicher zu seyn, hatten wir uns in Wachen abgetheilt. Meine deutschen Jagdhunde waren dabey von grossem Nutzen, denn sie rannten, bey dem leisesten Geräusch in der Nähe, mit heftigem Gebelle in der Dunkelheit muthig auf die Seite zu, woher das Geräusch kam. Die Nacht war herrlich, und wir sahen oft erfreut zum prachtvollen Himmel auf; in den Gebüschen rief das *Caburé* (eine kleine rostrothe Eule) an den uns umgebenden Lachen glänzten leuchtende Insekten, und die Frösche liessen leise sich hören. Der heitere Morgen verschaffte mir zum erstenmale einen Jagdzug, den ich bisher nur aus LE VAILLANT's so interessanten afrikanischen Schilderungen gekannt hatte. Unsere Decken und unser Gepäck war vom Thau wie von einem Regen durchnäfst; allein die früh schon heifs brennende Sonne trocknete es bald. Nach dem Frühstück ergriff jeder von

(*) Es soll in Brasilien Zigeuner geben, auch KOSTER redet davon pag. 399; ich habe indessen keine gesehen.

uns seine Flinte, und drang, mit allen Arten von Bley wohl versehen, in die umliegende schöne Gegend ein.   Die Gebüsche rings umher waren von einer Menge eben erwachender Vögel belebt, welche uns durch ihren Gesang auf die angenehmste Weise unterhielten.   Schlich man hier einer sonderbaren Stimme nach, so ward man dort durch das schöne Gefieder eines andern Vogels angezogen. In einem nahen Sumpfgebüsche erlegte ich bald ein niedliches Wasserhuhn (*Gallinula*), mehrere Arten von Tangara (*Tanagra*), ebenfalls vom schönsten Gefieder, und einen allerliebsten kleinen Colibri.   Als die Sonne schon heftig zu brennen anfieng, kehrte ich zu unserm Lagerplatze zurück.   Jeder Jäger zeigte nun vor, welche Schätze er erhascht.   Herr FREYREISS hatte unter andern schönen Vögeln die prächtig blaue Nectarinia cyanea (*Certhia cyanea*, LINN.) mitgebracht.

Man belud nun unsere *Tropa*.   Obgleich die Thiere noch nicht recht gewöhnt waren und noch zuweilen abwarfen, so ging es doch allmählich besser.   Unser Weg führte zwischen Bergen hin, an denen wir die herrlichste Vegetation bewunderten; Pflanzungen von Mandiocca, Zucker-rohr, Orangenbäumen, die hier kleine Wäldchen rings um die Wohnungen her bilden, wechseln mit kleinen Sümpfen.   Bananenstämme in dichten Gebüschen, Mammonbäume und hohe schlanke Cocospalmen zieren die einzelnen Wohnungen; prachtvolle buntfarbige Blumen blühen unter niederen Gebüschen, scharlachroth glühte die *Erythrina* mit ihren langen Röhrenblumen, sanft gelb mit grofsen Blüthen eine schöne Trompeten-blume (*Bignonia*), welcher Herr SELLOW den Nahmen *coriacea* beylegte. Mitten aus diesen Gesträuchen ragen *Cactus*, *Agave fœtida* und hohe Gebüsche einer fächerartigen Rohrart empor.   An den Wegen wächst, zuweilen 10 bis 12 Fufs hoch, das Blumenrohr (*Canna indica*, LINN.) mit seinen hochrothen Blumen, und mehr wie alle diese erfreut den Fremden der Anblick der *Bougainvillea brasiliensis*, eines etwas stachlichten, über und über mit sanftem Roth prachtvoll gefärbten, buschichten Baumes. Es ist jedoch nicht die Blume, sondern die großen, dieselbe bedeckenden Bracteen, welche diesen schönen Anblick gewähren.

Bewohner der Gegend in leichten Jäckchen von dünnem Sommerzeug, große runde flache Hüte auf dem Kopfe, ritten hin und her, und staunten uns an. Die Pferde, die man in Brasilien zieht, sind zum Theil sehr gut und leicht, von mittlerer Größe, ja selbst eher klein zu nennen, von spanischer Raçe, und haben mehrentheils ein schönes, ebenes Kreuz und schöne Füße. Die Sättel sind noch wie in der alten Zeit, groß, schwer, mit Bauschen versehen, mit Sammet überzogen und oft künstlich ausgenäht; an denselben befinden sich ein Paar schwere altfränkische Steigbügel von Bronze oder Eisen, welche durchbrochen gearbeitet sind; manche führen sogar einen vollkommenen Kasten oder Schuh von Holz, worinn der Fuß steht. Die Portugiesen sind überhaupt viel zu Pferde, und man trifft ganz gute Reiter unter ihnen an. Sie lieben außerordentlich den Paßgang und binden ihren Pferden gewiße Hölzer an die Füße, um sie an diesen Schritt zu gewöhnen. Wir durchritten das Dörfchen *S. Gonzalves*, welches eine kleine Kirche hat, und langten Nachmittags am Flüßchen *Guajintibo* an, wo wir bey einer einzelnen *Venda* (*) unser Lager aufschlugen.

Der *Guajintibo* ist ein kleiner Fluß, der in einer sanften sandigen Vertiefung sich durch dunkle Waldgebüsche hinschlängelt. Die Wiesenplätze versprachen gute Nahrung für unsere Thiere, und die Waldungen waren voll Vögel; daher wählten wir diese Stelle. Mit Anbruch des folgenden Morgens vertheilten sich die Jäger; ich eilte dem Ufer des Flusses zu, das von hohen, alten Mimosen beschattet war. Dieses Baumgeschlecht ist in den brasilianischen, so wie in allen tropischen Waldun-

---

(*) *Venda's* nennt man Häuser an den Landstraßen, Wegen und in den Orten selbst, worin verschiedene Bedürfnisse, besonders Lebensmittel und Getränke, verkauft werden.

gen sehr häufig anzutreffen. Ich entdeckte bald die schönsten Vögel; glühend roth zeigte sich in dem dunkeln Schatten des kühlen Flüſschens der prachtvolle Tijé (*Tanagra brasilia*, LINN.) der rothbraune Kuckuck (*Cuculus cayanus*, LINN.) mit seinem langen Schweif, und andere schöne Arten. Ich erlegte bald eine ziemliche Anzahl Vögel, und lernte dabey das Beschwerliche der hiesigen Jagd kennen; denn alle Gebüsche, besonders die Mimosen, sind voll kleiner Dornen und Stacheln, und die Schlingpflanzen (*Çipo's*) sind so dicht in einander und um die Stämme verflochten, daſs man ohne ein breites groſses Hack - oder Waldmesser (*Facào*) nicht in diese Wildnisse eindringen kann. Eben so nöthig als diese Hülfswaffe sind hier auch starke Stiefeln oder Jagdschuhe mit dicken Sohlen. Die kleine Art der Moskiten sind hier im Schatten am Ufer des Baches für den Jäger sehr lästig. Man nennt diese Thierchen Marui oder Murui (*Maruim*): sie sind äuſserst klein und verursachen dennoch durch ihren Stich ein sehr heftiges Jucken. Engländer haben mich versichert, daſs es dieselben Insekten sind, welche man auf den westindischen Inseln *Sandfly* nennt (*). Für die Beschwerde, die sie uns verursachten, wurden wir durch die Neuheit der Umgebungen und besonders durch die Schönheit der Vögel, die wir fanden, reichlich entschädigt. Auch trafen wir hier herrliche Pflanzen an, unter andern im Schatten eine hochroth blühende *Salvia*, welche Herr SELLOW *splendens* nannte, und eine schöne *Justicia* mit rosenrother Blume. Da es in den schattenreichen Gebüschen, ungeachtet der groſsen Hitze, vom nächtlichen Thaue immer noch sehr naſs war, so begab ich mich auf eine trockene offene Wiese, die mit niedern Sträuchen, besonders mit *Lantana* und der *Asclepias curassavica* mit ihren orangefarbenen Blumen bedeckt war. Hier schwirrten eine Menge von Colibri's, die gleich Bienen summend die

(*) S. OLDENDORP Caraib. I. p. 123.

Blumen umflatterten. Ich erlegte auf dem Rückwege mehrere dieser niedlichen Vögelchen, z. B. den blaukehligen Fliegenvogel mit dem corallenrothen Schnabel (*Trochilus saphirinus*, Linn.), der hier sehr gemein ist; auch bemerkte ich den kleinen allerliebsten Kragencolibri mit rostrother Haube (*Trochilus ornatus*). Von Quadrupeden sahen wir auf diesem ersten unserer Jagdgänge nichts, außer einen kleinen Tapiti (*Lepus brasiliensis* Linn.), welcher von des Herrn Freyreiss jungem Coropo-Indier, Francisco, geschossen wurde. Dieser kleine Hase ist überall in Südamerika verbreitet; er gleicht unserm wilden Kaninchen, und hat ein gutes Fleisch. Francisco war bis jetzt unser geschicktester Jäger; denn er verstand eben so gut mit der Flinte, als mit dem indischen Bogen und Pfeile zu schießen; dabey war seine Geschicklichkeit, die stachlichsten und verworrensten Gebüsche zu durchkriechen, bewundernswerth. Zum Lohne wurden ihm die abgestreiften Vögel immer zu Theil; er wußte sie sehr gut an einem kleinen Spiese von Holz zu braten, und verzehrte sie mit großem Appetit. Wir verließen nun den *Guajintibo* und erreichten einen dichten Wald von 10 bis 12 Fuß hohen Rhexia-Gebüschen, mit hohen Bäumen und Wiesenplätzen abwechselnd untermischt; diese niedern Gegenden waren von allen Seiten von hohen blauen Gebürgen, mit Urwald und Cocospalmen bewachsen, eingeschlossen. Auf diesen Triften flog und hüpfte unter weidenden Rindviehheerden häufig der schwarze Madenfresser (*Crotophaga Ani*, Linn.) umher, so wie der Bentavi (*Lanius Pitangua*, Linn.), der beständig seinen Nahmen, Bentavi! oder Tictivi! laut ruft. In der Nähe einer *Fazenda* (*) fand Herr Sellow eine schöne neue Art von Blumenrohr (*Canna*) mit gelben Blüthen. Etwas weiter hin erreichten wir eine von hohen wilden Waldhügeln eingeschlossene und mit Gesträuch bedeckte Stelle, wo im kühlen Schatten

(*) *Fazenda* ist der portugiesische Nahme eines von seinen Wirthschaftsgebäuden und Pflanzungen umgebenen Landgutes.

klare Wasserdümpfel lagen.   Eine Menge Vögel belebten diesen Ort.   Der
rostrothe Rohrsänger mit zugespitzten Schwanzfedern (*L'Inondé*. Azara
voyages Tom. III. p. 461) bauete eben sein Nest ins Rohr, und trug Materialien herbey.   Hinter dieser Stelle wurden wir durch einen hohen Urwald entzückt : himmelanstrebende, schlanke, weißstämmige Mimosa-,
Cecropia-, Cocos- und andere Bäume, waren durch unzählige Schlingpflanzen (*Çipo's* der Portugiesen und *Lianen* der Spanier) so dicht verschlungen, daß das Ganze ein undurchdringliches Gewirre schien.   In den
finstern Kronen der Bäume strahlte wie Feuer die Blumenmasse der rankenden *Bignonia Bellas* (so genannt von Herrn Sellow nach der Mar-
kisin von Bellas, welche dies schöne Gewächs zuerst entdeckte) und
andere Prachtblüthen; unten schwirrten mannigfaltige Colibri's und Schmetterlinge.   Dieser Wald war indessen doch nur ein schwaches Bild der
Urwildnis, welche wir nun bald in der *Serra de Inuá* kennen lernten.
    Wir fanden nun Gegenden, wo man an einigen Stellen den Wald
abgebrannt hatte, um den Boden zu bebauen, oder um, wie man sich
hier ausdrückt, ein *Roçado* oder eine *Roça* anzulegen.   Die ungeheuern
angebrannten Stämme standen gleich Ruinen von Säulengängen da,
durch verdorrte Stricke von Schlingpflanzen noch zum Theil verbunden.
Als wir hier anhielten, ertönte plötzlich ein unerträgliches lautes Ge-
knarre; es war der Ton, welchen die Karren hervorbringen, deren
man sich auf den *Fazenda's* bedient.   Noch ist hier im Lande die Industrie nicht so weit vorgerückt, Räder, den europäischen gleich, an jenen
Fuhrwerken anzubringen.   Eine schwere, massive, hölzerne Scheibe mit
zwey kleinen runden Oeffnungen bildet das Rad, welches sich mit der
heftigsten Reibung um die Achse dreht, und ein weit durch die Gegend
schallendes, höchst widriges Geheul verursacht.   Es scheint sogar, daß
es den Pflanzern zu einer Art von Bedürfnis geworden ist, diese lieb-
liche Musik zu hören; so groß ist die Macht der Gewohnheit! Selbst

in Portugal bedient man sich noch dieser abscheulichen Fuhrwerke. Die Ochsen, welche diese Karren zogen, waren von colossaler Gröfse und der schönsten Race; ihre Hörner sind sehr lang und stark; ein Neger-sclave, einen langen Stock in der Hand, führt sie. Wir näherten uns jetzt einer Gebürgskette, die den Nahmen der *Serra de Inuá* trägt. Diese Wildnifs übertraf alles, was sich meine Phantasie bis jetzt von reizenden, grofsen Naturscenen vorgestellt hatte. Wir betraten eine tiefe Gegend, in der viel klares Wasser in felsigtem Boden flofs, oder stehende Dümpfel bildete. Etwas weiter zeigte sich ein Urwald ohne gleichen. Palmen und alle die mannigfaltigen baumartigen Prachtgewächse dieses schönen Landes waren durchaus mit rankenden Gewächsen so verschlungen, dafs es dem Auge unmöglich war, durch diese dichte, grüne Wand zu dringen. Ueberall, selbst auf dünnen niedern Stämmchen, wachsen eine Menge Fleischgewächse, *Epidendrum*, *Cactus*, *Bromelia* u. a. 'm., die zum Theil solche Blumen tragen, dafs, wer sie zum erstenmal erblickt, davon ent-zückt werden mufs. Ich nenne nur eine Bromelia-Art mit hoch corallen-rother Blumenkolbe, deren Blättchen herrlich violetblaue Spitzen haben, und die *Heliconia*, ein der *Strelizia* ähnliches Bananengewächs, mit hochrothen Blumenscheiden und weifsen Blumen. In diesen dunkeln Schatten, an kühlen Felsen-Quellen, überfällt den erhitzten Wanderer eine plötzliche Kälte. Uns Nordländern behagte diese erquickende Temperatur, die das Entzücken erhöhte, mit dem uns in dieser schauerlichen Wildnifs die Erhabenheit der sich uns darstellenden Naturscenen stets aufs neue erfüllte. Mit jedem Augenblick fand jeder von uns etwas Neues, seine ganze Aufmerksamkeit Fesselndes, und kündigte es mit lautem Freudenruf seinen Reisegefährten an. Selbst die Felsen sind hier mit tausendfältigen Fleischgewächsen und cryptogamischen Pflanzen bedeckt; insbesondere findet man die herrlichsten Farrenkräuter (*Filix*), die zum Theil, gleich gefiederten Bändern, von Bäumen höchst mahlerisch herabhängen. Die

7

dürren Stämme ziert ein hochrother horizontaler Schwamm; ein schön carminrother Lichen bedeckt die Rinde der kräftigern Bäume mit seinen schönen runden Flecken (*). Die colossalen Stämme der brasilianischen Wälder sind so hoch, daſs unsere Flinten nicht zu ihren Gipfeln hinauf trugen; daher schossen wir oft vergebens nach den schönsten Vögeln, beluden uns aber desto öfter mit schönen Blüthen von saftigen Gewächsen, die wir leider nachher wegwerfen muſsten, da sie schnell faulen und im Herbarium nicht aufbewahrt werden können. Ein REDOUTÉ würde hier reichen Stoff zu einem Prachtwerke von seltenem Gehalte sammeln können. Die Ueppigkeit und Saftfülle der südamerikanischen Pflanzenwelt ist Folge der in diesen Wäldern überall verbreiteten groſsen Feuchtigkeit. Amerika hat in dieser Hinsicht einen groſsen Vorzug vor allen andern heiſsen Ländern, und Herr VON HUMBOLDT erklärt sich hierüber sehr schön in folgenden Worten (**): „Schmalheit des mannigfaltig eingeschnittenen Continents, seine weite Ausdehnung gegen die beeisten Pole hin, der freye Ocean, über den die tropischen Winde wegblasen, Flachheit der östlichen Küsten, Ströme kalten Meerwassers, welche vom Feuerlande bis gegen Peru hin nördlich vordringen, die Zahl quellenreicher Gebürgsketten, deren schneebedeckte Gipfel weit über alle Wolkenschichten emporstreben, die Fülle ungeheurer Ströme, welche nach vielen Wendungen stets die entfernteste Küste suchen, sandlose und darum minder erhitzte Steppen, undurchdringliche Wälder, welche die fluſsreichen Ebenen am Aequator ausfüllen, und im Innern des Landes, wo Gebürge und Ocean am entlegensten sind, ungeheure Massen theils eingesogenen, theils selbst erzeugten Wassers aushauchen; alle diese Verhältnisse

(*) Diese schöne carminrothe Flechte brachte schon der Engländer MAWE mit nach Europa (s. dessen Reise p. 271), und man hat in England bereits Versuche über die Benutzung ihres Färbestoffes angestellt.

(**) S. ALEXANDER VON HUMBOLDT Ansichten der Natur S. 14.

gewähren dem flachen Theile von Amerika ein Clima, das mit dem afrikanischen durch Feuchtigkeit und Kühlung wunderbar contrastirt. In ihnen allein liegt der Grund jenes üppigen saftstrotzenden Pflanzenwuchses, jener Frondosität, welche den eigenthümlichen Charakter des neuen Continents bezeichnet. "

· Als wir die Höhe der *Serra de Inuá* erreicht hatten, sahen wir über den hohen Waldbäumen die Papageyen paarweise, unter lautem Geschrey umher fliegen: es war der rothstirnige Papagey (*Psittacus coronatus* des Berliner Museums oder der *Perroquet Dufresne*, LE VAILLANT), in diesen Gegenden *Camutanga*, und in andern, wegen seiner Stimme, *Schaüá* genannt. Wir haben ihn späterhin oft für unsere Mahlzeiten benutzt. Unsern Weg fortsetzend stiegen wir in ein angenehmes, ebenes Land hinab, und übernachteten in der *Fazenda de Inuá*. Der Eigenthümer, ein Capitain, der durch den unerwarteten Besuch nicht wenig befremdet war, hielt ziemlich viel Vieh und Geflügel auf seinem Hofe. Wir sahen bey ihm auffallend schöne große Ochsen und fette Schweine, wovon man hier eine niedrige schwarze Race mit einem Senkrücken, langem Rüssel und herabhängenden Ohren zieht, Hühner, Puter, Perlhühner, zum Theil mit weißem Gefieder, Gänse von der europäischen Art, und Bisam-Enten (*Anas moschata*, LINN.) die zuweilen ausfliegen und wieder kommen. Die letztern finden sich, wie bekannt, wild in Brasilien.

Die *Serra de Inuá* ist ein nach dem Meere hin vortretender Arm der höhern Gebürgskette, welche mit der Küste parallel zieht. Sie ist von hohen Urwäldern bedeckt, in denen mancherley Nutzhölzer wachsen, und in welchen besonders der Jäger reiche Ausbeute findet. Wir benutzten hier einen Tag blos zum Jagen, da uns ohnehin ein krank gewordenes Lastthier Aufenthalt verursachte. Wir bekamen eine Menge schöner Vögel. Nach dem kleinen, schön röthlich goldfarbenen Affen, welcher unter dem Nahmen des Marikina (*Simia Rosalia*, Linn.) bekannt ist, schoſs Herr Freyreiss leider vergeblich. Dieses niedliche Thierchen wird hier rother Sahui (*Sahui vermelho*) genannt; es lebt in den dicksten Wäldern, und wird blos südlich in der Nähe von *Rio de Janeiro* und *Cabo Frio* angetroffen; weiter nördlich haben wir es wenigstens nie mehr gefunden. In diesen waldreichen Bergen sind die Papageyen äuſserst zahlreich; besonders einige Arten mit langem, keilförmigem Schwanze, die man hier *Maracaná* nennt, wozu unter andern der *Psittacus Macavuanna* und *Guianensis* gehören; welche schwarmweise in die benachbarten Mays-Pflanzungen fielen.

Inuá verlassend, traten wir in die Schatten eines Urwaldes von hohen, wildverflochtenen Riesenstämmen, wo sich uns einige bis jetzt noch nicht gesehene Gegenstände zeigten. Zuerst fanden wir auf der Erde die groſse, über und über behaarte Buschspinne, Aranha Caranguexeira (*Aranea avicularia*, Linn.), deren Biſs eine schmerzhafte Geschwulst erregen soll. Sie lebt, wie Herr von Langsdorf schon gesagt, mehrentheils in der Erde. Nebst diesem sonderbaren Thiere fand ich hier eine Menge groſser, breiter Kröten, jedoch nicht in der Anzahl wie in der *Serra*, die wir eben verlassen hatten; denn dort war die Erde, wenn es Abend geworden, völlig bedeckt mit diesen häſslichen Thieren, unter denen ich eine wahrscheinlich noch unbeschriebene Art (*Bufo bimaculatus*), mit zwey groſsen dunkeln Feldern auf dem Rücken, bemerkte. An den hohen weiſsen Mimosa-Stämmen des Waldes hingen ungeheuere lange Zöpfe des Bartmooses (*Tillandsia*) herab; im Glanze der heitern Sonne blinkte oben auf dem Gipfel eines hohen dürren Astes ein milchweiſser Vogel (*Procnias nudicollis*), bekannt durch seine weitschallende Stimme, die völlig lautet wie der Schlag eines Hammers auf einen Ambos oder an eine hellklingende gesprungene Glocke. Dieser Vogel, aus dem Genus, welchem Illiger den Nahmen *Procnias* gegeben hat, wird an der ganzen Ostküste *Araponga* genannt: er hat in der Farbe die gröfste Aehnlichkeit mit LINNE's *Ampelis carunculata;* dennoch aber ist es ein anderer Vogel; seine nackte grüne Kehle, und der Mangel des Fleischzapfens auf der Stirn unterscheiden ihn hinlänglich.

Der schattenreiche Wald, in welchem wir jetzt hinwanderten, war äufserst angenehm; Schaaren von Papageyen zogen laut schreyend hin und her, und unter ihnen liefs sich besonders häufig der niedliche *Perikit*, mit keilförmigem Schwanze, sehen, der hier den Nahmen *Tiriba* trägt. Ich schofs ein Eichhörnchen (*Sciurus æstuans*, LINN.) von der einzigen Art, welche ich auf der ganzen Reise angetroffen habe; sie unterscheidet sich durch ein bräunlich grau und gelblich melirtes Haar. Züge von Lastthieren giengen bey uns vorüber; die Führer waren über das Schiefsen, welches zu beyden Seiten des Weges rund umher von unsern in allen Richtungen vertheilten Jägern gehört wurde, nicht wenig verwundert.

Nachdem wir Pflanzungen, abgebrannte Waldungen, Sümpfe und Wiesen, von hohen höchst mahlerisch mit Wald bedeckten Felsgebürgen umschlossen, durchwandert hatten, kamen wir auf grofse Wiesen mit Sumpf- und Rohrstellen, wo die schneeweifsen Reiher, der amerikanische Kibiz (*Vanellus Cayennensis*), Jassana's (*Parra Jacana*, LINN.), hier *Piasocca* genannt, und Regenpfeifer in Menge umher liefen. Rindvieh weidete in diesen Triften, und dazwischen spazierte der violetglänzende Pirol (*Oriolus violaceus*) häufig umher. Unsere Reit-Maulthiere waren jetzt schon so gewöhnt, dafs es mir möglich war, zu schiefsen, ohne abzusteigen. Ich erlegte mehrere Pirole mit einem Schusse. Eben so häufig als diese glänzenden Pirole fanden wir die Madenfresser (*Crotophaga Ani*, LINN.) auf den Zäunen der *Fazenda's* und auf den Triften sitzen, gerade so, wie bey uns die Staare an manchen Orten; sie waren dabey so wenig scheu, dafs man nahe zu ihnen hinreiten konnte.

Am Abende erreichten wir das Kirchdorf (*Freguesia*, Kirchspiel) *Marica* am See gleiches Nahmens. Etwa 800 Seelen sind hier einge-pfarrt. Die Bewohner eines etwas abgesondert gelegenen Hauses, an welchem wir anhielten, verschlossen sorgfältig ihre Thüre. Es versam-melten sich sogleich alle Nachbarn, um uns anzustaunen; als wir aber anfiengen, die heute erlegten Thiere abzustreifen und zu präpariren, da schüttelte Alt und Jung den Kopf und Alle lachten laut auf über die albernen Fremden. Unsere Doppelflinten, die ihnen eine völlig neue Erscheinung waren, interessirten sie indessen mehr als wir selbst. Der See *Marica*, an dem wir hier einen Ruhetag hielten, um seine sandigen Umgebungen kennen zu lernen, ist groſs und soll etwa sechs Stunden im Umfange halten, er hat niedrige sumpfige Ufer und ist sehr fischreich. Ich sah hier eine kleine Art Wels (*Silurus*) häufig fangen; dieses Genus scheint in den Gewässern der Ostküste von Brasilien zahlreich an Arten zu seyn. An den Ufern des See's fanden wir einige Muscheln, aber nur von einer sehr bekannten Art, und in den benachbarten Sümpfen eine Land - oder Sumpfschnecke, wovon ich an einer andern Stelle mehr zu sagen Gelegenheit finden werde. Von Vögeln fanden wir hier am Ufer eine Art Möven, unserer *Larus ridibundus* sehr ähnlich, mit aschgrauem Kopfe, rothem Schnabel und rothen Füſsen; eine schöne Art Meer-schwalben (*Sterna*), Kibitze, eine Art Regenpfeifer (*Charadrius*) u. a. m., und über den Gebüschen und Sümpfen schwebten die *Urubus* in der Luft. Mir ward zuerst die Freude, den bis jetzt nur von AZARA richtig unterschiedenen Acabiray (*Vultur Aura*, LINN.) zu erlegen (*). Auf den

---

(*) Die besten, dennoch zum Theil unrichtigen Abbildungen dieser beyden Geyer befinden sich in VIEILLOT *histoire naturelle des oiseaux de l'Amerique septentrionale T. I. pl.* 2 und 2 *bis*. Die letztere ist die richtigere, obgleich hier die Färbung des Kopfes auch nicht der Natur getreu dargestellt ist. *Vultur Urubu* des Verfassers hat wenigstens in Brasilien nicht einen rothen, sondern einen aschgrau gefärbten Kopf und Hals.

ersten Anblick gleicht er zwar sehr dem grauköpfigen Urubu (*Iribu*, Azara),
dennoch aber läfst er sich bey näherer Beobachtung selbst im Fluge hoch
in der Luft, schon von jenem unterscheiden. Diese Geyer sind eine
Wohlthat der Natur für alle heifse Länder, denn sie reinigen die Erde
von dem, was die Atmosphäre mit faulenden animalischen Dünsten
erfüllen würde. Ihr Geruch ist so scharf, dafs man sie selbst da, wo
man vorher in weiter Ferne keinen erblickte, haufenweis herbey eilen
sieht, sobald ein Thier krepirt ist; daher wird ihnen auch nicht nach-
gestellt, und sie sind in offenen und beholzten Gegenden gleich häufig
anzutreffen. Wegen des sandigen und sumpfigen Erdreichs erscheinen
die nähern Umgebungen des See's nicht besonders fruchtbar. Alle trockne
Stellen sind entweder Triften mit kurzem Grase, wo Vieh weidet, oder
Berge mit Wald und Felsen. Es scheint, dafs man hier viele Pferde
zieht; sie sind aber schlecht, und meistens von kleinem Schlage. Auch
Ziegen sahen wir hier mit sehr kurzem, glänzendem, gelbrothem Haar
und schwarzen Abzeichen. Von den Ufern des See's nicht sehr weit entfernt, erreicht man auf sandigem Wege durch Gebüsche die kleine *Villa
de S^(ta). Maria de Marica*, den Hauptort der *Freguesia*, aus niedrigen,
einstöckigen Häusern und einer Kirche bestehend, mit regelmäfsigen aber
ungepflasterten Strafsen. Die Gebäude haben keine Glasfenster, sondern
blofse Oeffnungen, welche, wie in ganz Brasilien, mit hölzernen Gitter-
läden verschlossen werden. In der Nähe des Ortes zieht man Mandiocca,
Bohnen, Mays, etwas Kaffee und besonders Zuckerrohr, das an fruchtbaren Stellen hoch werden soll, im Sandboden aber die Höhe von sechs
Palmen (Spannen) nicht übersteigt.

Immer abwechselnde, schöne Gebüsche unterhielten uns auf unserm
weitern Wege; im Gesträuche rankten die Trompetenblumen (*Bignonia*)
mit den herrlichsten Blüthen; auch einige sehr sonderbar gebildete
Früchte zeigten sich uns. Der Botaniker macht hier die Bemerkung, dafs

die Anzahl der hülsentragenden Gewächse (*Plantæ leguminosæ*) bey weitem die gröſsere in Brasilien ist. Ohngeachtet der vielen hier befind-lichen *Fazenda's* ist die Gegend dennoch wild: sie bildet ein breites, von hohen mahlerischen Bergen eingeschlossenes Thal mit hüglichtem Boden, aus welchem die köstlichsten Waldbäume, mit Gebüschen umringt, ihre hohen schlanken Stämme erheben. In den Gipfeln aller dieser Bäume bemerkt man an den Aesten groſse, schwarzbraune Massen, Nester einer Art sehr kleiner gelber Termite, welche man *Cupi* oder *Cupim* nennt. Ameisen und die ihnen verwandten Geschöpfe sind in Brasilien den Pflan-zungen höchst verderblich. Man findet diese zum Theil sehr gefräſsigen Thiere überall so zahlreich und von so mancherley Arten, daſs ein Ento-mologe über diese Insekten allein ein groſses Werk schreiben könnte. Sie sind von verschiedener Gröſse; eine der gröſsten Arten erreicht bey-nahe einen Zoll Länge, und hat einen unverhältniſsmäſsig dicken Leib, der in manchen Gegenden, z. B. in *Minas Geraës*, geröstet gegessen wird, dort wird sie *Tanachura* genannt. Eine andere, sehr kleine, rothe Art ist höchst beschwerlich und schädlich. Auch dem Sammler sind diese Ameisen sehr nachtheilig, denn sie verzehrten uns oft in kurzer Zeit eine Menge Insekten, besonders Schmetterlinge. Sie dringen oft in groſsen Zügen in die Wohnungen ein, wo sie alles Eſsbare, besonders Süſsigkeiten, schnell aufzehren. Um sie von solchen Sachen abzuhalten, hat man kein anderes Mittel, als die Füſse der Tische durch eine groſse Schüssel voll Wasser zu isoliren, oder sie mit Theer zu bestreichen; allein oft überwinden sie selbst solche Hindernisse. Einige Arten bauen an den Wänden der Zimmer aus einer erdigen Masse lange bedeckte Gänge mit mancherley Verzweigungen, in welchen sie auf- und abgehen. In den Waldwegen sieht man ganze Züge von groſsen Ameisen, welche sämmtlich Stücke grüner Blätter nach Hause tragen.

Ein wilder Wald, in den wir jetzt eintraten, zeigte uns wieder neue interessante Scenen. Der Tucan (*Ramphastos dicolorus*, Linn.) mit colossalem Schnabel und der brennend-orangefarbenen, mit dem schwarzen Gefieder schön contrastirenden Kehle, reizte zum erstenmale die Ungeduld unserer Jäger: allein für diesmal war ihnen noch kein Glücksschuß gewährt, denn die Vögel hielten sich so hoch oben in den Baumwipfeln, daß es unmöglich war, ihnen beyzukommen. Bald wanderten wir auf einem schwarzen Moorgrunde und bald wieder auf rothem Letten. Der Wald ward immer herrlicher und schöner; er bildete eine finstere, schwarzgrüne Wildniß, aus den schönsten Bäumen zusammengesetzt, alle saftvoll und mit den abwechselndsten Blattformen. Der aus dem Norden kommende Europäer hat von solchen Wäldern keinen Begriff und geräth bey ihrem Anblick in Erstaunen; auch möchte es wohl in dem Reiche der Unmöglichkeit liegen, eine dem empfangenen Eindruck entsprechende Beschreibung dieses Anblicks zu geben. Hier wuchs häufig die etwa 30 Fuß hohe Cocospalme, welche in der *Lingoa geral* — *Aïri assú*, und in *Minas* — *Brejeüba* genannt wird. Die Wilden benutzen sie zur Verfertigung ihrer Bogen; ihr Stamm ist schwarzbraun und über und über dicht mit langen Stacheln besetzt, welche in horizontalen Ringen stehen. Ihre Blätter sind lang und schön gefiedert wie bey allen Cocosarten; da, wo sie entspringen, hängt der gelbliche Blüthenbüschel herab, an welchem sich später glänzend-schwarzbraune sehr harte Nüsse von eyförmig zugespitzter Gestalt und von der Größe der Taubeneyer ausbilden. Man findet in allen diesen Waldungen auch noch eine ähnliche, stets klein bleibende, stachlichte Palme, *Aïri mirim* (*) genannt. Beyde sind bis jetzt in den Systemen noch nicht aufgeführt,

(*) Bey diesem und vielen ähnlichen portugiesischen Wörtern wird das *m* am Ende nicht gehört.

8

allein ARRUDA erwähnt derselben (*). An allen Stämmen drängen sich
holzige und zarte rankende Gewächse, *Cactus*, *Agave* und *Epidendrum*
hervor, und wuchern mit herrlich gefärbten Blüthen in den dicht verflochtenen Aesten. Wo nur ein Stamm ein eingefaultes Loch oder einen
Spalt hat, da prangen *Arum*, *Caladium*, *Dracontium* und andere dergleichen Arten mit grofsen, saftvollen, herz- oder pfeilförmigen, dunkelgrünen Blättern in schönen Büscheln, so dafs man verschiedene Ve-
getationen über- und durcheinander zu sehen glaubt. Von der oben
genannten Pflanzenform war hier besonders häufig das *Dracontium per-
tusum* mit seinen auf das sonderbarste durchlöcherten Blättern; eine
prachtvoll blaublühende *Maranta* zog ebenfalls die Aufmerksamkeit unseres Botanikers auf sich.

Auf unserer heutigen Wanderung hatten wir mit unserm jungen
Indier FRANCISCO einen unterhaltenden Auftritt. Jemand aus unserer Gesellschaft glaubte auf einem hohen dürren Baume einen Vogel zu sehen,
und schofs nach demselben, aber nun erst bemerkte er, dafs das, was
er für einen Vogel angesehen hatte, der Auswuchs eines Astes war.
FRANCISCO, der bey der Schärfe seines Gesichts, die er mit allen seinen
Landsleuten gemein hat, den Irrthum auf den ersten Blick erkannt hatte,
wartete den Schufs ruhig ab, dann aber brach er in ein so unmäfsiges
Gelächter aus, dafs er sich eine geraume Zeit hindurch nicht wieder
erholen konnte. Alle Sinne der Indier sind so geübt und geschärft, dafs
ihnen ein solcher Verstofs höchst lächerlich und kläglich vorkommt.
FRANCISCO diente uns oft zur Unterhaltung; er hatte ein gutes und treues
Gemüth, dabey aber auch viel Eigensinn und Dünkel; so wollte er z. B.
immer die meisten und besten Vögel geschossen haben. Von gewissen
indischen Eigenheiten war er nicht abzubringen; er gieng nie, wie die

(*) S. den *Appendix* in KOSTER's Reise nach Brasilien.

übrigen Jäger, nüchtern auf die Jagd, sondern wartete vielmehr, und hätte es noch so lange gedauert, auf das Frühstück, und würde es seinem Herrn höchst übel genommen haben, wenn er ihn hätte zwingen wollen, sich hierin nach den Andern zu bequemen.

Wir hatten die Absicht, heute *Ponta Negra* zu erreichen; allein einige sich theilende, grundlose Wege in dem dichten Urwalde hatten uns irre geleitet. Wir kamen indessen bis zu einer grofsen *Fazenda*, deren Besitzer, Herr *Alferes* DA CUNHA VIEIRA, uns sehr gastfreundschaftlich aufnahm. Das Landgut hiefs *Gurapina* und enthält ein beträchtliches Zucker-Engenho (Fabrik), deren Einrichtung KOSTER und andere Reisende hinlänglich beschrieben und abgebildet haben. Das Rohr wird zwischen drey senkrecht stehende, mit ineinander greifenden Zähnen von hartem Holz versehene Walzen geschoben, welche es auspressen. Es kommt auf der andern Seite als Stroh völlig platt gedrückt wieder zum Vorschein; der Saft aber läuft in einen unten befindlichen hölzernen Trog. Diese Walzen werden an einer langen Stange von Ochsen, Maulthieren oder Pferden gedreht. Der nachher in Pfannen abgesottene Saft wird, nachdem er sich crystallisirt hat und in dem Gefäfse angeschossen ist, in grofse zugespitzte Töpfe gebracht, die unten eine Oeffnung haben, durch welche die überflüfsige Feuchtigkeit abträufelt; auf der Oberfläche des den Topf anfüllenden Zuckers wird grauer Thon (*barro*) aufgeschlagen, der denselben bleichen soll. Herr DA CUNHA VIEIRA versicherte uns, dafs er jetzt mit zwanzig Sclaven etwa 600 Arroben (jede zu 32 Pfund), also 19200 Pfund Zucker jährlich gewinne, doch könne er, wenn mehrere Arbeiter hier angewendet würden, 90 bis 100,000 Pfund bereiten. Man hat in frühern Zeiten das Cayennesche Zuckerrohr hier gebaut; als man aber späterhin das von Otahiti kennen lernte und es ungleich ergiebiger fand, so wurde durch dasselbe der Anbau des Cayenneschen fast ganz verdrängt. Unser gütiger

Hauswirth hatte uns für die vielen Menschen und das sehr beträchtliche Gepäck eine grofse Halle angewiesen, wo wir bequem mehrere Feuer unterhalten und kochen konnten. Er so wie die übrigen Bewohner der *Fazenda* besuchten uns oft, und konnten ihr Erstaunen über unsere naturhistorischen Beschäftigungen nicht genug an den Tag legen. Da starkes Regenwetter eintrat, so hielten wir uns hier lange auf, und als das Wetter sich aufklärte, fanden wir in den hohen Waldgebürgen, die das mit Zuckerpflanzungen angefüllte Thal einschliessen, die günstigste Gelegenheit zu reicher Jagdausbeute. Ein junger Portugiese, der auch FRANCISCO hiefs und hier auf der *Fazenda* wohnte, trat als Jäger in unsere Dienste und zeigte seltene Talente für dies Geschäft. Er war schlank und leicht gebaut, äufserst abgehärtet und ein sehr guter Schütze, dabey ein gutmüthiger Mensch. Da er die Gegend und ihre Bewohner aus der Thierwelt genau kannte, so lieferte er eine Menge interessante Gegenstände, unter andern auch den Marikina (*Simia Rosalia*, LINN.) den wir bis jetzt noch nicht erhalten hatten. Der Araponga (*Procnias nudicollis*), dessen schon oben gedacht ist, war in allen diesen gebürgigen Waldungen äufserst häufig, und überall verkündigte ihn seine hellklingende Stimme. FRANCISCO war der erste, der diesen schönen Vogel für unsere Sammlung erlegte. Gute brasilianische Jäger besitzen einen seltenen Grad von Gewandheit in Durchspähung der grofsen Waldungen; ihr abgehärteter Körper und die Gewohnheit, immer mit blofsen Füfsen zu gehen, erleichtert ihnen dieses Geschäft aufserordentlich. Ich habe auf der Vignette, welche vor diesem Abschnitte steht, ein Paar solcher Leute, von der Jagd heimkehrend, abbilden lassen. Ihr Anzug besteht in einem leichten Hemde und Beinkleidern von Baumwollenzeug, über die Schulter gehängt tragen sie oft eine tuchene Jacke, um dieselbe anzuziehen, wenn Regen oder die kühle Nacht eintritt. Ihr Kopf ist mit einem Filz- oder Strohhute bedeckt. Ueber die Schulter tragen sie an einem ledernen Riemen das Pulverhorn und den Schrotbeutel, und das Schlofs der langen Flinte wird gewöhnlich durch ein Thierfell gegen die Nässe verwahrt. Der eine der hier abgebildeten Jäger trägt in der Hand einen Brüllaffen (*Guariba*), und der andere hat an seiner Flinte die grofse Eidechse Teiú (*Lacerta Teguixin*, Linn.) aufgehängt, in der Hand aber hält er einige Vögel, worunter der Tucan in die Augen fällt. Die Hunde, welche diese beyden Leute begleiten, werden besonders gebraucht um Rehe und Schweine zu jagen.

Zu *Gurapina* war die Temperatur sehr abwechselnd; einige Tage waren so kalt, dafs der Thermometer Mittags auf 13° Reaumur fiel; dazwischen hatten wir aber auch wieder ziemlich warmes und ange- nehmes Wetter. Ich vertiefte mich öfters in diese gebürgigen schauer- lichen Wildnisse, und entzückt von der hier herrschenden tiefen Ruhe und Stille, die nur zuweilen durch Schaaren von schreyenden Papa- geyen unterbrochen wurde, hätte ich Tage lang hier verweilen können. Bey solchem Geistesgenusse lebten wir in den Umgebungen von *Gura- pina* sehr heiter und in Freuden, um so mehr, da wir frische Lebens- mittel im Ueberflusse hatten. Diejenigen, welche der brasilianische Rei- sende mit sich führen kann, bestehen in Mandioccamehl (gewöhnlich blos *Farinha* genannt), schwarzen Bohnen (*Feijâo*), Mays (*Milho*), ge- trocknetem Salzfleisch (*Carne seca* oder *do Sertam* (*) und Reis (*Ar- roz*). Statt des *Carne seca* erhielten wir hier gutes frisches Fleisch; daneben versorgte uns der Besitzer der *Fazenda* mit einer grofsen Menge der herrlichsten Orangen, mit Brandwein (*Agoa ardente de canna*), den er aus dem Zuckersaft bereiten liefs, mit Reis, Zucker, Farinha, Mays, Baumwolle, und war dabey so uneigennützig, für alle diese vielen Gegenstände keine Bezahlung nehmen zu wollen. Diese

(*) In *Pernambucco* nennt man es *Carne de Seara*, nach Koster, pag. 123 und 130.

Weigerung nöthigte uns, früher von hier aufzubrechen, als wir es sonst gethan haben würden, da uns diese Gegend, bey so manchen an-'dern Begünstigungen, so viele frohe Genüsse und so reichen Stoff für unsere Wifsbegierde darbot. Wir nahmen Abschied von unserm Wirth und traten die Reise nach *Ponta Negra* an.

Die Wege waren oft so grundlos, dafs unsere Thiere Gefahr liefen, mit den schweren Lasten einzusinken. Wir durchritten dichte Gebüsche von hohem, rohrartigem Grase, Canna, Rhexia und niedrigen Palmen; auf einigen Höhen fanden wir Neger, die, um das Land urbar zu machen, mit einem, an einer Stange befestigten, sichelförmigen Eisen (*Fouçe*), das niedrige Gesträuch wegschafften, und bey einigen *Fazenda's*, an denen wir vorbey ritten, bewunderten wir dichte Hecken oder Einzäunungen von Orangenbäumen. Mit schwer gefüllten Jagd - und Rocktaschen, die von Vögeln und mancherley jetzt reifen Sämereyen strotzten, erreichten wir endlich die *Lagoa da Ponta Negra*. Der schöne See ernährt an seinen sumpfigen, mit Rohr bewachsenen Ufern, Schaaren von Jassanas (*Parra Jacana*, Linn.) und weifsen Reihern, von welchen einer durch unsere Jäger erlegt wurde; das milchweifse Gefieder dieser Vögel erhält sich wegen ihrer langen Füfse selbst 'im Sumpfe stets in der blendendsten Reinheit. Nicht fern davon erreichten wir eine isolirte *Venda*, wo sich die Reisenden in der grofsen Hitze durch eine Limonade, oder besser durch einen kalten Punsch zu erfri- schen pflegen. Hier vernahmen wir, dafs die Nachricht von unserer bevorstehenden Ankunft uns schon vorangegangen sey, und machten die unangenehme Erfahrung, dafs die Wirthe schon im voraus Specula- tion auf unsern Beutel gemacht hatten. Nahe bey diesem Hause wur- den wir auf einer Anhöhe durch die herrlichste Aussicht auf das Meer, den Landsee und die hinter uns liegende Gegend von *Rio de Janeiro* überrascht. Weiterhin in den dichten Gebüschen, die unser Weg durchschnitt, fanden wir einen uns noch neuen Vogel, den grofsen Annú (*Crotophaga major*, Linn.) sehr häufig.   Sein Gefieder ist schwarz, schillernd in Kupfergrün und Stahlblau.   Hier hörten wir die Brandung des Meeres und kamen bald darauf zu den Sanddünen, wo wir die mit weifsem Schaum bedeckten Wogen ungestüm an den Waldbergen der Küste sich brechen sahen.   Zunächst hinter dem weifsen Sande der *Praya* (Seeküste) erhebt sich ein dicht verflochtenes Gesträuch von den verschiedensten Baumarten, das von den Seewinden und Stürmen niedergehalten wird, und daher nur allmählig sich erhebt.

In diesem 20 bis 3o Fufs hohen Dickicht längs der See, worin wir unsere Reise fortsetzten, wachsen hohe Fackeldisteln (*Cactus*), und besonders zahlreich sieht man die oft mit wunderschönen Blumen geschmückten Bromelien.   Kleine Eidechsen rauschten in dem dürren Laube unter den Gesträuchen, während der grofse Annú und der Tijé (*Tanagra brasilia*, Linn.) mit seinem blutrothen Gefieder, das Dickicht beleben.   Dieses schöne Thier ist in Brasilien sehr gemein, besonders an den Seeküsten und Flufsufern.

Gegen Abend befanden wir uns zwischen der Seeküste und einem grofsen Rohrsumpfe, in welchem Schaaren von Vögeln sich zur Ruhe begaben; der Tijé war besonders häufig und die rostbauchige Drossel (*Turdus rufiventris*, des Berliner Museums), hier Sabiah genannt, safs auf den Spitzen der Gesträuche und liefs ihren angenehm flötenden Abendgesang hören.   In der Dämmerüng flog der *Caprimulgus* nahe vor unsern Pferden umher, so wie ein grofser Abendfalter von schieferblaulichter Farbe (*Papilio Idomeneus*, Fabr.), von welchem wir eine Menge Exemplare hätten fangen können, wenn uns nicht gerade in diesem Augenblicke das dazu erforderliche Netz gefehlt hätte.   An einem Aste fand ich eine todte Fledermaus aufgehängt, welche in dieser Stellung gestorben seyn mufste.   Sie gehörte zu dem Genus *Phyllostoma* und hatte grofse Aehnlichkeit mit AZARA's *Chauvesouris première ou obscure et rayée* (*), ist mir aber auf meiner ganzen Reise nie wieder vorgekommen. Als wir die Blüthe einer niedrigen Palme untersuchen wollten, fanden wir, an einem Aestchen befestigt und aufs niedlichste gebaut, das Nestchen des blauscheitlichen Fliegenvogels, einer Art, die dem *Trochilus bicolor* (*Saphir émeraude*, BUFF.) gleicht (**), welches so nett mit Moos überlegt war, wie die Nester unsers deutschen Stieglitzes und anderer kleiner Vögel. Man findet in allen diesen Fliegenvogelnestern zwey länglichte weifse Eyer, die bey manchen Gattungen aufserordentlich klein sind. Beym Einbruch der Nacht zogen wir zwischen einigen Seen fort, an welchen leuchtende Insekten funkelten und Frösche leise sich hören liefsen, und erreichten nach einem bedeutenden Tagmarsche eine *Venda* am See *Sagoarema*, wo wir unsere Leute mit den Lastthieren vorfanden, die uns auf einem andern Wege dahin vorausgegangen waren. Wir erwarteten hier schon unsere Kochkessel aufgehangen zu sehen, allein es fehlte an allem zur Bereitung der Mahlzeit Erforderlichen. Wir sandten unsere Leute nach Lebensmitteln aus; da diese aber so lange ausblieben, dafs wir zu fürchten anfingen, sie seyen uns durchgegangen, so schickten wir andere zu Pferde nach. Mit diesen kamen sie endlich zurück, brachten aber nichts als einige lederne Säcke (*Boroacas*) mit frischen Fischen. Die Nacht war indessen vorübergegangen, und aus unserm Abendessen wurde ein Frühstück.

Der Sagoarema-See hängt mit dem Meere zusammen und ist ein bedeutendes Binnenwasser von etwa 6 Legoas Länge und ¾ Legoa Breite

---

(*) S. DON FELIX DE AZARA Essais sur l'histoire naturelle des Quadrupèdes de la Province du Paraguay. Tom. II. p. 269.

(**) *Trochilus pileatus*; 4 Zoll 8 Linien (Pariser Maas) lang; Körper prachtvoll glänzendgrün; Scheitel, gabelförmiger Schwanz, Schwung- und grofse Flügeldeckfedern dunkelblau; After weifs; Schnabel gerade.

dessen gesalzenes Wasser, ob es gleich an einigen Stellen einen unan-
genehmen Geruch von sich giebt, dem ungeachtet fischreich ist. Hier
befindet sich eine zerstreute *Povoaçào* von Fischern, welche in kleinen
Lehmhütten an den Ufern wohnen. Jedes Haus hat eine ausgegrabene
Vertiefung, die ihm als Cisterne dient, da das Seewasser oft faulig ist.
Die Fischer hier sind leicht gekleidet, wie alle Brasilianer, tragen grofse
Strohhüte, dünne weite Beinkleider und Hemden, und gehen mit unbedecktem Hals und blofsen Füfsen; im Gürtel hat ein jeder ein spitzes
Stilet mit Messing oder Silber beschlagen. Dieses letztere ist unter den
Portugiesen allgemein üblich, aber eine gefährliche Waffe, denn es giebt
leicht zu Mordthaten Anlafs, besonders unter rohen Menschen, wie es
die Fischer zu *Sagoarema* sind. Die hier am See gelegene *Venda* wird
von diesen Leuten gemeinschaftlich gehalten und ihr Ertrag getheilt; es
ist daher kaum nöthig zu bemerken, dafs die Reisenden mehr als an
andern Orten bezahlen müssen. Etwa eine Stunde von hier liegt das
Kirchspiel (*Freguesia*) *de Sagoarema*, ein grofses Dorf, oder vielmehr
eine kleine *Villa*, mit einer Kirche. Da wir unsere *Tropa* über die
Lagoa setzen mufsten, die sich von dieser Stelle mit einer schmalen Einmündung in die See ergiefst, so nahmen wir unser Quartier in einem leer
stehenden Hause, und benutzten die Zeit, die umliegende Gegend näher
kennen zu lernen.

Nahe bey der *Freguesia* steigt am Seestrande ein Hügel empor,
worauf sich die Kirche, der Kirchhof und ein Telegraph befinden. Wir
erstiegen diese Höhe gerade, als die Sonne unterging. Welche grofse
herrliche Aussicht! Vor uns öffnete sich das unabsehbare Meer, das
dumpf und weifsschäumend gegen den Berg, auf welchem wir standen,
heranrollte, und sich an demselben brach; zur Rechten erhoben sich in
der Ferne die Gebürge von *Rio;* uns näher sahen wir die mannigfaltig
buchtige Küste, und noch näher die *Ponta Negra:* hinter uns hatten

wir hohe Waldgebürge, eine vor denselben liegende, jedoch auch mit
Wald bedeckte Niederung, und die grofsen glänzenden Spiegel der
Seen; zu unsern Füfsen lag die *Freguesia* von *Sagoarema* und links
die Küste, wo die Wogen furchtbar brausend schäumten. Dieses viel-
umfassende grofse Gemählde, von den letzten Strahlen der untergehenden
Sonne beleuchtet und endlich im Nebel der Dämmerung verschwindend,
erweckte in uns das Andenken an das entfernte Vaterland. An die Seite
eines Beinhauses gelehnt und neben den unter einem Kreuze an der
bemoosten Mauer aufgethürmten Schädeln, hiengen wir schweigend unsern Empfindungen nach. In dieser ernsten Pause fühlten wir es recht
lebhaft, wie viel der Reisende entbehren lernen mufs, wenn er, hinaus-
getrieben von der unwiderstehlichen Sehnsucht nach Erweiterung seiner
Kenntnisse, sich in einer fremden Welt einsam stehen sieht. — Unser Auge
strebte vergeblich, die wunderbar verschleyerte Zukunft zu durchblicken,
und vor ihm lagen beunruhigend alle die Beschwerden, die noch überwunden werden mufsten, ehe wir hoffen konnten, über den weiten Spiegel des unermefslichen Oceans zu den heimischen Gestaden zurück zu
kehren. — Die Nacht machte unsern Betrachtungen ein Ende.

Wir kehrten nach *Sagoarema* zurück, das meist von Fischern bewohnt ist, die aber zum Theil auch von ihren Pflanzungen leben. Man
bauete hier ehemals viel Cochenille, deren Cultur aber jetzt aufgehört hat.
Der König bezahlte für das Pfund ½ Doble (6400 Reis oder etwa 1½ Carolin) allein die Pflanzer verdarben sich den vortheilhaften Handel selbst;
sie mischten dies theure Produkt mit Farinha, und verfälschten es dermafsen, dafs es allen Werth verlor. Am folgenden Tage, einem Sonntag, wohnten meine Reisegefährten einer Messe in der Kirche von *Sa-*
goarema bey; ich liefs indessen unsere *Tropa* über den See schiffen.
Das Gepäck wurde auf Canoen übergefahren, und unsere Lastthiere wateten unbeladen durch das seichte Wasser. Wir verliefsen die Gegend,

und kamen nun durch Waldungen, die wir mit vielen schönen Blumen angefüllt fanden. Eine Hauptzierde dieser Gegend sind die glänzenden Spiegel vieler Landseen, die sich von *Marica* bis gegen *Cabo Frio* ausdehnen. Eine aufserordentliche Menge Wasservögel lebt an den Seeufern, besonders Meerschwalben, Möven und Reiher, deren wir in kurzer Zeit eine grofse Schaar erlegten. Dem Ornithologen dringt sich die Beobachtung auf, dafs die meisten hiesigen Sumpf- und Wasservögel ein Analogon in Europa finden: so erblickten wir z. B. eine der *Larus ridibundus* ähnliche Art, die *Larus marinus*, *Sterna caspia*, *Hirundo* und eine dritte der *Minuta* sehr ähnliche. Die Unterschiede dieser Vögel in Amerika und Europa fanden wir nur unbedeutend. Die kleinste Meerschwalbe (*) war an den Dünen der Seeküste sehr häufig: hier flogen diese niedlichen kleinen Möven wie die Schwalben umher, und ihr blendendes Weifs wurde jetzt noch von den schwarzen Wolken eines stürmischen dunkeln Himmels gehoben. Hinter den Sanddünen der Küste verbreiteten sich Sümpfe, und zwischen beyden war der sandige Boden mit einem dichten Gebüsche von niedern etwa drey Fufs hohen Zwerg-Cocospalmen bewachsen. Dieses Gewächs ist stengellos, mit gefiederten, eingerollten oder abwärts gebogenen Blättern und Fruchtkolben, welche gleich einer *Typha* auf einem aufrechten Schafte stehen und mit kleinen Nüfschen von der Gröfse der Haselnüsse bedeckt sind; diese sitzen wie die Körner am Mays, und haben an der Wurzel ein gelbröthliches, efsbares, süfslich schmeckendes Fleisch. Man nennt diese Pflanze dort *Cocos de Guriri* oder *de Pissandó*. Zu unserm Nachtquartier bestimmten wir

----

(*) Ich nenne diesen Vogel *Sterna argentea*; er könnte wohl mit unserer *Sterna minuta* verwechselt werden, dennoch ist er verschieden; seine Gröfse übersteigt die unseres europäischen Vogels, denn ich fand ihn 9 Zoll 1 Linie; Schnabel und Füfse sind gelb, der erstere mit einer schwarzen Spitze; Stirn und alle untere Theile des Vogels sind weifs; Scheitel und Nacken schwarz, Rücken, Flügel und Schwanz schön nett silbergrau.

heute die *Fazenda* von *Pitanga*, welche wir auf einer Höhe vor uns, einer alten Ritterburg gleich, vom hellen Mondscheine magisch beleuchtet, liegen sahen. Wir ritten hinauf und pochten an die verschlossenen Thore, die sich endlich öffneten und uns einnahmen. Der gefällige *Feitor* (Verwalter) räumte uns sogleich das Gebäude ein, in welchem die Farinha bereitet wird. Wir fanden mit allen unsern Leuten und unserm Gepäck ein bequemes, geräumiges Quartier, und blieben deshalb einige Tage hier, um die ganze umliegende Gegend zu durchstreifen.

Diese Farinha-Fabrik war eine der vollständigsten. Das Mehl wird auf folgende Weise bereitet. Die Wurzeln der Mandioccapflanze (*Jatropha Manihot*, Linn.) werden zuerst geschabt, um sie von der Rinde zu befreyen: hierauf hält man sie an ein grofses Rad, das herum gedreht wird, und schleift sie dadurch zu einem kleingeriebenen Brey ab. Alsdann wird die Masse in lange, weite, von Rohr oder Bast geflochtene Schläuche gefafst, welche aufgehängt und in die Länge gezogen werden; durch diese Ausdehnung wird der Schlauch enger und prefst den in der Masse befindlichen Saft aus (*). Den übrigbleibenden consistenten Theil bringt man in grofse eingemauerte Pfannen von Kupfer oder gebranntem Thon, in welchen er durch die Hitze völlig getrocknet wird, wobey aber die dicke Masse beständig mit eigens dazu bestimmten Werkzeugen, einer Stange, welche an ihrem vordern Ende ein kleines, senkrecht gestelltes Bret trägt, hin und her bewegt werden mufs, damit sie nicht anbrenne. Das so bereitete trockne Mehl ist nun das, was man Farinha nennt. Auf den Pfannen der Mandiocca-Oefen trockneten wir auch, wenn feuchte Witterung eintrat, unsere neupräparirten Naturalien; aber obgleich alsdann immer des Nachts dabey gewacht wurde, so verbrannten uns dennoch zuweilen seltene Thiere.

(*) S. Gilii Saggio di Storia americana T. II. p. 304. sqq. tab. 5.

Das Wetter war jetzt sehr kalt, ein heftiger Wind blies an der Seeküste, und das Thermometer stieg am Mittage kaum 13° REAUMUR. Die Gegend, in welcher Sümpfe, Triften, Gebüsche und Waldungen mit einander abwechseln, lieferte uns manches interessante Thier. Unsere Jäger brachten zum erstenmale die Jacupemba (*Penelope Marail*, LINN.), die sehr gut zum Essen ist, und die grünen Tucane oder Arassaris (*Ramphastos Aracari*, LINN.) ein, schöne Vögel, die einen kurzen zweysylbigen Laut von sich geben. Die Aussicht von den Gebäuden aus war sehr hübsch und von weitem Umfange; ein Telegraph correspondirte von hier mit dem zu *Sagoarema*, welchen wir in der Ferne liegen sahen. *Pitanga* war ehemals ein Kloster gewesen, welches noch unter andern die alte Kirche zeigt. Gegen Mittag war unsere *Tropa* beladen, und es gewährte uns grofsen Vortheil, dafs der Verwalter, um uns den Weg zu zeigen, uns zu Pferde begleitete. Mit unsern unbändigen Maulthieren würden wir in der Dunkelheit der uns später ereilenden Nacht und in dem schlechten Wege voll Wasser wahrscheinlich einen Theil unseres Gepäckes eingebüfst haben, indem unsere Thiere mit ihren Kasten in den schmalen Waldwegen nicht fort konnten, gegen die Bäume rennend, scheu ihre Ladung abwarfen und in das Dickicht flohen. Das Wiederfangen und Wiederbeladen derselben hielt uns sehr lange auf; wir mufsten nun mit mehr Vorsicht zu Werke gehen, und die uns hindernden Stämme abhauen. Endlich erreichten wir offene Wiesen mit grofsen Sümpfen, Gesträuchen und breiten Wasserpfützen, die wir durchwaten mufsten, eine unangenehme Erscheinung für unsere Fufsgänger, besonders für die im Gebüsche jagenden Europäer, die nicht an solche Wasserreisen zu Fufse gewöhnt waren. Durch diese widrigen Begegnisse aufgehalten erreichten wir erst spät bey Nacht die *Fazenda Tiririca*, wohin wir einen Reiter voraus gesandt hatten, um uns Quartier zu erbitten. Ihr Eigenthümer, der Herr Capitam Mor, wies uns anfänglich sein Zucker-

Engenho zum Nachtlager an, als wir ihm aber unsere Portaria (Paſs vom Minister) vorzeigten, ward er sehr höflich und lud uns in seine Wohnung ein; diese Einladung nahmen wir indessen nicht an, weil wir bey unsern Leuten zu bleiben wünschten. *Tiririca* ist eine ansehnliche Zuckerfabrick in einer angenehmen Lage; das Zuckerwerk liegt am Fuſse eines grünen Hügels, auf dessen Höhe das Wohnhaus des Besitzers, von ungefähr 20 kleinen Hütten seiner Leute und Negersclaven umringt, erbaut ist. Die groſsen Zuckerpflanzungen umgeben die *Fazenda;* jenseits derselben erheben sich dichte, hohe Waldungen, und nahe vor dem Zuckerwerke lag eine Wiese voll Sümpfe und Pfützen, von Wasser- und Sumpfvögeln belebt, die man aus den Fenstern erreichen konnte. Nachdem wir am folgenden Morgen mit unserm gefälligen Hauswirthe das Frühstück eingenommen hatten, vertheilten wir uns in die Waldungen. Herr SELLOW und ich durchgiengen die Zuckerpflanzungen und einige andere kleine *Fazenda's,* welche von niedlichen Orangenwäldchen umgeben sind, und vertieften uns dann in einen der finster verflochtenen Urwälder, welche mir während meines Aufenthalts in Brasilien immer den reichsten Genuſs gewährten. Hohe abgestorbene Baumstämme am Saume desselben zeugten noch von dem Brande, wodurch man diese Gegend urbar gemacht hatte. Der Wald selbst war eine dunkle Wildniſs von colossal-schäftigen Urstämmen; hier wuchsen die *Mimosa-, Jacaranda-, Bombax, Bignonia-* und andere Bäume, auch das *Pao Brazil (Cæsalpinia brasiliensis),* auf ihnen wieder eine Menge *Cactus, Bromelia, Epidendrum, Passiflora, Bauhinia, Banisteria* und andere Geschlechter, deren rankende Stämme unten an der Erde wurzeln, deren Blätter und Blumen aber blos die höchsten Baumkronen einnehmen; man kann sie daher nicht anders untersuchen, als wenn man diese Riesenbäume niederhaut, wobey aber oft wegen der Härte des Holzes das Eisen der besten Axt zerbricht. Schlinggewächse verbinden die Bäume auf das wunderbarste. Unter ihnen zeichnet sich eine *Bau-hinia* aus, deren feste holzige Ranken stets in abwechselnden Bogen wachsen; die Concavität jedes Bogens ist so künstlich ausgehöhlt, als ob der Hohlmeisel eines Bildhauers dazu gebraucht worden wäre, und auf der entgegengesetzten convexen Seite steht ein kurzer, stumpfer Dorn. Dieses sonderbare Gewächs, das man leicht für ein Kunstprodukt an-sehen könnte, steigt bis in die höchsten Baumkronen. Sein Blatt ist klein und zweylappigt (*bilobum*), die Blüthe aber ist mir nie zu Gesicht gekommen, obgleich die Pflanze sehr gemein ist. Andere Arten von Schlingbäumen zeichnen sich durch besonders starken, theils angeneh-men, theils unangenehmen Geruch aus. Die *Çipo Cravo* riecht sehr ange-nehm, etwa wie Gewürznelken; eine andere hingegen, von der schon, als am Amazonenflusse wachsend, LA CONDAMINE (*) redet, riecht wie Knoblauch. Viele dieser sonderbaren Gewächse senken lange Zweige herab, die wieder Wurzel schlagen, und so dem Wanderer den Weg versperren. Man ist genöthigt sie mit dem *Facào* abzuhauen, um fort-kommen zu können; hängende Zweige der Art, die, wenn der Wind oder ein anderer Umstand sie bewegt, den Reisenden an den Kopf schlagen, finden sich auf allen Waldwegen Brasiliens. Ueberhaupt ist in diesen Zo-nen die Vegetation so üppig, daſs jeder alte hohe Baum das Bild einer kleinen Welt ist, ein botanischer Garten von oft schwer zu erhaltenden und gewiſs groſsentheils unbekannten Gewächsen. Wir erlegten hier manchen schönen Vogel. Der gelbbauchige Surucuá (*Trogon viridis*, LINN.) war sehr gemein; überall erschallt seine Stimme, ein oft wieder-holter, von der Höhe zur Tiefe herabsinkender Pfiff. Wir hatten ihn bald nachahmen gelernt, und konnten ihn so leicht locken. Mit leisem, schnel-lem Fluge kommt er herbey und setzt sich in der Nähe auf einen nie-drigen Zweig, wo man ihn ohne viel Mühe herabschieſst. Eben so häufig

(*) S. DE LA CONDAMINE voyage etc. p. 74.

waren die Spechtpirole (*Dendrocolaptes*, Illigeri), welche in Gesellschaft
des schönen Spechts mit blaſsgelber Haube (*Picus flavescens*), des roth-
köpfigen Spechts (*Charpentier à huppe et cou rouge*, Azara) und des
Picus lineatus an den groſsen Stämmen pochend gefunden und geschossen wurden. Die kleinen Papageyen mit keilförmigem Schwanze, hier
Tiribas genannt (*) erlegten wir oft in Menge. Gegen Abend glückte
es mir, auch den *Pavô* (*Pie à gorge ensanglantée* des Azara) zu erhalten. Er ist ein schöner schwarzer Vogel von der Gröſse einer Krähe,
am Vorderhals mit dem lebhaftesten Roth gefärbt. Herr Sellow entdeckte heute im allgemeinen nicht viele neue Pflanzen, fand jedoch
häufig die schöne *Alstrœmeria Ligtu*, Linn., mit angenehm roth- und
weiſsgestreifter Blume. Er fing auch eine hier zwar gemeine Schlange,
welche aber die gröſste Zierde dieses Geschlechts ausmacht. Dieses
schöne Thier ist im Lande unter dem Nahmen *Cobra Coral* oder *Coraës*
bekannt, darf jedoch nicht mit jener *Coraës* verwechselt werden, die
in den Werken von Lacepède, von Daudin und Andern beschrieben
ist. Den Nahmen Corallenschlange verdient die hier gefundene mit
groſsem Rechte; das reinste, brennendste Scharlachroth wechselt an
ihrem glatten Körper mit schwarzen und grünlich-weiſsen Ringen, so daſs
dieses schöne, und dabey völlig unschädliche Reptil mit einer bunten
Corallenschnur verglichen werden kann. Ich habe mehrmals das prachtvolle Geschöpf in Spiritus gesetzt, allein es nie dahin gebracht, ihm die
herrliche rothe Farbe zu erhalten. In dem Linné'schen System ist diese

---

(*) Der Papagey, welcher an dem gröſsten Theil der Ostküste unter dem Nahmen
Tiriba bekannt ist, scheint eine noch unbeschriebene Art zu seyn, welche ich *Psittacus cruen-*
tatus nannte. Er hat die Gröſse einer Drossel und einen keilförmig-verlängerten Schwanz,
und miſst 8 Zoll 11 Linien in der Länge; Gefieder grün; Scheitel und Hinterkopf graubraun;
Backen und Kinn grün; zwischen Auge und Ohr bräunlich roth; hinter dem Ohr an der Seite
des Halses ein orangegelblicher Fleck; Vorderhals himmelblau; am Bauch und *Uropygium* ein
blutrother Fleck. *Psittacus erythrogaster* des Berliner Museums.

Schlangen-Art ohne Zweifel unter dem Nahmen` *Coluber fulvius*, nach Exemplaren beschrieben, welche im Weingeist ihre Farbe verloren hatten. Abends bat uns der Hauswirth zu Tische. Bey der Mahlzeit erschienen, nach brasilianischer Sitte, die weiblichen Bewohner des Hauses nicht, sie sahen aber dafür durch die Ritzen der Thüren und Fensterläden, um die seltenen Gäste zu betrachten; Negersclaven, männlichen und weiblichen Geschlechts, warteten bey Tische auf. Ueber diese und ähnliche Gebräuche der Brasilianer haben MAWE und KOSTER umständliche Nachricht gegeben, und ich brauche mich daher hierbey nicht aufzuhalten. Während des Essens wurde das Gespräch von unserer Seite auf verschiedene Gegenstände und Einrichtungen des Landes gelenkt, allein unser sonst gefälliger Hauswirth schien hierüber keine Auskunft geben zu wollen oder zu können.

Der folgende Tag war ein Sonntag, wo man früh zur Messe gieng. Nach dem Gottesdienste reisten wir ab. Die Hitze war grofs, daher erfrischten wir uns unterwegs mit kaltem Punsch und vortrefflichen Orangen, die man in vielen Gegenden umsonst erhält. Diese herrliche Frucht darf man, selbst bey der gröfsten Erhitzung, in Menge geniefsen, ohne Nachtheil für die Gesundheit zu befürchten, nur Abends sollen sie nicht wohl bekommen. Weit vorsichtiger mufs man im Genusse der Cocosnüsse und der andern kühlenden Früchte seyn.

Da die Entfernung von *Tiririca* nach *Parati* nur etwa drey Stunden Weges beträgt, so erreichten wir, durch Sumpf und sandige Wälder ziehend, bald die *Fazenda*, welche wir schon von Ferne auf einer Wiese liegen sahen, und in der wir, der Aussage unseres gestrigen Wirths zufolge eine sehr freundliche Aufnahme zu erwarten hatten. Sie war ehemals ein Kloster gewesen, und hat eine ansehnliche neue Kirche, wobey grofse Wirthschaftsgebäude angelegt sind. Hier sahen wir zuerst eine Krankheit, die in den südlichen Gegenden von Brasilien unter den Negern

sehr gemein ist, nehmlich dick geschwollene Füfse.   Sie überziehen sich
mit einer harten Haut wie bey der Elephantiasis.   Wir baten den Hausherrn, die Nacht hier zubringen zu dürfen, allein gegen die Art der
brasilianischen Pflanzer, die wir bisher nur von einer vortheilhaften
Seite kennen gelernt hatten, wies man uns eine sehr schlechte *Varanda*
an einem Stalle oder Schoppen an, wo wir von oben gegen den Regen
gedeckt, von den Seiten aber der Witterung blosgestellt waren.   Der
Wirth entfernte sich bey unserer Ankunft und zeigte uns sogleich, dafs
man ihm in *Tiririca* mit dem Nahmen eines gastfreundlichen Mannes, zu
viel Ehre angethan hatte.   Als wir ihn ersuchen liefsen, uns etwas Reis
für unsern Tisch und Mays für unsere Thiere zu verkaufen, schlug er
es rund ab unter dem Vorwande, er habe nichts; und erklärte: ob man
uns Wasser geben wolle, das werde sich noch zeigen.   Wir sandten nun
Leute zu Pferde in die Nachbarschaft und kauften die nöthigen Bedürfnisse auf andern *Fazenda's.*   Am folgenden Morgen liefsen wir früh
unsere *Tropa* laden und aufbrechen; wir selbst aber ritten an das Haus
des Herrn Capitam und liefsen ihm sagen, dafs wir Abschied zu nehmen
wünschten.   Als er erschien, dankten wir ihm mit der gröfsten Höflichkeit
für seine zuvorkommende Güte, setzten aber hinzu: wir würden an den
Prinzen-Regenten in *Rio de Janeiro* berichten, wie gut er den in unsern
Papieren ausgedrückten gütigen Willen der Regierung erfüllt habe,
worauf er zwar betroffen ward, aber vor Wuth schäumend ausrief:
Was geht mich der Prinz-Regent an!

Unsere Reise fortsetzend, erreichten wir bald mit hohen Gebüschen
umgebene Sümpfe, an deren Ufern der Quer-Quer oder brasilianische
Kibitz (*Vanellus cayennensis*) sehr gemein ist (*).   Dieser schöne Vogel
hat den Nahmen Quer-Quer, weil er beym Anblick der Menschen oder

(*) M a w e erwähnt dieses Vogels S. 80, indem er sagt, er habe schöne *Lapwings*
geschossen, mit einem rothen Sporn an jedem Flügel, die einen grofsen Lärm verursachten.

anderer fremdartiger Gegenstände mit einer durchdringenden, widerlichen Stimme das Geschrey Quer! Quer! Quer! erhebt, und dadurch alle andere Vögel aufscheucht.   Man trifft ihn auf allen brasilischen Wiesen, Triften und Sümpfen an.   Eben so gemein ist hier die grofse Schwalbe mit dem weifslichen Halsringe (*).

Die Hitze war jetzt so drückend, wie sie noch nie gewesen war; es regte sich kein Lüftchen und der trockene tiefe Sandboden, in dem sich die Strahlen der Sonne brachen, vermehrte die Gluth der Atmosphäre.

In einem schönen Walde, durch den unser Weg jetzt führte, schossen unsere Jäger eine hübsche Art von Maracaná (*Psittacus quianensis*, LINN.), welche sich hier in zahllosen Schaaren aufhielt.   Jenseits des Waldes kamen wir an eine Stelle, wo eine Menge Indier von *S. Pedro* mit der Ausbesserung des Weges beschäftigt waren.   Diese Masse vón braunen Menschen war uns neu und interessant.   Nachdem wir einige Hügel zurückgelegt hatten, erblickten wir plötzlich vor uns die grofse *Lagoa de Araruama*, welche 6 Legoas lang und dabey sehr breit ist, mit dem Meere 1½ Legoa nördlich von *Cabo Frio* zusammenhängt, und aus deren fischreichen Gewässern man an einigen Stellen des Ufers Salz gewinnen soll (**); Wald und einige Wohnungen bekränzten das jenseitige Ufer, und auf einer kleinen Anhöhe in der Ferne lag die Kirche des Dorfes *S. Pedro*.   Nachdem wir einen Theil des See's umritten hatten, erreichten wir die *Venda* des Dorfes, wo ich abladen liefs, und meine

(*) Die hier gefundene Schwalbe (*Hirundo collaris*) ist eine schöne neue Art, von der Gröfse unseres deutschen *Cypselus*. Ihr Gefieder ist bräunlich schwarz, überall mit grünem Schiller; rund um den Hals liegt ein weifslicher Ring. Die Schwanzfedern haben Stachelschäfte, deren Spitzen eine Linie lang hervortreten. Die Ferse ist unbefiedert, die Zehen sehr stark, zusammengedrückt, und mit scharfen bogenförmigen Nägeln versehen, welche zum Anhalten an den Felsen recht geeignet sind. Diese Art habe ich auch zuerst in den Felsen bey *Rio de Janeiro* gefunden.

(**) Dieser Landsee wird auch *Lagoa de Iraruama* oder *Aruama* genannt.

von der Hitze und der starken Fußreise ermüdeten Jäger erwartete. Sie kamen bald, mit mancherley interessanten Thieren bepackt, die sie unterwegs geschossen hatten.

S. *Pedro dos Indios* ist ein Indierdorf (*Aldea*), welches die Jesuiten ursprünglich aus Goaytaca-Indiern gebildet haben sollen (*). Hier befindet sich zwar eine ansehnliche Kirche und der Ort hat mehrere Straßen, aber die Häuser sind nur Lehmhütten, die alle, so wie die meisten einzelnen Ansiedelungen der hiesigen Gegend, von Indiern bewohnt werden. Sie haben hier im Dorfe einen Capitam Mor (so viel als Commandant oder Schulze) von ihrer eignen Nation, der aber durch nichts als durch seinen Amtsnahmen ausgezeichnet ist. Außer dem Geistlichen befinden sich nur einige wenige Portugiesen hier. Die hier wohnenden Indier haben noch großentheils die reine indische Physiognomie, die schon zu S. *Lourenzo* weiter angegeben ward, hier sich aber noch charakteristischer ausspricht als dort. Ihre Kleidung und Sprache ist die der niedern Klassen der Portugiesen, und nur zum Theil kennen sie noch ihre alte Sprache. Sie haben die Eitelkeit, Portugiesen seyn zu wollen, und sehen auf ihre noch rohen uncivilisirten Brüder in den Wäldern, die sie *Caboclos* oder *Tapuyas* nennen, mit Verachtung herab. Nach der Sitte der Portugiesinnen binden ihre Weiber ihr langes, rabenschwarzes Haar oben auf dem Kopf in einen Knoten zusammen.

In den Ecken ihrer Hütten findet man die Schlafnetze der Familie aufgehängt; auch fanden wir bey ihnen viele aus grauem Thon verfertigte Gefäße. Die Männer sind meist gute Jäger und geübt im Schießen

---

(*) Die *Corografia brazilica T. II. p.* 45. giebt folgende Notiz von der Entstehung dieses Indierdorfes: Es ward angelegt als SALVADOR CORREA DE SA, die drey Brüder CORREAS GONSALO, MANUEL und DUARTE, der Capitam MIGUEL AYRES MALDANADO und mehrere Andere im April 1629 in dieser Gegend ein großes Stück Land von den Goaytacases-Indianern befreyten, welches sie schon im August 1553 geschenkt bekommen hatten.

mit der Flinte, die Knaben schiefsen sehr gut mit dem kleinen Bogen
von Airi-Holz, *Bodoc* genannt.   Die Bogen haben zwey Sehnen, welche .
durch ein Paar kurze Stückchen Holz von einander entfernt gehalten
werden; in der Mitte befindet sich eine Stelle, wo die beyden Schnüren
durch ein netzartiges Geflechte vereint sind, um die Thonkugel oder
den kleinen runden Stein (*Pelotta*) anzulegen.   Man zieht hierauf mit
den vordern Fingern der rechten Hand die Schnur und die Kugel zugleich zurück, und läfst dann jene plötzlich los, wodurch die Kugel
fortgeschnellt wird.   Schon Hofrath von LANGSDORF erwähnt solcher
Bogen, die er zu *S. Catharina* sah; auch sind sie überall an dieser
Küste gebräuchlich, ja am *Rio Doçe* führen selbst erwachsene Männer
dergleichen zu ihrem Schutze gegen die Botocuden, wenn sie kein
Feuergewehr besitzen.   Sie sind sehr geübt in dieser Art zu schiefsen,
und tödten einen kleinen Vogel auf eine bedeutende Entfernung, ja
selbst Schmetterlinge an Blumen, wie Herr von LANGSDORF erzählt.
AZARA, in seiner Beschreibung von *Paraguay*, sagt (*),- dafs man dort
mehrere Kugeln zugleich mit diesen Bogen abschiefse.   Ich habe auf
der dreyzehnten Tafel Fig. 1. ein solches Instrument abbilden lassen.

KOSTER hat in seiner Reise in der *Capitania* von *Pernambucco*
die entwilderten Indier zu *Seara* ziemlich richtig, doch in einem
etwas zu ungünstigem Lichte, geschildert; es ist aber möglich, dafs
sie dort auf einem noch geringerem Grade der Bildung stehen als hier.
Auch mufs ich hier zum voraus bemerken, dafs ein Theil der Schuld
der geringen Bildung und des oft schlechten Charakters dieser Indier in
der falschen Behandlung und Bedrückung gesucht werden mufs, welche
sie früherhin von den Europäern zu erdulden hatten, die sie oft kaum
für Menschen erkannten und mit dem Nahmen *Caboclos* oder *Tapuyas*
die Idee von Wesen verbanden, die blos geschaffen seyen, um sich

(*) AZARA, voyages etc. Vol. II. p. 67.

von ihnen mißhandeln und tyrannisiren zu lassen. — In der Hauptsache
ist übrigens alles wahr, was KOSTER von ihrem Charakter sagt; denn
noch immer äußert sich bey ihnen ein Hang zu ungebundenem indo-
lentem Leben; sie lieben starke Getränke und arbeiten ungern, sind
wenig zuverläsig in ihren Worten, und man hat unter ihnen noch
sehr wenig Beyspiele von ausgezeichneten Männern. An Geistesfähigkeiten fehlt es ihnen indessen nicht, sie begreifen alles sehr leicht, was
man sie lehrt, und sind dabey schlau und verschlagen. Sehr auffallend
in ihrem Charakter ist ein unbeugsamer Stolz und eine große Vorliebe
für ihre Wälder. Viele von ihnen hängen noch ihren alten Vorurtheilen
an, und die Geistlichen klagen, daß sie schlechte Christen sind. Der Prie-
sterstand steht ihnen offen, dennoch aber ist es etwas sehr seltenes,
daß sie sich demselben widmen. In *Minas Geraës* befand sich ein Geistlicher, welcher ein Indier, und zwar von einem der roheren Stämme
war. Dieser Mann war überall geachtet und lebte mehrere Jahre auf
seiner Pfarre; plötzlich aber wurde er vermißt, man fand, daß er seinen Ornat von sich geworfen hatte, und erfuhr, daß er nackt in die
Wälder unter seine Brüder gelaufen, wo er mehrere Weiber nahm,
nachdem er lange Jahre von den Lehren, welche er predigte, durchdrungen geschienen hatte. Ganz verschieden von diesen Indiern sind
die Neger, die in Brasilien leben; unter ihnen findet man viel Geschick
und Ausdauer zur Erlernung aller Künste und Wissenschaften, ja es haben
sich unter ihnen ausgezeichnete Leute gefunden (*).

Haben die Indier hinlänglich zu essen, so bringt man sie nicht
leicht zur Arbeit; sie verkürzen sich lieber die Zeit mit Tanz und Trink-
gelagen. Die jetzt bey ihnen üblichen Tänze haben sie von den Portu-

---

(*) Hierüber siehe BLUMENBACH's Beyträge zur Naturgeschichte 1ter Theil S. 94, als
Bestätigung für die Geistesfähigkeiten der Neger, für die anziehende Kraft des vaterländischen
Bodens und die gewohnte Lebensart roher Völker.

giesen angenommen; einen darunter, *Baducca* genannt, lieben sie besonders. Nach dem Schall der *Viola* (Guitarre) machen die Tanzenden mancherley unanständige Stellungen gegen einander, klatschen mit den Händen und schnalzen mit der Zunge (*), dabey wird der wohlbekannte *Caüy* (**) nicht vergessen, der heut zu Tage blos aus der Mandiocca-wurzel, Mays oder Bataten bereitet wird. Die Wurzel wird geschabt, in Stücke geschnitten, abgesotten, gekaut, mit den Fingern aus dem Munde genommen und in ein Gefäß geschüttet, wo sie mit Wasser begossen gährt, und dann ein etwas berauschendes, säuerliches und nahrhaftes Getränk giebt, das im Geschmack der Molke sehr nahe kommt. Gewöhnlich wird dieser Lieblingstrank warm genossen. Die Lebensart dieser Indier gleicht noch sehr der der alten Küsten-Indier. Die Portugiesen haben manches von ihnen angenommen; wie z. B. die Bereitung des Mandioccamehls. Sie hatten vormals eine gröbere Art, welche sie *Uy-Entan* nannten, und eine feinere unter dem Nahmen *Uy-Pu* (***), und noch heut zu Tage kennen diese jetzt civilisirten Indier den Nahmen *Uy* recht wohl. Sie bereiteten in jenen frühern Zeiten schon ihren *Mingau*, indem sie Mandioccamehl in die Brühe des abge-kochten Fleisches warfen, worin es aufgeht und einen nahrhaften Brey bildet; die Portugiesen nahmen auch dieses von ihnen an. Sie schütte-

---

(*) S. v. ESCHWEGE, Journal von Brasilien 1tes Heft, S. 59.

(**) SIMAO DE VASCONCELLOS zählt uns in den *Notitias curiosas do Brazil p.* 86 und 87. alle Arten von *Caüy* auf, welche die Küsten-Indier vor Zeiten bereiteten; sie gossen dies Getränk in *Talhas*, welche sie *Igaçabas* nannten. Einige zählten 32 Arten desselben, z. B. von *Acaya*, *Aipy*, (dieses nannten sie alsdann *Caüy caraçü* und *Caüy maschaschéra*), von *Pacoba* (*Pacoüy*), Milio (*Abatiüy*), Ananas (*Nanavy*), welches stärker ist und leicht berauscht, von Bataten (*Jetiüy*), Genipaba, Bejù oder Mandiocca (*Tepiocuy*), wildem Honig, Zucker (*Garapa*), Acaju u. s. w.; den letztern liebten sie am meisten. Ueber den *Caüy* s. auch JEAN DE LERY, p. 124.

(***) JEAN DE LERY, voyage etc. p. 116.

ten, wenn sie afsen, das trockene Mandioccamehl neben sich hin, und warfen es mit einer solchen Fertigkeit in den Mund, dafs von diesen einzelnen kleinen Körnchen nichts verloren gieng. Man findet bey ihren heutigen Nachkommen, so wie bey den portugiesischen Pflanzern, diesen Gebrauch ebenfalls (*). Die alten *Tupinambas* kannten schon eine vorzüglich gute Art der Mandioccawurzel unter dem Nahmen *Aypi*, welche sie in der Asche brateten und in Wasser abkochten (**), beydes geschieht noch heut zu Tage unter ihren Nachkommen, auch heifst die Wurzel noch jetzt eben so, oder *Mandiocca doçe*; diese und andere Gebräuche haben sich bis jetzt unter ihnen erhalten. Ungeachtet sie sich zum christlichen Glauben bekennen, so gehen doch viele unter ihnen nur zum Scheine und höchst selten in die Kirche; dabey sind sie abergläubisch und haben eine Menge Vorurtheile, ja KOSTER (†) fand selbst in *Pernambucco* noch die *Maracas* (††) in einem indischen Hause, ein Beweis, dafs sie zum Theil auch noch an jenem Gebrauche ihrer Vorfahren hängen. Mit der fortschreitenden Cultur dieses Volkes wird seine Originalität und der letzte Rest seiner alten Sitten und Gebräuche immer mehr verschwinden, so dafs selbst an der Stelle, welche ihm die Natur zum Aufenthaltsorte anwies, bald keine Spur davon mehr zu finden seyn, und man nur in LERY's und HANS STADENS Schilderungen noch Kunde von ihnen erhalten wird.

In *S. Pedro* unterhielten wir uns lange mit den Bewohnern, die in der angenehmen Abendkühle vor ihren Hütten safsen. Der Capitam Mor, ein kluger ältlicher Indier, und mit ihm alle Bewohner des Orts, konnten uns ihren Argwohn nicht verbergen, dafs wir wohl englische Spione

(*) JEAN DE LERY, voyage etc. p. 118 und 119.
(**) Ibid. p. 119.
(†) KOSTER's travels etc. p. 314.
(††) HANS STADEN nennt sie *Tamaracas*. Caput xxjj.

seyn möchten; und selbst als wir ihm unsere Portaria zeigten, war er noch nicht völlig beruhigt. Die Engländer sind in Brasilien sehr verhafst; man hält alle Fremde, bey welchen blonde Haare und eine weiſse Haut die nördliche Abkunft verrathen, für Glieder jener Nation.

Da die umliegende Gegend uns mannigfaltigen Stoff für unsere Forschungen zu enthalten schien, so verweilten wir hier mehrere Tage; unsere ausgesandten Jäger brachten uns einige Micos (*Simia fatuellus*, Linn., der gehörnte *Sahui*), das Faulthier mit dem schwarzen Halskragen (*), eine noch wenig gekannte Art, u. s. w.; dieses letztere fanden wir nachher in den südlicheren Gegenden häufig, aber in den nördlicheren nicht mehr. Der folgende Tag war ein Sonntag; alle Bewohner der umliegenden Gegend strömten zur Messe nach *S. Pedro* herbey. Wir zogen in die Kirche, vor welcher noch, von einem vergangenen Feste her, verdorrte Palmblätter in die Erde gesteckt eine Allee bildeten. Ein gewisser Herr Capitam Carvalho, welcher sich auch hier eingefunden hatte, war gegen uns sehr zudringlich. Er hatte in der Nähe seine *Roça* (Pflanzungen) und in der nicht weit mehr entfernten *Villa* zu *Cabo Frio* ein Haus, welches er uns für unsern bevorstehenden Aufenthalt daselbst zur Wohnung aufdrang. Hier in *S. Pedro* machte er unsern Führer, und lud uns wiederholt nach seiner Wohnung in der Nachbarschaft ein, wovon Herr Sellow Gebrauch machte. In der Messe sahen wir die vielen dunkelbraunen Indier mit ihren originellen Gesichtern, ein für Fremde sehr interessanter Anblick. Am Abend tanzten sie im Hause ihres Capitam Mor, und waren bey dem Caüy-

---

*) Das Faulthier mit dem Halskragen (*Bradypus torquatus*, Illigeri) ist eine neue noch unbeschriebene Art. Es unterscheidet sich in Gestalt und Bildung wenig von dem *Ai;* seine Farbe ist abweichend: eine Mischung von grau und röthlich, der Kopf mehr ins röthliche fallend und weiſslich gemischt. Auf dem Oberhals befindet sich ein groſser Flecken von langen schwarzen Haaren. Diese Art hat übrigens drey Zehen wie der *Ai*, und nicht zwey, wie Illiger in seinem *Prodromus* angiebt.

Trinken sehr lustig.   Der Geiſtliche hatte sich ebenfalls hier eingefunden;
es schien aber, als ob man auſser der Messe nicht viel aus ihm mache.

Durch den Besuch, welchen Herr SELLOW in der Behausung des
Herrn CARVALHO abgestattet, lernten wir die verschiedenen interessanten Produkte der groſsen Waldungen bey *S. Pedro* einigermaſsen kennen.
Diese Wälder sind mit den schönsten Nutzhölzern und officinellen Gewächsen angefüllt.   Herr CARVALHO war früherhin der Ausführung solcher
nutzbarer Holzarten, welche der Krone gehören, beschuldigt und von
der Regierung zur Strafe festgesetzt, nachher aber für unschuldig erklärt
und wieder frey gegeben worden.   Hier ist das Brasilienholz, *Pao Brazil*
(*Cæsalpinia brasiliensis*, LINN.), in Menge vorhanden, und Ipé-Holz
(*Bignonia*) von verschiedener Art, mit groſsen gelben und weiſsen Blumen, wovon die eine Art *Ipé-amarello* genannt wird, eine andere aber,
welche wohl eins der stärksten Schiffbauhölzer liefert, hat den Nahmen
Ipé-Tabacco, weil ihr gespaltener Kern ein hellgrünes staubartiges Pulver
giebt, ferner *Pekeá*, dessen Frucht genieſsbar für Menschen, und eine
gewöhnliche Nahrung der Affen ist; ferner *Pitoma, Oleo Pardo* (*Laurus*),
Ipeuna (*Bignonia*) von allen das härteste Holz.   Da es elastisch und dabey
sehr leicht ist, so verfertigen die Indier zuweilen ihre Bogen daraus.   Hier
ist ferner *Imbiú, Jaquá, Grubú, Crumbari* und *Mazaranduba*, welches
Milchsaft zwischen Splint und Rinde hat, woraus die Indier Vogelleim
machen; *Graüna* und *Sergeira* (eine *Cassia* oder *Mimosa*, die das Laub
abwirft) einer der schönsten und dicksten Bäume.   Es ist leicht, ersetzt
Linden - und Pappelholz, und man macht Canoes daraus.   Hier sind *Jar-*
raticupitaya, mit gewürzhafter Rinde, die ein Heilmittel der Indier ist,
Jacarandá oder *bois de rose* (*Mimosa*), schön schwarzbraun, fest und
schwer, nutzbar für Tischler und von einem schwachen aber angenehmen
Rosengeruche; der weiſse Splint wird nicht gebraucht, sondern nur der
innere schwarzbraune Kern; *Cuiranna* (*Cerbera* oder *Gardenia*), ein sehr

leichtes Holz, aus dem man Löffel und Teller macht und dessen Rinde einen Milchsaft giebt; *Peroba*, ein hartes, festes Schiffbauholz, das von der Regierung benutzt wird, und deshalb für ihr Eigenthum erklärt ist; *Canella* (*Laurus*), sehr aromatisch, wie Zimmet riechend; *Caübi* (*Mimosa*), *Mojole, Sepepira, Putumujú*, hier und in *Rio de Janeiro Araribá* genannt, und andere Arten mehr. Auch officinelle Gewächse findet man hier in Ueberfluß; unter ihnen nenne ich nur einige, als die *Herva moeira do Sertam* mit dem Gewürznelken ähnlichen Geschmack, den *Costus arabicus*, der gegen eine gewisse venerische Krankheit gebraucht wird; die *Ipecacuanha preta* (*Ipecacuanha officinalis*, Arruda; ohne Zweifel die *Raiz preta*, in von Eschwege's Journal von Brasilien, Heft. 1. abgebildet); *Ipecacuanha branca* (*Viola Ipecacuanha*, Linn., oder *Pombalia Ipecacuanha*, Vandelli), die *Buta* (*), welche die Wirkung der China ersetzen soll, u. s. w.

Nachdem wir in der Gegend von *S. Pedro* mit den Indiern öfters gejagt hatten, verließen wir sie Nachmittags und begaben uns nach dem nur ein Paar Stunden Weges entfernten *Cabo Frio*. Ein Aufenthalt, den uns unterwegs ein Maulthier verursachte, gab uns Gelegenheit, eine hübsche Art von *Maracaná*, den unter dem Nahmen des *Psittacus Macavuanna* beschriebenen Vogel, zu erlegen; er hält sich schaarenweise hier in den Wäldern auf und fällt in die Gebüsche und Mayspflanzungen nahe um die Wohnungen der Indier ein, wo er oft vielen Schaden verursacht.

Noch spät in der Dunkelheit überschifften wir die *Lagoa* bey der *Villa* zu *Cabo Frio*, und wurden daselbst von dem Herrn Capitam Carvalho in seinem Hause aufgenommen. *Cabo Frio* ist das bekannte Vorgebürge, welches schon früher erwähnt worden; hohe Felsenberge, vor denen einige felsige Inseln liegen, bilden dasselbe. Auf einer dieser kleinen Inseln ist, in einem Busen nahe an der Küste, ein kleines Fort

(*) Wir haben diese wirksame Pflanze weder in der Blüthe noch mit der Frucht gefunden, um bestimmen zu können, in welche Familie sie gehöre. Sie ist vielleicht ein *Convolvulus*.

erbaut. Eine *Lagoa* zieht sich hier in einem Halb-Kreise in das Land hinein, und an ihr liegt die *Villa do Cabo Frio*. Es ist ein kleiner Ort mit mehreren ungepflasterten Straßen und niedrigen Häusern, von denen indessen einige ein ganz nettes und freundliches Aeußere haben. Die Landzunge, worauf die *Villa* liegt, hat einen theils sumpfigen, theils sandigen Boden, denn nahe bey den *Lagoas* ist Sumpf, und näher dem Meere zu tiefer Sand, in welchem Gebüsche mancherley Art wachsen. Hier entdeckten wir einige neue Gewächse, unter andern zwey strauchartige Andromeden (*), die eine mit blaßgelben, die andere mit rosenrothen Blumen. Die ganze umliegende Gegend ist mit großen Seen und Sümpfen durchzogen, weßhalb man diese Gegend für fieberhaft hält; doch behaupten die Bewohner, daß die heftigen Seewinde die Atmosphäre sehr verbessern.

Die *Villa* nährt sich von der Ausfuhr einiger Produkte, wie der Farinha und des Zuckers. Einige *Lanchas* unterhalten damit einen Küstenhandel. Vor Zeiten war diese Gegend, so wie die zu *Rio de Janeiro*, von den mächtigen Stämmen der *Tupinambas* und *Tamoyos* bewohnt, die zu Lery's Zeit mit den Franzosen gegen die Portugiesen verbunden waren. Salema griff sie 1572 zu *Cabo Frio* an, und brachte ihnen eine große Niederlage bey, worauf sie sich ins Innere zurückzogen. Nachher siedelten sich die Portugiesen hier an. In der letzten Hälfte des 17ten Jahrhunderts wohnten hier eine kleine Anzahl derselben; auch hatte man schon das Dorf *S. Pedro* gegründet: ein kleines Fort war nach den Angaben in Southey's *history of Brazil* fast ohne Besatzung.

Auf die Einladung eines hier wohnenden Capitams, sein Zuckerwerk zu sehen, schifften wir uns an einem Sonntage früh mit ihm ein; unser

---

(*) Herr Professor Schrader zu Göttingen, dessen Güte ich die Bestimmung des größten Theils der in diesem Buche erwähnten Pflanzen verdanke, hat diese beyden Gewächse für neue, noch unbeschriebene Arten dieses Genus erkannt.

Hauswirth, Herr CARVALHO, und ein Geistlicher begleiteten uns.   Man
legte wie gewöhnlich Rohrmatten (*Esteiras*) zum Niedersitzen auf den
Boden des Canoes.   Diese Art Fahrzeuge gebrauchten schon die alten
Tupinambas und die ihnen verwandten Stämme; die Portugiesen behielten
sie nur bey.   Sie sind aus einem einzigen Baumstamme gehauen, äußerst
leicht, und die Indier wissen sie vortrefflich zu regieren.   Man hat sie
von verschiedener Größe; einige sind so schmal, daß man sich nicht
viel bewegen darf, ohne das Umschlagen des Canoes befürchten zu müssen: andere hingegen werden aus so ungeheuer dicken Stämmen gehauen, daß sie selbst in der See, wenn sie nicht zu unruhig ist, ziemlich sicher gehen.   Der das Canoe regierende Mann steht aufrecht und
weiß sich so im Gleichgewicht zu halten, daß er durch seine Bewegungen nicht das geringste Schwanken verursacht.   Die Ruder haben vorne
eine Schaufel von oblonger Form, und werden bey kleinen Canoes aus
freyer Hand geführt, ein Paar geschickte Canoeiros sind im Stande ein
solches leichtes Fahrzeug pfeilschnell fortzutreiben.   Wir fanden das
Wasser der *Lagoa* von geringer Tiefe und so klar, daß wir den
weißen Sandboden des Grundes mit seinen Korallengewächsen deutlich
wahrnehmen konnten; bey der geringen Tiefe saßen wir oft fest.   Die
Lagoas umschwärmten Möven, Meerschwalben, weiße Reiher und Strandläufer.   Zwey Arten von Cormoranen sind hier sehr gemein: der graubraune Tölpel (*), und ein anderer unserm Cormoran sehr ähnlicher Vogel;
beyde fischen hier in den Gewässern und kommen den Häusern der *Villa*
sehr nahe.   Die *Fazenda* des Herrn Capitam, von ihren Negerhütten umringt, ist auf einem grünen Hügel erbaut, und hat eine schöne Lage.
Ringsum erblickt man Waldgebürge und bebuschte Anhöhen, welche
mit den glänzend hellgrünen Zuckerpflanzungen einen angenehmen Far-
benwechsel bilden; zur Linken belebten mehrere Wasserspiegel, freund-

(*) Vielleicht der *Petit Fou de Cayenne*. BUFF. pl. 973. (*Pelecanus parvus.*)

liche Wohnungen und ferne blaue Gebürge diese Landschaft. Wir besahen das Zuckerwerk, welches sehr gut eingerichtet zu seyn scheint.
Um den Zuckersaft, aus welchem man Branntwein bereiten will, zu
verdicken und zu reinigen, giefst man eine scharfe Lauge hinzu. Man
erhält diese aus dem Aufgusse von warmem Wasser auf die Asche einer
Art *Polygonum*, das in der indischen Sprache *Cataya*, von den Portugiesen aber *Herva de Bichu* genannt wird. Diese Pflanze hat einen
sehr bittern, pfefferartigen Geschmack, wird auch in mancherley Krankheiten (*) angewandt, und soll bey der Bereitung des Zuckerbranntweins
von grofsem Nutzen seyn. Die meisten etwas beträchtlichen *Fazenden*
haben eine Kirche, eine Kapelle oder doch ein geräumiges Zimmer,
welches dazu eingerichtet ist, dafs an Sonn - und Festtagen daselbst Messe
gelesen werden kann. Es ist den Reisenden zu rathen, ja die Messe
nie zu versäumen, indem die Einwohner darauf einen sehr grofsen Werth
setzen: man behandelte uns stets sehr gütig und zuvorkommend, wo
wir diese Regel beobachteten, und liefs uns Kälte und Widerwillen sehr
deutlich fühlen, wenn wir nicht in die Kirche giengen. Nach der
Messe begleiteten wir den Hausherrn wieder nach der *Villa* zurück,
wo wir heute noch eine Seltenheit dieser Gegend, nähmlich die ächte
Cocospalme (*Cocos nucifera*, Linn.), in Augenschein nahmen. Dieser
schöne Baum ist weiter nördlich, wie die Folge des Reiseberichts zeigen
wird, sehr gemein, allein hier in den südlichern Gegenden sehr selten.
Er trägt an der Ostküste den Nahmen der *Cocos da Bahia*.

(*) Am *Rio S. Francisco* soll dies Gewächs bey der Krankheit, welche man *O Largo*,
die Erweiterung, nennt, mit Vortheil angewandt werden. Dieses Uebel ist nach der Beschreibung eines alten ungarischen Arztes, der dort lebte, und die Krankheiten jenes Landes
beschrieben hat, eine durch Schwäche verursachte Erweiterung des Mastdarms. Man soll
alsdann die Pflanze kochen, die davon erhaltene Brühe erkalten lassen, und sie als Clystir und
zum Bade anwenden.

Auf einer *Fazenda* in der Nähe von *Cabo Frio* befanden sich, wie man mich versicherte, ein Paar Dattelpalmen (*Phœnix dactylifera*, LINN.), welche Frucht trugen; allein seitdem man den einen der beyden Bäume abgehauen hat, trägt der andere nicht mehr.

Wir machten nun Jagdzüge in allen Richtungen der Gegend, und hatten zu diesem Endzwecke zwey neue Jäger, des Landes kundige Männer, Nahmens João und IGNAÇIO, in unsere Dienste genommen. Sie brachten uns bald verschiedene Thiere, besonders Brüllaffen (*Guariba*), ohne Zweifel die Art, welche man unter dem Nahmen des *Stentor* oder *Mycetes ursinus* beschrieben hat, und deren laute Stimme man hier häufig in den Wäldern hört. Diese sonderbaren Geschöpfe zeichnen sich bekanntlich durch die grofse Stimmkapsel in der Kehle aus, welche Herr VON HUMBOLDT in seinen Beobachtungen aus der Zoologie auf der 4ten Tafel nach einer andern Species dieses Genus abgebildet hat. Von dem langen starken Barte des männlichen *Guariba*, trägt er an dieser Küste den Nahmen *Barbado*; in *S. Paul* nennt man ihn *Bujio* und mehr nördlich *Guariba*. Nebst diesen Affen erhielten wir den mit den beyden verlängerten Haarzöpfen auf dem Kopfe (*Simia fatuellus*, LINN.) und den kleinen rothen *Sahui* (*Simia Rosalia*, LINN.) Beyde sind hier nicht selten, werden aber etwas weiter nördlich gar nicht mehr gefunden. Am Rande der *Lagoas* und der Sümpfe, besonders in der Nähe der Mangi-Gebüsche (*Rhizophora*, *Conocarpus* und *Avicennia*) fanden wir eine grofse Menge in die Erde gebohrte Löcher, in welchen Krabben leben. Diese Art wird hier *Guayamú* genannt; sie darf nicht mit einer andern verwechselt werden, die man an der Seeküste im Sande findet, und mit dem Nahmen *Çiri* belegt; beyde Arten werden von MARCGRAF erwähnt. Das *Guayamú* wird gröfser als das *Çiri* und hat eine ungefleckte, schmutzige, schieferblaue, etwas ins bleygraue spielende Farbe. Diese Thiere sind schwer zu fangen, denn schon bey dem leisesten Geräusche ziehen sie sich in ihre Höhlen zurück; ich griff daher zu dem Mittel, sie mit Vogeldunst zu erlegen. Sie machen eine Hauptnahrung der Brasilier aus, deren Indolenz oft so weit geht, daſs sie sich bey Mangel an Fischen mit dieser unsrer Erfahrung nach elenden Kost behelfen. In den Sandgebüschen fand ich häufig zwey verschiedene Arten Eidechsen, wovon die gröſsere, DAUDINS *Lacerta Ameiva*, einen grünen Rücken und bunt gefleckte Seiten hat. Hier erhielt ich auch die Haut einer Riesenschlange, der *Boa constrictor*. Mit Unrecht giebt DAUDIN nur Afrika als das Vaterland dieser Schlange an, da sie doch die gemeinste der brasilischen Arten des Genus *Boa* ist. Die meisten dieses Geschlechts sind an der Ostküste unter dem Nahmen *Jiboya* bekannt.

Die bis jetzt schon gemachte sehr beträchtliche Sammlung, die sich in *Cabo Frio*, besonders an Wasser - und Sumpfvögeln noch sehr vermehrt hatte, versprach uns Herr Capitam CARVALHO nach *Rio de Janeiro* zu senden. Wir fanden indessen bald Ursache, gegen die uns aufgedrungenen Gefälligkeiten dieses Mannes miſstrauisch zu werden; denn es zeigte sich nur zu deutlich, daſs ihn der gröſste Eigennutz leitete, der sogar so weit gieng, daſs er uns nöthigte, ihm ein Attestat über die uns geleisteten wichtigen Dienste auszustellen. Eben so unglücklich waren wir mit der Bekanntschaft des hiesigen Apothekers, eines Mannes, der sich sehr für unsere Arbeiten zu interessiren schien, und dem wir anfänglich einige Bildung zutrauten. Bald aber merkten wir, daſs es in seinem Kopfe nicht ganz richtig war, und ungeachtet wir mit seiner Schwachheit Geduld hatten, sahen wir uns am Ende doch genöthigt, ihn ernster zu behandeln, indem er in der *Villa* verschiedene uns nachtheilige Gerüchte aussprengte, wofür er indessen, wie wir später erfuhren, von der Polizey einige Tage Arrest erhalten hat.

Fischerhütte am Flusse Barganza.

Reise des Prinzen von Neuwied in Brasilien I. Bd. 4.

IV.

Reise von Cabo Frio bis Villa de S. Salvador dos Campos dos Goaytacases.

Campos Novos, Fluſs und Villa de S. Joâo, Rio das Ostras, Fazenda von Tapebuçu´, **Fluſs und Villa zu Macahé**, Paulista, Coral de Battuba, Barra do Furado, Fluſs **Barganza**, Abtey S. Bento, Villa de S. Salvador am Flusse Paraïba.

Am 7. September lieſsen wir unser Gepäck bey der *Villa* über die *Lagoa* setzen, und die Maulthiere herbeytreiben, die während un-seres Aufenthalts daselbst, jenseit der *Lagoa* bey einer einzelnen *Fazenda* auf die Weide gegangen waren, und am 8ten verlieſsen wir, begleitet von Herrn CARVALHO, die Gegend von *Cabo Frio* und zogen langsam an der *Lagoa* hin. Als der Weg sich aber in die Waldungen wendete, giengen einige unserer Thiere durch. Wir sahen uns nun genöthigt, den Wald in allen Richtungen zu durchkreuzen, und nur mit vieler Mühe gelang es uns, sie wieder zu finden. In einem Hohlwege verursachte uns bald darauf unsere *Tropa*, welche durch den langen Aufenthalt zu *Cabo Frio* auf der guten Weide verwildert war, ein noch gröſseres Abenteuer. Ich ritt in diesem Hohlwege dem Zuge langsam voran, als ich plötzlich alle unsere mit groſsen hölzernen Kasten schwer beladenen Thiere, in voller Flucht hinter mir her rennen hörte. Mein ebenfalls

12

eigensinniges Reit-Maulthier gieng sogleich mit einem solchen Ungestüm durch, daſs an ein Aufhalten nicht zu denken war. Um mir von den Kisten der wild gewordenen Esel nicht die Knie und Beine brechen zu lassen, riſs ich mein Maulthier auf die Seite, worauf sich die ganze *Tropa* in dem Walde zerstreute; vier bis fünf Thiere warfen ihre Ladung ab, und zerrissen und zerschlugen das Geschirr. Wir alle standen athemlos und ermattet da, ohne errathen zu können, was eigentlich Ursache dieser tragikomischen Catastrophe gewesen sey. Wir durchzogen nun nach allen Seiten das nahe Gebüsch, und nur nach einem bedeutenden Aufenthalt brachten wir endlich mit Hülfe unserer guten *Tropeiros*, welche der Spur folgten, alle versprengten Thiere wieder zusammen. Portugiesische Jäger, welche in diesem Walde Rehe jagten und hier einen verlornen Hund suchten, wiesen uns zurechte. Die Rehe dieser Gegend sind von zwey verschiedenen Arten, welche AZARA unter dem Nahmen *Guazupita* und *Guazubira* beschrieben hat, und MAWE fälschlich *Fallow-Deer* (*) nennt; KOSTER sagt sogar, indem er von einer der beyden Reharten spricht, daſs man eine Antilope geschossen habe (**), da doch bekanntlich diese Thierarten in der neuen Welt nicht angetroffen werden. Ueberhaupt findet man vier Hirscharten in Brasilien, welche AZARA zuerst beschrieben hat, und sie scheinen über einen groſsen Theil von Südamerika verbreitet zu seyn. Die gemeinste ist das *Veado Mateiro* der Portugiesen, das rothe Reh oder der *Guazupita*, wovon sich bey dem angeführten Schriftsteller eine recht gute Beschreibung findet. Dieses Thier ist in allen Waldungen und Gebüschen verbreitet und wird häufig gegessen, obgleich sein Wildpret sehr trocken und grobfaserig ist.

(*) J. MAWE's travels etc. p. 80.
(**) KOSTER's travels etc. p. 136.

Nachdem unsre *Tropa*, so gut sichs thun lieſs, wieder in die nöthige Ordnung gebracht war, setzten wir unsre Reise durch hohe schlanke Waldungen fort, welche häufig mit offenen Stellen abwechselten, wo Wiesen mit groſsen Brüchern und Rohrgehägen eine Menge Reiher, Enten, Kibitze und andere ähnliche Arten ernähren. Ueberall ertönt hier das Geschrey des *Quer-Quer*, und im Walde sehr häufig die klingende Stimme des *Araponga*. Mehrere strauchartige *Eugenia*-Arten trugen hier ihre schwarzen, reifen, sehr schmackhaften Früchte, welche die Gröſse kleiner Kirschen haben. Wir ritten durch herrliche Wälder schlank gewachsener, hoher Stämme, mit weiſslichter oder rothbräun- lichter Rinde, die mit Ehrfurcht erfüllen, während unten in dem Dickicht blühende Mimosen und Justicien Wohlgeruch verbreiten. Hier fanden wir auch groſse Termitengebäude von 8 bis 10 Fuſs Höhe, ein Beweis ihres Alters. Jetzt verursachten uns unsere Lastthiere neue Unruhe, da sie an verschiedenen sumpfigen Stellen tief einfielen; wir wurden zugleich noch durch den Stachel der *Marimbondos*, bösartiger Wespen, geäng- stigt (*). Ihr Stich hinterläſst einen zwar heftigen, aber nicht lang anhal- tenden Schmerz und eine Beule. Die herrliche *Bougainvillea brasiliensis* blühte hier vollkommen roth gefärbt, und hohe, mit goldgelben groſsen Blumen überschüttete Trompetenbäume (*Bignonia*) drängten sich zur Zierde der finstern Baumkronen empor.

In einer groſsen Sumpfwiese schritten der *Jabirú* (*Ciconia ameri-cana* oder *Tantalus loculator*, Linn.) und Reiher verschiedener Art, besonders die schneeweiſsen Egretten, umher. Das Vieh watet hier tief im Wasser, und nährt sich von den Sumpfgräsern. Eine groſse 6 bis 8 Fuſs lange Schlange, die grüne *Çipo* (*Coluber bicarinatus*) schoſs pfeilschnell vor uns hin in dem hohen Grase, und auf den Gebüschen am Rande der Wiese lieſs sich eine Schaar *Maracanás* (*Psittacus*

(*) Mawe nennt sie fälschlich *Mirabunde* pag. 134.

Macavuanna, Linn.) nieder. Da ein uns begegnender Reiter die willkommene Nachricht brachte, dafs unsere vorangezogenen Jäger schon eine Menge schöner Vögel geschossen hätten, so ritten wir vorwärts tiefer in den Wald hinein, und labten uns an den wildwachsenden Orangen (*Laranja da terra*) mit fadem süfslichem Geschmacke. Ihre Blüthen dufteten köstlich und lockten eine grofse Menge Colibris herbey (*). Beym Austritte aus dem Walde überblickten wir eine freye Wiese, wo auf einer sanften Höhe die grofse *Fazenda* von *Campos Novos*, eigentlich *Fazenda do Re* genannt, erbaut ist. Neben dem Wohnhause des Besitzers, eines Capitam, breiten sich die Hütten der Neger in einem Quadrate aus, wodurch ein kleines Dorf entstanden ist. Diese *Fazenda*, wenigstens die dabey befindliche Kirche, ward von den Jesuiten erbaut.

Da wir hier ein zurückgebliebenes Maulthier abzuwarten hatten, so entstand ein Aufenthalt von mehreren Tagen, der zum Durchstreifen der umliegenden Gegend benutzt wurde. Ein Jäger, aus Neapel in Italien gebürtig, kam zu uns in die *Venda* und zeigte uns das Fell eines Affen, der hier in einer gewissen Gegend der grofsen Wälder lebt, und von den Einwohnern *Mono* genannt wird. Wir jagten lange vergebens nach diesen Thieren, erhielten sie aber in der Folge, und ich erkannte sie bey näherer Untersuchung für eine Art des Genus *Ateles* (**); dies ist der gröfste Affe in der von uns bereiseten Strecke, dessen Fell die Jäger zu Regenkappen über ihre Flintenschlösser benutzen. Die

(*) Die guten Orangen müssen auch in Brasilien gepfropft werden; läfst man sie wild aufwachsen, so wird die Frucht fade und bitterlich.

(**) *Atheles hypoxanthus*, mit langen Gliedern und starkem langem Schwanze. Haar fahl graugelblich, an der Wurzel des Schwanzes oft gelbroth gefärbt. Gesicht, fleischfarben mit schwärzlichen Punkten und Flecken bestreut. Ganze Länge von der Nasenspitze bis zum Ende des Schwanzes 46 Zoll 8 Linien. Der Daum der Vorderhände ist nur ein kurzes Rudiment. Hierdurch unterscheidet sich diese Art von dem *arachnoides* des Herrn Geoffroy, welchem der Daumen gänzlich fehlt.

Wälder um *Campos Novos* sind, wiewohl erst in einiger Entfernung von der *Fazenda*, mit Geschöpfen jener Art angefüllt. Unsere Jäger hatten mehrere *Guaribas* oder *Barbados* erlegt; ein alter, männlicher Affe wurde noch lebend in unsere Behausung gebracht. Von diesem merk-würdigen Thiere sagt der weiter unten angeführte englische Reisende, welcher kein großer Zoolog zu seyn scheint, komisch genug: „Man spricht von ihm als einem langbärtigen Affen, der, wenn er im Schlafe sey, so laut schnarche, daß der Reisende dadurch in Verwunderung gerathe (*)." In den benachbarten Sümpfen fanden wir an den Binsen- und Grashalmen die schön rosenrothen Eyer der Sumpfschnecke, welche Mawe in seiner Reise unter dem Nahmen der *Helix ampullacea* abge-bildet hat, in Bündeln vereinigt. Diese Schnecke ist sehr gemein in allen ausgetrockneten Sümpfen von Brasilien, ihr Gehäuse ist dunkel-olivenbraun; auch fanden wir in allen bisher durchreisten Wäldern die große Landschnecke ziemlich häufig, welche Mawe als eine Varietät der *Helix ovalis* abgebildet hat. Die Farbe dieses Thieres selbst ist blaß orangegelb, das Gehäuse aber gewöhnlich blaß gelbbräunlich. Hier sahen wir an den Zweigen der Gesträuche das Nest einer Art Wespe (*Pelopœus lunatus*, Fabr. S. Piez. *p.* 203) das von Erde gebaut und von der Größe und Gestalt einer Birne ist. Zerbricht man es, so findet man in der Masse zerstreut etwa 5, 6 bis 7 Larven oder schon aus-gebildete Thiere; diese Art ist einerley oder doch sehr nahe verwandt mit jener Wespe, welche Azara (**) beschreibt. Sie heftet kleine Gehäuse oder Zellen von Thon an die Wände der Gebäude und Zimmer, wie man dies in den meisten Wohnungen an der Ostküste von Brasilien fin-den kann; ich halte diese für identisch mit jener, welche ihr Nest an den Zweig befestigt hatte.

(*) J. Mawe's travels etc. p. 133.
(**) Azara voyages etc. Vol. I. p. 173.

Bey unserer Abreise erschien uns die hübsche Gegend in einem recht freundlichen Lichte. Die Wiesenebene war von niedrigen Waldhügeln eingeschlossen; Gebüsche von besonders lebhaftem und freundlichem Grün erinnerten uns an die Farbe unseres europäischen Frühlings. Sie bestanden aus einer Art *Gardenia*, hier *Cuiranna* genannt, die wahrscheinlich eine noch nicht beschriebene Species ist, und einen Baum mit nutzbarem Holze bildet. Wegen der ziemlich weiten Entfernung von der See sind die Waldungen mit Affen und jagdbaren Thieren angefüllt. Der erhabene, prachtvolle Urwald (*Mato virgem*), welcher sich von *Campos Novos* beynahe ununterbrochen bis zum Flusse *S. Joào*, vier Legoas weit, ausdehnt, in dessen dunkele Kühlung wir uns jetzt vertieften, verdient hier eine Erwähnung. Wir erreichten bald eine mahlerische Sumpfstelle, von jungen Cocospalmen und Heliconia-Gebüschen dicht umflochten. Sie bilden das Unterholz, über welchem sich hohe, schattenreiche, ästige Waldbäume erheben. Der grün, blau und gelbe Surucuá (*Trogon viridis*, LINN.) war hier häufig, und lockte in den dichtbelaubten Baumzweigen; wir ahmten seine Stimme nach und schossen bald mehrere, sowohl Männchen als Weibchen. Dieser Vogel ist in allen hiesigen Gegenden einer der gemeinsten. Der Wald ward immer herrlicher, und neue prachtvolle Blumen gaben unserm Botaniker reiche Beschäftigung. Wir sahen auffallend verschlungene *Çipos*, besonders schöne *Banisterien* meist mit gelben Blumen, merkwürdig gebildete Stämme und oft schauerlich prachtvolles Gewebe von Cocospalmen, eine nicht zu beschreibende Zierde der Wälder; oben in den Zweigen blüheten schön die Bromeliastauden. Neue Lockstimmen der Vögel reizten unsere Neugierde, besonders häufig war hier der weiße *Procnias* (*Araponga*). Der Weg in sandigem Boden war ermüdend, allein die Pracht des Waldes entschädigte uns reichlich für die Anstrengung. Auf einem schief gewachsenen Stamme fand ich eine 6 bis 7

Fuſs lange, bleygraue Schlange, welche ich unter dem Nahmen der *Coluber plumbeus* beschreiben werde (*), sie lieſs uns sämmtlich vor- beyreiten und bewegte sich nicht. Ich lieſs sie von einem meiner Jäger schieſsen; und um sie fortzubringen, konnte ein Neger, der unsere ein- gesammelten Pflanzen schleppte, nur mit Mühe beredet werden, das groſse, völlig unschädliche Thier, das wir in ein Tuch eingepackt hatten, am Ende eines langen Stockes auf der Schulter zu tragen. Nachdem er schon weit gegangen war, bemerkte er noch eine kleine Bewegung seiner Bürde und erschrack dermaſsen, daſs er sie weit von sich schleu- derte und die Flucht ergriff. Etwas weiter fanden wir unsere voran- geeilten Jäger am Fuſse eines uralten Stammes gelagert; sie hatten schöne Vögel, mehrere Tucane, Arassarís (*Ramphastos Aracari*, LINN.), Suru- cuá's (*Trogon*) und den kleinen rothen Sahui (*Simia Rosalia*, LINN.) erlegt. Wir erreichten gegen Abend die Ufer des Flusses S. *Joâo*, der bey der hier erbauten *Villa* sich ins Meer ergieſst. Er ist etwa 3 bis 400 Schritte breit und wird mit Canoes überschifft, unsere Thiere wurden weiter oben durchs Wasser geführt. Auf der andern Seite des Flusses landeten wir in der *Villa da Barra de S. Joâo*, einem kleinen Orte mit mehreren Straſsen und, nach der Landesart, ziemlich guten Gebäuden; er hat eine Kirche aus den Zeiten der Jesuiten, die etwas isolirt auf Felsen an der See erbaut ist. *Barra de S. Joâo* ist einer der Plätze, wo die von *Minas Geraës* herabkommenden Reisenden und Waaren wegen der unerlaubten Ausfuhr der Edelsteine visitirt werden. Da der Fluſs etwas schiffbar ist, so fanden wir hier fünf bis sechs Briggs vor Anker. Ein hieselbst ansässiger Engländer, ein Schmidt, erzählte uns, daſs sich auch schon englische Schiffe in diesen einsamen

---

(*) Die Länge dieses Thieres betrug 6 Fuſs 1 Zoll 4 Linien. Es hatte 224 Bauchschilde und 79 Paar Schwanzschuppen. Die obern Theile sind dunkel bleyfarben, die untern schön gelblich weiſs, wie Porcellain glänzend.

Winkel verirrt hätten, weswegen er beabsichtige, sich zum Viceconsul ernennen zu lassen. Wir gaben ihm eine Menge Gewehre zu repariren, und der Herr Consul entledigte sich seines Geschäftes zu unserer grofsen Zufriedenheit. Der Mangel tüchtiger Arbeiter zur Reparatur .der Gewehre ist dem reisenden Naturforscher in Brasilien sehr fühlbar; denn nur selten findet man Leute, welche auch nur die gröbste Büchsenmacherarbeit verstehen. Man baut bey *S. Joào* viel Reis und Mandiocca; besonders am Flusse aufwärts soll es sehr fruchtbare Gegenden geben, ja selbst der Sand trägt reichlich, wo er hinlänglich bewässert wird.

Von der sandigen Landzunge zwischen dem Flusse und dem Meere, worauf die *Villa* erbaut ist, folgten wir der Küste weiter nordwärts. In einer mit mancherley Gesträuchen bewachsenen Ebene blühten häufig eine scharlachrothe *Amaryllis* mit zweyblumiger Scheide, gelbblühende *Banisterien* und schöne Myrthenarten. Zur Linken hatten wir einen hohen isolirten Berg, den *Monte de S. Joào*, vor welchem sich in der Ebene nach dem Meere hin hohe Urwälder, und vor diesen Sümpfe mit Gebüsch bedeckt, ausbreiteten.

Nachdem wir einige Mandioccapflanzungen, die, wie das darin verbrannte, umherliegende Holz zeigte, erst seit kurzem urbar gemacht worden waren, durchritten hatten, erreichten wir auf einem tiefsandigen Wege das Seeufer, und befanden uns nun an einem schönen, mit Cocospalmen bewachsenen, in die See vorspringenden felsigen Hügel, neben welchem ein Bach, der *Rio das Ostras*, sich in das Meer ergiefst. Wir folgten dem Flüfschen einige hundert Schritte aufwärts, luden unsere *Tropa* ab und setzten sie über. Das Wasser dieses Bachs ist klar, und die Ufer sind reizend ; denn ein dichtes Geflechte von mancherley Waldbäumen hängt bis zu ihnen hinab, und schlanke Cocospalmen überschatten sie. Hier wohnt eine einzelne Familie, ein mit einer Indierin verheiratheter Portugiese, der zur Landmilitz gehört, und dabey die Ueberfahrt besorgt. Durch dieses doppelte Geschäft sehr belästigt, schien mir der Mann sehr unzufrieden mit seiner Lage zu seyn. Leicht wäre hier auch eine kleine Brücke anzulegen, wodurch dem Reisenden viel Zeitverlust erspart werden könnte, denn kaum hat man am Morgen in *S. Joào* mit Mühe eine *Tropa* beladen, so muſs man hier schon nach ein Paar Stunden alles wieder abpacken.

Jenseit des Flüſschens fanden wir einige leere Lehmhütten mit Cocosblättern gedeckt, in welchen wir vor einem heraufziehenden Regen Schutz fanden. Ehe man auf dieser Straſse den Seestrand wieder erreicht, kommt man über einige Hügel, die gröſstentheils mit einer 30 bis 40 Fuſs hohen Rohrart, *Taquarussú*, das groſse Rohr genannt, bewachsen sind. Seine colossalen, bis 6 Zoll im Durchmesser halten- den Stämme, schieſsen hoch auf und krümmen sich sanft über; das Laub ist gefiedert und an den Zweigen befinden sich kurze starke Dornen, welche dieses Dickicht undurchdringlich machen. Diese Art von *Bambusa* bildet äuſserst verworrene Gebüsche, welche durch ihre vielen dürren Blätter und abfallenden verdorrten Blattscheiden bey dem leisesten Winde ein eigenes, rasselndes Geräusch verursachen. Dem Jäger sind sie sehr willkommen, denn haut man ein solches Gewächs unter den Knoten ab, so findet man den Stamm der etwas jüngern Triebe mit kühlem, angenehmen, wiewohl etwas fadem, süſs- lichem Wasser angefüllt, welches den brennenden Durst auf der Stelle löscht. Diese merkwürdige Pflanze liebt gebürgige, trockne Gegenden, daher findet man sie besonders häufig in der *Capitania* von *Minas Geraës*, wo man Trinkbecher aus ihren Stämmen macht. Wir wan- derten an der See fort, und fanden bey einigen zerstreut liegenden Wohnungen eine andere, ebenfalls nützliche Pflanze, die *Agave fœtida*. Ihre glattrandigen, steifen, 8 bis 10 Fuſs langen Blätter bilden feste

13

Hecken, und aus ihrer Mitte schiefst ein 30 Fufs hoher starker Stamm, der oben gelbgrünliche Blüthen trägt, und der Landschaft ein originelles Ansehen giebt. Das Mark des Stammes, *Pitta* genannt, dient dem Insektensammler als Kork. An dem Seestrande wachsen auch niedrige Zwergpalmen, Bromelien und andere Gewächse vom Winde niedergehalten in undurchdringlichem Dickicht. Wir erreichten nun die auf einem Hügel am Meere liegende *Fazenda* von *Tapebuçú* und wurden von dem Besitzer derselben, einem Fähndrich der Landmilitz (*Alferes*) sehr gut aufgenommen. Diese *Fazenda* hat eine sehr angenehme Lage, indem unmittelbar hinter ihr hohe Urwälder sich erheben, welche blos durch eine *Lagoa* von ihr getrennt werden, in der sich die schönen Baumgruppen spiegeln. Von der Höhe, worauf das Haus liegt, überblickt man eine weite Ebene, mit undurchdringlichem Urwald bedeckt, aus dessen Mitte sich die *Serra de Iriri*, ein isolirtes merkwürdiges Gebürg von vier bis fünf mit Wald bedeckten Kegelkuppen erhebt; mehr zur linken in südlicher Richtung zeigt sich der einzeln dastehende *Monte de S. João*. Die 15te Platte giebt eine Ansicht der eben erwähnten Landschaft, wo man im Vorgrunde die *Fazenda* unweit der See bemerkt.

Das zu dem Gute gehörende Land ist eine Legoa lang und zum Theil mit Mandiocca und Mays bebaut; auch zieht man etwas Kaffee. Die *Lagoa* ist fischreich. Um die Wohnungen herum hat man Orangenbäume gepflanzt, deren duftende Blumen eine Menge von Colibri's anlocken. Unsere Jäger fanden reiche Ausbeute in den nahen Waldungen; sie erlegten Papageyen, Maracaná's, Tucane, Pavô's und andere schöne Vögel, auch unsere Herbarien wurden hier sehr bereichert. Ich fand viele Arten von Cocospalmen, unter andern die *Aïri*, deren Fruchttrauben eben reif waren, und die stachlichte Sumpfpalme, *Tucum*, die einen etwa 15 Palmen (Spannen) hohen Schaft bildet, welcher, so wie die Blattstiele, mit dünnen spitzigen Stacheln versehen ist. Dieses

Gewächses erwähnt MAWE, giebt ihm aber eingesägte, lanzettförmige Blätter (*), da sie doch gefiederte *Frondes* hat, deren *Pinnulæ* glatt und ganz randig zugespitzt sind. ARRUDA (**) giebt eine bessere Beschreibung davon, hatte jedoch die Blüthen auch nicht untersucht; übrigens scheint es nach Herrn SELLOW's Meinung gewiſs, daſs dieser Baum nicht zum Genus *Cocos* gehört. Sein Nutzen ist aus MARCGRAF, MAWE und KOSTER schon hinlänglich bekannt. Die grünen *Pinnulæ* haben sehr starke feste Fasern; zerbricht man das Blatt, so hebt sich die obere grüne Decke ab und die Fasern hängen frey; diese werden gedreht und geben starke, feine, grüne Schnüre, woraus besonders schöne Fischnetze verfertigt werden. Diese Palme wächst hier häufig und trägt kleine, harte, schwarze Nüsse, die einen eſsbaren Kern enthalten. Von einer andern Art nimmt man das innere noch zusammengelegte, sich oben entwickelnde Blatt, zieht die Scheide ab, und trennt die zusammengelegten, mit einem klebrigen Safte an einander befestigten Blätter, die man dann zum Decken der Häuser gebraucht; auch wird nettes Flechtwerk daraus verfertigt. Wir fanden in den hiesigen finstern schattigten Wäldern eine groſse Menge herrlicher Bäume. Der *Ipé* war mit hochgelben groſsen Blumen überschüttet, und eine andere *Bignonia* mit groſsen, weiſsen Blüthen, wuchs in den Sümpfen. Hoch über die Kronen der Waldcolossen erhebt sich der stolze *Sapucaya-*Baum (*Lecythis Ollaria*, LINN.) mit kleinem Laube und groſsen topfähnlichen, herabhängenden Früchten, welche einen vollkommenen Deckel öffnen, und ihre groſsen, eſsbaren Kerne ausschütten (***); die Affen und besonders die groſsen, rothen und blauen *Araras* (*Psittacus Macao*

(*) J. MAWE's travels etc. p. 127.

(**) S. ARRUDA bey KOSTER im Appendix pag. 484.

(***) S. Ménagérie du Muséum d'histoire naturelle 5ème Cahier, wo diese Frucht auf der Tafel des *Agouti* abgebildet ist.

und *Ararauna*, Linn.) sind sehr lüstern nach ihnen. Ohne die Flügel
der Papageyen aber, und ohne die Fertigkeit der Affen im Klettern ist
es schwer, die sehr hoch hängenden Früchte dieses Baumes zu erhalten; gewöhnlich haut man den Stamm um. Die Indier erklettern ihn,
besonders mit Hülfe der *Çipó's* oder Schlingpflanzen, die wirklich das
Klettern sehr erleichtern. Wir untersuchten auf einem andern Jagdzuge
die Blüthen einer stolzen Palme, welche nach Herrn Sellow's Ueber-
zeugung ein neues Genus bilden muſs. Sanft gekrümmt hieng ihre
schöne, gelbe Blüthenähre herab; die *Spatha* war groſs, kahnförmig,
und so wie die gefiederten Blätter besonders schön. Bey dem Fällen
des Baumes zeigte er ein sehr hartes Holz; als man aber den porösen
Kern erreichte, fiel er sogleich.

Am 16ten September nahmen wir Abschied von der Familie unseres
guten Hauswirthes und traten die Reise nach *Macahé* an. Regen und
Wind trübte die wilde Aussicht ins Land, wo sich die *Serra de Iriri*
aus finstern Wäldern ernst erhob und der *Morro de S. Joâo* uns schon
in der Ferne erschien. Der Weg von *Tapebuçú* zum Flusse *Macahé*
führt vier Legoas weit durch tiefen Sand, fast immer an der See hin;
hier und da treten kleine Felskuppen in das Meer vor, an welchen eine
Menge Moose und Muscheln, jedoch von geringer Mannigfaltigkeit,
gefunden werden, ein heftiger Wind tobte an dieser Stelle und wild
schäumend brandeten die Wellen. Von dem Sandufer (*Praya*) aus
erhebt sich eine Hügelreihe, auf welchen schöne Bäume und Straucharten durch den Wind am höhern Aufwuchse gehindert werden, und
wie abgeschoren aussehen; unter ihnen sahen wir eine grofse weiſs-
blühende Passionsblume und den viereckigten *Cactús*, ebenfalls mit
grofser weiſser Blume.

In dem hiesigen Himmelsstriche war es jetzt Frühling, und wir
alle hatten bisher das Wetter meistens kühl, und nie heiſser gefunden,

als es an warmen Sommertagen in Deutschland ist. Die letzte Meile der Reise führte durch dichten hohen Urwald, worin wir Tucane, Arassaris und den kleinen schwärzlichen Kuckuck (*Cuculus tenebrosus*) schossen. Viele Baumarten standen jetzt entblättert da, denn obgleich der gröfste Theil der Bäume in dem hiesigen Winter sein Laub behält, so verlieren es dennoch viele der zärtern Arten. Die meisten trieben jetzt neu, und zeigten an den Spitzen der dunkelgrün belaubten Aeste die jungen gelblichen oder gelbgrünen, sehr oft schön sanftroth oder hochroth gefärbten Blätter, welche das Gebüsch ungemein zieren. Andere standen in der Blüthe, noch andere trugen Blumen und Früchte zugleich. So giebt in diesen schönen Tropenwäldern der vereinigte Frühling und Herbst den interessantesten Anblick für den nördlichen Reisenden. Durchnäfst vom Regen erreichten wir *Villa de Macahé* am Flusse gleiches Nahmens. Dieser ergiefst sich hier, nachdem er seinen Lauf von etwa 15 Legoas Länge an der *Serra de Iriri* vorbey genommen hat, in die See, und ist nicht unbedeutend. Schon LERY erwähnt in seiner Reise (*) dieser Gegend, welche die Urbewohner *Mag-hé* nannten. Sie war damals noch von Wilden bewohnt, die mit den *Uetacas* oder *Goaytacases* am *Paraïba* stritten.

Die kleine *Villa de S. Joâo de Macahé* liegt in Gebüschen zerstreut am Ufer des Flusses, der an seiner Mündung einen Bogen um eine vortretende Landzunge beschreibt. Die niedrigen Häuser derselben sind zum Theil freundlich und nett, von Lehm, mit hölzernen Pfosten erbaut, und oft weifs beworfen. Man hat Hofräume (*Quintaës*) von Cocosstämmen angebracht, in welchen Ziegen, Schweine und mancherley Federvieh umherlaufen. Die Einwohner treiben etwas Handel mit den Produkten der Pflanzungen, welche in Farinha, Bohnen, Mays, Reis und etwas wenigem Zucker bestehen, auch führt man Waldprodukte

(*) J. DE LERY voyage etc. p. 49.

aus; daher findet man gewöhnlich einige kleine Küstenfahrzeuge, *Suma-cas* oder *Lanchas* vor Anker. Am Flusse aufwärts im *Sertam* sollen, in *Aldeas* oder Dörfer vereint, die *Gorulhos* - oder *Guarulhos*-Indier wohnen. Die *Corografia brasilica* erwähnt dieses Stammes unter der Benennung *Guarú*, und sagt, dafs in der *Serra dos Orgâos* noch Ueber-reste von ihnen unter dem Nahmen *Sacurus* leben, die indessen völlig civilisirt und jetzt beynahe gänzlich verschwunden sind; man soll sie unter andern noch in der *Freguesia de Nossa Senhora das Neves* finden (*). Nachdem wir des Regenwetters wegen an diesem Platze einige Tage verweilt, und daselbst schöne Saamenarten von Trompeten-bäumen und andern Schotengewächsen eingesammelt hatten, brachen wir an einem Sonntage!, und zwar, weil die Aufsuchung einiger Maulthiere, die sich verlaufen hatten, unsere Abreise verzögerte, erst am Nachmittag wieder auf.

Ein abermahls einfallender heftiger Regen begleitete uns anderthalb Legoas weit in einem Gebüsche und Walde längs dem Seestrande bis zur *Fazenda de Baretto*, wo wir in der Nacht anlangten und ein leer-stehendes Haus bezogen. In den sumpfigen Wiesen und Wäldern, wo-durch unser Weg gieng, flogen eine Menge leuchtende Insekten, unter andern der *Elater noctilucus*, dessen auch AZARA erwähnt (**), mit zwey hellen, grünen Lichtpunkten auf dem Brustschilde.

Die Nachtschwalbe (*Caprimulgus*), deren lauter Stimme die Portu-giesen die Worte *Joâo corta pao!* unterlegen, flog hier sehr häufig, leise schwebend, in den dunkeln Waldpfaden umher, und setzte sich oft auf die Erde vor unsern Füfsen nieder. Sie erinnerte uns an den in den europäischen Wäldern in der Dämmerungszeit erschallenden Ruf der Eulen (*Strix Aluco*, LINN.), deren Stelle sie hier vertritt.

(*) S. Corografia brasilica T. II. p. 45.
(**) AZARA voyages etc. Vol. I. p. 211.

Da das schlechte Wetter fortdauerte, so blieben wir den 18ten September zu *Baretto*, und vermehrten daselbst unsere Sammlungen mit einigen interessanten Vögeln. Bey Gelegenheit, wo ich den schon lange vergebens nachgestellten von AZARA unter dem Nahmen *Chochi*(*) beschriebenen Kuckuck, zu beschleichen suchte, schwebte plötzlich über mir ein herrliches Paar des weiſs und schwarzen Milan mit dem Gabelschwanze (*Falco furcatus*, LINN.), dessen blendend weiſser Körper von den dunkeln Wolken schön gehoben wurde. Ich erlegte sogleich den einen, verbarg mich, und es gelang mir auch den andern aus der Luft herab zu schieſsen, wodurch ich mich denn für den mir entgangenen Kuckuck hinlänglich entschädigt fand.

Wir waren froh *Baretto* verlassen zu können, da hier zwey *Venda's*, oder Schenken, unsere Leute zu einer ernsthaften Schlägerey verleitet hatten. Die Reise nördlich hinauf längs dem Seestrande ist beschwerlich, und geht zum Theil durch tiefen Sand, weshalb wir denn auch nur spät den Ort unserer heutigen Bestimmung erreichten. Wir fanden an dem Wege schöne Mimosenhecken um die Gärten einiger Ansiedelungen und auch einen zahmen Cocosbaum (*Cocos nucifera*) mit Früchten beladen, eine wahre Seltenheit in dieser Gegend. Hierauf zog sich unser Weg durch Mandioccafelder, auf denen die Pflanzen zwischen dem niedergehauenen und verbrannten Holze gepflanzt, und regelmäſsig wie unsere Kartoffeln gehäufelt waren, sodann kamen wir durch Sumpfstellen mit aufrechten weiſsblühenden Bignonienstämmchen und hohem Walde. Die nahe Ruine eines ehemals ansehnlichen Hauses, die wir hier sahen, so wie überhaupt die übrige Umgebung schien uns auf einen ehemaligen weit cultivirteren Zustand dieser Gegend hinzudeuten. Wir hatten hier auch Gelegenheit eine unglaubliche Menge von Urubus (*Vultur aura*, LINN.) zu beobachten, die sich um ein todtes Stück Vieh ver-

(*) AZARA voyages etc. Vol. IV. p. 33.

sammelt hatten, und so wenig scheu waren, daſs sie ihre Beute in Eintracht mit einem groſsen Hunde theilten, und sich durch unsere Gegenwart durchaus nicht verjagen lieſsen. Wir sahen hier ferner groſse Schaaren langgeschwänzter Papageyen (*Maracanás* und *Perikittos*), welche unter lautem Geschrey allerley Schwenkungen in der Luft machten; alle von uns geschossene hatten von einer gewissen Frucht, die jetzt eben reif war, blau gefärbte Schnäbel. An einigen mit hohen Stämmen prangenden Waldstellen schossen wir Tucane und erblickten gewöhnlich auf den höchsten dürren Zweigen der Bäume einzeln lauernde Raubvögel, besonders den bleyfarbigen Falken (*Falco plumbeus*, LINN.), der sich mit kühnem schnellem Fluge auf die erspähte Beute stürzt.

Hier sahen wir auch unter andern den Baum, welchen die Portugiesen *Tento* nennen (*). Er hat dunkelgrünes gefiedertes Laub, und trägt kurze breite Schooten mit schönen hochrothen Bohnen, welche die Portugiesen als Spielmarken (*Tentos*) gebrauchen. Seine Blume bekamen wir nicht zu Gesicht. Die Sandgebüsche in dieser Gegend erzeugen eine Menge interessanter Pflanzen. In den Sumpfstellen fanden wir einen 8 bis 10 Fuſs hohen Baum, scheinbar der *Bonnetia palustris* verwandt, mit weiſsen groſsen Blumen, eine schöne Art *Evolvulus* (**), eine kleine gelbblühende *Cassia*, eine niedlich blühende rankende *Asclepiadea* (†) mit angenehm weiſser und rosenrother Blume, eine rothblühende *Andromeda* (††) und die beyden Arten der schon in *Cabo Frio* gefundenen Andromeden nebst anderen mehr.

(*) Dies ist *Ormosia coccinea*. JACKS. in den *Transact. of the* LINN. *Society*. Eine neue Gattung, die zuerst in Guinea gefunden wurde. Sie fehlt bey WILLDENOW.

(**) Eine neue Species, welche weder PERSOON, WILLDENOW, noch RUIZ und PAVON beschrieben haben.

(†) *Echites*.

(††) Eine neue *Andromeda* mit hochrothen Blumen.

Gegen Abend erreichte unsere Caravane den Seestrand, wo die Ruine einer alten Capelle in einer traurigen, öden, sandigen Landschaft, völlig mit dem Toben und Brausen der wild brandenden See harmonirte; niedergehaltenes, kurzes Gesträuch zog sich nach dem Walde hinan und zeugte von der Heftigkeit der hier herrschenden Winde. Auf einer schmalen Landzunge zwischen dem bewegten Meere und einer lang ausgedehnten *Lagoa* setzten wir die Reise bis in die Nacht fort und erreichten alsdann ein einzelnes Hirtenhaus, *Paulista* genannt, wo unsere ausgehungerten Magen nichts vorfanden als ein wenig Mandioccamehl und etwas Mays für unsere Thiere; glücklicherweise hatten wir uns in *Baretto* mit etwas trocknem Salzfleisch (*Carne seca*) und Bohnen (*Feigoês*) versorgt. Da das Haus ziemlich geräumig war, so blieben wir am folgenden Tage daselbst, um von der gehabten Ermüdung auszuruhen.

Schaaren des brasilianischen Austerfressers (*Hæmatopus*) liefen hier an der Küste umher, und viele derselben wurden von uns erlegt. In dem nahen, stark mit Cocospalmen untermischten Wäldern, schossen wir verschiedene sehr kleine Eulen, von der Art, welche die Einwohner *Caburé* (*) nennen, die aber nicht mit der von MARCGRAF eben so genannten verwechselt werden darf. Die hier häufige Palmitto-Palme wurde von uns des Markes wegen gefällt. Dieser Baum gehört zu den zierlichsten und schlankesten der Cocosform. Sein Stamm ist ein dünner, hoher, geringelter Schaft; eine kleine Krone von 8 bis 10 federartigen, glänzend grünen Blättern wiegt sich, hoch oben in der Luft; unter diesem schönen Hauptschmucke steht auf dem silbergrau gefärbten Stamm ein Aufsatz von

---

(*) *Strix ferruginea;* 6 Zoll 7 Linien lang, rostroth, auf den Scapular - und grofsen Flügeldeck-Federn einige blafsgelbe oder weifsliche Flecken; am Unterhals ein grofser weifser Fleck; Schwanz ungefleckt rostroth; untere Theile des Leibes hell gelbröthlich und weifs gemischt, mit rostbraunen Längsstrichen; Iris hochgelb. Dieser ungeöhrte Kauz scheint verwandt mit AZARA's *Caburé*.

der lebhaft grünen Farbe der Blätter, in welchem obern Theile die jungen Blätter zusammengerollt und gefaltet liegen, sie enthalten in ihrer Mitte die zarten noch unentwickelten Blüthen; die schon ausgebildete Blüthe aber bricht unter der grünen Kapsel hervor. Haut man diesen Aufsatz des Stammes oder die Kapsel der frischen Blätter ab, so findet man im Innern diese Theile so zart und markartig, dafs man sie selbst roh essen kann, gekocht aber geben sie eine noch schmackhaftere Speise. Das Holz fanden wir sehr hart, und es kostete uns viele Mühe, den Baum mit dem Waldmesser (*Facâo*) zu fällen. Die Tucum-Palme blühete ebenfalls jetzt in Sumpfstellen, so wie in offenen Sandgegenden eine schöne neue Art *Stachytarpheta* und ein hübscher kugelförmiger *Cactus*, dem *Mammillaris* ähnlich, der auf seiner Oberfläche weifse Wolle, und in dieser die kleinen hochrothen Blumen enthält. Herr SEL-LOW hielt dies Gewächs für neu. Unsere ornithologischen Sammlungen wurden hier nicht bedeutend vermehrt, denn wir fanden aufser einigen Sumpfvögeln nicht viel neues. Auf dem niedern Gesträuche singt längs dieser ganzen Küste der *Sabiah da praya* (die Küstendrossel, *Turdus Orpheus*, LINN.), der bey einem unansehnlichen Gefieder einen vortrefflichen Gesang hören läfst, und daher einer der ersten Singvögel von Brasilien genannt werden darf. An den Gebäuden war der kleine weifsliche *Gecko* (*) häufig, der an den senkrechten Mauern umher läuft, so wie die Eidechse mit dem schwarzen Halsbande (**); sie sind über

(*) Ist wahrscheinlich DAUDIN's *Gecko spinicauda*. *Histoire natur. des Reptiles. T. IV. p. 115.*

(**) *Stellio torquatus*: scheint verwandt oder identisch mit *Stellio Quetz-Paleo*. DAUDIN *hist. natur. des Reptiles T. IV. p. 26.* — Diese Art variirt sehr in der Farbe. In der Jugend ist sie auf dem Rücken mit dunkeln Längsstreifen versehen, welche im Alter verschwinden; alsdann fällt sie ins Silbergraue mit Purpur - und Kupferglanz, zum Theil auch mit helleren Punkten, wie betropft; immer bleibt indessen das Kennzeichen der Art ein länglichter schwarzer Fleck an der Seite des Halses vor der Schulter, so wie drey dunkle Streifen, welche in

die ganze Gegend verbreitet, welche ich gesehen habe. An den Ufern fanden wir sehr wenige Muscheln und in den Sümpfen auch hier das schon oben erwähnte Nest einer Art Wespe, (*Pelopœus lunatus*, FABR.), von Thon in birnförmiger, unten zugespitzter Gestalt, an den Zweigen des Gesträuches befestigt.

Von *Paulista* aus folgten wir den Dünen. Weite Sümpfe und *Lagoas* mit Rohr bewachsen, in welchen das Rindvieh und die Pferde oft in bedeutender Anzahl bis an den halben Leib grasend wateten, dehnen sich ins Land hinein; Kibitze (*Vanellus cayennensis*), Reiher, Möven, Meerschwalben und Enten waren hier in grofser Anzahl; die Kibitze, *Quer-Quer* genannt, deren ich schon öfters als dem Jäger sehr lästige Thiere erwähnte, fliegen, wenn man sich ihrer Brut nähert, eben so um den Kopf des Jägers herum als unsere europäische Art. Die Gebüsche an den Dünen bestehen gewöhnlich aus Bromelien und hohen Cactus-Stauden mit mancherley Laubpflanzen untermischt. Hier öffneten jetzt aufrecht stehende Cactusstämme ihre weifsen Blumen; sie hatten vier-, fünf- und sechseckige Zweige, doch schienen sie nur einer oder höchstens zwey Species anzugehören, denn diese sonderbaren Stachelgewächse variiren nach dem Alter sehr in der Zahl ihrer Kanten. Die Cactus-Pflanzen sind den Füfsen der Maulthiere und Pferde auf Reisen besonders gefährlich; denn ein Stachel, welcher in den Huf oder in ein Gelenk eindringt, lähmt sehr leicht das Thier. Wir fanden hier im Sande die *Turnera ulmifolia* und in den Sümpfen zwey weifsblühende *Nymphœa*-Arten, die *indica*, und eine andere von Herrn SELLOW *erosa* genannte, mit sehr grofsen Blumen; ferner eine hohe weifsblühende *Alisma*, wahrscheinlich auch neu, mit schmalem länglichtem Blatte. Es war nicht

perpenticulärer Richtung über die geschlossenen Augenlieder herab laufen. Die Beschreibungen des *Quetz-Paleo* sind überall zu unvollkommen, dennoch kann man ihn nicht verkennen. Die Eidechse mit dem schwarzen Halskragen wird an der Ostküste *Lagarta* genannt.

leicht, der schönen Pflanze in dem tiefen Sumpfe habhaft zu werden; Herr
SELLOW fiel tief in das schwarze Moorwasser ein; auch mir ergieng
es, als ich beschäftigt war die Sumpfvögel zu beschleichen, nicht besser.
Diese grofse, weite, ebene Wildnifs ist mit frey umherlaufenden Rindvieh
bevölkert, selbst in einer Entfernung von 5 bis 6 Meilen weit von allen
menschlichen Wohnungen.   Sie werden jährlich hier ein oder zweymal von
den Eigenthümern, den Besitzern der benachbarten *Fazendas* in einen
Coral oder mit Pfählen eingeschlossenen Platz zusammen getrieben, gezählt
und gezeichnet.   Wir nahmen heute unser Nachtquartier 5 Legoas von
Paulista, in dem sogenannten *Coral de Battuba*, der in seiner Umzäunung
eine geräumige Lehmhütte enthält.   Die Gegend umher ist eine weite Ebene
(*Campo*) und deren Ende dem Auge unerreichbar.   In ihren seichten Vertie-
fungen steht häufig Wasser, wodurch *Lagoas* entstehen, und das Ganze
ist mit kurzem Grase bedeckt, welches umherziehendes Rindvieh ernährt.
Nahet man sich diesen Thieren, so heben sie den Kopf in die Höhe,
schnauben und entfliehen im Galopp mit hochaufgehobenem Schweife.
Merkwürdig ist es unstreitig, wie durch die ausgezeichnete Thätigkeit
und Sorge der Europäer diese nützliche Thierart bereits über den gröfsten
Theil unserer Erde verbreitet worden ist.   Im Norden weidet der Stier
in den vor Frost erstarrten Birkenwäldern, in der gemäfsigten Zone in
unsern anziehenden grasreichen Thälern zwischen schattigen Buchen-
wäldern, in den Tropen unter Palmen und Bananengewächsen, und auf
den Inseln im Südmeer unter *Melaleuca-*, *Metrosideros-* und *Casuarina-*
Stämmen.   Ueberall gedeiht dieses dem cultivirten Menschen unentbehrliche Geschöpf, und gewährt ihm höhern Wohlstand.

Bey der Annäherung des Abends sammelten sich alle unsere zerstreut gewesenen Jäger um das freundliche Küchenfeuer, und ein Jeder
von uns schien die Belohnung seiner Anstrengungen in der Befriedigung
seines Nahrung heischenden Magens zu fordern; aber leider litten

unsere Vorräthe von Lebensmitteln nie mehr, Mangel als eben jetzt; dennoch konnte eine Jägergesellschaft hier mitten unter Heerden verwilderten Viehes doch unmöglich Hunger leiden: wir giengen also hinaus in die Ebene, vertheilten uns in eine lange Linie und hofften ein junges Rind zu erlegen, aber die Nacht trat zu schnell ein, das Vieh war zu scheu, und einzelne Cactuspflanzen auf der Heide verbreitet, verwundeten unsere Füfse; wir mufsten also für heute unser Vorhaben aufgeben, und die vom Hunger gebotene Jagd auf den kommenden Morgen verschieben. In dem öden baufälligen Hause, wo es durch das Dach hinein regnete, fanden wir in unsern aufgehängten Schlafnetzen nur wenig Ruhe, denn unaufhörlich wurden wir von einer ungeheuern Menge Flöhe und einem Heer von *Bichos do pé* (Sandflöhen, *Pulex penetrans*) gequält, deren wir in den folgenden Tagen unzählige aus unsern Füfsen zogen. Dieses besonders in allen im Sande leerstehenden Gebäuden häufige Insekt dringt zwischen Haut und Fleisch an den Füfsen in der Nähe der Sohle und an den Zehen, auch wohl an den Nägeln der Hände ein. Uebertrieben ist es, wenn man behauptet, dafs es sich selbst bis in das Muskelfleisch hinein arbeite, es hält sich immer nur zwischen Haut und Fleisch. Man spürt bald seine Gegenwart an einem heftigen Jucken, das endlich in einen geringen Schmerz übergeht; daher ist es gut, es mit einer Nadel sogleich heraus zu graben, ohne seinen blasenartigen mit Eiern angefüllten Leib zu verletzen (*). Um aller Entzündung vorzubeugen, thut man wohl, wenn man, nachdem es heraus genommen ist, in die kleine Wunde etwas Schnupftabak einreibt, oder *Unguentum basilicum*, welche Salbe man in den brasilianischen Apotheken erhält.

Ein trüber regnerischer Tag folgte auf diese unangenehme Nacht; allein unsere Mägen erinnerten schnell an die gestern begonnene aber

(*) S. Ol. Swartz in den *Sw. Vetensk. acad. nya Handlingar T. IX. för* 1788. p. 40 *sqq.* mit Abbild.

leider mifsglückte Jagd.   Wir liefsen jetzt unsere Jäger aufsitzen und
sandten sie in die Ebene, wo sie das voll Schrecken nach allen Seiten
hin fliehende wilde Vieh auseinander sprengten.   Unsere Maulthiere liefen
zum Theil recht gut; endlich gelang es den Jägern THOMAS und JOÃO
einen Schufs anzubringen und ein Rind zu tödten.   Man zerlegte schnell
die Beute, sättigte sobald als möglich die hungrige Menge und zerstreute
sich alsdann um zu jagen.   Die Gegend hat manche ornithologische Merkwürdigkeit.   FRANCISCO, der *Coropo*-Indier, hatte den Ibis mit nacktem
fleischrothem Gesicht erlegt, welchen AZARA (*) unter dem Nahmen
des *Curucau rasé* beschreibt; andere Jäger schossen zwey Arten Falken,
eine schöne neue Art Weihe (**) mit einem Eulenkranz am Kopfe, gleich
unserm *Falco cyaneus*, und den *Falco Busarellus* mit rostrothem Körper
und gelblich weifsem Kopfe.   Ich fand in der Nähe unseres Hauses das
Nest mit den Eyern des Bentavi (*Lanius Pitangua*, LINN.), welches die
Form eines Backofens hat und oben geschlossen ist.

Nördlich von *Battuba* dehnen sich weite *Lagoas* in den Ebenen aus,
worin unzählige Enten und Reiher nebst andern Sumpf - und Wasservögeln leben; hier kann man die Wasser - und Sumpfbewohner des
Landes am besten studieren.   Man hatte uns gesagt, dafs wir hier die
schönen rosenrothen Löffelreiher (*Platalea Ajaja*, LINN.) finden würden,
und wirklich bemerkten wir heute die ersten derselben.   Sie safsen, ihrer
etwa dreyfsig beysammen, an einer sumpfigen Stelle, und fielen uns bald
wie ein grofser dunkelrosenrother Fleck in die Augen.   Unsere Jäger

(*) D. F. DE AZARA voyages etc. Vol. IV. p. 222.

(**) *Falco palustris:* 19 Zoll 8 Linien lang; ein gelblich weifs und schwarzbraun gemischter Eulenkranz fafst den Kopf ein; über dem Auge hin ein weifslicher Streif; untere Theile
blafsgelb-röthlich mit schwarzbraunen Längsstrichen; Unterhals schwarzbraun; Schenkel und
Steifs rostroth; alle obern Theile schwarzbraun; Schwung - und Schwanzfedern aschblau mit
schwarzbraunen Querbändern.

schlichen mit der gröſsten Vorsicht hinan, und warfen sich sogar, als sie ihnen näher kamen, auf die Erde nieder, allein vergebens, die schüchternen Vögel erhoben sich sogleich und zogen in prachtvollem Geschwader über die Köpfe anderer Jäger hin, die ihre Doppelflinten leider auch vergeblich nach ihnen abfeuerten. Wir konnten nur mit einigen ihrer schönen rosenrothen in dem Sumpfe gefundenen Schwung-federn unsere Hüte schmücken. Reiher, schwarze Ibisse (*), Enten, Strandläufer und Cormorane belebten die ganze Gegend. Die *Lagoas* waren durch Dämme getrennt, und auf diesen fanden wir Gebüsch, das immer von Raubvögeln, von denen wir einige erlegten, durchspähet wird. Am Ufer eines See's erblickte ich den Anhinga (*Plotus Anhinga*, Linn.) dem ich vergebens nachstellte. Er war hier auch nicht in seinem wahren Aufenthaltsorte, den Flüssen, auf welchen wir ihn späterhin häufig erlegt haben. Vier bis fünf Stunden Weges von *Battuba* erreicht man eine Stelle, welche *Barra do Furado* genannt wird, wo die *Lagoa Feia* mit der See zusammenhängt, wie dies auf der Karte von Arrow-smith richtig bemerkt ist (**).

(*) Unter den brasilianischen Arten der Familie der sichelschnäblichen Sumpfvögel zeich-net sich durch sein hochrothes Gefieder der *Guará* (*Tantalus ruber*. Linn.) ganz vorzüglich aus. Ich habe diesen schönen Vogel nirgends an dieser ganzen Küste gefunden, und selbst die *Corografia brasilica* bestätigt, daſs diese Thierart selbst nicht mehr an der *Ponta de Guaratyba* etwas südlich von *Rio de Janeiro* gefunden wird, wo sie sonst so häufig vorkam (s. *Corografia brasilica T. II. p.* 19). Selbst Hans Staden sagt, daſs die *Tupin-Inba*, jene schönen rothen Federn zu ihrem Putze von dort her sich verschafften.

(**) Die *Lagoa Feia* besteht aus zwey durch einen Canal vereinigten Theilen; ihre Form ist auf meiner Karte nicht richtig angegeben, da ich sie nur überschifft und nicht in ihrer ganzen Ausdehnung gesehen habe. Der nördliche Theil soll nach der *Corografia brasilica* (*T. II. p.* 49) etwa 6 Legoas von Osten nach Westen lang seyn, und etwa 4 Legoas in der Breite halten, der südliche Theil etwa 5 Legoas lang und 1 ½ Legoa breit seyn. Sie ist fischreich und hat süſses Wasser. Ihre groſse Fläche ist gewöhnlich vom Winde bewegt, daher für Canoes oft gefährlich, für gröſsere Schiffe hat sie nicht die nöthige Tiefe. Die *Barra*

Wir trafen hier sogleich Anstalt, unser Gepäck und einige unserer noch zurückgebliebenen Jäger mit dem grofsen Canoe eines einsam hier wohnenden Mannes vorwärts nach dem von uns ausersehenen Lager-platze bringen zu lassen. Wir selbst hingegen setzten die Reise längs der Dünen an der tobenden Brandung fort und vergnügten uns an dem Anblick der vielen Regenpfeifer (*Charadrius*), Strandläufer und Auster-fischer (*Hæmatopus*), die hier nach jedem zurückrollenden Wellen-schlage der See, eine Menge kleiner Insekten auflesen. Man zeigte uns bey ein Paar ärmlichen Fischerhütten den Weg, welcher nach dem Lande hin wieder von weiten Sümpfen, in denen eine Menge Rindvieh und Pferde weideten, begränzt war. Die grofse Anzahl von Enten und Sumpfvögeln, die wir hier fanden, war wirklich merkwürdig. Grofse, schwärzliche Geschwader der *Anas viduata*, Linn., und der pfeifenden grünschultrigen Art, welche Azara unter dem Nahmen des *Ipecutiri* (*) beschrieben hat, flogen bey unsern ersten Schüssen gleich einer Decke auf; die letztere ist in den von mir gesehenen Gegenden von Brasilien die gemeinste Entenart.

Als es sich schon stark zur Dämmerung neigte, führte uns unser Wegweiser, der ein Neger war, quer durch das Wasser auf eine sumpfige Insel. Er sagte uns, sein Herr werde mit dem Canoe hier an diese Stelle kommen, um uns über die *Lagoa Feia* zu setzen, allein dieser erschien heute nicht. Da ein heftiger Regen uns bedrohte, so schlugen einige aus unserer Gesellschaft vor, nach einer kleinen Hütte,

---

do Furado ist in der Zeit des niedern Wasserstandes verschlossen. Diese ganze Gegend enthält längs der Seeküste eine grofse Menge von Landseen, deren auf der Karte mehrere fehlen. Bey diesem Reichthume an Gewässern und der Fruchtbarkeit des Bodens würde dieser Strich Landes einer der fruchtbarsten von Brasilien werden können, wenn er von einem regsameren industriösern Volke bewohnt wäre.

(*) D. F. de Azara voyages etc. Vol. IV. p. 345.

etwa eine halbe Stunde weit, zurück zu reiten, wo wir fünf oder sechs Soldaten angetroffen hatten, die daselbst Wache hielten, damit von *Minas* herab kein Unterschleif mit Diamanten getrieben werde. Wir kehrten dahin zurück; die Soldaten machten uns ein gutes Feuer an, gaben uns Mandioccamehl und trockenes Salzfleisch, und wir verplauderten mit ihnen den Abend. Diese Militz-Soldaten, von etwas brauner Farbe, gehen in weißen baumwollenen Hemden und Hosen, mit unbedecktem Halse und bloßen Füßen; ein jeder trägt, wie alle Brasilianer, seinen Rosenkranz um den Hals. Ein Gewehr ohne Bajonet ist ihre einzige Waffe. Sie fischen am Tage in den *Lagoas* und nehmen außer dem Mehl und Salzfleisch, das ihnen gegeben wird, ihren Unterhalt aus dem Wasser. Man sieht daher an ihrer Hütte Stricke von gedrehter Ochsenhaut aufgespannt, auf welchen sie die Fische zum Trocknen aufhängen. Die Hütte selbst hatte als Wachthaus mehrere Kammern und enthielt einige Schlafnetze nebst hölzernen Pritschen. Am folgenden Morgen erst erschien das Canoe mit den Jägern, die sich durch die vielen Enten hatten aufhalten lassen und von der Nacht überrascht worden waren. Man fieng nun an überzuschiffen, und so wie eine Ladung des Canoes übergesetzt war, vertheilten sich die dabey befindlichen Männer sogleich um zu jagen. Sie schossen unter andern den Ibis mit röthlichem Gesichte (*Carâo*) und den *Caracara* (*Falco brasiliensis*), einen schönen Falken. Auf dem nördlichen Ufer der *Lagoa* vereint befanden wir uns in einer sehr unangenehmen Lage, denn unsere weidenden Maulthiere waren durch Pferde entführt worden, und wir blieben daher den ganzen Tag dem herabströmenden Regen ausgesetzt, bis gegen Abend ein Fischer erschien, der uns nach seiner Hütte führte, wo wir unsere entflohenen Thiere erwarteten. Durch ein kleines Gebüsch zogen wir jetzt bis ans Ufer des Flusses *Barganza*, eines Abflusses der *Lagoa Feia*. Hier befanden sich zwey ärmliche Fischerhütten, deren Ansicht die Vignette dieses Abschnittes

giebt; in ihnen wurden wir freundschaftlich aufgenommen. Sie bestanden
blos in einem auf die Erde gestützten Dache von Rohr, und enthielten
inwendig ein Paar kleine Abtheilungen; unsere zahlreiche Mannschaft
konnte daher nicht unter Dach und Fach übernachten, sondern nur die
an die brasilischen Nächte weniger gewöhnten Europäer. Wir lagen
mit den beyden Fischerfamilien in den Hütten rund umher auf Stroh;
in der Mitte brannte das Feuer, und man bewirthete uns mit gebacke-
nen Fischen und Mandioccamehl. Der freundliche Wille der guten
Leute erleichterte uns die Beschwerde und liefs uns dieses enge harte
Nachtlager einigermafsen vergessen. In der Hütte, wo ich meine Wohnung nahm, herrschte eine sehr dicke gesprächige Frau mit etwas gelber
Haut und sehr leicht gekleidet, die beständig, wie die meisten Weiber
der niedern Klasse in Brasilien, ihre Tabackspfeife im Munde hatte. Die
Brasilianer bedienen sich zum Rauchen mehr der Cygaro's, die von Papier
gemacht und hinter dem Ohre getragen werden; diese Art zu rauchen
haben nicht die Europäer nach Brasilien gebracht, sondern sie stammt
vielmehr von den *Tupinambas* und andern Stämmen der Küsten-Indier
her. Diese wickelten gewisse aromatische Blätter in ein gröfseres ein und
zündeten dies an dem einen Ende an (*). Die bey den Fischern, so wie
in ganz Brasilien, besonders bey den Negern und andern Leuten der
ärmeren Klasse, gebräuchlichen Pfeifen, haben einen kleinen Kopf von
schwärzlichem gebranntem Thone und ein dünnes glattes Rohr von dem
Stengel eines hochsteigenden Farrnkrautes (*Samambaya*), der *Mertensia*
dichotoma. Meistens ist indessen unter allen Klassen der Einwohner
Brasiliens das Schnupfen des Tabacks noch weit beliebter als das Rauchen,
denn der ärmste Sclave hat seine Tabacksdose, gewöhnlich von Blech
oder von Horn, oft ist es nur ein blofser Abschnitt eines Kuhhorns mit
einem Pfropf.

(*) J. DE LERY voyage etc. p. 189.

Als kaum der Tag in unsere mit Menschen angefüllten Hütten hinein blickte, sagten die Fischer schon eifrig ihre Morgengebete her, und badeten dann ihre Kinder in lauwarmem Wasser, ein unter den Portugiesen gewöhnlicher Gebrauch, worauf die Kleinen sich mit Ungeduld zu freuen schienen. Nach diesem breitete man Rohrmatten vor die Hütten aus, der gekochte Fisch ward herbey gebracht und wir alle setzten uns zum Frühstücke auf die Erde nieder. Nachdem wir uns mit Nahrung gestärkt hatten, bereiteten die Fischer ihre Canoe zu, um unsere Maulthiere schwimmend über den *Barganza* zu führen, der hier bey den Hütten mit grofsen Rohrgehägen angefüllt ist. Tausende von Wasservögeln, besonders Reiher, Cormorane, Wasserhühner, Taucher u. s. w. nisten darin, auch zeigen sich zuweilen die schönen rothen Löffelreiher. Unter den Fischern, die unsere *Tropa* übersetzten, zeichnete sich ein alter Mann mit einem langen Barte und einem Säbel an der Seite, besonders aus; ein jüngerer bestieg sein kleines Pferd und versprach uns den Weg durch die überschwemmten Wiesen zu zeigen. Sein Anzug war originel: er trug eine kleine Nebelkappe von Tuch, einen kurzen Rock und Hosen, welche ihm die Knie blos liefsen, und Sporne an den unbekleideten Füfsen. Uebrigens war dieses Männchen sehr gutmüthig und gefällig, denn es ritt in den zum Theil hoch überschwemmten Wiesen stets voran und suchte nicht ohne Gefahr den besten Weg, welcher dennoch unsern Maulthieren zum Theil so sauer wurde, dafs wir die gegründetste Besorgnifs haben mufsten, unser Gepäck ins Wasser fallen zu sehen. Diese weiten Wiesen wurden jedoch unter einem heftigen Platzregen endlich glücklich durchritten.

Wir hatten bey der isolirt gelegenen Kirche zu *S. Amaro* die letzte Wasserstelle im Canoe zurückgelegt und unsere *Tropa* zog jetzt auf unabsehbaren grünen Ebenen fort. Diese ganze flache Gegend gehört schon zu den Ebenen der *Goaytacases*, welche sich bis zum *Paraïba* ausdehnen und von denen die *Villa de S. Salvador* ihren Beynahmen *dos Campos dos Goaytacases* erhalten hat. Auf dem Grasboden dieser Gegend, so wie auf allen Triften der Ostküste von Brasilien, wächst die *Sida carpinifolia* mit strauchartigem holzigem Stamm und gelber Blume: sie wuchert sehr stark, und dient häufig einer Art von *Inambú*, den man hier mit dem Nahmen des Rebhuhns (*Perdiza*) belegt, zum Aufenthalt (*). Dieser noch wenig bekannte Vogel hat in der Farbe Aehnlichkeit mit unserer Wachtel, ist aber etwas gröfser und hält den Hühnerhund eben so gut aus als unser europäisches Rebhuhn, wovon ich mich öfters überzeugte. Endlich, nachdem wir dieses zu Triften geeignete Land, worin auch Rindvieh in bedeutender Anzahl weidete, bis zum Abend durchritten hatten, gelangten wir nach der ansehnlichen Abtey zu *S. Bento*, wo wir eine lange entbehrte Ruhe und Bequemlichkeit zu finden hoffen durften. Dieses Kloster, der Abtey zu *S. Bento* in *Rio de Janeiro* gehörend, besitzt ansehnliche Güter und Ländereyen. Das Gebäude selbst ist grofs, hat eine schöne Kirche, zwey Hofräume und einen kleinen Garten im Innern, in welchem von Steinen aufgemauerte Beete mit Balsaminen, Tuberosen u. s. w. besetzt sind. In dem einen der Höfe standen hohe Cocospalmen (*Cocos nucifera*, LINN.) mit Früchten beladen. Das Kloster besitzt 50 Sclaven, welche vor demselben in einem grofsen Quadrate ihre Hütten erbaut haben; in der Mitte des Platzes ist ein hohes Kreuz auf einem Fufsgestelle errichtet. Aufserdem befinden sich hier ein grofses Zucker-Engenho, und mehrere Wirthschaftsgebäude; ferner gehören zu diesem reichen geistlichen Gute beträchtliche Ländereyen, grofse Heerden von Pferden und Rindvieh und mehrere *Corale* und *Fazenda's* in der umliegenden Gegend; es erhält sogar mehrere Zucker-zehnden aus der Nachbarschaft.

(*) Dieser Vogel ist von Herrn TEMMINCK unter dem Nahmen des *Tinamus maculosus* beschrieben worden. S. *Histoire naturelle générale des Pigeons et des Gallinaces. T. III. p.* 557.

Wir wurden von dem hier die Geschäfte versehenden Geistlichen, Herrn José Ignaçio de S. Mafaldas, sehr gastfreundschaftlich aufgenommen. Man wiefs uns unsere mit guten Betten versehene Zimmer an den langen kühlen Gallerien des Klosters an, wo wir aus den grofsen Fenstern, die auch hier ohne Glas waren, die schönste Aussicht in die weite Ebene hatten. In dem untern Stockwerke des Gebäudes befand sich die Küche und Mandioccafabrik, auf deren Pfannen wir unsere Sammlungen leicht trocknen konnten; dabey liefs man uns die zu unsern Arbeiten nöthige Baumwolle von den Kernen befreyen, wozu man sich überall der kleinen Maschine bedient, welche Herr Hofrath Langsdorf in seiner Reisebeschreibung bey Gelegenheit seines Aufenthalts zu Sta. Catharina abgebildet hat. Wir benutzten die Zeit, die wir hier verweilten, so gut als möglich und belustigten uns mit der Jagd der Enten, die hier auf den grofsen Sümpfen und Lagoas in unzählbarer Menge leben.

Auf unserer weitern Reise hatten wir zum Wegweiser einen Mulatten mit einem Stilet im Knopfloche, einem Säbel an der Seite und Spornen an den blofsen Füfsen, wie es dort gewöhnlich ist. Er führte uns durch die grofse Ebene, wo von Stunde zu Stunde sich die Wohnungen vermehrten, und wo auch die Wagengeleise uns anzeigten, dafs wir uns einer mehr bewohnten Gegend näherten. Wir sahen längs dem Wege Hecken von Agave und Mimosa, hinter ihnen blühende Orangen- und Bananenstämme und bey den Wohnungen die Kaffeebäume mit ihren milchweifsen Blumen wie mit Schnee bedeckt; ein prachtvolles Gebüsch! Immer häufiger werden hier die Wohnungen und Fazenda's; aller Orten findet man Venda's an der Strafse, wo der Eigenthümer sehr höflich die Vorbeywandernden grüfst, aber gewöhnlich nur um sie zu locken, und dann ihnen die Taschen zu leeren. Die Sonne stand noch hoch am Himmel, als wir die Villa de S. Salvador erreichten, die am südlichen

Ufer des schönen *Paraïba* in einer angenehmen, fruchtbaren und von mannigfaltigem Grün belebten Gegend liegt. Hier hatte unser gütiger Wirth zu *S. Bento* uns sein Haus für die Zeit unseres Hierseyns überlassen, in welchem wir jetzt abtraten und die ersten Zeitungen seit unserer Abreise von *Rio* zu sehen bekamen. Sie enthielten für uns die wichtige Neuigkeit von der Niederlage des französischen Heeres bey *Belle Alliance*, woran selbst die Bewohner der Stadt den lebhaftesten Antheil genommen hatten.

Brasilianisches Landhaus am Paraiba.

Reise des Prinzen von Neuwied in Brasilien. I. Bd. 5.

V.

Aufenthalt zu Villa de S. Salvador und Besuch bey den Puris zu S. Fidelis.

Villa de S. Salvador. — Ritt nach S. Fidelis. — Die Coroados-Indier. — Die Puris.

Die Ebenen, welche sich südlich vom Flusse *Paraïba* ausdehnen, wurden vor Zeiten von dem wilden kriegerischen Stamm der *Uetacas* (*) oder *Goaytacases* bewohnt, die VASCONCELLOS zu den *Tapuyas* rechnet, da sie eine von den Völkern der *Lingoa geral* verschiedene Sprache redeten. Sie zerfielen in drey Stämme, die *Goaytaca assú*, *Goaytaca Jacorito* und *Goaytaca Mopi* (**), lebten in beständigen Feindseligkeiten unter einander und mit allen ihren Nachbaren. Ihre Haare ließen sie, gegen die Gewohnheit der andern indischen Stämme, lang herabhängen, zeichneten sich durch eine hellere Farbe, stärkern Körperbau und größere Wildheit vor allen ihren Blutsverwandten aus, und fochten auch tapferer im freyen Felde. Hierüber giebt uns die Lebensbeschreibung des Pater

(*) JEAN DE LERY voyage etc. p. 45.
(**) S. DE VASCONCELLOS noticias etc. p. 39.

José de Anchieta Nachricht (*), wo es unter andern heifst: „Diese Leute waren die wildesten und unmenschlichsten an der ganzen Küste, sie hatten einen riesenmäfsigen Körperbau, und besafsen grofse Stärke, waren geübt in der Behandlung des Bogens, und Feinde aller andern Nationen u. s. w." und ferner: „Der Distrikt, welchen sie bewohnten, war klein, er erstreckte sich vom Flusse *Paraïba* bis zum *Maccahé* u. s. w." Pater João de Almeida (**) fand bey ihnen im Walde zu seinem grofsen Schrecken ein ganzes menschliches Skelett aufgestellt, wie Southey erzählt. Ihre Hütten bauten sie nach seinen Nachrichten gleich Taubenschlägen auf einem einzigen Pfahle in die Luft, schliefen blos auf einem Haufen Blätter und tranken kein Flufs- oder Quellwasser, sondern nur solches, welches in Gruben, die sie in den Sand gemacht hatten, sich sammelte (†). Von allen Seiten führten diese drey Stämme unter-einander, und mit den Europäern, so wie mit den Küsten-Indiern Krieg, besonders aber hatte die Colonie der Portugiesen am *Espirito Santo* sehr durch sie gelitten. Im Jahr 1630 brachte man ihnen eine sehr harte Niederlage bey (††). Späterhin wurden sie nach und nach aus-gerottet oder unterjocht und entwildert, wodurch die Ansiedelungen am *Paraïba* entstanden, welches jetzt die reichste und blühendste Land-schaft zwischen *Rio de Janeiro* und *Bahia* ist. Die ganze Gegend ist mit einzelnen *Fazenda's* und Pflanzungen bedeckt, und am Flusse *Pa-raïba*, der diese fruchtbare Ebene durchschneidet, erhebt sich am süd-lichen Ufer, etwa 8 Stunden von der See, eine beträchtliche *Villa*, welche

---

(*) »Era esta sorte de gente a mais feros e deshumana que havia portoda a costa, em corpos eram agigantados de grandes forças, destro em arco, inimigos de todas as naçôes etc. « und: »O districto que habitabam era pequeno dentro dos termos dos Rios Paraïba e Machaé etc. «

(**) S. Lebensbeschreibung des Padre João de Almeida.

(†) Southey's history of Brazil. V. II. p. 665.

(††) Ibid. p. 666.

den Nahmen einer Stadt (*Çidade*) verdient. *Villa de S. Salvador dos Campos dos Goaytacases* zählt etwa 4 bis 5000 Einwohner, der ganze Distrikt soll ungefähr eine Bevölkerung von 24000 Seelen haben. Sie heißt gewöhnlich blos *Campos*, ist ziemlich gut gebaut, mit regelmäßigen, großentheils auch gepflasterten Straßen und netten freundlichen Häusern, worunter einige von mehreren Stockwerken sind. Es sind hier die nach alt portugiesischer Art mit hölzernen Gitterwerken verschlossenen Balkons noch üblich. In der Nähe des Flusses befindet sich ein Platz, auf welchem das öffentliche Gebäude erbaut ist, worin die Sitzungen der Stadtgerichte gehalten werden, und in welchem sich auch die Gefängnisse befinden. In dieser Stadt sind 7 Kirchen, 5 Apotheken und 1 Hospital, wo sich etwa 20 Kranke befanden. Ein Chirurg versieht das Lazareth; übrigens soll diese Gegend einige bessere Aerzte besitzen, als man sie in den andern Distrikten dieser Küste antrifft, wo man eine Vertrauen verdienende ärztliche Hülfe leider öfters vergeblich sucht. Die Stadt liegt sehr angenehm, dehnt sich beträchtlich längs dem Ufer des schönen *Paraïba* aus, und gewährt einen angenehmen Anblick, besonders wenn man sie von dem Wege am Flusse abwärts betrachtet. Ueberall herrscht Leben an dem Ufer, und eine regsame, mehrentheils farbige Menschenmenge, wird hier in Handels - und andern Geschäften umher bewegt. In *Campos* wird mit mancherley Produkten ein ziemlich beträchtlicher Handel getrieben, besonders aber erzeugt die Gegend am *Paraïba* aufwärts eine große Menge Zucker, so wie auch an dem kleinen Flusse *Muriähé*, der an der nördlichen Seite, *S. Salvador* gegenüber, in den *Paraïba* fällt, bedeutende Zucker-Engenhos gefunden werden. Kaffee, Baumwolle und alle andere Produkte gedeihen vortrefflich und selbst europäische Gemüse sieht man auf den Märkten. Das Haupterzeugniß indessen ist Zucker, und der daraus bereitete Branntwein. Unter den Bewohnern sind reiche Leute, welche ihre Zucker-Engenhos in der

Nähe des Flusses zum Theil mit 150 und mehreren Sclaven betreiben: man gewinnt aufser dem Branntwein auf solchen Werken 4 bis 5000 Arroben Zucker in einem Jahre.   Schon denkt man an Verbesserungen der Fabrikatur, und ist im Begriff Dampfmaschinen anzuwenden.   Das Engenho des Herrn Capitam NETTO FIZ, welcher uns viele Höflichkeiten erwies, ist sehr schön und zweckmäfsig eingerichtet; seine Zucker-pflanzungen sind beträchtlich, und er besitzt aufser demselben noch zwey andere *Fazenda's* am *Muriähé*.   In diesem Distrikte am *Paraïba* und *Muriähé* zählte man im Jahr 1801 schon 280 Engenhos, worunter sich 89 gröfsere sehr einträgliche befanden (*).   Man findet in der Stadt schon einen bedeutendern Grad von Luxus, besonders im Anzuge, worauf die Portugiesen viel verwenden.   Reinlichkeit und Nettigkeit ist diesem Volke, selbst den niedern Ständen, in Brasilien wenigstens, all-gemein eigen.   Besucht man aber die innern Gegenden des Landes, oder die weniger bedeutenden *Villa's*, so wird man allgemein die Bemerkung machen, dafs die Pflanzer bey ihren alten Gewohnheiten stehen bleiben, ohne im geringsten auf Verbesserung ihrer Lage zu denken.   Man findet da reiche Leute, die in einem Jahre mehrere mit Gütern beladene *Tropa's* nach der Hauptstadt senden, die vielleicht 1000 oder 1500 Stück Ochsen dahin verkaufen, und deren Hütten dennoch schlechter sind, als die unserer ärmsten deutschen Bauern: niedrig, nur einstöckig, aus Lehm aufgeführt und selbst nicht einmal weifs ange-strichen; nach einem ähnlichen Mafsstabe ist die ganze übrige Lebensart eingerichtet, Reinlichkeit im Anzuge wird aber selten vermifst.   Vieh-zucht soll die Gegend am *Paraïba* nicht hinlänglich besitzen, obgleich sich diese Ebenen doch so vorzüglich hiezu eignen; man zieht einige Maulthiere, die aber nicht so stark und schön sind, als die von *Mi-nas Geraës* und *Rio Grande*.   Schaafe und Ziegen sind klein, und

(*) Corografia brasilica. T. II. p. 47.

die Schweine gedeihen nicht so gut als in andern Gegenden. Ich hatte *Campos dos Goaytacases* besucht, nicht um statistische Nachrichten über diese Gegend zu sammeln (in Hinsicht deren ich auf andere Werke verweisen muſs), sondern um die Völker - und Naturmerkwürdigkeiten der Gegend kennen zu lernen. Da ich diesen Zweck hier bald erreicht hatte, so war mein Aufenthalt nur von kurzer Dauer und wir eilten, die, für uns interessanteste Seltenheit am *Paraïba*, nehmlich einen in der Nähe wohnenden Stamm noch roher, wilder *Tapuyas* zu besuchen.

Der Oberst MANOEL CARVALHO DOS SANTOS, Commandant des Distrikts von *S. Salvador* und Chef des hiesigen Landmilitz-Regiments, hatte uns sehr zuvorkommend empfangen; als wir ihm den Wunsch äuſserten, die Mission von *S. Fidelis*, höher oben am *Paraïba* zu besuchen, so hatte er die Güte uns einen Officier mit einem Soldaten als Führer zu geben. Wir richteten uns schnell zu jener interessanten Reise ein, und verlieſsen am 7ten October mit Zurücklassung unseres Gepäckes, *S. Salvador*.

Der *Paraïba* entspringt in der *Capitania* von *Minas Geraës*, flieſst zwischen der *Serra dos Orgâos* und der von *Mantiqueira* in östlicher Richtung herab, und ist schon auf der kleinen Karte angemerkt, welche der Engländer MAWE von seiner Reise nach *Tejuco* gegeben hat. Er nimmt mehrere Nebenflüsse, den *Parahibuna*, *Rio Pomba* und andere auf, und durchströmt die groſsen Urwälder zwischen gebürgigen Ufern, bis er endlich, seiner Mündung nahe, in die Ebenen der *Goaytaca*-Indier tritt. Hier ist jetzt alles bebaut und belebt, aber wenn man über diese Ebenen hinauf steigt, in jene groſsen Wälder, so sind die Ufer des *Paraïba* noch von Urvölkern bewohnt, die man nur zum Theil entwildert und angesiedelt hat. Unser Weg führte anfangs längs dem Flusse hin, dessen Ufer herrliche Gebüsche von Mimosen, Bignonien und dergleichen zieren. Nahe bey der Stadt stehen einzelne hohe Cocospalmen, dann folgen schöne Wiesen und Gebüsche mit einzelnen *Fazenda's*. Der Anblick des schönen Flusses ward uns bald entzogen, da unser Weg von ihm abführte. Auf den Trifften fanden wir häufig in Gesellschaft des Madenfressers (*Crotophaga Ani*, Linn.), den gefleckten Kuckuck (*Cuculus Guira*, Linn.) oder *Annú branco* der Portugiesen, welcher in seiner Lebensart und Gestalt die gröfste Aehnlichkeit mit dem Madenfresser hat. Dieser Vogel, welcher von Azara mit dem Nahmen *Piririgua* belegt wird, ist in der Gegend von *Campos* noch nicht lange bekannt, und soll sich erst seit wenigen Jahren aus dem Hochlande von *Minas* herab, in diesen tiefern Ebenen an der See eingefunden haben. Wir hatten häufig Gelegenheit uns über die Schönheit und Fruchtbarkeit dieses Landstriches zu erfreuen. Man sieht eine Reihe von grofsen *Fazenda's* am Ufer des Flusses; weite Zuckerpflanzungen wechseln in den lebenvollen Ebenen mit ausgedehnten Trifften ab. Schönes grofses Rindvieh und Pferde weiden daselbst in Menge, so wie auch einige Maulthiere. In der Nähe mehrerer Wohnungen bewunderten wir auf einer Wiese einen jener colossalen wilden Feigenbäume, *Figueiras* der Portugiesen, die zu den angenehmsten Geschenken der Natur für die heifsen Länder gehören; der Schatten eines solchen prachtvollen Baumes erquickt den Wanderer, wenn er sich unter seinen unglaublich weit ausgedehnten Aesten mit dunkelgrünem glänzendem Laube lagert. Die Feigenbäume aller heifsen Länder werden gewöhnlich sehr dick, und breiten eine colossale Krone mit äufserst starken Aesten aus. Ich habe sie in Brasilien wirklich majestätisch gefunden, dennoch kam keiner im Umfange seines Stammes dem berühmten Drachenbaum von *Orotava* gleich, welcher nach von Humboldt's Messung 45 Fufs im Umfange hatte. In den oberen Zweigen jenes Feigenbaums fanden wir das merkwürdige Nestchen des kleinen grünen Plattschnabels mit gelbem Bauche (*Todus*): es war kugelförmig aus Wolle gebaut, oben verschlossen, und hatte einen engen Eingang. In Brasilien bauen weit mehrere Vögel dergleichen verschlossene Nestchen als bey uns, wahrscheinlich weil es hier mehr Feinde für die zarten Jungen giebt. Einige Stunden von *S. Salvador* fangen die Gebürge an sich zu erheben, und jenseit der Zuckerfelder sahen wir schon in der Ferne die hohen Urwaldungen. In dem Walde bemerkt man rothe Flecken, welche blos durch das junge Laub des *Sapucaya*-Baums entstehen, das beym Hervorbrechen im Frühjahr von rosenrother Farbe ist. Es war nun die günstigste Jahreszeit zum Reisen gekommen, denn alles zeigte sich im lieblichsten Farbenspiel des zarten Laubes; frisches Grün erheiterte überall die Landschaft, dabey behagte die angenehme Temperatur der Luft uns nicht an grofse Hitze gewöhnten Nordländern ungemein. Nach etwa drey Stunden Weges näherten wir uns dem Ufer des *Paraïba* wieder, und wurden durch seine Schönheit an dieser Stelle sehr überrascht. Drey Inseln, zum Theil mit hohem altem Walde bewachsen, unterbrechen seinen Spiegel. Der dem deutschen Rhein an Breite nichts nachgebende Strom gleitet schnell dahin, und an seinen Ufern wechseln auf grünen Hügeln Waldungen und Gebüsche mit grofsen *Fazenda's* ab, deren breite rothe Ziegeldächer gegen das grüne Laub freundlich abstechen, und um welche die Hütten der Neger kleine Dörfer bilden; die Vignette, welche diesem Abschnitte beygefügt ist, giebt die Ansicht von einem der kleinern dieser Landhäuser. Die Seitenthäler zwischen den Hügeln des Ufers sind mit Sümpfen angefüllt, worin eine hochstämmige Art von Trompetenbaum (*Bignonia*), häufig den traurigen Anblick eines verdorrten Waldes hervorbringt. Stamm und Aeste haben eine hellaschgraue Farbe, und sein dünnes, dunkelbraun-grünes Laub giebt ihm ein sehr düsteres todtes Ansehen, um so mehr, da er immer in Massen zusammengehäuft steht: die Blume ist übrigens schön, grofs und von weifser Farbe. Andere schöne Gewächse sind hier in Menge, unter andern eine baumartige *Cleome* mit sehr grofsen schönen, weifs und rosenrothen

Blumenbüscheln dicht übersäet; am Wege rankten hochgelbe und weiße Bignonien, und die Gebüsche am Ufer zierten die aufrecht stehenden Gesträuche der *Allamanda cathartica*, LINN., mit ihren großen hochgelben Blüthen.

Als wir etwa die Hälfte unseres Weges zurückgelegt hatten, brachte uns unser Führer in eine benachbarte *Fazenda*, wo der Hausherr, ein Capitam, uns sehr gastfreundschaftlich zum Mittagessen einlud. Vor seinem Hause, das von einer sanften Höhe die schönste Aussicht auf den Fluß hatte, stand einer jener herrlichen Trompetenbäume (*Bignonia*), *Ipé amarello* genannt, mit großen gelben Blumen überdeckt, die vor dem Laub ausbrechen; sein Holz ist sehr fest und läßt sich gut verarbeiten. Am Nachmittage setzten wir unsere Reise weiter fort, allein jetzt traf uns ein heftiges Gewitter, wodurch der sonst schöne Weg etwas unangenehm wurde. Wir erstiegen am Ufer des Flusses einen steilen Berg, den *Morro de Gambá*, ritten auf dessen Rücken durch einen dichten Wald, und wurden, als wir ins Freye traten, von einer prachtvollen Aussicht auf den Fluß hinab überrascht. In den hohen zackigten Waldkuppen zeichnete sich besonders das merkwürdig gebildete Felsgebürg *Morro de Sapateira* aus, dessen Contrast mit den grünen anmuthigen Hügeln, auf welchen die Bewohner ihre lachenden Ansiedelungen erbaut haben, den Reiz dieser Landschaft erhöhte. Unmittelbar zu unsern Füßen unter einer steilen Bergwand, befand sich am Ufer des Flusses ein kleiner flacher Wiesenboden, wo unter hohen Cocospalmen einige Wohnungen eine allerliebste Gruppe bildeten. Der schmale Weg läuft hoch an einer Bergwand hin und senkt sich dann wieder ins Thal hinab, wo man bey jeder *Fazenda* durch die herrlich duftenden Blumen der Orangengebüsche erfreut wird. Wir erreichten einen mit Rohr und der grauen weißblühenden 20 bis 30 Fuß hohen Bignonia bewachsenen Sumpf; auf den Stämmen der letztern hatten sehr viele Nachtreiher (*Ardea Nycticorax*)

ihre Nester erbaut. Dieser Reiher gleicht unserm deutschen *Nycticorax*
sehr, nur ist er ein wenig gröfser, er scheint daher derselbe Vogel zu
seyn. Man sah auf jedem Neste Alte und Junge beysammen stehen und
neugierig die Fremdlinge beschauen: unsere Jäger schossen mehrere derselben, konnten ihrer aber in dem grundlosen Bruche nicht habhaft
werden. Diese Brücher sollen eine Menge *Jacaré's* (*Crocodilus*) ernähren, von denen wir hier jedoch keinen zu sehen bekamen. Nachdem
wir eine angenehme abwechselnde Gegend zurückgelegt hatten, kamen
wir zur *Fazenda do Collegio*, wo es anfieng Nacht zu werden; wir
erreichten indessen noch vor völliger Dunkelheit den kleinen *Rio do
Collegio*, welchen wir passiren mufsten. Auf einer steilen, von Regen
völlig schlüpfrigen Abfahrt rutschten unsere Pferde und Reitthiere auf
der Krupe bis zum Wasser hinab, ja einige fielen über und über; doch
passirten wir alle glücklich, wiewohl stark durchnäfst, den tiefen reifsen-
den Bach. Man tritt nun bald in einen finstern dichten Urwald am Ufer
des Flusses, der bis *S. Fidelis* anderthalb Stunden weit anhält. Es war
jetzt finstere Nacht und der Pfad sehr schmal, oft über dem steilen Flufsufer unmittelbar erhaben, sehr uneben, mit dürrem Holze und umgefallenen Bäumen versperrt. Der vorreitende des Weges kundige Soldat
stieg mit unsern Leuten häufig vom Pferde, um Hindernisse aus dem
Wege zu räumen, und wir mufsten bedeutende Strecken hindurch die
Pferde am Zügel leiten: endlich stellte sich uns gar eine steile, tiefe
Schlucht entgegen, über welche ein schmaler Steg von drey abgehaue-
nen Baumstämmen führte; man hatte Querreifen eingehauen, um den
Hufen der Thiere einen Halt zu geben, dennoch aber glitten sie häufig
aus, und es fehlte wenig, dafs nicht einige derselben hinabstürzten. Mit
etwas Geduld besiegten wir indessen auch dieses Hindernifs glücklich.
Im Dunkel des Urwaldes funkelten eine Menge umherfliegende Insekten,
die Nachtschwalbe (*Caprimulgus*) rief, grofse Cicaden (*Çigarras*) liefsen

sich aufserordentlich weit vernehmen, und das sonderbare Geschrey einer Schaar Frösche schallte durch die einsame nächtliche Wildnifs. Wir erreichten endlich eine ebene Wiese am Ufer des Flusses, und befanden uns plötzlich zwischen den Hütten der *Coroados*-Indier zu *S. Fidelis*. Unser Führer ritt sogleich vor die Wohnung des Geistlichen, Herrn Pater J o ã o, und liefs denselben durch einen seiner Sclaven um ein Nacht-quartier ersuchen ; allein wir wurden mit kurzen Worten abgewiesen und alle weitere Versuche schlugen fehl. Ohne die Güte des Herrn Ca-pitam, in dessen Hause wir uns am Mittage so wohl befunden hatten, würden wir hier sicher unter freyem Himmel haben campiren müssen. In dem leerstehenden von allen Geräthschaften ganz entblöfsten Hause dieses Mannes fanden wir eine Schlafstätte : wir befestigten unsere Netze, und ruheten recht sanft.

S. Fidelis am schönen Ufer des hier ziemlich breiten *Paraïba*, ist eine Mission, ein Dorf der *Coroados*- und *Coropo*-Indier, und ward vor etwa 30 Jahren von einigen Capuciner-Mönchen aus Italien angelegt. Damals waren hier nur vier Missionäre, von welchen der eine noch jetzt als Geistlicher sich hier befindet; ein zweyter lebt in seiner Mission zu *Aldea da Pedra*, 7 bis 8 Legoas höher aufwärts am Flusse; die beyden andern sind gestorben. Die hier lebenden Indier gehören zu den Stämmen der *Coroados*, *Coropos* und *Puris*, von welchen die letztern noch jetzt wild und frey zwischen dem Meere und dem nördlichen Ufer des *Paraïba* in den grofsen Wildnissen umherziehen, und sich westlich bis zum *Rio Pomba* in *Minas Geraës* ausbreiten (*). *S. Fidelis* gegenüber zeigen sie sich zwar jetzt friedlich, aber weiter oben zu *Aldea da Pedra* haben sie noch kürzlich mit den *Coroados* Krieg geführt. Eigentlich

(*) Die *Corografia brasilica* (*T. II. p.* 59) schildert den Zustand der *Puris* am untern *Paraïba* nicht richtig, denn nach ihr sollen diese Wilden hier schon in einigen Dörfern vereint leben, welches ungegründet ist.

ist der Hauptwohnsitz dieser beyden Stämme *Minas Geraës*, sie dehnen sich aber bis hierher an den *Paraïba* und die Seeküste aus. Auf dem rechten oder südlichen Ufer des Flusses wohnen die *Coroados*, und zu *S. Fidelis* auch einige *Coropos*, welche nun alle civilisirt, das heißt angesessen sind. Ihr Revier erstreckt sich längs dem südlichen Ufer des *Paraïba* bis hinauf zum *Rio Pomba;* dort am linken Ufer des letztern Flusses sind sie zwar noch im rohen Naturzustande, bauen aber dennoch bessere Hütten als die *Puris*, mit denen sie im Kriege leben, und von welchen sie gefürchtet werden sollen. Herr FREYREISS hatte sie auf seiner frühern Reise in *Minas* besucht, und sie nicht mehr völlig wild, dennoch aber in einem rohern Zustande als ihre Landsleute am *Paraïba* gefunden (*). Diese Indier sind, wie gesagt, jetzt beynahe alle angesessen, die *Coropos* sämmtlich, die *Coroados* größtentheils — doch haben sie kaum angefangen ihre wilden rohen Sitten, Gebräuche und Gesinnungsart abzulegen, denn nur vier Wochen vor unserer Ankunft hatten die letztern zu *Aldea da Pedra*, auf einem ihrer Streifzüge einen *Puri* erschossen, und deshalb mehrere Tage hinter einander große Freudenfeste gefeyert. Dennoch sind ursprünglich diese drey Stämme mit einander verwandt, wovon die Aehnlichkeit ihrer Sprachen zeugt (**). Sie bauen Mandiocca, Mays, Bataten, Kürbisse und dergleichen mehr; dabey sind sie geborne Jäger und wissen ihre starken Bogen und Pfeile sehr gut zu gebrauchen.

Kaum war der neue Tag angebrochen, so verfügten wir uns in die, den *Coroados* und *Coropos*, von den Missionarien erbauten Hütten.

(*) S. v. ESCHWEGE Journal von Brasilien. Heft 1. S. 119.

(**) Ibid. S. 159. Die *Corografia* sagt: die *Coroados* seyen Abkömmlinge der alten *Goaytacases* (T. II. p. 53.) dieses ist aber unwahrscheinlich, da die letztern ihre Haare lang herabwachsen ließen, und die *Coroados* in früheren Zeiten ihren Nahmen von dem unter ihnen üblichen Gebrauch erhielten, dieselben in eine kleine Krone zu verschneiden.

Wir fanden diese Menschen noch sehr originel, von dunkelbrauner
Haut, völlig nationaler Gesichtsbildung, sehr markirten Zügen, und raben-
schwarzem Haar. Ihre Häuser sind recht gut und geräumig, von Holz
und Lehm erbaut, und mit Dächern von Palmblättern und Rohr gedeckt
wie die der Portugiesen. Man sieht darin die aufgehängten Schlafnetze
und in der Ecke Bogen und Pfeil angelehnt; ihr übrigens sehr einfacher
Hausrath besteht in selbst verfertigten Töpfen, Schüsseln oder Schaalen
(*Cuia's*) von Kürbissen und dem Kalebassenbaum (*Crescentia Cuiete*,
Linn.), Tragkörben (*Panacum*) von Palmblättern geflochten, und wenigen andern Sachen. Ihre Kleidung besteht in weißen Hemden und Beinkleidern von Baumwollenzeug; an Sonntagen aber sind sie besser gekleidet; man unterscheidet sie alsdann nicht von der ärmern Klasse der
Portugiesen; doch auch dann gehen die Männer oft noch mit bloßem
Kopf und barfuß; die Weiber hingegen sind schon eleganter, tragen
zuweilen einen Schleyer und putzen sich gern. Alle sprechen portugiesisch, unter sich aber gewöhnlich ihre Nationalsprache. Die Sprachen
der *Coroados* und *Coropos* sind sehr nahe mit einander verwandt, auch
verstehen beyde mehrentheils die *Puris*. Unser junger *Coropo*, Francisco, redete alle diese Sprachen. Die Verschiedenheit derselben unter
den mancherley Stämmen der brasilischen Urvölker ist ein interessanter
und näherer Untersuchung würdiger Gegenstand. Beynahe alle Stämme
der *Tapuyas* haben besondere Mundarten. Man hat aus einzelnen Wort-
Aehnlichkeiten in den mancherley Sprachen auf ihre Abstammung von
europäischen Völkern schließen wollen, doch wohl mit Unrecht: *Papa*,
Mama, heißt zwar unter den *Cambevas* oder *Omaguas* (*) eben das,
was es bey uns bedeutet, und das Wort Ja soll in der *Coropo*-Sprache

---

(*) S. de la Condamine *voyage etc.* p. 54. Selbst bey unsern Antipoden, den Neu-
Seeländern, nennen die Kinder ihren Vater *Pah-Pah*, siehe Dav. Collins's *account of the
English Colony in New South Wales. Lond.* 1798. 4. *p.* 535.

dieselbe Bedeutung haben, als bey uns; aber aufser diesen unbedeutenden und zufälligen Uebereinstimmungen findet nicht die geringste Aehnlichkeit zwischen jenen Sprachen und den europäischen statt. Die eigenthümlichen Waffen, worauf die *Coroados* noch viel halten, bestehen in Bogen und Pfeilen, welche von denen der *Puris* nur in einigen geringen Nebendingen abweichen. Die Befiederung dieser Pfeile nehmen sie gröfstentheils von den schönen rothen *Araras* (*Psittacus Macao*, Linn.), die höher oben am *Paraïba* zu *Aldea da Pedra* schon gefunden werden. In dieser Waffe sind sie, wie alle ihre Stamm-Verwandten, sehr geübt, und beschäftigen sich häufig in den grofsen schon vor ihren Hütten anfangenden Wäldern mit der Jagd. In der *Corografia brasilica* wird gesagt (*); dafs immer viele Familien der *Coroados* in einem Hause vereint wohnen, welches ich auf ein Paar einschränken mufs. Ehemals begrub dieses Volk seine verstorbenen Anführer in länglichten irdenen Gefäfsen, die man *Camucis* nannte, und zwar in sitzender Stellung; frühe, wenn der Tag anbrach, badeten sie sich, allein alle diese Gebräuche haben sie schon verlassen.

Da der Tag nach unserer Ankunft zu *S. Fidelis* ein Sonntag war, so wohnten wir Morgens der Messe in der Klosterkirche bey, wo die Bewohner der umliegenden Gegend sich zum Theil aus Neugierde eingefunden hatten, um die fremden Gäste zu beschauen. Herr Pater João hielt eine lange Predigt, wovon ich nicht ein Wort verstand. Nachher stiegen wir in dem unbewohnten Kloster umher und besahen seine Merkwürdigkeiten. Die Kirche ist grofs, hell und geräumig, und von Pater Victorio, der erst vor ein Paar Monaten gestorben ist, ausgemahlt. Dieser Capuciner-Missionar hatte thätig für das Wohl der Indier gearbeitet, und lebte in sehr günstigem Andenken, da man hingegen

(*) S. Corografia brasilica. T. II. p. 54.

den jetzigen Geistlichen nicht so sehr zu lieben schien; die Indier hatten ihn schon einmal fortgejagt, weil er, wie sie sagten, ihnen keine Lehren geben könne, indem er schlechter sey als sie selbst. Die Mahlerey im Innern der Kirche kann zwar nicht schön genannt werden, ist aber doch leidlich, und für diese abgeschiedene, wenig besuchte Gegend eine große Zierde, die den Fremden angenehm überrascht. Hinter dem Altar stehen die Nahmen der vier Missionäre angeschrieben; an der Seite sind eine Menge Votivtafeln aufgehangen, unter andern ein Gemählde, worauf ein Sclave abgebildet ist, dessen Arm zwischen die Walzen einer Zuckermühle gerathen war, die, als der Neger in der Angst seines Herzens einen Heiligen anrief, augenblicklich stille stand (*). Der Fall, daß der Arm eines arbeitenden Sclaven zwischen die Walzen eines Zuckerwerks kommt, ereignet sich leider nur zu oft, da diese Menschen nachläßig und unvorsichtig sind. Das Kloster ist zwar nicht groß, hat aber doch eine ziemliche Anzahl heller, freundlicher Zimmerchen und einen niedrigen Thurm; für die Mühe, ihn auf halb zerstörten Treppen erstiegen zu haben, lohnte uns die angenehme Aussicht auf das wild-schöne Thal. Eine Ansicht dieser Kirche und eines Theiles des Dorfes *S. Fidelis* mit den umgebenden bergigten Urwäldern, giebt die 1te Platte.

Hier in dem geräumigen Kloster hätte uns Pater João gestern sehr leicht eine gute Wohnung anweisen können, aber seine Unart gieng so weit, daß er uns sogar die Mittheilung einiger Lebensmittel verweigert hatte. Als er am Morgen erfuhr, daß unsere Pässe sehr gut und für uns günstig eingerichtet seyen, hielt er es doch für rathsam etwas höflicher zu seyn, und ließ uns daher einen Hammel aus seiner Heerde anbieten, den wir denn auch zu unserm Frühstücke kauften. Nach der Messe redete er uns an und wir schlossen einen Frieden mit ihm, der allen Feindseligkeiten ein Ende machte. Die Bewohner von *S. Fidelis* hatten sämmt-

(*) KOSTER erzählt von ähnlichen Fällen. p. 348.

lich die Geschichte unserer Ankunft vernommen und äufserten laut ihr Mifsfallen über das Betragen des Herrn Pfarrers.

Unsere wichtigste Angelegenheit war nun, die Bekanntschaft mit den rohen *Puris* in ihren Urwäldern zu machen. Wir begaben uns deswegen auf das gegenüber liegende Ufer des *Paraïba*, wo wir auf der *Fazenda* eines Herrn *Furriel* (Furier) eine sehr gute Aufnahme fanden. Der Hausherr sandte sogar seinen Bruder in den Wald zu den *Puris* und liefs ihnen sagen, dafs Fremde angekommen seyen, die sie zu sprechen wünschten. Diese Einladung, die er an die Wilden ergehen liefs, war ein bedeutendes Opfer, das er der Gefälligkeit für uns brachte, denn diese Leute bringen ihm nicht allein keinen Nutzen, sondern selbst bedeutenden Schaden; sie lassen sich, wenn man sie friedlich behandelt, in der Nähe der Pflanzungen nieder, benutzen aber alsdann auch die Erzeugnisse derselben, als wenn diese für sie selbst angelegt wären und berauben oft sogar die Neger, die in der Nähe der Pflanzungen in den Waldungen Geschäfte haben, ihrer Hemden und Beinkleider.

Diese Horde von *Puris* (*) hält sich erst seit kurzer Zeit so nahe bey *S. Fidelis* auf, und man glaubt, sie gehören zu denen, welche sich an der Seeküste bey *Muribecca* feindlich zeigen. So viel ist gewifs, dafs sie die Nachricht von einem durch ihre Leute an der Seeküste verübten Morde hier zu *S. Fidelis* in möglichst kurzer Zeit gehabt haben, welches ihren sehr nahen Zusammenhang quer durch die Urwälder hindurch beweiset; auch sollen sie von der Seeküste bis nach *Minas* hinauf beständig ihre Verbindung unterhalten (**).

(*) Den Nahmen *Puris* oder *Purys* erklärt Herr v. Eschwege in seinem Journal von Brasilien, Heft I. S. 108.

(**) In *Minas* sind sie noch zahlreich; man hat sie dort verpflanzen und zu Sclaven machen wollen, um sie zu civilisiren, aber diesen Endzweck gänzlich verfehlt. S. v. Eschwege Journal u. s. w. Heft I. S. 98.

Die Lage der *Fazenda* an dem schönen *Paraïba*, der hier an manchen Stellen die Breite unsers Rheins hat, war sehr angenehm. Dichte finstere hohe Urwälder wechseln mit freundlich grünen Hügeln ab, welche die Ufer einfassen, und auf denen man viele *Fazenda's* erblickt; an einigen Stellen sind diese wild-romantischen Urwaldungen selbst am Ufer weit ausgedehnt und erstrecken sich überall ununterbrochen ins Land hinein; von den höhern Bergketten herab sieht man finster schauerliche Thäler die Wildniſs durchschneiden, die dunkel und dicht mit hohen Riesenstämmen angefüllt sind, und deren Ruhe nur selten durch den Tritt des einsam schleichenden *Púri* unterbrochen wird. Hinter der *Fazenda* erstiegen wir einen felsigen Hügel und hatten dort eine himmlisch schöne, obgleich schauerliche Aussicht in die groſse ernste Wildniſs. Kaum hatten wir den übrigen Theil der versammelten zahlreichen Gesellschaft unten am Fuſse der Höhe wieder erreicht, als wir aus einem kleinen Seitenthale die Wilden hervortreten und auf uns zukommen sahen. Es waren die ersten dieser Menschen, die wir erblickten; unsere Freude über ihre Erscheinung war groſs wie unsere Neugierde. Wir eilten ihnen entgegen und überrascht von der Neuheit des Anblicks standen wir vor ihnen. Fünf Männer und drey bis vier Weiber mit ihren Kindern hatten die Einladung, uns zu sehen, angenommen. Sie waren alle klein, nicht über 5 Fuſs 5 Zoll hoch, die meisten unter ihnen waren breit und untersetzt, so auch die Weiber (*). Mit Ausnahme einiger wenigen, welche Tücher um die Hüften gebunden hatten, oder kurze Beinkleider trugen, die sie von den Portugiesen erhalten hatten,

(*) Unter allen Stämmen der Ostküste, welche ich sah, muſs ich die *Puris* für die kleinsten halten. Nach Herrn F R E Y R E I S S sollen in der *Capitania* von *Minas Geraës* diese Menschen viel stärker gebaut seyn als die *Coroados*. Diese Beobachtung fand ich zu *S. Fidelis* nicht bestätigt, denn die letztern waren dort in der Mehrzahl gröſser und stärker von Körperbau. S. v. E S C H W E G E Journal, Heft I. S. 205.

waren sie alle völlig nackt. Einige hatten den ganzen Kopf geschoren, den andern hieng ihr natürlich starkes rabenschwarzes, nur über den Augen und im Genicke abgeschnittenes Haar gerade bis in den Nacken herunter. Bart und Augenbrauen hatte ein Theil von ihnen abgeschoren; im Allgemeinen haben sie wenig Bart; bey den meisten bildet er nur einen dünnen Kranz um den Mund herum und hängt unter dem Kinne etwa drey Zoll lang nieder (*). Einige hatten sich auf Stirne und Backen runde, rothe Flecken mit *Urucú* (*Bixa Orellana*, Linn.) gemahlt, auf der Brust und an den Armen dagegen hatten Alle blauschwarze Streifen, mit dem Safte der *Genipaba*-Frucht (*Genipa americana*, Linn.) gemacht; dies sind die beyden Farben, welcher alle *Tapuyas* sich bedienen. Um den Hals oder über die Brust und eine Schulter hatten sie Schnüre von aufgereihten harten schwarzen Beeren, in deren Mitte vorn Eckzähne von Affen, Unzen, Katzen oder andern Raubthieren, angereiht waren, auch trugen manche unter ihnen diese Schnüre ohne Zähne; Figur 5 auf der 12ten Tafel stellt ein solches Halsband vor, und Figur 6 eine andere Art dieses Putzes, welche von der abgezogenen Rinde gewisser Pflanzen-Auswüchse, wahrscheinlich den Dornen eines Strauches, zusammen gesetzt ist (**). In der Hand führen die Männer ihre langen Bogen und Pfeile, die sie auf Verlangen sogleich, so wie alle ihre Habseligkeiten, gegen Kleinigkeiten vertauschten. Wir empfiengen diese

(*) Viele Schriftsteller haben sehr geirrt, wenn sie die Amerikaner bartlos nannten, obgleich ihr Bart gewöhnlich dünn und schwach ist. Am *Sypotuba* soll ein durch stärkern Bart sich auszeichnender Stamm der Urbewohner gelebt haben, welche die Portugiesen daher *Barbados* nannten.

(**) Der hier erwähnte Putz besteht aus dunkelbraunen, hohlen, länglichen Körpern, welche in ihrer Gestalt vollkommen einem *Dentalium* gleichen, und die man daher für animalischen Ursprunges hielt, bis die genauere Untersuchung zeigte, dafs sie aus Rindensubstanz gebildet, und daher ohne Zweifel der Ueberzug gewisser Dornen sind. Sie sollen an den *Caxoeira's* des *Paraïba* vorkommen.

merkwürdigen Menschen sehr freundlich.   Zwey von ihnen waren als
Kinder unter den Portugiesen aufgezogen worden, und redeten daher
die Sprache derselben ein wenig — dadurch sind sie den *Fazenda's* oft
von grofsem Nutzen.   Man schenkte ihnen Messer, Rosenkränze, kleine
Spiegel u. s. w. und theilte einige Bouteillen Zuckerbranntwein unter sie
aus, wodurch sie äufserst fröhlich und zutraulich wurden. Jetzt kündigten
wir ihnen auf morgen früh unsern Besuch in ihren Wäldern an, wenn
sie uns gut aufnehmen wollten; hierauf, und als wir ihnen angenehme
Geschenke mitzubringen versprachen, schieden sie sehr vergnügt von
uns und eilten unter lauten Rufen und Gesang in ihre Wildnifs zurück.
Kaum hatten wir am Morgen das Haus verlassen, so erblickten wir auch
schon die Indier, wie sie aus ihrem Waldthale hervorkamen. Wir sprengten ihnen entgegen, bewirtheten sie sogleich mit Branntwein, und eilten
mit ihnen dem Walde zu.   Als wir das Zuckerwerk der *Fazenda* umritten, fanden wir daselbst die ganze Horde der *Puris* im Grase gelagert.
Der nackte braune Menschenhaufe bildete einen höchst sonderbaren interessanten Anblick.   Männer, Weiber und Kinder waren dicht zusammengedrängt und betrachteten uns mit neugierig scheuen Blicken. Sie hatten
sich sämmtlich nach Möglichkeit geschmückt; nur einige wenige Weiber
trugen ein Tuch um die Hüften oder vor der Brust, die mehrsten aber
waren völlig unbedeckt; einige Männer hatten sich mit einem um die
Stirn befestigten Stück Affenfell, von der Art, die man *Mono* (*Ateles*)
nennt, geziert, auch bemerkte man ein Paar Männer, welche ihre Haare
beynahe völlig abgeschoren hatten. Die Weiber trugen ihre kleinen Kinder zum Theil in Binden von Baumbast, die über der rechten Schulter
befestigt waren, andere trugen dieselben auf dem Rücken durch eine
breite über die Stirn gehende Binde gehalten. Dies ist die Art, wie sie
auch meistens ihre Körbe mit Lebensmitteln tragen, wenn sie wandern.
Einige Männer und Mädchen waren stark bemahlt, sie hatten auf Stirn

und Backen den rothen Punkt, auch zum Theil rothe Streifen im Gesicht; bey andern sah man schwarze Streifen in die Länge und Querbinden mit Punkten über den Körper, und verschiedene Kinder waren über und über mit schwarzen kleinen Punkten wie getiegert. Das Bemahlen scheint unter ihnen willkührlich und eine Sache des Geschmacks zu seyn. Von den Mädchen trugen etliche Bänder um den Kopf, übrigens aber pflegt das weibliche Geschlecht eine Binde von Bast oder Schnüre fest um Hände und Knöchelgelenke zu binden, um, wie sie sagen, an diesen Theilen schlank und zierlich zu werden. Die Gestalt der Männer ist im allgemeinen stämmig, untersetzt und öfters sehr fleischig, der Kopf dick und rund, das Gesicht breit und meistens mit stark vortretenden Backenknochen; die Augen schwarz, klein, und zuweilen schief. Die Nase kurz und breit, und ihre Zähne sehr weiß; doch zeichneten sich einige durch scharfe Züge, kleine gebogene Nasen, und sehr lebhafte Augen aus, die nur bey wenigen freundlich, bey den meisten aber finster, ernst und versteckt unter der vortretenden Stirn hervorblicken. Einer unter den Männern war vor allen übrigen durch seine Kalmucken-Physiognomie ausgezeichnet: er hatte einen dicken runden Kopf, an welchem die Haare sämmtlich bis auf einen Zoll lang abgeschnitten waren; einen sehr muskulösen untersetzten Körper, kurzen breiten Hals, ein großes flaches Gesicht; die schräg gestellten Augen waren etwas größer als die bey den Kalmucken zu seyn pflegen, sehr schwarz, starr und wild; die dicken schwarzen Augenbraunen in einem großen Bogen hochgewölbt, die Nase klein und mit breiten Flügeln, der Mund etwas dick. Dieser Kerl, von dem unsere Begleiter versicherten, daß man ihn noch nie hier gesehen habe, schien uns so furchtbar, daß nach einstimmiger Erklärung keiner von uns ihm an einsamen Orten allein unbewaffnet hätte begegnen mögen. Herr von Eschwege giebt als einen Zug der *Puris* die Kleinheit der männlichen Geschlechtstheile an; ich muß indessen gestehen, daß ich

18

hierin keinen merklichen Unterschied zwischen ihnen und den übrigen Stämmen gefunden habe; die *Puris* sind im Allgemeinen sehr klein (*) und alle brasilianische Stämme stehen in diesem Punkte dem Europäer, und noch mehr dem Neger nach.

Alle hier gegenwärtige Männer trugen ihre Waffen, lange Bogen und Pfeile, in den Händen. Einige südamerikanische Völker, besonders die am *Maranham*, haben kurze mit Federn verzierte Lanzen von hartem Holze; andere, wie z. B. die von *Paraguay*, von *Matto Grosso*, *Cuyabá* und von *Guyana*, so wie die *Tupi*-Stämme an der Ostküste von Brasilien, bedienten sich kurzer Keulen von hartem Holze, und führen sie zum Theil noch; allein alle diese amerikanischen Urvölker benutzen doch als Hauptwaffe den kräftigen Bogen und einen langen Pfeil. Nur einige wenige Stämme, welche die Ebenen des südlichen Amerika's, die *Pampas* von *Buenos-Ayres* und einige Gegenden von *Paraguay* bewohnen, haben, weil sie immer zu Pferde sind, und als Hauptwaffe eine lange Lanze führen, gleich den meisten afrikanischen Urvölkern nur einen kleinern Bogen und kurzen Pfeil (**). Nicht so die *Tapuyas* der Ostküste; bey ihnen ist der colossale Bogen und Pfeil, die sie gleich den *Payaguas* in *Paraguay* (***) nicht in einem Köcher, sondern ihrer ansehnlichen Länge wegen blos in der Hand tragen, die einzige Waffe. Der Bogen der *Puris* (Tafel 12, Figur 1) und *Coroados* mißt 6½ Fuß, auch wohl darüber. Er ist glatt, von dem harten, zähen, schwarzbraunen Holze der *Aïri*-Palme gearbeitet und mit einer Sehne von *Grawathá* (*Bromelia*) bespannt. Die Pfeile der *Puris* sind oft über 6 Fuß lang und aus festem knotigem, in den trocknen Waldungen wachsendem Rohre (*Taquara*) gemacht, am untern Ende mit schön blauen oder rothen Federn, oder

(*) S. v. Eschwege Journal von Brasilien. Heft I. S. 162.

(**) Azara voyages etc. Vol. II.

(***) Ibid. p. 145.

mit denen des Mutum (*Crax Alector*, Linn.) oder des *Jacutinga* (*Penelope leucoptera*) befiedert; die der *Coroados* sind aus einem andern Rohre gemacht, das keine Knoten hat. Von den Pfeilen aller dieser verschiedenen Stämme giebt es dreyerley sich durch ihre Spitzen unterscheidende Arten. Die erste (Fig. 2, Tafel 12) ist der eigentliche Kriegspfeil. Er hat eine Spitze von breitem, an den Rändern scharf geschnittenem und vorn sehr zugespitztem Rohr von der Pflanze, deren schon früher unter dem Nahmen des *Taquarussú* (*Bambusa?*) erwähnt worden. Die zweyte Art (Fig. 3, Tafel 12) hat eine lange Spitze von *Aïri*-Holz mit vielen Widerhaken an der einen Seite. Mit der dritten (Figur 4, Tafel 12) nur mit einer stumpfen Spitze und einigen Knöpfen versehenen Art schießt man kleine Thiere. Ich werde sie weiterhin, als bey allen *Tapuyas* der Ostküste im Allgemeinen übereinstimmend, genauer beschreiben. Alle von mir an dieser Küste besuchten Stämme vergiften ihre Pfeile nicht, denn so weit ist glücklicher Weise die Industrie dieser noch völlig auf der untern Stufe der Cultur stehenden Völker nicht vorgerückt; noch weniger findet man unter ihnen Spuren des vergifteten Daumnagels der Ottomacken am Orinocko (*) oder der Blasröhre, welche die dortigen Indier aus colossalen Grasstengeln verfertigen, und der *Esgravatanas* der Stämme am Amazonenstrome (**).

Als unsere erste Neugierde befriedigt war, baten wir die Wilden, uns nach ihren Hütten zu führen. Die ganze Truppe zog nun voran, und wir folgten zu Pferde nach. Der Weg führte in ein Seitenthal, wo wir die Zuckerpflanzungen durchschnitten; dann aber ward er zu einem schmalen Pfade, bis wir endlich im dichten Walde auf einige Hütten (*Cuari* in der Sprache der *Puris*) stießen. Sie gehören wohl zu den einfachsten in der Welt und die 3te Tafel giebt eine Abbildung derselben. Das Schlafnetz, welches sie von *Embira* (Baumbast, einer Art *Cecropia*)

(*) A. v. Humboldt Ansichten der Natur. S. 45 und 154.
(**) De la Condamine voyage etc. p. 65.

machen, ist zwischen zwey Baumstämmen angebunden, an diesen beyden Stämmchen ist höher oben eine Querstange mit einer Schlingpflanze (*Çipo*) befestigt, gegen welche sie in schräger Richtung grofse Palmblätter von der Windseite anlehnen, und diese unten mit *Heliconia* - oder *Pattioba*-Blättern, und in der Nähe der Pflanzungen mit Bananenblättern aus-füttern. Auf der Erde neben einem kleinen Feuer liegen einige Flaschen von der Frucht der *Crescentia Cujete*, oder einige Kürbisschalen, etwas Wachs, verschiedene Kleinigkeiten zum Putz, Rohr zu Pfeilen und Pfeil-spitzen, so wie einige Federn, und Lebensmittel, als Bananen und andere Früchte, umher; Bogen und Pfeile des Hausherrn stehen an einem der Bäume angelehnt, und magere Hunde fallen laut bellend den Fremdling an, der sich dieser Wildnifs nähert. Die Hütten sind klein und von allen Seiten der Witterung dermafsen ausgesetzt, dafs man bey ungün-stigem Wetter die braunen Bewohner in einem Haufen dicht um das Feuer zusammengedrängt und in der Asche sitzend, Schutz suchen sieht; sonst liegt der Mann ruhig ausgestreckt in dem Netze, während die Frau das Feuer unterhält, und etwas an ein spitziges Holz gestecktes Fleisch bratet. Feuer, von den *Puris Poté* genannt, ist allen brasiliani-schen Völkerstämmen ein Hauptbedürfnifs: sie lassen es nie ausgehen und unterhalten es die ganze Nacht, weil sie ohne dasselbe bey dem Mangel an Bekleidung frieren würden, und weil es nebenher ihnen den bedeutenden Vortheil gewährt, alle wilde Thiere von ihren Hütten abzu-halten. Ein solches Haus verlassen die Wilden ohne Kummer, wenn die umliegende Gegend ihnen nicht mehr hinlängliche Nahrung liefert; sie ziehen alsdann nach andern Gegenden, wo sie mehr Affen, Schweine, Rehe, Paca's, Aguti's und andere Jagdthiere finden. Hier in der Gegend sollen diese *Puris* besonders viele Brüllaffen oder Barbados (*Mycetes*, ILLIGERI) geschossen haben; auch boten sie uns wirklich mehrere schon halb gebratene Stücke davon zum Kaufe an; das eine war ein Kopf,

das andere eine Brust mit den Armen, woran aber der Kopf fehlte —
ein sehr ekelhafter Anblick! besonders da sie an allem ihrem Wildpret
die Haut lassen, die alsdann schwärzlich versengt ist. Diese harten,
halbrohen Leckerbissen zerreißen sie mit ihren starken weißen Zähnen.
Eben so sollen sie auch Menschenfleisch aus Rachsucht verzehren; daß
sie aber ihre eigenen Todten auffressen, um ihnen den letzten Liebes-
dienst zu erzeigen, wie einige alte Schriftsteller behaupten (*) davon
findet man wenigstens heut zu Tage bey den *Tapuyas* der Ostküste
keine Spur. Die Portugiesen der Gegend am *Paraïba* behaupten allgemein, daß die *Puris* das Fleisch ihrer erschlagenen Feinde verzehren,
und wirklich scheint etwas Wahres daran zu seyn, wie die Folge dieses
Reiseberichts zeigen wird; allein eingestehen wollten sie uns dieses nie.
Sie gaben uns auf unsere deshalb an sie gethanen Fragen zur Antwort,
daß nur die *Botocudos* diesen Gebrauch hätten. Der Engländer M A W E
erzählt übrigens in seiner Reisebeschreibung, daß die Indier zu *Canta
Gallo* ungerupfte Vögel aßen. Dies habe ich nie von einem Wilden
gesehen; sie nehmen vielmehr sogar die Eingeweide heraus, und haben
vermuthlich Herrn M A W E nur Kunststücke vorgemacht, um ihn zu
unterhalten (**).

Als wir bey den Hütten angekommen waren, ward sogleich ein
Tauschhandel eröffnet. Wir machten den Weibern Geschenke mit Rosen-
kränzen, die sie besonders lieben, wiewohl sie das Kreuz abrissen und
über dies Heiligthum der katholischen Kirche lachten; ferner haben sie
besonders gern rothe wollene Mützen, Messer und rothe Schnupftücher,
und gaben dafür am liebsten ihre Bogen und Pfeile hin; nach Spiegeln
gelüsteten die Weiber, aber aus Scheeren machten sie sich nichts. Wir
tauschten von ihnen eine Menge Bogen, Pfeile und mehrere Tragkörbe

(*) S o u t h e y's history of Brazil. Vol. I. p. 379.
(**) J. M a w e's travels etc. p. 124.

ein. Diese letztern sind von grünen Palmblättern geflochten, haben unten, wo sie auf dem Rücken aufliegen, einen Boden von Flechtwerk, und an den Seiten einen hohen, ebenfalls geflochtenen Rand, oben über aber sind sie gröſstentheils offen und nur mit Bindfaden oder Bast weitläuftig überspannt. Sie tragen sie, wie oben schon erwähnt worden, eben so wie ihre Kinder, auf dem Rücken befestigt durch eine über die Stirn gehende Binde, zuweilen aber auch an einem über die Schulter laufenden Bande; die 7te Figur auf der 12ten Tafel stellt einen solchen Tragkorb vor. Zum Verkauf bringen alle Wilde häufig groſse Kugeln von Wachs, welches sie bey dem Herausnehmen der wilden Bienenstöcke aus den Waldbäumen sammeln. Sie gebrauchen dies schwarzbraune Wachs bey der Verfertigung ihrer Pfeile und Bogen, auch machen sie Lichter davon, und verkaufen diese den Portugiesen. Diese Lichter, die recht gut brennen, bereiten die *Tapuyas*, indem sie um einen dünnen Kern von Wachs einen Docht von Baumwolle wickeln und nun das Ganze fest zusammenrollen. Auf ihr Messer, das sie an einer um den Hals herum gehenden Schnur befestigen und auf dem Rücken herabhängen lassen, legen sie einen hohen Werth; oft besteht es nur aus einem Stückchen Eisen, das sie aber beständig auf Steinen schleifen und dadurch äuſserst scharf erhalten. Giebt man ihnen ein Messer, so zerbrechen sie gewöhnlich den Stiel und machen sich einen neuen nach ihrem eigenen Geschmack, indem sie die Klinge zwischen zwey Stücke Holz legen, und diese mit einer Schnur dicht umwickeln. Nachdem wir unsern Tauschhandel beendigt hatten, setzten wir uns wieder zu Pferde und ritten zu andern, weiter im Walde hinauf gelegenen Hütten. Der Pfad war beschwerlich, eng, voll hoher Baumwurzeln, und über Hügel auf- und absteigend; einige Wilde schwangen sich hinter uns auf die Krupe und ritten mit uns; ein ganzer Trupp von *Coroado*-Indiern aus S. *Fidelis* begleitete uns zu Fuſs. Wir fanden im dichten Walde in einem

kleinen einsamen Thale, das Haus eines mitten unter den *Puris* wohnenden Portugiesen; hierauf gieng es sanft bergan und wir befanden uns bald
bey den Hütten vieler Wilden, wo uns wieder eine Menge magere Hunde
anfielen. Die *Puris* sollen dieses Hausthier, welches sie *Joare* nennen,
von den Europäern erhalten haben, und ich habe es bey allen Stämmen
der Urbewohner an der Ostküste gefunden (*). In den Hütten befanden
sich besonders viele Weiber und Kinder, auch in einigen mehrere Schlafnetze, obgleich in den meisten nur immer eins zu sehen war. Gegen ein
Messer band ein *Puri* sogleich sein Schlafnetz ab und übergab es mir;
ich habe dasselbe Figur 7, Tafel 13 abbilden lassen; andere vertauschten
ihre Stirnbinde von Affenfell, ihre Halsschnüre und dergleichen. Herr
FREYREISS handelte jetzt mit einem *Puri* um seinen Sohn, und bot
ihm mancherley Dinge dafür an. Die Weiber berathschlagten laut, in
ihrem eigenthümlichen singenden Tone, zum Theil mit betrübten Gebehr-
den; ihre meisten Worte endigten sich auf *a* und wurden gezogen, wodurch ein sehr lautes sonderbares Concert entstand. Es war deutlich zu
sehen, daſs sie den Knaben nicht gern herausgaben; allein das Haupt der
Familie, ein ältlicher ernster Mann von guter Gesichtsbildung, sprach
einige bedächtliche Worte, und stand dann völlig in Gedanken vertieft
mit gesenktem Kopfe da. Man gab ihm nach und nach ein Hemde, zwey
Messer, ein Tuch, einige Corallenschnüre von bunten Glasperlen und
einige kleine Spiegel. Diesem Preise konnte er nicht widerstehen; er
begab sich in den Wald und kehrte bald, mit einem Jungen an der Hand,
zurück, der aber häſslich war, einen sehr dicken Bauch hatte, und deswegen verworfen wurde: hierauf brachte er einen zweyten annehmli-
chern zum Vorschein. Unglaublich war der Gleichmuth, womit dieser
Junge sein Urtheil anhörte: er veränderte keine Miene, nahm keinen

(*) VON HUMBOLDT fand im spanischen Amerika viele nackte Hunde; wir haben an
dieser Küste nichts ähnliches bemerkt. Ansichten der Natur S. 90.

Abschied und schwang sich vergnügt dem Pferde des Herrn FREYREISS
auf die Krupe. Diese gefühllose Gleichgültigkeit bey frohen und traurigen
Vorfällen findet man bey allen amerikanischen Völkern: Freuden und Leiden machen auf sie keinen lebhaften Eindruck; man sieht sie selten lachen,
und nicht leicht hört man sie sehr laut reden. Ihr wichtigstes Bedürfniſs ist
die Nahrung; ihr Magen verlangt stets angefüllt zu seyn, daher sieht man
sie ungemein hastig mit gierigen, stieren Blicken essen, wobey ihre Aufmerksamkeit einzig und allein mit der Speise beschäftigt ist. Eben so lange
sollen sie aber auch hungern können. Die Zuckerpflanzungen der *Fazendas*,
in deren Nähe sie lagern, locken sie gewöhnlich an: hier sieht man sie
halbe Tage sitzen und an den Stangen des Rohrs saugen. Sie schneiden
groſse Trachten dieses Gewächses ab und, tragen sie in ihre Wälder. Der
Saft des Zuckerrohrs ist indessen nicht blos bey den *Tapuyas* beliebt,
sondern es ist ein allgemeiner Gebrauch unter den niedern Volksklassen
in Brasilien, denselben auszusaugen. KOSTER (*) sagt dasselbe von
Pernambucco.

Als wir den Tauschhandel im Walde ebenfalls geendigt hatten,
bestiegen wir unsere Pferde, hinter jeden von uns setzte sich ein *Puri*,
und so gieng die Reise wieder der *Fazenda* zu. Die ganze Bande Männer und Weiber fand sich auch hier bald ein, und alle wollten zu
essen haben. Während wir ritten, hatte mein Hintermann mir das
Schnupftuch aus der Tasche gezogen; ich ertappte ihn erst, als er es
verbergen wollte und sagte ihm, er müsse mir einen Bogen dafür geben,
welches er auch sogleich versprach; nachher aber verlor er sich schnell
unter der Menge und hielt nicht Wort. Einige Männer hatten zu viel
Branntwein erhalten, und wurden jetzt zudringlich. Mit einer freundlichen Behandlung würde man sie leicht weggeschafft haben; allein die
Pflanzer behandeln diese Leute ganz falsch, indem sie dieselben als Vieh

(*) KOSTER's travels etc. p. 345.

betrachten, und sogleich von der *Chicote* (Peitsche) sprechen, hiedurch reizt man sie natürlicher Weise zum Zorn und verursacht Haſs und Streit. Mit uns Fremden waren sie daher vorzüglich zufrieden, weil wir so aufrichtig und gut mit ihnen umgiengen; auch bemerkten sie sehr gut an unsern blonden Haaren, daſs wir einer andern Nation angehörten. Uebrigens nennen sie alle Weiſsen *Rayon*. Da wir auf der *Fazenda* keine *Farinha* erhalten konnten, um alle diese Menschen abzufüttern, so sannen wir auf Mittel ihren lauten Forderungen nach Nahrung auf andere Weise abzuhelfen. Der Hausherr gab uns ein kleines Schwein, welches wir ihnen mit dem Bedeuten schenkten, sich dasselbe zu schieſsen, und erhielten dadurch Gelegenheit zu sehen, mit welcher rohen Grausamkeit sie die Thiere für ihre Nahrung bereiten. Das Schwein fraſs neben dem Hause; ein *Puri* schlich herbey und schoſs es zu hoch unter dem Rückgrat hinein; es lief schreyend fort und schleifte den Pfeil nach. Der Wilde ergriff jetzt einen zweyten Pfeil, schoſs ihn im Laufen auf das Vorderblatt des Thiers und fieng es nun; während dessen hatten die Weiber in der Geschwindigkeit ein Feuer angezündet. Als wir sämmtlich hinzu kamen, schossen sie das Schwein noch einmal ins Genicke, um es zu tödten, und dann noch in die Brust. Das Thierchen war indessen nicht todt, es lag schreyend da und blutete sehr, aber ohne sich lange zu besinnen und sich durch sein Schreyen stören zu lassen, warfen sie es lebend ins Feuer um es zu sengen, und belachten einstimmig seine vom Schmerz ausgepreſsten Töne. Nur als unser laut geäuſsertes Miſsfallen über diese Barbarey immer zunahm, trat einer von ihnen hinzu und stach das aufs höchste gemarterte Thier mit einem Messer in die Brust, worauf sie ihm die Haare abschabten und es sogleich zerschnitten und vertheilten (*). Viele von ihnen giengen bey der geringen Gröſse des

(*) So wenig wie hier, habe ich auch in der Folge irgendwo unter den Wilden bestätigt gefunden, was Herr FREYREISS im 1ten Hefte S. 208 von Herrn v. ESCHWEGE's

Schweinchens leer aus, und zogen daher murrend in ihre Wälder zurück. Kaum waren sie fort, so kam von *S. Fidelis* ein Sack mit Mehl für sie an, den wir ihnen nun nachschickten.

Rohe Gefühllosigkeit ist, wie dieses und mehrere andere Beyspiele mir zeigten, ein Hauptzug im Charakter der Wilden. Ihre Lebensart bringt dies nothwendig mit sich, denn sie ist dieselbe, welche auch den Löwen und Tiger blutdürstig macht. Nächst diesem Zuge sollen Rachsucht und etwas Eifersucht, so wie ein unbezwinglicher Hang nach Freyheit und zu einem unstäten, ungebundenen Leben, den Gemüthszustand dieses Volkes bestimmen. Sie haben gewöhnlich mehrere Weiber, manche sogar vier bis fünf, wenn sie sie ernähren können. Im allgemeinen behandeln sie dieselben nicht übel, allein der Mann betrachtet die Frau als sein Eigenthum, sie muſs thun was er will; sie wird daher gleich Lastthieren bepackt, während er, blos die Waffen in der Hand, neben her geht.

Die Sprache der *Puris* ist verschieden von den Sprachen der meisten andern Stämme, allein sie ist mit der der *Coroados* und *Coropos* verwandt. Einige Schriftsteller, unter andern AZARA, haben diesen amérikanischen Völkerschaften alle religiöse Ideen absprechen wollen; doch scheint diese Behauptung um so weniger hinlänglich begründet, da dieser Schriftsteller selbst Meinungen von einigen seiner Indier aus *Paraguay* mittheilt, die ohne Zweifel ihren Grund in einer noch unausgebildeten Religion haben. Der Uebersetzer seiner Reisebeschreibung, Herr WALCKENAER, macht an verschiedenen Stellen dieselbe richtige Bemerkung (*); ich selbst habe bey allen von mir besuchten Stämmen der *Tapuyas*, sprechende Beweise eines bey ihnen vorhandenen religiösen Glaubens gefunden, daher ist es für mich feste und unumstöſsliche Wahrheit, daſs kein

---

Journal von Brasilien sagt: daſs nehmlich die Wilden das Fleisch der Thiere nie äſsen, welche sie selbst getödtet hätten.

(*) AZARA voyages etc. Vol. II. p. 34 in der Note.

einziges Volk unserer Erde ohne einige religiöse Ideen sey (*). Die wilden Brasilianer glauben verschiedene mächtige Wesen, von denen sie unter dem Nahmen *Tupá* oder *Tupan* das mächtigste im Donner erkennen. In der Benennung dieses überirdischen Geistes stimmen viele Stämme, und selbst einige der *Tapuyas* mit den *Tupi*-Stämmen oder den Indiern der *Lingoa geral* überein. Die *Puris* belegen ihn mit dem Nahmen *Tupan*, welchen AZARA auch aus der Sprache der *Guaraní's* anführt; ein Beweis mehr von der Verwandtschaft dieser Nation mit den Stämmen der Ostküste. Götzenbilder sieht man nirgends unter den *Tapuyas*, selbst nicht die *Maracas* oder den bezauberten Schutzapparat der *Tupinambas*. Nur am Amazonenstrome will man gewisse Bilder gefunden haben, die mit dem religiösen Glauben der Einwohner in Verbindung zu stehen schienen (**). Von einer allgemeinen großen Wasserfluth haben die meisten Indier von Südamerika gleichfalls eine dunkle Idee, und verschiedene Traditionen, welche man unter andern in SIMAM DE VASCONCELLOS *noticias curiosas do Brasil* (***) aufgezeichnet findet. Wir nahmen die Einladung unseres gütigen Wirthes, die Nacht bey ihm zuzubringen, nicht an, sondern fuhren noch denselben Tag über den *Paraïba* nach *S. Fidelis* zurück. Dort waren die *Coroados*-Indier mit uns sehr unzufrieden, weil wir, wie sie sich ausdrückten, den *Puris* so vielerley gegeben hätten und ihnen nichts; wir kauften ihnen daher, um sie einigermaßen zu beruhigen, noch einige Bogen und Pfeile ab. Hierauf besuch-

---

(*) Daß der Geistliche zu *João Baptista* bey den *Coroados* keine religiösen Ideen gefunden haben will, beweist nichts, denn da er dergleichen bey den noch roheren *Puris* zugiebt, so haben die *Coroados* auch gewiß welche gehabt. Es ist ja ausgemacht, daß sie ein mächtiges überirdisches Wesen, unter dem Nahmen *Tupan* fürchten. S. v. ESCHWEGE's Journal, Heft I., wo Seite 165 das erste Wort der Sprachproben die Widerlegung von dem auf Seite 106 gesagten ist.

(**) SOUTHEY's history of Brazil. Vol. I. p. 620.

(***) S. DE VASCONCELLOS a. a. O. p. 47.

ten wir Herrn Pater Joâo. Vor den Fenstern seiner Wohnung fliefst der schöne *Paraïba* vorbey, auf den man hier die herrlichste Aussicht hat; er ist der beträchtlichste Flufs in der *Capitania* von *Rio de Janeiro*, der bis zu seiner *Caxoeira* über *S. Fidelis* 72 Inseln zählen soll; er kommt zwischen der *Serra dos Orgâos* und der von *Mantiqueira* herab. Der Strom hatte jetzt seine geringste Höhe, allein in der Regenzeit, December und Januar, tritt er weit aus seinen Ufern.

Von hier führt über das Gebürge hin ein Weg nach *Canta Gallo*; ein anderer nach *Minas Geraës*. *Canta Gallo*, von einigen Gold suchenden Paulisten angebaut, blieb in den grofsen Waldungen lange unbemerkt, bis es endlich durch den Ruf eines Hahns entdeckt wurde und davon seinen Nahmen erhielt (*). Als sich die Jesuiten in Brasilien festsetzten, soll in der Gegend von *Canta Gallo* ein sehr weifser Stamm von Indiern gewohnt haben. Erstere fanden dort Goldsand und liefsen sich ihn von den Indiern in Papierpatronen nach dem *Paraïba* hinabbringen, wofür. sie ihnen unbedeutende Kleinigkeiten gaben. Unsere Trennung von Pater Joâo war freundschaftlicher als die erste Zusammenkunft; herzlicher jedoch war unser Abschied von dem guten alten Manne, der uns hier mit vielem Wohlwollen bewirthet hatte. Wir kehrten über den *Paraïba* nach der *Fazenda* des Herrn *Furriel* zurück und sahen da die *Puris* wieder nach dem Zucker-Engenho kommen, um Zuckerrohr zu saugen. Man brachte den von Herrn Freyreiss gestern gekauften Knaben unter sie, um zu sehen, welchen Eindruck er auf seine Verwandten machen würde; allein zu unserer Verwunderung würdigte ihn kein einziger nur eines Blickes, und auch er sah sich nicht nach seinen Eltern und Verwandten um, sondern setzte sich ohne weiters in unserer Mitte nieder. Solche Gleichgültigkeit habe ich bey keinem der andern Stämme gefunden. Sie scheint indessen nur gegen schon etwas herangewachsene junge Leute statt zu finden,

(*) Siehe die Beschreibung von *Canta Gallo* in J. Mawe's travels etc. Cap. IX. p. 120.

denn gegen kleinere Kinder fehlt es ihnen nicht an Zärtlichkeit. Bis der junge Mann sich selbst ernähren kann, ist er ganz das Eigenthum seines Vaters. Sobald er aber einigermafsen im Stande ist, sich seinen Unterhalt selbst zu verschaffen, bekümmert sich der Vater wenig mehr um ihn.

Einige *Puris* zogen mit ihren völlig bepackten Weibern an uns vorbey. Ihr ganzes Gepäck bestand in ihren Kindern und einigen Körben von Palmblättern, die voll Bananen, Orangen, Sapucaya-Nüssen, Rohr zu Pfeilspitzen, baumwollenen Schnüren und einigen Putzsachen waren. Der Mann trug ein Kind, seine drey Weiber die andern und die Körbe. Die 2te Tafel giebt die Abbildung einer wandernden Truppe von *Puris* im hohen Urwalde.

Wir nahmen nun ebenfalls Abschied von unserm Hauswirthe und den Indiern, und ritten an dem linken Ufer des *Paraïba* hinab, um auch dieses kennen zu lernen. Es ist eben so schön abwechselnd und wohl angebaut, als das rechte. Wir sahen hier grofse *Fazenda's* von herrlichen Bäumen umkränzt, unter denen wir den *Sapucaya* mit dem jungen rosenroth gefärbten Laube und mit schönen sonderbar geformten, grofsen lillafarbenen Blumen überdeckt, in voller Blüthe fanden(*). Bey dem Hause des SENHOR MORAËS hielten wir an. Dieser wohldenkende Pflanzer hatte einige naturhistorische Gegenstände für uns bereit, die er uns anbot; auch liefs er sogleich sein Pferd satteln, um uns zu begleiten. Während wir uns hier aufhielten, kamen einige Familien der *Puris* angezogen und lagerten sich in der Nähe des Hauses. Sie haben eine ganz eigene Liebe für den biedern Mann, der sie stets aufrichtig und freundschaftlich behandelte. Ohne auf den Schaden zu sehen, welchen sie ihm zufügten, gestattete er ihnen immer die Plünderung seiner Orangen - und Bananenbäume, so wie seiner Zuckerfelder; und oft fügten sie ihm bedeutenden Schaden zu. Einem solchen Manne, der ihre Achtung und Liebe besitzt, und gut mit ihnen umzugehen weifs, würde

(*) In einem Aufsatze des Herrn Hauptmann MARLIER in v. ESCHWEGE's Journal S. 113 wird dieser Baum fälschlich *Cocus de Sapucaya* genannt, denn er hat nichts mit den Palmen gemein.

es am ersten gelingen, sie dem Zustand der Wildheit zu entreiſsen, und sie in *Aldeas* oder Dörfer zu vereinigen. Er begleitete uns durch bergige Wege längs dem Flusse hinab, auf dem wir oft beschwerliche Stellen an steilen Wänden zurückzulegen hatten; dann betraten wir einen herrlichen finstern Urwald, worin die schönsten Schmetterlinge umher flogen. Hier fanden wir im Flusse dicht am Ufer ein kleines, rundes, ringsum von steilen Felsen eingeschlossenes Inselchen, auf welchem einige alte Bäume standen, die mit den beutelförmigen Nestern des Guasch (*Cassicus hæmorrhous*) völlig bedeckt waren. Pflanzungen von Zuckerrohr, Reis und Kaffee — von diesem aber nicht häufig — auch von Milio, wechselten beständig ab. Aus dem glänzenden Spiegel des *Paraïba* erhoben sich freundliche Inseln, zum Theil bebaut, zum Theil mit Wald bedeckt. Gegen Abend erreichten wir eine ebene Stelle am Flusse, mit einer in grünen Trifften erbauten ansehnlichen *Fazenda*, wo wir gut aufgenommen wurden, und daher zu übernachten beschlossen. Jenseit des Thales erhoben sich hohe Gebürge und unter diesen der *Morro de Sapateira*, ein hohes Urgebürge mit mehreren Kuppen.

Nachdem am folgenden Morgen unsere Pferde auf der Wiese zusammen getrieben waren, setzten wir die Reise fort, und erreichten gegen Mittag den *Muriähé*, der nicht breit, aber tief und reiſsend ist, und in der Regenzeit oft groſsen Schaden anrichten soll. Er entspringt in der *Serra do Pico* im Gebiete der *Puris*, soll 7 Legoas weit schiffbar seyn, und hat eine *Caxoeira*. An seinen Ufern liegen ansehnliche *Fazenda's*, wo sehr viel Zucker gebaut wird. Ein kleines Canoe trug uns hier über den Strom, und gegen Abend erreichten wir die Stelle, wo sich auf dem jenseitigen Ufer die *Villa de S. Salvador* freundlich ausbreitet. In dieser Gegend trafen wir auch ein ehemals indisches Dorf, die *Aldea de S. Antonio*, welches die Jesuiten aus *Gorulhos*-Indiern gebildet hatten, das aber jetzt unter seinen Bewohnern keine *Caboclos* mehr zählt.

Brasilianische Pflanzer-Wohnung.

Reise des Prinzen von Neuwied in Brasilien I. Bd. 6.

VI.

Reise von Villa de S. Salvador zum Flusse Espirito-Santo.

Muribecca. — Die Feindseligkeiten der Puris. — Quartel das Barreiras. — Itapemirim. Villa Nova de Benevente am Iritiba. — Goaraparim.

B ey unserer Ankunft in der *Villa* fanden wir zu unserer lebhaftesten Freude die Nachricht von dem folgereichen Siege bey *Belle-Alliance* bestätigt, die auch hier von allen Einwohnern mit grofsem Jubel aufgenommen worden war. Wir beschäftigten uns bald mit den nöthigen Anstalten zu unserer weitern Reise längs der Küste nördlich; nahmen noch ein Paar neue Jäger an, so wie auch einen Soldaten, der uns als Führer dienen sollte, und nachdem wir vom Commandanten, dem Obersten CARVALHO DOS SANTOS, der uns viele Höflichkeiten erzeigte, so wie von andern gefälligen Einwohnern von *S. Salvador* Abschied genommen, verliefsen wir am 20ten November die *Villa* und folgten dem Ufer des *Paraïba* bis zu seiner Mündung an die See. Die Stadt dehnt sich ziemlich weit am Ufer des Flusses hin aus, und gewährt so einen schönen Anblick. Die ansehnliche gedrängte Masse der Dächer erhebt sich unmittelbar über dem Flusse, aus ihnen steigen einzelne Cocospalmen in die Höhe, und den erhabenen Hintergrund bilden ferne blaue

Gebürge. Der glänzende Spiegel des Flusses, welchen Canoes, von Negern geführt, durchkreuzen, ist an seinen Ufern mit Gebüschen, kleinen Wiesen und freundlichen Wohnungen eingefaſst : auch ist er hier schon ziemlich breit. Von diesem Standpunkt aus würde ein Mahler ein sehr anziehendes Gemählde der Stadt und Umgegend liefern können. Die Reise war uns heute sehr beschwerlich, theils weil unsere Thiere durch einen langen Stillstand verwildert waren, theils weil wir an vielen *Fazenda's* vorbey kamen, wo wir durch das Oeffnen der des Viehes wegen gemachten Umzäunungen aufgehalten wurden, und unsere Lastthiere darüber aus dem regelmäſsigen Gange kamen. Wir sahen in der hiesigen Gegend sehr schönes Rindvieh, wie denn in Brasilien überhaupt dieses nützliche Hausthier grofs, sehr fleischig, schön und wohlgebaut ist. Die Ochsenhäute von *Buenos-Ayres*, von *Monte-Video*, von *Rio-Grande* und andern Gegenden des portugiesischen und spanischen Amerika's, sind wegen ihrer Gröfse ja berühmt; auch haben die Stiere hier ungleich gröfsere Hörner, als die europäischen sie zu haben pflegen. Pferde werden hier ebenfalls häufig gezogen.

Die Gegend war abwechselnd und freundlich; auch zeigten sich einige naturhistorische Neuigkeiten, unter andern eine grofse Anzahl der schön bläulichten Eisvögel (*Alcedo Alcyon*, Linn.), deren wir mehrere erlegten. Gegen Mittag erreichten wir das Haus eines *Tenente*, der eben abwesend war, dessen Frau uns aber dennoch Obdach gab. Als wir uns am Morgen zur Abreise anschickten, liefs der in der Nacht angekommene Herr *Tenente* ebenfalls sein Pferd satteln und begleitete uns nach *Villa de S. Joâo da Barra*. Das Wetter war ungemein heiſs; die beynahe ausgetrockneten Pfützen in den Wäldern sahen wir mit einer dichten Decke von gelben und weifslichen Schmetterlingen bedeckt, die hier Feuchtigkeit suchten. Diese Anhäufungen der Schmetterlinge an feuchten Stellen sind immer Zeichen von der Annäherung der heiſsen

Jahrszeit; man sieht oft grofse Flüge von ihnen, gleich Wolken in der Nähe eines Wassers umher schwärmen. Die Aussicht auf den *Paraïba* verdeckten uns Gebüsche; der Sandboden bewiefs, dafs wir uns sehr dem Meere näherten. Einige schöne Vögel, besonders Eisvögel (*Alcedo*) vermehrten hier unsere Sammlungen, und als wir das Ufer des Flusses erreicht hatten, erschien für uns der Augenblick zu einer völlig neuen Jagd, die des *Jacaré*, oder des hiesigen Alligators, *Crocodilus sclerops*. Diese Amphibie (*) lebt in allen Flüssen von Brasilien, besonders in denen, die nicht viel Fall, und dagegen sumpfige Stellen und todte Arme haben. Man erkennt die letztern sogleich an gewissen grofsblättrigen Wasserpflanzen, der *Nymphœa*, *Pontederia* und anderen, deren Zweige vom Grunde des Wassers heraufwachsen und an der Oberfläche ihre Blätter horizontal ausbreiten. Zwischen diesen mufs man das *Jacaré* suchen; da sieht der geübte Beobachter seinen Kopf, den es lauernd über dem Wasser hervorstreckt; doch findet man sie auch zuweilen in der Mitte des Flusses, besonders in todten, langsam fliefsenden Bächen. Dichte Gebüsche von schlanken Stämmchen eines etwa 18 bis 20 Fufs hohen, mit grofsen, wolligen, herzförmigen Blättern versehenen Baums (wahrscheinlich eines *Croton*) der *Tridesmys* (*Monœcia*) sehr nahe verwandt, bedecken die Ufer des *Paraïba*. Zwischen ihnen kann man sich leise dem Ufer nähern und das *Jacaré* sehen, wie es sich mit dem Kopf über dem Wasser sonnt, und auf Beute lauert. Da wir anfangs, ohne an diese Thiere zu denken, und die nöthige Stille zu beobachten, an dem Flufs hinritten, vernahmen wir nur das Geräusch, das sie im Untertauchen machten; als wir uns aber nun vorsichtig näherten, um zu sehen, woher dieses Geräusch komme, entdeckten wir nahe am Ufer die *Jacaré's* als Urheber desselben.

(*) Ob AZARA in seinem *Jacaré* den *Crocodilus sclerops* beschrieben habe, ist zweifelhaft; seine Beschreibungen sind zu unbestimmt, besonders giebt er die Farbe sehr verschieden an. S. *Essais sur les Quadrupèdes du Paraguay etc. Vol. II. p.* 380.

Meine mit Schrot von mittlerer Stärke geladene Doppelflinte faßte und traf das Genicke des Thieres; es schlug in die Höhe, wälzte sich auf dem Rücken und tauchte unter. Obgleich ich gewiß war, daß es einen tödtlichen Schuß erhalten hatte, so fand ich doch kein Mittel, die erlegte Beute vom Grunde des Wassers herauf zu ziehen, und auf gleiche Weise schossen wir in kurzer Zeit noch auf drey bis vier dieser Thiere, ohne ein einziges zu erhalten. Noch waren wir nicht weit vorgerückt, als vor uns einige Schüsse fielen; wir ritten darauf zu und fanden, daß ein Paar unserer Jäger von einer über einen langsam fließenden Bach gelegten Brücke, einem *Jacaré* zwey Schüsse auf den Hals gegeben und es getödtet hatten. Nahe Fischerwohnungen verschafften uns einen Mann mit einem Canoe und einem großen eisernen Dreyzack, womit er auf dem Grunde des Wassers umher suchte, das Thier spießte und es herauf zog. Die Länge dieses *Jacaré* betrug ungefähr 6 Fuß, die Farbe war graugrünlich mit einigen dunkeln Querbinden, besonders am Schwanze; die Unterseite des Körpers hatte eine hellgelbe ungemischte Zeichnung. Unsere Freude, dieses schöne und uns noch neue Thier zu besitzen, war groß; wir luden es auf eins unserer Lastthiere, von welchem es einen äußerst widerlichen Moschusgeruch rund umher verbreitete. Das *Jacaré* der Ostküste Brasiliens kommt an Größe den colossalen Crocodilen der alten Welt, und selbst denen der näher am Aequator gelegenen Gegenden von Südamerika bey weitem nicht gleich; Herr VON HUMBOLDT fand den Körper der letztern mit mancherley Vögeln bedeckt, und auf dem Kopfe eines derselben hatte selbst der große schlanke Flammingo sonderbarer Weise sich seinen Standort gewählt (*). Der *Paraïba* ernährt besonders viele *Jacaré's*, und sie dienen den Negern hie und da zur Nahrung. Ueber ihre Raubgier fabelt man vielerley; allein die hier genannte höchstens 8 bis 9 Fuß lange Art fürchtet man nicht, obgleich

(*) Ansichten der Natur S. 41.

einige Fischer die Spuren ihres Bisses an ihren Füſsen zeigen wollten:
daſs sie indessen wohl einmahl einen über den Fluſs schwimmenden
Hund ergreifen und verzehren, mag wohl nicht ohne Grund behauptet
werden. In dem sanftflieſsenden, beynahe todten Bache war an der
genannten Brücke eine solche Menge derselben, daſs man mit einem
Blicke ihrer immer mehrere zählen konnte ; allein da wir nach einigen
derselben zu weit schossen, so machten wir sie scheu und erhielten
nur dies einzige Individuum. Unweit des Baches fanden wir in dem
sandigen Boden Gebüsche der *Eugenia pedunculata*, eines bekannten
schönen Strauches, der die wohlschmeckende, rothe, fleischichte, vier-
winklichte Frucht hervorbringt, die im Lande unter dem Nahmen der
Pitanga bekannt ist. Sie sitzt einzeln auf ihrem *pedunculus* und der ganze
Strauch ist damit bedeckt; uns gewährte sie jetzt eine angenehme Labung.
Die Acajú-Bäume (*Anacardium occidentale*, LINN.) standen jetzt in der
Blüthe, in ihrer Nähe bemerkten wir auf einer Weide einen schönen
Widder mit vier Hörnern. Endlich erreichten wir glücklich die *Villa de
S. Joâo da Barra*, unweit der Einmündung des *Paraïba* ins Meer. Durch
die Fürsorge unseres Begleiters, des Herrn *Tenente*, wies man uns das
Casa da Camara, oder das zur Wohnung des Kronbeamten bestimmte
Gebäude an. Es ist ein geräumiges Haus mit vielen guten Zimmern und
einem Hofraume, in welchem Orangen - und Goyava-Bäume (*Psidium
pyriferum*, LINN.) gepflanzt sind, die zum Theil jetzt in Blüthe standen.
Villa de S. Joâo da Barra ist ein Flecken, der mit *S. Salvador* nicht
verglichen werden kann, da er nur eine Kirche und ungepflasterte
Straſsen mit niedrigen einstöckigen aus Holz und Lehm erbauten Häusern
hat. Dagegen aber ist hier der Fluſs für ziemlich groſse Schiffe, Brigs
und Sumacas fahrbar, und es findet auf demselben unmittelbarer Verkehr mit der See statt: alle Schiffe, welche nach *S. Salvador* hinauf
wollen, müssen hier vorbey, wiewohl der Arm des Flusses neben dem

Orte selbst seicht ist , und das eigentliche Fahrwasser jenseit einiger Inseln liegt. Die Einwohner sind meistens Seeleute und Fischer, welchen der Handel von *S. Salvador* mit den Produkten der Gegend Nahrung giebt. Unsere voran geeilten Jäger, die wir bey unserer Ankunft in der *Villa* fanden, hatten verschiedene Thiere erlegt , auch hatten sie ein Paar lebende Gürtelthiere (*Dasypus*) mitgebracht. Diese sonderbaren Geschöpfe sind in Brasilien sehr gemein und es giebt ihrer mehrere Arten. Diejenige, welche wir jetzt lebend besaſsen , wird hier *Tatú peba*, in den meisten Gegenden aber gemeiner oder wahrer Tatú, *Tatú verdadeiro* genannt, und giebt einen sehr wohlschmeckenden Braten (*). Wir hatten diese beyden Thiere während der Nacht getrennt, und das eine in einen Sack, das andere hingegen in einen festern Kerker gesteckt. Als wir sie am Morgen füttern wollten, hatte das erstere den Sack durch- gekratzt und sich durch die dicke Lehmwand des Hauses hindurch gearbei- tet und gerettet.

Zwey Tage verweilten wir zu *S. Joâo*, um unser mitgebrachtes *Jacaré* zu präpariren, welches uns einen ganzen Tag anhaltend beschäf- tigte. Nach Vollendung dieser Arbeit trafen wir wieder Anstalten zur Reise. Der *Juiz* (Richter oder Bürgermeister) hatte uns Schiffer und vier groſse Canoes gegeben, um unser Gepäck über den *Paraïba* zu schaffen; der Wind bewegte die ansehnliche Wasserfläche des Flusses so sehr, daſs kleine Canoes wohl in Gefahr des Umschlagens gewesen seyn würden. Wir hörten beständig die nahe Brandung des Meers , während wir den Fluſs weit hinunter um eine mit angenehmen Gebüschen bedeckte Insel herumfuhren. Hier wuchs unter andern eine schöne strauchartige *Cleome* mit groſsen weiſsgelblichen Blumenbüscheln und purpurrothen Staub- fäden , die 12 bis 15 Fuſs hohe *Malvacea* mit groſsen sanftgelben Blumen

_____

(*) Diese Art ist das *Tatou noir* des AZARA, siehe *Essais sur les Quadr. du Para- guay etc. T. II. p.* 175.

und herzförmigen Blättern (*), die *Aninga*, eine merkwürdige, hochstämmige Art Arum (*Arum liniferum*, Arruda, (**) mit großen eyförmigen
Früchten und weißlicher Blume. Jetzt überschifften wir den zweyten Arm
des Flusses, und dann einen quer zwischen zwey Inseln hindurch führen-
den kleinen Canal, in welchem das von allen Seiten durch hohes Holz
beschützte Wasser völlig todt ist, und daher von vielen *Jacaré's* bewohnt
wird. Während sich das Canoe sehr langsam fortbewegte, spähten unsere
Blicke nach ihnen umher. Die Wurzelbäume *Conocarpus* und *Avicennia*
bilden am Ufer mit ihren entblößten, bogenförmigen und hoch aus dem
Stamm hervortretenden Wurzeln ein sonderbares Gewebe. Zwischen
diesen sahen wir zuweilen die *Jacaré's* sich auf alten Stämmen und Steinen am Ufer sonnen. Meine Büchsflinte war stets bereit eine Kugel nach
ihnen zu versenden, allein der Schuß gelang mir dennoch nicht; das
Canoe schwankte oft, und ehe das zum Büchsenschuß nöthige Gleichgewicht wieder eintrat, war das Thier schon ins nahe Wasser hinab-
gefahren. Am Ausgange des Canals fanden wir am Ufer der Inseln den
blaulichten Eisvogel (*Alcedo Alcyon*, Linn.) sehr häufig; auch tauchten
hier große Flüge von einem unserm Cormoran (*Carbo Cormoranus*) sehr
ähnlichen Scharben, der aber etwas scheu war. Ohne hier wichtigere
Entdeckungen machen zu können, mußten wir uns begnügen, zwey
Arten von Tang (*Fucus*), die man auch bey *Rio de Janeiro* antrifft (***),
gefunden zu haben, und auf einer langen schmalen *Lagoa* hinter den
Dünen erlegten wir glücklicher Weise noch einen jener tauchenden Cormorane. Nordwärts von hier ist die Küste in einiger Entfernung vom

---

(*) Arruda in seiner Beschreibung der Pflanzen von *Pernambucco* nennt dies Gewächs
Guachuma do Mangue (*Hibiscus pernambuccensis*), siehe Koster im Appendix.

(**) Arruda ebendaselbst.

(***) *Fucus lendigerus*, Linn., und eine Mittelart von *Fucus incisifolius* und *latifolius*,
Turn. Hist. Fuc.

Strande mit mancherley Gesträuchen bewachsen, worunter man besonders häufig die *Pitangeira* (*Eugenia pedunculata*) mit ihren wohlschmeckenden Früchten, eine neue Art *Sophora* mit gelben Blüthen, den sechseckigten *Cactus* und andere Arten dieses Geschlechts vom Winde niedergehalten sieht. Ich war mit Herrn FREYREISS und SELLOW unserer *Tropa* voran geeilt, und wir erreichten noch vor Nacht die einzelne am Meeresstrande liegende *Fazenda Mandinga;* unsere Leute, durch einen schmalen Canal aufgehalten, kamen uns erst am andern Morgen nach. Hier trafen wir den *Corréo* oder die Briefpost, welcher von *Rio* bis *Villa de Victoria,* aber nicht weiter nördlich geht, und erhielten Briefe, die uns am Abend noch angenehme Unterhaltung verschafften.

Von *Mandinga* zogen wir nordwärts, längs des Seestrandes hinauf in tiefem Sande watend, der von dem Meere immer benetzt wird. Die Menschen finden diesen Sandweg bequem und angenehm, allein die Maulthiere und Pferde, die sich an den Anblick und das Geräusch der heranrollenden Brandung noch nicht gewöhnt haben, scheuen oft diesen bequemen Gang. Eine *Tropa,* die so über die glatte weiße Sandfläche am Rande des blauen Meeres einherzieht, ist, aus weiter Ferne angesehen, ein angenehmer Anblick; denn wo die Küste nicht etwa bedeutende Buchten macht, da sieht man auf eine so weite Strecke vor sich hin, daß die Lastthiere gleich Pünktchen erscheinen. An den vorspringenden Landspitzen, wo das Ufer den heftigsten Stoß der Brandung auszuhalten hat, bemerkt man Steine, welche vom Wasser oft auf das sonderbarste durchlöchert sind. Einige Arten von Strandläufern und Regenpfeifern beleben die Küste, an welcher man nur wenige Arten von Conchylien und Seetang (*Fucus*) findet. Nachdem wir einige Legoas weit dieser *Praya* gefolgt waren, führte uns ein Pfad zu einigen von waldigen Höhen eingeschlossenen *Lagoas;* heftiger Durst quälte unsere ganze *Tropa,* daher stieg alles vom Pferde, um hier sich zu erquicken, allein

zu unserm grofsen Jammer fanden wir das Wasser in diesen *Lagoas*
durch den Uebertritt der See gesalzen, und ein Paar Lehmhütten, in
denen wir unsern Durst löschen zu können hofften, von den Einwohnern
verlassen; nur die wohlschmeckenden *Pitangas*, welche rund umher in
grofser Menge wuchsen, entschädigten uns einigermafsen für die ge-
täuschte Erwartung.   Ein Pfad, der sich jetzt von der See ab nach dem
dichten Gebüsche zuwandte, führte uns bald in den hohen Urwald. Ich
ritt der *Tropa* voran, beobachtete die schönen Gewächse und beschäftigte
mich in Gedanken mit den *Tapuyas*, die diese Gegenden zuweilen be-
unruhigen, als ich plötzlich zu meiner nicht geringen Befremdung zwey
nackte, bräunliche Männer vor mir stehen sah.   Im ersten Augenblicke
hielt ich sie für Wilde und schon war ich im Begriffe, nach meiner
Doppelflinte zu greifen, um mich gegen einen etwanigen Angriff zu
sichern, als ich gewahr wurde, dafs es Eidechsenjäger waren.   Die in
diesen Einöden einzeln wohnenden Pflanzer lieben das Fleisch der grofsen
Art von Eidechsen, die in der *Lingoa geral* der Küsten-Indier *Teü* (*Lacerta Teguixin*, LINN.) genannt wird, sehr; sie gehen daher mit ein Paar
auf diese Thiere abgerichteten Hunden in die sandigen Gebüsche und
Wälder, um sie aufzusuchen.   Nahen sich die Hunde einer Eidechse, so
flieht diese pfeilschnell in die ihr zur Wohnung dienende Erdhöhle, wo
sie alsdann von dem Jäger ausgegraben und todtgeschlagen wird.   Da die
Hitze grofs war, so giengen diese Männer, deren Haut am ganzen Körper
von der Sonne so braun gebrannt war, dafs man sie wohl für *Tapuyas*
halten konnte, ganz unbekleidet; sie trugen Aexte und ein Paar erlegte
Eidechsen von beynahe 4 Fufs Länge (den langen Schwanz mitgerechnet).
Wir redeten mit diesen der Gegend kundigen Jägern, und sie versicherten
uns, dafs wir in weniger als einer Stunde die *Fazenda* zu *Muribecca*,
wo wir heute übernachten wollten, erreichen würden.   Wirklich traten
wir bald in die Einzäunung, welche uns das Gebiet derselben ankündigte.

In dem schattenreichen hohen Urwalde fanden wir schöne Gewächse, die Gesträuche waren hoch hinauf von dem herrlichen *Convolvulus* mit himmelblauen Glocken durchrankt.   Der *Juó* (*) liefs seinen tiefen lauten Pfiff in drey oder vier Tönen erschallen: man hört ihn in jenen unermefs- lichen Waldungen zu allen Stunden des Tages und selbst in der Mitter- nacht.   Dieser Vogel hat ein eben so schmackhaftes Fleisch als alle übrigen Arten seines Geschlechts, das man gewöhnlich mit dem Nahmen der *Tinamü's* oder der *Inambü's* belegt.

Als wir den Wald zurückgelegt hatten, befanden wir uns in weit- läuftigen neu-angerodeten Pflanzungen.   Hier auf einer Höhe, wo uralte Waldstämme gleich einem Verhau, kreuz und quer durcheinander gefällt lagen, eröffnete sich eine reizende Aussicht in die majestätischen Wild- nisse an den Ufern des *Itabapuana*, der gleich einem Silberstreif aus finstern Waldungen schlängelnd hervortritt, und eine grüne Ebene durch- schneidet, in der, von weitläuftigen Pflanzungen umgeben, die grofse *Fazenda* von *Muribecca* sich zeigt.   Ringsum begränzen unermefsliche Waldungen den Horizont.   Die vielen in den Pflanzungen arbeitenden Neger staunten verwundert unsere *Tropa* an, welche gleich einer Er- scheinung einer fremden Welt aus dem Walde heran zog.

Wir erreichten zuerst *Gutinguti*, das mit *Maribecca* den gemein- samen Nahmen *Fazenda de Muribecca* trägt; ehemals gehörte sie mit einem 9 Legoas langen Gebiet den Jesuiten, die diese Gebäude angelegt haben; jetzt aber vier Eigenthümern gemeinschaftlich.   Noch jetzt befinden sich hier 300 Negersclaven, worunter indessen nur etwa 50 tüchtige

(*) *Tinamus noctivagus*, eine neue bis jetzt unbeschriebene Art von *Tinamü* oder *Inambú*. Er ist kleiner als die Macuca (*Tinamus brasiliensis*. Latⁿ.) 13 Zoll 5 Linien lang; oberer Theil dunkelgrau-röthlichbraun, Rücken etwas kastanienbraun; Scheitel stark aschblau überlaufen, etwas schwärzlich gefleckt; Unterrücken und Uropygium röthlich-rostbraun, aber alle diese Theile des Rückens sind schwarzbraun quergestreift; Kinn und Kehle weifslich; Unterhals aschgrau; Brust lebhaft bräunlich rostgelb; Bauch blässer gefärbt.

starke Männer sind, über die ein *Feitor* (Verwalter) ein Portugiese
von Geburt, der uns sehr freundschaftlich aufnahm, die Aufsicht führt.
Die Arbeiten hier sind für die Sclaven sehr beschwerlich; sie bestehen
hauptsächlich in Ausrottung der Waldungen. Die Pflanzungen bestehen
in Mandiocca, Milio, Baumwolle und etwas Kaffee. Unweit von *Gutinguti*
fliefst der *Itabapuana* vorbey, ein kleiner Flufs, der in seinem hohen
Stande die Wiesen bewässert. Die *Corografia brasilica* nennt ihn fälschlich *Reritigba* (*), welches doch der *Benevente* ist; er entspringt in der
Serra do Pico, nicht weit von den Quellen des *Muriähé*. Die weiten
Waldungen, welche *Muribecca* rings umgeben, werden von umherziehenden *Puris* bewohnt, welche sich hier, und von hier aus etwa eine
Tagereise nördlich, feindlich zeigen. Man hält sie nicht ohne Grund für
dieselben, welche bey *S. Fidelis* mit den Pflanzern in gutem Einverständnifs leben. Hier am *Itabapuana* (**) überfielen sie noch im vergangenen Augustmonate die Heerden der *Fazenda* und erschossen aus Bosheit
30 Stück Rindvieh und ein Pferd. Ein junger Negerknabe, ein Hirt, ward
durch sie von seinem bewaffneten Cameraden abgeschnitten, gefangen,
getödtet, und, wie man hier versichert, gebraten und aufgefressen. Man
vermuthete, dafs sie die Arme und Beine, und das Fleisch von dem
Rumpf abgelöst und mitgenommen hätten; denn als man bald darauf an
den Platz kam, fand man nur den vom Fleisch entblöfsten Rumpf und
den Kopf des Negerknaben, die Wilden selbst aber hatten sich schnell
in den Wald zurückgezogen. Auch erkannte man die gebratenen abge-
nagten Hände und Füfse, woran noch Spuren der Zähne sichtbar gewesen
seyn sollen. Der diesen Beleidigungen der Wilden ausgesetzte *Feitor* zeigte

(*) Siehe Corografia brasilica T. II. p. 61.

(**) Dieser Flufs ist auf mehreren Karten mit dem Nahmen *Comapuam* bezeichnet; einige
der Bewohner nennen ihn auch wohl *Campapoana*, allein sein wahrer Nahme ist der im Text
angegebene.

daher einen unglaublichen Haſs gegen sie und äuſserte wiederholt, daſs er auch unsern jungen *Puri* gern mit Schrot erschieſsen würde. „Es ist unbegreiflich, setzte er hinzu, daſs die Regierung nicht zweckmäſsigere Anstalten zur Ausrottung dieser Thiere trifft; wenn man an dem Flusse nur ein wenig hinauf geht, so findet man sogleich ihre *Ranchos* (Hütten)." Ihre Nähe ist freylich sehr unangenehm, allein man muſs bedenken, daſs die Pflanzer durch die frühere schlechte Behandlung gröſstentheils Schuld an diesen feindseligen Gesinnungen der Urbewohner sind. In jenen frühern Zeiten unterdrückte Gewinnsucht und Goldgier alle Gefühle der Menschlichkeit bey den europäischen Ansiedlern; sie sahen jene braunen nackten Menschen nur als Thiere an, welche blos für sie geschaffen seyen, wie ja selbst die unter der Geistlichkeit im spanischen Amerika aufgeworfene Streitfrage beweiſst: ob die Wilden als Menschen gleich den Europäern anzusehen seyen oder nicht? wovon AZARA im zweyten Theile seiner Reise redet. Daſs die *Puris* indessen zuweilen wirklich die Körper erlegter Feinde verzehren, dafür findet man hier im Lande viele Zeugnisse.   Pater JOÃO zu *S. Fidelis* versicherte uns, daſs er einst auf einer Reise nach dem Flusse *Itapemirim* einen von den *Puris* getödteten Neger ohne Arme und Beine im Walde gefunden habe, um welchen eine Menge von *Urubús* versammelt waren.   Es ist schon weiter oben bey *S. Fidelis* gesagt worden, daſs die *Puris* das Verzehren des Menschenfleisches uns nie eingestehen wollten; allein nach den angeführten gültigen Zeugnissen kommt ihr eigenes Geständniſs nicht in Betracht.   Auch unser *Puri* gestand, daſs seine Stamms-Verwandten den Kopf ihrer getödteten Feinde auf eine Stange stecken und um denselben herum tanzen.   Selbst unter den *Coroados* in *Minas Geraës* soll, wie Herr FREYREISS versichert, der Gebrauch herrschen, einen Arm oder Fuſs des Feindes in einen Topf mit *Caüi* zu stecken, woran alsdann die Gäste saugen.

Unser Aufenthalt in *Muribecca* war für unsere naturhistorischen Sammlungen sehr ergiebig. Des häufigen Regens ungeachtet, der in diesen Tagen fiel, waren unsere Jäger in den einzelnen Stunden, wo eine günstigere Witterung eintrat, sehr fleißig. In den großen Wäldern und Sümpfen an den Ufern des *Itabapuana* nistete die Bisam-Ente (*Anas moschata*, Linn.) ein für uns neuer Vogel. Dieses schöne Thier, von welchem man in Europa die zahme Race sehr häufig unter dem Nahmen der türkischen Ente, in Fasanerien und auf Höfen hält, ist durch die schwärzlich rothe nackte Warzenhaut kenntlich, welche die Gegend des Auges und des Schnabels umgiebt; das ganze Gefieder ist schwarz in grün und purpurroth mannigfaltig schillernd; die Schultern der Flügel sind bey dem alten Vogel schneeweiß, bey den Jungen hingegen schwarz. Das alte Männchen ist sehr groß und schwer, und hat ein etwas hartes Fleisch; junge hingegen sind sehr schmackhaft und deswegen dem Jäger sehr willkommen. Wir Europäer fanden auf unsern Jagd-Excursionen in den sumpfigen Waldgegenden am Flusse oft große Hindernisse, dagegen drangen unsere halbnackten inländischen Jäger weit besser in diese Wildnisse ein. Drey Negersclaven von der *Fazenda* erboten sich ebenfalls für uns zu jagen; wir versahen sie mit Gewehren, Pulver und Bley, und sie brachten nun täglich am Abend eine Menge Thiere ein, die alsdann vertheilt wurden. Hierunter waren besonders Reiher, Ibisse, Enten (*Anas moschata* und *viduata*), der *Ipecutiri* von Azara oder die grünschultrige Ente, der Königsreiher (*Garça real*) eine schöne bis jetzt noch unvollständig beschriebene Reiherart, mit gelblich weißem Körper und schön blauem Schnabel (*), die große und kleine Egrette mit ihrem blendend weißen Gefieder und andere mehr. Auch der *Itabapuana* verschaffte uns verschiedene Seltenheiten. Auf einer Spazierfahrt den Fluß aufwärts

(*) *Ardea pileata*, Latham, oder *le Héron blanc à calotte noire*. Buffon-Sonnini, Tom. 21. P. 192.

belustigte die Herren FREYREISS und SELLOW der Anblick einer grofsen Gesellschaft von Fischottern (*Lutra brasiliensis*), *Lontras*, welche ohne Zeichen von Scheu vor ihnen schnarchend und pfeifend im Wasser scherzten. Die brasilische Otter unterscheidet sich von unserer europäischen Flufsotter hauptsächlich durch einen etwas platt gedrückten Schwanz, den auch AZARA anmerkt, ein Charakter, der an den ausgestopften Exemplaren gewöhnlich nicht mehr zu erkennen, daher in den naturhistorischen Werken übersehen worden ist. Ihr Fell ist sehr zart und schön. In den Hauptflüssen des innern Brasiliens, zum Beyspiel im *Rio S. Francisco* erreichen sie eine colossale Gröfse, man nennt sie dort nicht *Lontra*, sondern *Ariranha* (Arirannia). Auch wir erhielten hier eine dieser grofsen Ottern, indem man uns anzeigte, es liege ein grofses todtes Thier mit Menschenhänden im Wasser. Wir giengen selbst dahin, um zu untersuchen, was dies für ein sonderbares Geschöpf seyn möchte und fanden eine ungeheuer grofse, 5 bis 6 Fufs lange Fischotter, welche zwar todt, aber noch frisch genug war um unsern Sammlungen zugesellt zu werden. Welches die Ursache des Todes dieser Otter gewesen war, konnten wir nicht ergründen, sie schien keine äufsere Verletzung zu haben. Höher aufwärts halten sich in dem *Itabapuana* auch *Jacarés* auf. Die Wälder erschallten vom lauten trommelnden Rufe der Brüllaffen (*Mycetes ursinus*) und von der laut röchelnden Stimme der *Saüassús* (*Callithrix personatus*, GEOFFROY), die hier besonders häufig waren. Unsere Jäger erlegten zuweilen vier bis fünf dieser niedlichen Affen in kurzer Zeit; denn wenn sie eine Bande derselben fanden, so schossen sie schnell und luden wieder, während einer oder mehrere die Thiere auf ihrer Flucht über die Aeste hinweg, immer im Auge zu behalten suchten. Der *Saüassú* ist bis jetzt noch in keinem naturhistorischen Werke abgebildet. Er ist hübsch gezeichnet; der Kopf und die vier Hände sind schwarz, der Leib fahl weifs-graubräunlich, der lange schlaffe

Schwanz gelbröthlich.   Mehrere dieser Affen trugen ihre Jungen auf
dem Rücken, und wir fanden bald, dafs diese sich leicht aufziehen lassen und sehr zahm werden.   Unter den Vögeln, welche wir erlegten,
befand sich eine vorzüglich schöne neue Art der Spechte, welche ich
Picus melanopterus nenne.   Das ganze Gefieder ist weifs, nur Flügel,
Rücken und ein Theil des Schwanzes sind schwarz, und das Auge ist
von einer nackten orangegelben Haut umgeben.

Wir hatten zu *Campos* zwey Jäger angenommen, welche an die
Barra des *Itabapuana* voran geeilt waren, um dort für uns zu jagen
und in *Muribecca* wieder zu uns stofsen sollten.   Da die Zeit, welche
wir ihnen anberaumt hatten, längst verstrichen war, und unsere besten
Gewehre sich noch in ihren Händen befanden, so war unsere Besorgnifs
nicht gering, dafs sie uns entweichen möchten.   Wir bemannten daher
in aller Stille ein Canoe mit unsern Leuten; diese schifften den Flufs bis
zu seiner *Barra* (Mündung in die See) hinab, überfielen die sorglosen
Jäger, nahmen ihnen die Gewehre, und liefsen sie ihres Weges ziehen.
Die Reise vom *Itabapuana* nordwärts erfordert einige Vorsicht, da man
bis zum Flusse *Itapemirim* eine Strecke von 6 bis 8 Legoas durchschneiden
mufs, wo die *Puris* sich beständig feindselig gezeigt haben.   Weil sie in
dieser Gegend mehrmals schreckliche Mordthaten verübt hatten, so sah
man sich genöthigt, hier einen Militärposten, das *Quartel* oder *Destaca-*
mento das Barreiras, anzulegen.   Der *Feitor* von *Muribecca* entschlofs
sich selber uns nach jenem Posten zu bringen.   Wir zogen durch hohen
Urwald, durch abwechselnd offene sandige und von zahlreichen Spuren
der Antas (*Tapirus americanus*) und der Rehe durchkreuzte Gegenden,
und erreichten endlich, bey einem hohen hölzernen Kreuze, den festen
ebenen Seestrand, wo wir eine sich weit ausdehnende sanfte Bucht in
grofser Ferne in eine Landspitze endigen sahen, und dort war es, wo
sich uns auf der erhöhten Küste das *Quartel* zeigte.   Da diese Strecke

oft von den Wilden beunruhigt worden ist, so hatten wir uns wohl bewaffnet und 20 Schüsse waren im Falle eines Angriffes zur Gegenwehr
bereit; mehrere von unsern Leuten hatten sich sogar Patronen gemacht
um schneller laden zu können. Die Soldaten des *Destacaments* pflegen den
Reisenden entgegen zu kommen, wenn sie aus der Ferne auf dem weißen
Sande der *Praya* eine *Tropa* heran ziehen sehen; auch wir stießen,
nachdem wir etwa eine Stunde der Küste gefolgt waren, auf eine Patrouille
von 6 Mann, meist Neger und Mulatten, welche uns der Officier des
Postens entgegen gesandt hatte. Gegen Mittag erreichte unsere *Tropa*
das *Quartel*, wo uns der commandirende Fähndrich (*Alferes*) sehr gastfreundschaftlich aufnahm. Dieser Militärposten besteht aus einem Officier
und 20 Soldaten von der Militz, welche mit Gewehren ohne Bajonett bewaffnet sind. Man hat hier auf einer Höhe unmittelbar über der See
zwey Häuser von Lehm erbaut und einige Mandiocca - und Miliopflanzun-
gen angelegt, wovon die Soldaten ihren Unterhalt gewinnen. Die Küste
zeigt hier hohe, senkrecht abgeschnittene Thonwände (*Barreiras*), auf
deren Höhe das *Quartel* erbaut ist; man hat daher von dort aus eine
weite, herrliche Aussicht auf das Meer, so wie man nördlich und südlich
längs der Küste hin, die *Tropas* der Reisenden schon von ferne heran-
ziehen sehen kann. Von der Landseite schließt sich unmittelbar an die
Wohnungen des *Destacaments* ein finsterer Urwald, wo man jetzt angefangen hat *Roçados* zu machen. Hier hatten im August, also vor
zwey Monaten, die *Puris* einen Angriff gewagt. Sie kamen, um die
Pflanzungen der Soldaten zu plündern, und ließen sich mit denselben in
ein Gefecht ein, indem sie sich hinter die Gebüsche und Bäume postir-
ten. Das Resultat des Gefechtes war, daß ein Soldat und zwey Hunde
derselben verwundet wurden, die *Puris* aber 3 Mann verloren, die todt
oder verwundet von ihren Landsleuten weggeschleppt wurden. Seitdem
ist das Commando in Ruhe geblieben und die Wilden haben sich in dieser

Gegend der Küste nicht mehr sehen lassen. Als Trophäen verwahrt man im *Quartel* die aufgesammelten Pfeile der *Tapuyas.*   Der hier commandirende Officier giebt einen beständigen Posten von 3 Mann nach *Itabapuana* an die Mündung des Flusses. Dies Commando befindet sich hier auf unbestimmte Zeit, und es lag jetzt schon beynahe ein Jahr daselbst. Wahrlich! eine traurige Station in einer solchen Wildnifs, wo auch die Nahrung selbst sehr schlecht ist, und die Wohnungen nur aus Lehmhütten mit Palmblättern gedeckt bestehen. Das Haus des Officiers ist zwar geräumig, mit verschiedenen Zimmern, worin sich hölzerne Pritschen befinden, allein das baufällige Dach vermag nicht dem eindringenden Regen zu widerstehen. Den Anlafs zur Erbauung des *Quartels* gab die Ermordung von 6 Personen in der Nähe dieser Stelle unten am Seestrande. Sieben Personen kehrten von *Itapemirim* aus der Kirche zurück und wurden vor etwa 6 Jahren von den *Puris* daselbst überfallen und gröfstentheils getödtet. Ein einziger Mann, der sich bey der Gesellschaft befand, war so glücklich zu entkommen; ein junges Mädchen hatte sich ebenfalls schnell auf die Flucht begeben, ward aber eingeholt und grausam ermordet. Von ihren Körpern fand man nachher die Arme und Beine, so wie das Fleisch vom Rumpfe abgelöfst. Bald nachher fiengen die *Puris* in dieser Gegend einen Soldaten und tödteten ihn ebenfalls. Wir erhielten zu *Quartel das Barreiras* durch den commandirenden Officier manche interessante Nachricht über die *Puris.* Er versicherte unter andern, dafs jene Wilden jetzt wirklich sehr wünschten mit den Portugiesen in Friede leben zu können, welches mit ihren gegen Herrn MORAËS bey *S. Fidelis* geäufserten Wünschen vollkommen übereinstimmt. Ein solches Einverständnifs würde für diese Küste sehr vortheilhaft seyn; denn da die Einwohner sehr zerstreut wohnen, so sind sie stets den grausamen Ueberfällen jener gefühllosen Barbaren ausgesetzt, und die Gegend ist in Gefahr verödet zu werden, wenn man nicht andere Mafsregeln ergreift. Die Wilden erscheinen als Herrn dieser Wälder plötzlich bald hier bald dort, und verschwinden eben so schnell, wie man es bey dem Ueberfall zu *Çiri* erfahren hat; sie wissen alle Schlupfwinkel in den Waldungen, sind klug und verschlagen, und kennen die Schwächen der portugiesischen Ansiedler genau; auch verstehen verschiedene unter ihnen etwas von der Sprache derselben.

An dem zu *Barreiras* gehaltenen Ruhetage wurden die umliegenden Wälder und Sümpfe durchstreift, wobey uns die Soldaten begleiteten und führten. Unsere ganze Ausbeute beschränkte sich auf einige Enten (*Anas viduata*) und einen uns interessanten neuen Vogel (*), der zur Familie der *Cotingas* gehört. An der Küste schwammen die großen *Tartarugas* (Meerschildkröten), die im Frühjahr das Ufer suchen, und erhoben ihren runden dicken Kopf langsam über die Oberfläche des Wassers. Mit der Nacht stieg ein heftiges Gewitter über uns auf, und der Regen floß in Strömen herab, vor dem wir uns leider in unserer Wohnung mit dem durchlöcherten Dache kaum zu schützen vermochten.

Von der Nachlässigkeit in der Unterhaltung des einzigen Weges längs dieser Küste, wo weder Brücken noch gangbare Straßen angelegt sind, machten wir an dem folgenden sehr trüben Tage eine höchst unangenehme Erfahrung: unmittelbar neben den Hütten des *Quartels* befand sich eine Stelle, wo wir Gefahr liefen, einige unserer besten Maulthiere zu verlieren. Da wir noch 4 Legoas in dem von den *Puris* beunruhigten Gebiete zwischen den Flüssen *Itabapuana* und *Itapemirim* zurückzulegen hatten, so ward für eine gute gedrängte Marschordnung gesorgt, und wir zogen unter militärischer Bedeckung auf einer festen und völlig ebenen Sandfläche längs der hohen Wände des Ufers, das aus gelben oder weiß

(*) *Procnias melanocephalus ;* der Kopf dunkelschwarz mit einem Auge, dessen Iris zinnoberroth gefärbt ist; alle obern Theile zeisiggrün, die untern gelblich-grün mit dunkleren Querlinien; 8 Zoll 7 Linien lang.

und rothbraunen Thone (*), und aus Lagen von eisenschüssigem Sandstein besteht, langsam fort. In den Schluchten und auf der Höhe des Ufers ist überall das Land mit dichten Waldungen umgeben, in welche, der Wilden wegen, niemand weit hinein zu gehen wagt: wir unserer Seits hatten keine Gefahr zu besorgen, da 20 Schüsse zum Empfange derselben bereit waren, obgleich unsere Leute die Stelle mit Grausen betrachteten, an welcher die Wilden die sechs unglücklichen Schlachtopfer zerstückt hatten. Nach einigen Stunden erreichten wir an einer niedern Stelle der Küste die *Povoaçâo Çiri*, die jetzt völlig verlassen da steht. Hier fielen die *Puris* oder andere *Tapuyas* im verflossenen Augustmonat plötzlich ein, ermordeten in dem ersten Hause drey Personen und verbreiteten einen solchen Schrecken, dafs alle Bewohner augenblicklich entflohen. Blos ein Paar Häuser jenseits einer kleinen *Lagoa* sind noch bewohnt, und ihre wohlbewaffneten Einwohner halten sich hier für sicher. Die Wilden hatten das Eisengeräthe und die Lebensmittel, die sie vorgefunden, genommen und sich dann wieder in ihre Wälder zurückgezogen. Nach diesem Ueberfalle machte der *Sargento Mor* (Major) von *Itapemirim* mit 5o Bewaffneten einen Streifzug (*Entrada*) in die Wälder, um die *Puris* aufzusuchen, fand zwar daselbst eine breite, für einen Reiter bequeme Strafse, welche zu einigen Hütten (*Ranchos*) und von da weiter ins Innere führte, traf aber keine Indier an, und mufste aus Mangel an Lebensmitteln bald umkehren.

Jenseits der *Lagoa* in *Çiri* bey den bewohnten Häusern, deren ich erwähnte, nahmen unsere vier Soldaten Abschied von uns. Wir entfernten uns nun von der See, und kamen in einen schönen Wald, wo wir

(*) Der Untersuchung des Herrn Professor HAUSMANN zu Göttingen zufolge gehört dieses Fossil, welches einen Hauptbestandtheil eines grofsen Theils dieser Küste von Brasilien ausmacht, zum verhärteten Steinmark, wohin man auch die sächsische Wunder-Erde zählt. Es stimmt in allen Kennzeichen mit dem Steinmarke überein.

hie und da auf Pflanzungen stiefsen. Diese sind zwar ebenfalls den An-
fällen der Wilden ausgesetzt, allein ihre Besitzer sind mit Waffen hinlänglich versehen. Der Wald ward immer schöner, höher und wilder: die
hohen schlanken Stämme bilden ein schattenreiches Geflecht, so dafs der
Weg von allen Seiten überwachsen, einem schmalen dunkeln Lauben-
gange gleicht. Auf den obersten trocknen Aesten alter hoher Bäume
sahen wir häufig lauernde Falken sitzen, besonders den bleyfarbenen
(*Falco plumbeus*, Linn.), der hier sehr gemein ist. Sehr häufig schwebte
über diesem herrlichen Walde der weifse Milan mit dem Gabelschwanze
(*Falco furcatus*, Linn.), einer der schönsten dortigen Raubvögel. Wir
würden hier eine sehr angenehme Jagd gehabt haben, wenn nicht die
zahllosen Moskiten so lästig gewesen wären; Hände und Gesicht waren
sogleich damit überdeckt, und Maulthiere und Pferde litten ganz besonders von den Stechfliegen (*Mutuccas* (*). Bald erreichten wir offene
Wiesengegenden, wo es in Sümpfen und *Lagoas* von Enten, Möven und
Reihern wimmelte. Gegen Mittag gelangten wir an den Flufs *Itapemirim*,
an dessen südlichem Ufer die *Villa de Itapemirim* liegt. Sie ist 7 Legoas
von *Muribecca* entfernt (**), ist ein kleiner noch neuer Ort, und hat
einige gute Häuser, kann aber nur ein Dorf genannt werden. Die Bewohner sind theils arme Pflanzer, welche ihre Anlagen in der Nähe haben,
theils Fischer, einige wenige sind Handwerker. Der *Capitam Comman-
dante* oder Capitam Mor des Distrikts von *Itapemirim* hält sich gewöhnlich auf seiner nahen *Fazenda* auf, in der *Villa* selbst wohnt ein *Sargento
Mor* von der Landmiliz. Der Flufs, in dem einige kleine Brigs lagen, ist
hier nur schmal, veranlafst aber doch einigen Handel mit den Produckten
der Pflanzungen, bestehend in Zucker, Baumwolle, Reis, etwas Milio

(*) Southey a. a. O. schreibt fälschlich *Mutuça*. Vol. I. p. 618.

(**) Schon Lery erwähnt dieser Gegend unter dem Nahmen *Tapemiry*, siehe dessen
Reise p. 45.

und Holz aus den Wäldern. Ein in den Gebürgen gefallener Gewitterregen gab uns ein Beyspiel, wie schnell und gefährlich oft die Gewässer
der heifsen Zone anschwellen, denn der Flufs war plötzlich beynahe aus
seinen Ufern getreten; er ist indessen immer etwas beträchtlicher als der
Itabapuana. Die Gebürge, aus welchen er herab kommt, zeigen sich in
der Ferne mit merkwürdigen zackigen Kegelkuppen; man nennt sie *Serra
de Itapemirim*. Sie sind wegen der in ihrer Nähe, 5 Tagereisen am
Flusse aufwärts, ehemals angelegten Goldwäschereyen, *Minas de Castello*,
bekannt. Jene Gegend wurde aber von den *Tapuyas* dermafsen beunruhigt,
dafs die wenigen portugiesischen Ansiedler sie vor etwa 30 Jahren verliefsen, um sich in der *Villa* und ihrer Nachbarschaft nieder zu lassen.
Stromaufwärts am *Itapemirim* hausen noch die rohen Horden der *Tapuyas*,
besonders aber die der *Puris*, und, wie die *Mineiros* versichern, noch
ein anderer wilder Stamm, welchen sie mit dem Nahmen der *Maracas*
belegen. Eben diesen letztern will man die Mordthat in *Çiri* zuschreiben.
Ziemlich weit stromabwärts aber streifen noch die *Botocudos*, wahre
Tyrannen dieser Wildnisse. Man erzählt, dafs einst auf einer am Flufs
Muriähé gelegenen *Fazenda*, nachdem man vorher im nahen Walde
grofsen Lärm und Geschrey gehört hatte, einige verwundete *Puris* bey
den Portugiesen Schutz suchten und aussagten, die *Botocudos* hätten sie
überfallen und viele der Ihrigen getödtet. Aus allen diesem erhellt wenigs-
stens, dafs jene Wälder von unabhängigen feindseligen Wilden angefüllt
sind. Die *Tapuyas* haben den gewöhnlichen Angaben nach am *Itapemirim*, in Zeit von 15 Jahren, 43 portugiesische Ansiedler getödtet.
Demungeachtet hat man durch jene unsichern Wildnisse einen Weg
eröffnet, auf dem man von den *Minas de Castello* nach den etwa 22
Legoas entfernten Gränzen von *Minas Geraës* gelangt.

Der Capitam Mor des Distrikts hatte nach Vorzeigung unserer Pässe
uns sogleich sehr zuvorkommend empfangen; er sandte eine Menge Le-

bensmittel in unsere Wohnung, als Holz, Wasser und alle sonstigen Bedürfnisse, wofür wir ihm auf seiner *Fazenda* unsere persönliche Danksagung
abstatteten.   Dieses Landgut liegt am Flusse, von schönen Wiesen umgeben, auf welchen eine Menge Vieh aller Art weidend herum schwärmte.

Nach einem Aufenthalt von einigen Tagen verließen wir diese Gegend.   In einiger Entfernung von der *Villa* setzt man über den Fluß
ohnfern seiner Mündung in die See.   In den Sümpfen fanden wir hier sehr
häufig die *Jatropha urens*, die den bloßen Füßen unserer Jäger noch
weit empfindlicher war als die brennendsten Nesseln (*Urtica*), da die
kleinen Borsten jener Pflanze sogar durch die Kleidungsstücke dringen.
In sumpfigen Niederungen und an den Fluß-Ufern der ganzen Küste ist
der schöne blutrothe *Tijé* (*Tanagra brasilia*, Linn.) sehr gemein; dagegen findet man ihn in den Gebürgen und großen inneren Waldungen weit
seltener.   An der Mündung des *Itapemirim* fanden wir große Schaaren
einer Mövenart (*Larus*), so wie Meerschwalben (*Sterna*) in Menge umher schweben; Regenpfeifer (*Charadrius*) und Strandläufer (*Tringa*)
bevölkerten die Küste, an welcher man auch sehr häufig im Sande die
kleine Nachtschwalbe (*Caprimulgus* (*), und in den benachbarten Wald-
pfädchen eine andere größere Art dieses Geschlechts findet.   Nach
Marcgraf nennen die Brasilianer diese Vögel in der Gegend von
Pernambucco Ibiyau; an der von mir bereisten Küste aber haben sie
den Nahmen *Bacurau*.

Bey der starken Hitze litten wir großen Durst, gegen welchen unser
junger *Puri* uns jetzt ein untrügliches Mittel lehrte.   Man bricht nehmlich
die mittlern steifen Blätter der Bromelia-Stauden heraus, in deren Winkeln sich vom Regen und Thau sehr gutes Wasser sammelt, und fängt
diesen Nectar auf, indem das Gewächs schnell an den Mund gebracht

(*) Wahrscheinlich derselbe Vogel, welchen Vieillot *Caprimulgus Popetué* genannt
hat, s. dessen *Histoire naturelle des oiseaux de l'Amérique septentr. Vol. I. Tab.* 24.

wird. Wir fanden heute an den vorspringenden Landspitzen der Küste steinige Hügel, auf denen besonders viele schlanke wilde Cocospalmen wuchsen, deren stolze Blätter im frischen Seewinde schwankten: der Austerfresser (*Hæmatopus*) war überall gemein, so wie Regenpfeifer und Strandläufer. In einem schönen Urwalde hatten wir eine herrliche Unterhaltung an den lautschallenden Stimmen mannigfaltiger Vögel, worunter sich, bey dem schon herannahenden Abend, auch eine Eule (*Curuje*) hören liefs; Papageyen schrien laut und der sanfte Ruf des *Juó* (*Tinamus*) tönte weit in diesem vielstimmigen Concert durch die einsame Wildnifs. Wir nahmen unser Nachtquartier auf der *Fazenda de Agá*, wo man Mandiocca, etwas Baumwolle und Kaffee baut. Grofse, mit allen Arten wilder Thiere belebte Waldungen schliefsen sich von der Landseite nahe an die Pflanzungen an; hier hatte in der vergangenen Nacht eine grofse Unze (*Yaguarété*, *Felis Onca*, Linn.) eine Stute des Besitzers getödtet, dessen ausgesandte Jäger jedoch mit ihren Hunden vergebens die nahen Wälder absuchten. Unweit der *Fazenda* erhebt sich aus den nahen Waldungen ein hoher abgerundeter, isolirter Berg, *Morro de Agá* genannt. Er besteht aus Felsen und nackten schroffen Wänden, und ist von hohen Hügeln umgeben: von ihm soll man eine vortreffliche Aussicht haben. Ich fand hier in der Nähe der Wohnungen einen kleinen Sumpf, wo mich bey Einbruch der Nacht die merkwürdige Stimme eines mir noch unbekannten Frosches in Erstaunen setzte; sie klang vollkommen als wenn ein Blech- oder Kupferschläger mit dem Hammer arbeitet, nur war der Laut im Ganzen tiefer oder voller. Erst weit später habe ich das Thier näher kennen gelernt, welches wegen seiner Stimme von den Portugiesen der Schmid (*Ferreiro*) genannt wird. Eine andere naturhistorische Merkwürdigkeit war für uns ein dichtes Gebüsch einer noch nicht gesehenen Art von *Heliconia*, welche ihre Blumenschäfte aus einer gewissen Höhe beständig bogenförmig herabkrümmt, und alsdann mit der Spitze wieder aufwärts steigt; viele Blumen mit scharlachrothen Scheiden bedecken den eben so angenehm gefärbten krummen Theil des Stengels; dieses prächtige Gewächs bildete einen vollkommenen Laubengang. Die *Praya* enthielt hier einige wenige Arten von zweyschaaligen Muscheln und Schnecken.

Unweit *Agá* erreichten wir die von mehreren indischen Familien bewohnte *Povoaçâo Piuma* oder *Ipiuma*, wo sich ein starker Bach gleiches Nahmens, der blos für Canoes schiffbar ist, in die See ergiefst. Hier findet man eine auf das Anwachsen des Bachs berechnete, etwa 3oo Schritte lange hölzerne Brücke, eine wahre Seltenheit in diesem Lande. Die Ufer dieses Flusses sind mit dichten Gebüschen bedeckt und sein Wasser hat eine dunkel-kaffeebraune Farbe, wie die meisten Waldbäche und kleinen Flüsse dieses Landes. Herr von Humboldt fand das nehmliche am *Atabapo*, *Temï*, *Tuamini*, *Guainia* (*Rio Negro*) und andern Flüssen. Nach seinem Urtheil erhalten sie diese sonderbare Farbe durch eine Auflösung von gekohltem Wasserstoffe, durch die Ueppigkeit der Tropenvegetation und die Kräuterfülle des Bodens, auf dem sie hinfliefsen (*).

Als wir über die Brücke zogen, liefen die Indier mit ihren charakteristischen dunkelbraunen Gesichtern aus Neugierde herbey, um die Fremden zu sehen. Ein hier angesessener spanischer Matrose machte den Wirth, redete uns sogleich gebrochen in mehreren Sprachen an, erzählte dabey von allen Ländern, in denen er gewesen war, und deutete ziemlich verständlich darauf hin, dafs wir Engländer wären. Man findet in den Thälern und selbst an trocknen Höhen häufig Dickichte von einem starken 16 bis 18 Fufs hohen Fächerrohre, welches auf einem etwas zusammengedrückten Schafte, einen schönen Fächer von langen lanzettförmigen ganz randigen Blättern trägt; diese entspringen fast aus einem gemeinschaftlichen Punkte und aus ihrer Mitte schiefst ein langer glatter

(*) Ansichten der Natur, I. S. 298.

Schaft hervor, an welchem oben die Blüthen, gleich einer kleinen Fahne herabhängen. Diese schöne Rohrart heifst hier *Ubá*, weiter nördlich am *Rio Grande de Belmonte* hingegen *Canna brava* und wird von den Wilden zu Verfertigung der Pfeile benutzt. Solche Rohrgehäge bilden undurchdringliche Dickichte und überziehen ganze Distrikte. In einem kleinen angenehmen Thale fanden wir einen Wald prachtvoller schattenreicher Bäume, von *Cecropia*, *Cocos*, *Melastoma*, zwischen welchen der kleine schwarzbraune Bach *Iriri* durchfliefst, über den ein mahlerischer Steg von Baumstämmen führt. Tucane und die Maitacca (*Psittacus menstruus*, LINN.) waren hier häufig und wurden von unsern Jägern geschossen; Affen flohen so schnell durch die Zweige der Bäume, dafs man ihnen nicht beykommen konnte. In der Höhlung eines alten Baumes erblickten wir eine colossale Buschspinne (*Aranha Caranguejeira*), die wir von unserm Nachtquartier abzuholen gedachten, woran wir jedoch später verhindert wurden. Wir durchritten hüglichtes mit Wald und Weidegegenden abwechselndes Land und erreichten gegen Abend die letzte Höhe am Flusse *Benevente*, wo wir plötzlich durch eine schöne Aussicht überrascht wurden. Am Fufse eines Hügels zeigte sich uns auf dem nördlichen Ufer *Villa Nova de Benevente*, ein Flecken, zur Rechten der weite blaue Spiegel des Meers und links der Flufs *Benevente*, welcher sich gleich einem See ausbreitet, ringsumher aber ist alles finsterer hoher Wald, hinter welchem endlich Felsgebürge den Horizont begränzen.

Villa Nova de Benevente wurde am Flusse *Iritiba* oder eigentlich *Reritigba* (*) von den Jesuiten erbaut, welche hier eine Menge bekehrte Indier versammelten. Ihre Kirche und das unmittelbar damit vereinigte Kloster existiren noch: letzteres, wo wir unsere Wohnung erhielten, ist gegenwärtig zum *Casa da Camara* gemacht. Es liegt auf einer Höhe

(*) Auf der Karte von FADEN ist der Flufs *Iritibu*, bey ARROWSMITH *Iritiba* genannt, allein die *Villa* ist auf keiner der beyden Karten angegeben.

über der *Villa* und gewährt, besonders von dem an der Nordseite befindlichen Balkon aus, eine herrliche Aussicht. Die Sonne tauchte eben in
den dunkelblauen Ocean, der vor uns lag, unter, und verwandelte den
weiten Spiegel desselben in ein Feuermeer. Die Klosterglocke läutete
zum *Ave Maria*, und alles, was in der Nähe war, zog die Hüte ab zum
Abendgebeth; Stille herrschte in der weiten Ebene, und nur die über
den Fluß herüberschallenden Stimmen der Tinamus und anderer wilden
Thiere unterbrachen dieses feyerliche nächtliche Schweigen. Mehrere
niedliche kleine Brigs lagen im Hafen von *Villa Nova* vor Anker, und
verleiteten uns zu dem Fehlschlusse, daß hier ein nicht unbedeutender
Handel getrieben werde; allein man belehrte uns bald eines bessern. Es
ist hier sehr wenig Verkehr, und diese Schiffe hatten blos vor dem ungünstigen Winde hier Schutz gesucht. Die Jesuiten hatten hier anfangs 6000
Indianer versammelt und die beträchtlichste *Aldea* an dieser Küste gestiftet; allein durch die schweren königlichen Dienste und durch sclavische
Behandlung vertrieb man die meisten derselben wieder; diese zerstreuten
sich in andere Gegenden, so daß jetzt der ganze Distrikt von *Villa Nova*,
die portugiesischen Ansiedler mitgerechnet, nicht mehr als 800 Seelen
zählt, worunter etwa 600 Indier sind. Obgleich nun die Anzahl der Bewohner sehr abgenommen hat, so hob sich dennoch seitdem der Handel;
denn noch vor etwa 20 Jahren betrug hier die Ausfuhr nicht mehr als
100,000 Reis (etwa 313 Gulden), da sie jetzt schon auf 2000 Cruzados
gestiegen ist, den Betrag des ausgeführten Zuckers nicht einmahl mit in
Anschlag gebracht. Die freyen wilden Indier bedrängten ehemals diese
Colonie am *Iritiba* sehr, besonders die *Goaytacases* und die Stämme
der *Tapuyas*, worunter man besonders *Puris* und *Maracas* begreift;
allein der Geistliche versicherte uns, daß sich diese wilden Horden nicht
mehr gezeigt hätten, seitdem man alljährlich auf einen gewissen Tag im
ganzen Distrikt dem heiligen Geist ein großes Fest mit Processionen und

Andachtsübungen feyre. *Villa Nova* selbst ist ein kleiner Ort mit einigen gut gebauten Häusern, der aber am Sonntage lebhafter wurde, da alle Bewohner der umliegenden Gegend zur Messe herein kamen. Der in diesem Distrikte commandirende *Capitam* (Hauptmann) von der Landmiliz gehört zu dem Regimente von *Espirito-Santo*, dessen Chef der Oberst FALCÃO zu *Capitania* ist. Er kam am Sonntage uns zu besuchen und hatte die Gefälligkeit, auf unsere Nachfrage nach guten Jägern, uns einige der Gegend kundige Leute zu senden; wir fanden Gelegenheit aufser ihnen noch einen Indier anzunehmen, der ein guter Jäger war. Diese verschafften uns manche interessante Thiere, unter andern auch mehrere *Saüassú*-Affen, die hier an den Ufern des Flusses häufig ihre laute Stimme hören lassen. Zwey unserer Jäger fanden im Walde eine grofse Gift-schlange. Sie lag ruhig in einer Vertiefung, wo ihr nicht gut beyzu-kommen war; daher stieg einer von ihnen auf einen niedern Baum und erlegte von dort herab das Thier. Diese schöne Schlange wird im Lande *Çurucucú* genannt, erreicht eine Länge von 8 bis 9 Fufs, und eine be-trächtliche Dicke, und hat eine fahl gelbröthliche Farbe, mit einer Reihe schwarzbrauner Rautenflecken auf dem Rücken. Die Bildung der Schilder, Schuppen und des Schwanzes zeigt, dafs sie die von DAUDIN unter dem Nahmen *Lachesis*, wiewohl etwas unrichtig beschriebene grofse Viper der Wälder von *Cayenne* und *Surinam* ist (*). Ihr Bifs wird sehr gefürch-tet, und Menschen, die von ihr verwundet werden, sollen in weniger als sechs Stunden sterben.

Vom *Iritiba* gelangt man zunächst zu dem Flusse *Goaraparim*. Sumpfige Wiesen und Moräste dehnen sich unweit der See aus, Gebüsche

---

(*) Schon MARCGRAF erwähnt dieser Schlange unter dem Nahmen *Çurucucú;* allein auch in neueren Zeiten hat Herr Hofrath MERREM, einer unserer ausgezeichnetsten Reptilio-logen, in dem 1ten Bande der Annalen der Wetterauischen Gesellschaft für Naturgeschichte, eine unvollständige Haut dieses Thieres beschrieben und abgebildet.

wechseln damit ab und herrlicher Urwald erfreut zuweilen den Wanderer.
Hier hörte man die See, deren Uferhügel mit Wald bedeckt sind, beständig brausen.   Der Pfad war wie eine dunkele Laube überwachsen, zur
Seite standen majestätische, alte Waldstämme, an ihrer Rinde eine Welt
von Pflanzen, in ihren Zweigen Fleischgewächse ; junge Cocospalmen
zierten am Boden das durch Schlinggewächse verworrene Dickicht, dessen junges Laub mit der schönsten rothen oder gelbgrünen Farbe her-
vorbrach, und hoch oben wiegten sich im Winde die Federkronen der
älteren Palmen, deren Stämme sich knarrend hin und her neigten.   An
einer Stelle erreichten wir ein blos aus *Airi*-Palmen bestehendes vorzüglich schönes Wäldchen.   Junge kräftige Bäume dieser Gattung, von 20 und
3o Fuſs Höhe, stiegen mit ihrem schwarzbraunen mit Stachelringen umgebenen, geraden Stamme empor: ihre schön gefiederten Blätter schirmten
den feuchten Boden gegen die brennende Mittagssonne, andere jüngere,
die noch ohne Stamm waren, bildeten das Unterholz, über welche alte
abgestorbene Palmen, vertrocknet und verfault, gleich abgebrochenen
Säulen hervorragten.   An diesen, der Verwesung preis gegebenen Bäumen
klopfte einsam der gelbhaubigte Specht (*Picus flavescens*, LINN.) oder die
schöne Art mit rothem Kopf und Halse (*Picus robustus* (*).   Die Blumen
der feuerfarbenen *Heliconia* überdeckten die niedern Gebüsche in der
Nähe, welche eine schöne Winde (*Convolvulus*) umschlang, die die
herrlichsten himmelblauen Glocken trug.   Hier in diesem prachtvollen
Walde zeigten sich die holzigen Schlingpflanzen wieder in ihrer ganzen Originalität mit ihren sonderbaren Windungen und Gestalten.
Bewundernd betrachteten wir die Erhabenheit dieser Wildniſs, die nur
Tucane, Pavo's (*Pie à gorge ensanglantée*, AZARA), Papageyen und

(*) Dieser Nahme ward von den Naturforschern zu Berlin gegeben, nachdem AZARA
diesen Vogel im 4ten Bande seiner Reise pag. 6 beschrieb, wo er ihn *Charpentier à huppe et
cou rouges* nannte.

andere Vögel belebten. Unsere Jäger schossen bald in allen Richtungen
des Weges und füllten ihre Taschen mit Beute. Jenseit des Waldes
erreichten wir die *Povoação de Obú*, einige, 2 Legoas von *Villa Nova*
entfernte Fischerhütten; solche von Wald oder dichten Gebüschen umgebene Wohnungen sind oft noch mahlerischer als andere in offenen
Gegenden, deren ich eine auf der Vignette dieses Abschnittes habe
abbilden lassen. Eine *Povoação* (Dorf ohne Kirche) Nahmens *Miaïpé*,
von 60 bis 80 Fischerfamilien bewohnt, beherbergte unsere *Tropa* am
Abende. Wir hatten unsere Wohnung in einem hochgelegenen Hause
aufgeschlagen, wo sich sogleich mehrere Menschen einfanden, die
besonders unsern wilden *Puri* bewunderten und alle seine Bewegungen
beobachteten. Uebrigens wurden wir in diesem etwas geräumigen Hause
gut aufgenommen und hatten ein grofses Zimmer, auf dessen Boden bald
ein helles Feuer unsere vom Regen durchnäfsten Kleidungsstücke trocknete. Nicht weit von *Miaïpé* liegt die *Villa de Goaraparim*, wohin ein
über einige in die See vortretende Felsenkuppen gehender Weg führt.
Unweit der *Villa* tritt ein schmaler Arm des Meers mit salzigem Wasser in das Land hinein, der den Nahmen des *Goaraparim* trägt und
mehrentheils für einen Flufs ausgegeben wird.

Die *Villa* hat etwa 1600 Einwohner, der ganze Distrikt aber 3000
Seelen; jene ist also etwas gröfser als *Villa Nova de Benevente*. Die
Strafsen sind nicht gepflastert; nur an den Häusern hat man Steinwege
und diese sind schlecht; die kleinen Gebäude haben meistens nur ein
Stockwerk. Der Ort ist im allgemeinen arm, doch befinden sich in der
Nähe einige beträchtliche *Fazenda's*. Eine derselben mit 400 Negersclaven wird *Fazenda de Campos* genannt, eine zweyte mit 200 Negern
heifst *Engenho velho*. Als der letzte Besitzer der erstern starb, trat
eine allgemeine Unordnung ein; die Sclaven revoltirten und arbeiteten
nicht mehr. Ein Geistlicher benachrichtigte die Erben des Gutes in

Portugal von dem Verfall ihres Eigenthums, und erbot sich, die Sache in Ordnung zu bringen, wenn man ihm einen Antheil an dem Besitz gestatten wolle ; dies wurde genehmigt ; allein die Rädelsführer der Sclaven ermordeten ihn in seinem Bette, bewaffneten sich und bildeten in jenen Wäldern eine Republik von Schwarzen, denen niemand leicht Abbruch thun konnte. Sie benutzten die *Fazenda* für sich, ohne jedoch viel zu arbeiten, lebten frey und jagten in den Wäldern. Mit den Sclaven dieser *Fazenda* machten sich die des *Engenho velho* ebenfalls unabhängig und eine Compagnie Soldaten konnten nichts gegen sie aus-richten. Jene Neger beschäftigen sich besonders damit, einige vorzügliche Produkte dieser Wälder zu suchen, wie den wohlriechenden peruviani-schen und den Copaiva-Balsam (*Oleo de Copaüba*) und noch eine andere Art. Dieser letztere kommt von einem hohen Baume, dem *Pao de Oleo.* Man hauet denselben an, und belegt bey dem Ausfließen des Saftes die Wunde mit Baumwolle, welche das Harz einsaugt ; dabey hat man den Glauben, daß der Baum beym Vollmonde angehauen und das Oel beym abnehmenden Monde abgenommen werden müsse. Die Neger oder Indier, welche dieses Produkt einsammeln, bringen es in kleinen wilden Cocosnüssen, die sie oben an ihrer Oeffnung mit Wachs zukleben, zum Verkauf. Der Balsam ist so fein, daß er bey der Hitze durch die feste Nuß durchschwitzt. Man schreibt ihm im Lande selbst mehr Heilkraft zu, als er wirklich besitzt (*).

Die verwilderten Neger der beyden vorhin genannten *Fazenda's* nehmen Fremde gut auf, und zeichnen sich durch ihr Betragen sehr vor den entlaufenen Negersclaven in *Minas Geraës* und andern Orten aus, welche man dort von ihren im Walde angelegten Dörfern (*Quilom-bos*) *Gayambolos* nennt. Diese fallen, besonders in *Minas*, die Reisen-den an, plündern und tödten sie öfters, daher hat man dort gewisse

(*) Siehe MURRAY apparatus medicaminum, Vol. IV. p. 52.

eigne Gayambolen-Jäger mit Nahmen *Capitaes do mato* (*), welche blos darauf ausgehen die Schwarzen in ihren Schlupfwinkeln zu fangen oder zu tödten.

Der in *Goaraparim* commandirende Capitam der Landmiliz hatte uns höflich empfangen und uns ein Haus zum Nachtquartier angewiesen. Wir schifften am andern Morgen bey der *Villa* über den zwischen sanftgrünen Gebüschen von *Mangue*-Bäumen (*Conocarpus*) höchst mahlerisch sich ausdehnenden und in der Ferne von grün bewachsenen Gebürgen begränzten Fluß, auf dessen nördlichem Ufer sich ein Fischerdorf befindet, durchritten grofse Sümpfe mit schönen violetblühenden *Rhexia*-Gebüschen angefüllt, prachtvolle Waldhügel voll *Aïri* - und andern Cocospalmen, deren mancherley Arten unsere Neugierde unendlich beschäftigten, kamen dann an die, in der Nähe des *Perro Cào* befindlichen weiten Gehäge von *Ubá* - oder Fächerrohr, und überschritten hierauf den kleinen Fluß auf einer hölzernen Brücke. Alsdann folgten wir dem Seestrande bis *Ponta da Fruta*, wo in einem Gebüsche mehrere Wohnungen eine zerstreute *Povoação* bilden. Die Bewohner, Abkömmlinge von Portugiesen und Negern, nahmen uns gut auf. Sie nähren sich kümmerlich von ihren Pflanzungen und dem Fischfange. Nicht weit von *Ponta da Fruta* erblickt man schon auf einem fernen Berge das Kloster *Nossa Senhora da Penha* unweit *Villa do Espirito-Santo*, wohin man noch einen Weg von 5 Legoas hat. Wälder, Wiesen und Gebüsche wechseln hier mit grofsen, weiten Rohrbrüchern ab; viele weifse und andere Reiher waten in denselben, und manche neue schöne Pflanze bietet sich dem Fremdling dar. Im Grase an dem Sandufer einer *Lagoa* fand ich die grüne *Çipo*-Schlange (**), die ihren

(*) In *Pernambucco* tragen sie den Nahmen *Capitães do Campo*, s. KOSTER *travels etc. p.* 399.

(**) *Coluber bicarinatus:* eine wahrscheinlich neue Art, welche als Hauptkennzeichen auf jeder Seite des Rückens eine Reihe gekielter Schuppen trägt. Bauchschilde 155; Paar Schwanzschuppen 137.

Nahmen von der schlanken, biegsamen Gestalt ihres Körpers hat, sehr häufig. Sie ist dunkel-olivengrün, auf der Unterseite gelb, wird 5 bis 6 Fuſs lang, und ob sie gleich völlig unschädlich ist, tödten die Brasilianer sie doch, wo sie sie finden, weil sie alle Schlangen hassen. Ich fand hier das Skelet eines verfaulten, besonders groſsen Individuums dieser Art.

Bey dem kleinen Flusse *Jucú*, über welchen hier eine lange baufällige Brücke mit Vorsicht passirt werden muſste, fanden wir an der See ein Fischerdorf; durchritten dann einen schönen Urwald und erreichten endlich *Villa do Espirito-Santo* am Flusse gleiches Nahmens.

Soldaten zu Leukares in ihren Panzerröcken.

Reise des Prinzen von Neuwied in Brasilien I. B.⁹ 7.

VII.

Aufenthalt zu Capitania und Reise zum Rio Doçe.

Villa Velha do Espirito-Santo. — Çidade de Victoria. — Barra de Jucu'. — Araçatiba. — Coroaba. — Villa Nova de Almeida. — Quartel do Riacho. — Rio Doçe. — Linhares. — Die Botocudos als erbitterte Feinde.

Der Fluſs *Espirito-Santo*, welcher bey seinem Ausflusse ins Meer eine beträchtliche Stärke hat, entspringt in den Gebürgen an den Gränzen der *Capitania* von *Minas Geraës*, windet sich in mancherley Richtungen durch die groſsen Urwälder der *Tapuyas* herab, in welchen *Puris* und *Botocudos* abwechselnd umherstreifen, und tritt am Fuſse einer, von jenen höhern Gebürgen nach dem Meer sich hinabziehenden Kette hervor, in welcher der *Monte de Mestre Alvaro* der höchste Berg seyn soll. Die Ansiedelungen der Portugiesen an der Mündung dieses schönen Flusses sind schon alt, allein sie litten später sehr durch die Kriege mit den *Tapuyas*, besonders mit den drey Stämmen der am *Paraiba* wohnenden *Uetacas* oder *Goaytacases* (*). In der letzten Hälfte des 17ten

(*) In der Lebensbeschreibung des Pater Anchieta heiſst es hierüber unter andern: » *Por este tempo anno* 1594 *pouco mais ou menos, moreram guerra os moradores desta Capitania do Espirito-Santo contra huma nacão de gentios perniçiosa, barbaro, cruel, e terribel por nomen Goyataca, cujas notiçias quero dar aqui brevemente etc.* «

Jahrhunderts enthielt der Distrikt von *Espirito-Santo* nicht mehr als 500 Portugiesen und vier indische Dörfer (*).   Heut zu Tage erblickt man auf dem südlichen Ufer des Flusses, nicht weit von seiner Mündung, in einem schönen Busen die *Villa Velha do Espirito-Santo*, eine kleine, schlechte offene *Villa*, die gröſstentheils in einem Quadrate erbaut ist.   Am einen Ende steht die Kirche und am andern, nahe am Wasser, das *Casa da Camara* (königliche Gebäude oder Rathhaus).   Auf einem hohen, mit Wald bedeckten Berge, unmittelbar neben der *Villa*, liegt das berühmte Kloster von *Nossa Senhora da Penha*, eins der reichsten in Brasilien, das von der Abtey zu *S. Bento* in *Rio de Janeiro* abhängt; es soll ein wunderthätiges Marien-Bild besitzen, weswegen eine Menge Menschen dahin wallfahrten.   Jetzt befanden sich nur zwey Geistliche daselbst.   Um die über alle Beschreibung erhabene Aussicht von den Mauern jener Höhe zu genieſsen, lohnt es sich der Mühe, sie zu ersteigen; denn man über-sieht den weiten Spiegel des Meeres und ins Land hinein schöne Gebürgs-ketten und mancherley Kuppen mit Thälern dazwischen, aus welchen der breite Fluſs höchst mahlerisch hervortritt.   Die *Villa* besteht aus niedrigen Lehmhütten, ist ungepflastert und sichtbar im Verfall, seit-dem man etwa eine halbe Stunde weiter aufwärts auf dem nördlichen Ufer des Flusses die *Villa de Victoria* erbaut hat, einen hübschen klei-nen Ort, der nach meiner Abreise von da, zur *Çidade* (Stadt) erhoben worden ist. *Espirito-Santo* war nur eine Unterstatthalterschaft, ward aber später auch zur *Capitania* erklärt.   Die *Çidade de Nossa Senhora da Victoria* ist ein ziemlich netter Ort, mit ansehnlichen Gebäuden, nach der altportugiesischen Bauart mit Balkons von hölzernem Gitter-werke versehen, mit gepflasterten Straſsen und einem mäſsig groſsen königlichen Gebäude, dem Jesuitenconvent, worin der Gouverneur wohnt, der hier zu seiner Disposition eine Compagnie reguläres Militär hat.

(*) Southey's history of Brazil, Vol. I. p. 667.

Aufser mehreren Klöstern befinden sich hier eine Kirche, vier Kapellen und ein Hospital. Die Stadt ist jedoch etwas todt und Fremde betrachtet man hier als Seltenheit mit der gröfsten Neugierde. Der dasige Küstenhandel ist nicht ganz unbedeutend, daher liegen beständig mehrere Lanchas, Sumacas und andere Barcos hier, auch können Fregatten bis zur Stadt hinauf segeln; die *Fazenda's* in der Nähe gewinnen viel Zucker, Mandioccamehl, Reis, viele Bananen und andere Erzeugnisse, welche längs der Küste hin versandt werden. Mehrere Forts vertheidigen den Eingang in die Mündung des schönen Flusses *Espirito-Santo*, eins unmittelbar an der Mündung, eine zweyte Batterie von Stein erbaut, höher aufwärts mit acht eisernen Kanonen, und noch höher am Berge zwischen dieser und der Stadt eine dritte Batterie von etwa 17 bis 18 Kanonen, worunter einige wenige metallene sich befinden. Die Stadt ist auf angenehmen Hügeln etwas uneben erbaut, und der an ihr vorbey strömende Flufs ist hier auf allen Seiten von hohen Bergen eingeschlossen; sie bestehen zum Theil aus Felsen, die oft nackt und schroff und mit Fleischgewächsen bewachsen sind. Der schöne Spiegel des breiten Flusses wird durch mehrere grün bewachsene Inseln geschmückt, und landeinwärts findet das Auge, wenn es demselben folgt, einen schönen Ruhepunkt auf hohen grünen waldigen Gebürgen.

Nachdem wir angekommen, nahmen wir unsere Wohnung zu *Villa Velha do Espirito-Santo*, weil hier gute Weide für unsere Thiere war. Von hier machten wir in grofsen Canoen die Fahrt nach der *Çidade de Victoria*, jedoch wegen eines heftigen Seewindes und der Breite des Wasserspiegels nicht ohne Gefahr. Der Gouverneur, dem wir unsern Besuch abstatteten, empfieng uns dem Anscheine nach sehr höflich. Da wir ihn um eine Wohnung auf dem Lande in der Nähe der Stadt ersuchten, wies er uns zu *Barra de Jucú*, an der Mündung des kleinen Flusses *Jucú*, etwa 4 Stunden von der Stadt, ein bequemes gutes Haus an, welches

24

dem Obersten FALCÂO, Befehlshaber des hiesigen Milizregiments und zugleich einem der angesehensten Pflanzer hiesiger Gegend gehörte. Ich fand in der Stadt wieder die ersten Nachrichten aus Europa, denn bis hierher und nicht weiter geht aus *Rio de Janeiro* eine Landpost. Während wir beschäftigt waren, die angenehmen lange ersehnten Nachrichten aus dem Vaterlande zu durchlaufen, drängte sich von allen Seiten um uns her eine Menge von Volk aller Farben, und machte die mannigfaltigsten und sonderbarsten Bemerkungen über unser Vaterland und über die Absicht unserer seltsamen Erscheinung; auch hier wie überall hielt man uns für Engländer. In *Villa Velha*, wohin wir zurückkehrten, fanden wir einige unserer Leute am Fieber krank, und dieses verbreitete sich so schnell, daſs in einigen Tagen die meisten derselben darnieder lagen. Man schrieb die Veranlassung dieser Krankheit dem Wasser zu, sie liegt aber ohne Zweifel im Clima und den Nahrungsmitteln zugleich. Mit China stellten wir indessen bald unsere Kranken sämmtlich wieder her, und bezogen dann so schnell als möglich unsere Wohnung zu *Barra de Jucú*, wo eine äuſserst reine frische Seeluft bald die Genesung der Reconvalescenten vollendete. Wir richteten uns jetzt in dieser neuen Wohnung für eine Zeit von mehreren Monaten ein, da wir hier die Regenzeit zuzubringen gesonnen waren; unsere Jäger durchstreiften die nahen und fernen Wälder. *Barra de Jucú* ist ein kleines Fischerdorf an dem Flusse *Jucú*, der hier in die See fällt, nachdem er von den bedeutenden *Fazenda's* von *Coroaba* und *Araçatiba* herab in vielen Windungen seinen Lauf durch die Waldungen genommen hat; er ist fischreich und man sieht in seiner Nähe manche mahlerisch wilde Gegenden. Die Häuser der Fischer zu *Barra de Jucú* liegen zum Theil zerstreut; in ihrer Mitte unweit einer hier über den Fluſs geführten Brücke, befindet sich das Haus des Obersten FALCÂO. Diesem reichen Gutsbesitzer gehören noch mehrere *Fazenda's* in der Nähe, von welchen die

beträchtlichste *Araçatiba*, 4 Legoas von hier, entfernt liegt. Der Oberst
pflegte in der Sommerzeit gewöhnlich hierher zu kommen um Seebäder
zu nehmen, und war daher jetzt sehr unzufrieden, daſs der Gouverneur
uns sein Haus zur Wohnung angewiesen hatte, welches wir jedoch erst
später erfuhren. Er kam demungeachtet nach *Barra de Jucu* und lieſs
ein anderes Haus in der Nähe für sich einrichten, bis wir ihm Platz
machen konnten. Die interessantesten Jagdzüge, die wir unternahmen,
um die Gegend kennen zu lernen, führten uns vorerst unmittelbar jenseits
der Brücke des *Jucu* in den schönen Urwald, der sich nach *Villa Velha
do Espirito-Santo* hin ausdehnt. Hier fanden wir eine uns noch neue
niedliche Art von Sahui (*Sahuim*, den *Jacchus leucocephalus*, GEOFFROY)
in kleinen Banden, die besonders den Nüssen gewisser wilder Cocospalmen nachstellen, ferner das Stachelschwein mit dem Rollschwanze
(den *Couy* des AZARA) und andere Thiere mehr. Unter den Vögeln war
in diesem Walde besonders häufig die herrlich blaue *Nectarinia cyanea*
(*Certhia cyanea*, LINN.) und die Arten der Manakins, *Pipra pareola*,
erythrocephala und *leucocilla*, ferner eine kleine noch unbeschriebene
Art, welche ich *strigilata* nennen werde (*), eine neue schöne Art von
Tangara (*Tanagra elegans* (**) und eine vorzüglich schöne Art von Seidenschwanz (*Procnias cyanotropus* (***), dessen Gefieder im Lichte
wechselt. Die kleinen schön gefärbten Manakins konnte man immer auf
einer gewissen Baumart anzutreffen hoffen, deren schwarze Beeren ihre

(*) *Pipra strigilata*: kleiner als *Pipra erythrocephala*; Scheitel hochroth; Oberkörper
olivengrün; Unterkörper weiſslich, röthlich-braun gestrichelt.

(**) *Tanagra elegans*: mit hochgelbem Kopfe, schwarzem gelbgestrichelten Rücken, mit
glänzend grünlich himmelblauem Unterhals und Brust, und grünem Bauch und Seiten.

(***) *Procnias cyanotropus*: betrachtet man ihn gegen das Licht, so ist der ganze Vogel
prachtvoll himmelblau, und vom Lichte abgewandt erscheint er glänzend hellgrün; Zügel,
Kehle und Kinn sind schwarz; der Unterleib weiſs; im Berliner Museum hat man ihn *Procnias
ventralis* genannt.

Lieblingsnahrung ausmachen.   Auch Rehe gab es in diesem Walde, und
der Oberst FALCÂO liefs, um dieselben zu jagen, seine Jagdhunde von
Araçatiba herüber bringen.   Um indessen grofse und seltene Thiere zu
erlegen, die die Nähe des Menschen mehr scheuen, giengen wir in den
zwey bis drey Stunden weit entfernten weitläuftigen Urwald in der Nähe
der *Fazenda* von *Araçatiba*.   Der Weg dahin war äufserst angenehm;
er führte anfangs durch weite sumpfige Sandebenen mit mancherley
Sumpfgewächsen angefüllt; dann erstiegen wir Hügel, wo ein dichtes
Geflechte von jungen Cocospalmen und andern schönen Bäumen finstern
Schatten verbreitete.   Ein schilfartiges Gras überzieht hier die offenen
Stellen, in welchen der kleine stahlglänzende Fink (*Fringilla nitens*, LINN.)
äufserst häufig sich aufhält.   Bey einem Ritt in einem engen Waldpfade
fand ich hier einst eine grofse Schlange zusammengerollt ruhen, welche
uns nicht ausweichen wollte.   Mein Reitthier scheute, ich ergriff also
eine mit Schrot geladene Pistole und tödtete die Schlange.   Wir erkannten bey näherer Untersuchung, dafs sie von einer unschädlichen Gattung
war, und erfuhren, dafs man sie hier im Lande unter dem Nahmen der
Caninana kenne.   Sie gehört übrigens zum Genus *Coluber* (*).   Nur nach
langem Zureden konnte ich den uns begleitenden Neger des Obersten
FALCÂO bewegen, die Schlange aufs Pferd zu nehmen.   Eine schauerliche
Wildnifs bildete der grofse Wald von *Araçatiba*, überall entflohen mit
lautem Geschrey die Papageyen, und die Stimme der *Saüassú*-Affen
erschallte rund umher.   Lianen oder *Çipó's* aller, und mitunter der sonderbarsten Arten, verflechten die hohen Riesenstämme zu einem undurchdringlichen Dickicht; die Prachtblumen der Fleischgewächse, die herabhängenden Ranken der die Bäume umschlingenden Farrenkräuter waren jetzt
alle im üppigsten Triebe; junge Cocospalmen zieren überall die niedere

(*) Diese Art ist höchst wahrscheinlich MERREM's veränderliche Natter; siehe dessen
Beyträge zur Naturgeschichte der Amphibien, 2tes Heft S. 51. Taf. XII.

Dickung, besonders an feuchten Stellen; hier und da bildete die *Cecropia peltata* besondere Gebüsche mit ihren silbergrauen geringelten Schäften. Unerwartet traten wir aus diesem heiligen Dunkel ins Freye, und eine angenehme Ueberraschung gewährte es uns, als wir hier plötzlich am Fuße des hohen *Morro de Araçatiba*, eines mit Wald bewachsenen Felsgebürges auf einer schönen grünen Fläche, das große weiße, mit zwey kleinen Thürmchen versehene Gebäude der *Fazenda de Araçatiba* erblickten. Dieses Gut hat 400 Negersclaven und in der Nähe sehr ausgedehnte Pflanzungen, besonders von Zuckerrohr. Die Söhne des Obersten wohnen ebenfalls auf besondern *Fazenda's* nicht weit von hier entfernt. *Araçatiba* ist die bedeutendste *Fazenda*, welche mir auf dieser Reise zu Gesicht gekommen ist; das Gebäude hat eine breite Fronte von zwey Stockwerken und eine Kirche; die Negerhütten mit dem Zucker-Engenho und den Wirthschaftsgebäuden liegen unweit des Hauses am Fuße eines Hügels. Etwa eine Stunde von hier befindet sich in einer wilden, von hohem Urwalde ringsumgebenen Gegend am Flüßchen *Jucu* eine zweyte *Fazenda*, *Coroaba* genannt, die einen andern Besitzer hat. Der Gouverneur hatte nicht weit von *Coroaba* zu *S. Agostinho* jetzt den Bau einer Kirche unternommen; er hielt sich deswegen jetzt daselbst auf. An diesem Orte befindet sich ein Militär-Quartel gegen die Wilden; man war jetzt damit beschäftigt von da aus einen Weg nach *Minas Geraës* zu bahnen, und ein Officier hatte bereits auf Befehl des Gouverneurs eine Reise dahin unternommen, um die Communication durch die Wälder zu eröffnen. Die Regierung hat zu *S. Agostinho* etwa 40 Familien, welche von den Azorischen Inseln, besonders von *Terçeira*, *S. Miguel*, und einige wenige von *Fayal* herüber gekommen waren, angesiedelt. Diese Leute, die hier in großer Armuth leben, klagen sehr über ihre traurige Lage, da man ihnen große Versprechungen gemacht und dieselben nicht erfüllt hatte.

Gerne hätten wir in *Coroaba* uns niedergelassen; aber die Unmöglichkeit, unsere große Begleitung daselbst unterzubringen, nöthigte uns für jetzt in *Barra de Jucú* zu bleiben.

Man hatte mehrere für uns sehr nöthige Gegenstände, die wir in *Capitania* (so nennt man schlecht weg ebenfalls die Gegend am *Espirito-Santo*) erwarteten, nach *Caravellas* gesandt, ein Umstand, der unsere Reisegesellschaft in nicht geringe Verlegenheit setzte. Um derselben abzuhelfen, faßten wir, Herr Freyreiss und ich, den Entschluß, die Reise nach *Caravellas* schnell zu unternehmen, um dort unsere Geschäfte in Ordnung zu bringen. Leicht eingerichtet und von einigen wenigen wohlbewaffneten Leuten zu Pferde begleitet, verließen wir am 19ten December *Barra de Jucú;* der zurückbleibende Theil unserer *Tropa* begab sich indeß nach *Coroaba,* um dort zu arbeiten. Wir hätten dieselbe Reise in weit kürzerer Zeit zur See machen können, allein die Schifffahrt längs der Küste, in kleinen unbequemen Fahrzeugen, ist in der Zeit der Gewitter und Stürme eben nicht die angenehmste. Wir begaben uns nach *Pedra d'Agoa,* einem einzelnen, auf einer Höhe am Flusse liegenden Hause, um daselbst mit unsern vier Reit - und zwey Lastthieren über den *Espirito-Santo* zu setzen. Hier sahen wir gerade gegen uns über auf den jenseitigen Gebürgshöhen, den merkwürdigen, unweit *Villa de Victoria* liegenden Felsen *Jucutucoara.* Aehnlich dem *Dent de Jaman* in *Pays de Vaud,* fällt dieser Steinblock von fern ins Auge; er ist auf sanfte grüne Höhen aufgesetzt, die zum Theil mit kleinen Gebüschen bedeckt sind. Vor ihm, dem Flusse näher, liegt die freundliche *Fazenda Rumâo,* vor welcher die Tauben-Insel (*Ilha das Pombas*) den Spiegel des Flusses theilt; die 4te Tafel giebt ein anschauliches Bild dieser Landschaft. Der Blick von der diesseitigen Höhe auf den schönen Fluß, wo einige Lanchas und Fischercanoes hinab segelten, war sehr angenehm. Wir hätten gewünscht sogleich übersetzen zu können, allein es zeigten sich leider keine Canoes, um uns hin-

über zu schaffen, wir baten daher den alten Bewohner von *Pedra d'Agoa*
um Quartier und übernachteten in einer vor Regen und Wind nur wenig
geschützten kleinen Hütte; der gute Wille des Wirthes entschädigte uns
indessen reichlich für diese Unannehmlichkeiten.   Bey Annäherung des
Abends versammelte sich das umherlaufende Vieh; unter diesem kam uns
ein sonderbares Schaf zu Gesicht, von welchem wir bey genauerer Nachfrage erfuhren, daſs es ein Bastard von einem Schafbocke und einer Ziege
sey.   Das Thier glich sehr seiner Mutter, es war dick, stark und rund, von
sehr sanftem Ziegenhaare und trug etwas mehr auswärts gebogene Hörner (*).   Bey den jungen Lämmern, die von den Knaben eingefangen wurden, fand man häufig in der noch unverwachsenen Nabelhöhle eine Menge
Maden, gegen welche man Merkur an diese Stelle strich.   Diese Maden
sind ein in heiſsen Ländern sehr gewöhnliches Uebel; wo hier nur irgend
eine Wunde entsteht, finden sich sogleich Fliegen, die ihre Eyer hinein
legen.   Es giebt in Brasilien noch ein anderes Insekt, das sein Ey in das
Muskelfleisch oder unter die Haut, selbst des Menschen legt; nach dem
Stich dieses Thieres spürt man einen kleinen örtlichen Schmerz, die Stelle
schwillt bis zu einer gewissen Höhe an, alsdann zogen unsere Leute, die
dieses beschwerliche Uebel recht gut kannten, eine Made, einen kleinen
weiſsen, länglichten Wurm hervor, worauf die gemachte kleine Wunde
sogleich heilte.   AZARA spricht wahrscheinlich von demselben Insekte (**),
er glaubt indessen, daſs erst der Wurm selbst in die Haut eindringe,
welches mit unsern Erfahrungen nicht übereinstimmt.

Am folgenden Morgen kamen unsere Canoes; wir lieſsen uns über
den beynahe 1000 Schritt breiten Fluſs setzen.   Unser Weg führte uns
durch ein Thal, das in verschiedenen Windungen unmittelbar unter der
Höhe hinweg zieht, auf welcher der *Jucutucoara* gelagert ist; in der

(*) S. BUFFON Supplement T. V. p. 4. (der Ausgabe in 12.)
(**) S. AZARA voyages etc. Vol. I. p. 217.

Nähe sahen wir das nette weiſse Haus einer *Fazenda*, die einem gewissen Herrn PINTO zugehört. Wir kamen über den kleinen Fluſs *Muruim* (*Murui*) oder *Passagem*, über welchen eine, gewöhnlich durch ein Thor verschlossene hölzerne Brücke führt, und erreichten dann, nachdem wir einige *Mangue-* (*Rhizophora, Conocarpus* und *Avicennia*) Sümpfe durchritten hatten, die Seeküste. Wirft man hier den Blick rückwärts, so unterscheidet man nun deutlicher die Gebürgskette von *Espirito-Santo*, die man, so lange man sich unmittelbar zwischen den äuſsersten jener Höhen befindet, nicht übersehen kann. Drey Legoas von *Capitania* entfernt fanden wir unser Nachtquartier in der kleinen *Povoação* von *Praya Molle*.

Hier auf einer über die Meereshöhe nur wenig erhabenen grünen Fläche liegen mehrere Wohnungen zerstreut. Wir fanden in einer derselben eine sehr freundliche Aufnahme, und da alle Bewohner derselben sehr viel Sinn für Musik hatten, eine angenehme Abend-Unterhaltung durch Musik und Tanz. Der Sohn des Hauses, der sich recht gut auf die Verfertigung von Guitarren (*Violas*) verstand, spielte, und die übrigen jungen Leute tanzten die *Baduca*, wobey sie mit dem Körper sonderbare Verdrehungen machten, mit den Händen den Takt schlugen und abwechselnd mit ein Paar Fingern einer jeden Hand schnalzten — eine Nachahmung der spanischen Castagnetten. Obwohl die Portugiesen viele musikalische Anlagen haben, so sieht man in Brasilien auf dem Lande doch kein anderes Instrument, als die *Viola*. Ist die Liebe zu Tanz und Musik unter den dortigen Landleuten allgemein, so ist es auch die Gastfreundschaft, wenigstens in den meisten Gegenden. Wir erfuhren dies auch hier wieder; man bot alles auf, uns zu unterhalten und uns die Zeit zu verkürzen.

Von *Praya Molle* aus kamen wir am folgenden Morgen zeitig nach der *Povoação Carapebuçú*. Von hier dehnen sich längs des Meeres vorwärts Waldungen aus, die Buchten umkränzend und die Landspitzen bedeckend. In diesen Wäldern flogen jetzt, in der Hitze des angehenden Sommers, eine Menge Schmetterlinge mancherley Art, besonders *Nymphales*. Hier fanden wir das merkwürdige beutelförmige Nest eines kleinen Vogels vom Geschlecht der Plattschnäbel (*Todus*), welches derselbe immer in der Nähe der Nester einer besondern Wespengattung (*Marimbondo*) erbaut, um es, wie man behauptet, vor den Nachstellungen seiner Feinde zu sichern. Ich wollte mich dem Vogelneste nähern, allein die Wespen, welche sich wirklich sogleich zeigten, hielten mich davon entfernt. In den Gebüschen längs der Küste hin wohnen einzelne arme Familien, die sich vom Fischfange und von dem Ertrage ihrer Pflanzungen ernähren. Es sind meistens Neger, Mulatten oder andere farbige Leute; Weiſse findet man wenige darunter; sie klagen dem Reisenden sogleich ihre Armuth und Noth, an der nur Trägheit und Mangel an Industrie schuld seyn kann, denn der Boden ist fruchtbar. Zu arm, um Sclaven kaufen zu können, und zu träge um selbst Hand anzulegen, hungern sie lieber. Von hier aus nordwärts gelangt man in eine Gegend, wo man nicht mehr Creolen und Mulatten, sondern Indier im civilisirten Zustande antrifft. Ihre einsamen Wohnungen liegen zerstreut in einem schattenreichen Haine von prachtvollen Waldstämmen; dunkle Pfade schlängeln sich von einer Hütte zur andern; in den crystallhellen kleinen Bächen, worin die schönen Gewächse des Waldes sich spiegeln, sieht man die nackte, dunkelbraune Jugend mit ihren kohlschwarzen Köpfen scherzen. In diesem reizenden Walde fanden wir schöne Vögel; der goldgrüne Jacamar (*Galbula magna*) lauerte am Wasser, auf niedern Zweigen sitzend, auf Insekten, und unbekannte Lockstimmen tönten durch den einsamen Wald. Nachdem wir 4 Legoas zurückgelegt hatten, traten wir aus dem Walde heraus und erblickten vor uns auf einer Anhöhe über dem Meere die *Villa Nova de Almeida.*

25

Villa Nova ist eine große *Aldea* der civilisirten Indier, welche von den Jesuiten hier angelegt ward; sie hat eine große steinerne Kirche, und zählt in ihrem ganzen Bezirke, von ungefähr 9 Legoas im Umfange, etwa 1200 Seelen.   In der *Villa* wohnen meistens Indier, aber auch einige Portugiesen und Neger.   Viele besitzen hier Häuser, in die sie von ihren Rossen (Pflanzungen) nur an den Sonn- und Festtagen herein-kommen.   Im Jesuitenkloster, welches jetzt dem Geistlichen zur Wohnung dient, findet man noch einige alte Schriften dieses Ordens, welches eine Seltenheit ist, da man in allen seinen übrigen Conventen die Bibliothe-ken nicht geachtet, sondern zerstört oder verschleudert hat.   Die Jesuiten lehrten hier vor Zeiten besonders die *Lingoa geral*; ihre Kapelle *Dos Reys Magos* soll sehr schön gewesen seyn.   Der Ort ist todt und scheint nicht stark bewohnt zu seyn; auch herrscht viel Armuth hier.   Die Indier bauen ihre Nahrung auf ihren Rossen von Mandiocca und Mays, führen etwas Holz und Töpferwaaren aus, und treiben dabey einen nicht ganz unbedeutenden Fischfang in der See und in dem bey der *Villa* vorbey fließenden Flusse *Saüanha* oder *Dos Reys Magos*.   Herr SEL-LOW, der später hierher kam, fand Gelegenheit, die sonderbare Art des Fischfangs mit den Zweigen des Tingi-Baumes zu sehen, deren schon LA CONDAMINE, als am Amazonenflusse gebräuchlich, erwähnt (*). Man schneidet nehmlich Zweige vom Tingi-Baume, klopft sie wund, bindet sie in Bündel zusammen und wirft sie ins Wasser, besonders da, wo der Fluß einen geringen Fall hat; zuweilen flicht man einen Zaun quer durch denselben, um die Fische aufzuhalten.   Diese werden

(*) DE LA CONDAMINE *voyage etc.* p. 156.   Auch S. DE VASCONCELLOS giebt in seinen *Noticias curiosas* von den Küsten-Indiern hierüber Nachricht.   Nach ihm fischten sie mit dem Japicay-Blättern, mit *Çipó* (*Timbo Putyäna* genannt) oder *Tingy*, auch *Tiniuiry*, ferner mit der Frucht *Curaruapé*, mit *Mangue*-Wurzel u. s. w.   S. p. 76.   Hierüber lese man ferner nach: Herrn Ritter BLUMENBACH in den Noten zu ANDR. VAN BERKEL's Reise nach *Rio de Berbice* (*ao.* 1671) *p.* 180, so wie auch KRUSENSTERN I. B. p. 180.

von dem ins Wasser übertretenden Safte betäubt, kommen an die Ober-
fläche, sterben oder können leicht mit Händen gegriffen werden. Die
Pflanzen, welche diese starke Wirkung hervorbringen, sind einige Arten
des Genus *Paullinia* und die *Jacquinia obovata*, ein Strauch mit rothen
Beeren und verkehrt-eyförmigen Blättern, der in den Gebüschen an der
Küste wächst und deshalb den Nahmen *Tinguy* (Tingi) *da Praya* trägt.

Man redete in *Villa Nova* noch von einem früher hier nie gesehenen Seethiere, welches unlängst getödtet worden war. Einige Indier hatten dasselbe mit mehreren Flintenschüssen auf dem Seestrande erlegt.
Es war grofs und soll Füfse wie Menschenhände gehabt haben. Man hatte
sehr viel Thran daraus bereitet; Kopf und Hände aber dem Gouverneur
nach *Capitania* gesandt. Unsere Bemühungen, genauere Nachrichten über
dies Thier einzuziehen, blieben jedoch fruchtlos, um so mehr, da man
das Skelet selbst zerschlagen und ausgesotten, zum Theil aber vergraben
hatte. Es scheint indessen aus den Angaben, dafs es eine *Phoca* oder
Manati gewesen ist.

Die Wälder, durch welche der *Saüanha* herabströmt, der in der
alten indischen Sprache *Apyaputang* genannt ward, sollen von *Coroados*
und *Puris* bewohnt seyn. Man spricht auch von dem Stamme der *Xipotos*
(Schipotos), die höher oben zwischen dem *Rio Doçe* und dem *Saüanha*
wohnen sollen, allein diese Angaben der Nahmen verschiedener Stämme
der Urbewohner sind unzuverläfsig. Vom *Saüanha* vorwärts bis zum
Mucuri ist die Seeküste beynahe blos von einzelnen Küsten-Indier-Familien
bewohnt. Sie reden hier durchgehends die portugiesische Sprache, und
haben ihre Bogen und Pfeile mit der Flinte vertauscht; ihre Wohnungen
selbst unterscheiden sich wenig von denen der portugiesischen Ansiedler;
ihre Hauptbeschäftigung ist die Arbeit in ihren Pflanzungen und Fischfang
in der See. Vom *Saüanha* nordwärts bedeckt die ganze Küste dichter
Wald. In wenigen Stunden erreicht man den Flufs *Pyrakäassú* (grofser

Fischfluſs), wie die Indier ursprünglich ihn nannten. Hier an der *Barra*
(Mündung) liegt eine kleine *Povoaçâo* von wenigen Häusern, die man
Aldea Velha nennt, und etwas höher am Flusse hinauf befindet sich ein
bedeutendes Dorf, von den Jesuiten, die hier zur Zeit ihrer Herrschaft eine
Menge Indier versammelten, gegründet. Fischfang und Muscheln verschafften ihnen die nöthigste Nahrung, daher findet man noch heut zu Tage
am Fluſsufer groſse Haufen von Muschelschaalen. Man hat denselben eine
andere Entstehung zuschreiben wollen, allein mehrere Schriftsteller (*)
bestätigen den Gebrauch des Austeressens bey jenen Wilden, und die
Umstände erläutern die Sache hinlänglich; man kann daher nicht bezwei-
feln, daſs diese Anhäufungen von Muschelschaalen von den Mahlzeiten
der alten Bewohner dieser Stelle herrühren. Als in der Folge viele portugiesische Pflanzer sich am *Pyrakäassú* niederlieſsen, sollen die Jesuiten
einen Theil der Indier, die früher hier gewohnt, weggeführt und mit
ihnen *Villa Nova* gegründet haben, um sie von den Portugiesen entfernt
zu halten. Wir erreichten *Aldea Velha* in der Abendkühlung. Man wendet sich hier um eine Landspitze an der See, und befindet sich plötzlich
an dem schönen breiten Flusse, der aus seinen mit Wald bewachsenen
Ufern in das Meer hervor strömt. Sechs bis sieben Strohhütten bilden in
einer kleinen Thalfläche die *Aldea Velha*, nur ein einziges etwas ansehn-
licheres Haus befindet sich darunter, und wird jetzt vom Commandanten
des Distrikts, einem Lieutenant der Besatzung von *Espirito-Santo*, bewohnt.
Wir fanden eine sehr freundliche Aufnahme in dem Hause des Herrn *Tenente;* die Bewohner waren erfreut einmal einige Worte mit Menschen
wechseln zu können; sie betrachten diese Station, wohin der Officier
auf einige Jahre commandirt wird, als eine Art von Verbannung. Der
jetzt hier wohnende Officier klagte sehr über Mangel an Unterhaltung und
allen Annehmlichkeiten des Lebens; selbst manchen Bedürfnissen muſste

(*) S. SOUTHEY etc. Vol. I, p. 36.

er an diesem von der Welt abgeschiedenen Aufenthalte entsagen. An
Lebensmitteln ist fast nichts als Mandioccamehl und etwas Fische zu bekommen. Die Bewohner von *Aldea Velha* sind arme Fischer; der Fluſs
ist jedoch fischreich und hat eine gute *Barra*, daher können Lanchas
ihn ziemlich weit hinauf segeln.

Da uns dieser Ort nicht auf längere Zeit fesseln konnte, so nahmen
wir am folgenden Tage Abschied von unserm gütigen Hauswirthe, und
setzten über den Fluſs. Der Strom war sehr hoch, breit und reiſsend,
und beynahe wäre uns eins unserer Reit-Maulthiere ertrunken, welches
in dieser Gegend ein unersetzlicher Verlust gewesen seyn würde. Ein
junger Indier des Commandanten, der sehr geschickt das von den Wellen
herum geworfene Canoe regierte, leistete uns hier gute Dienste. An
seichten Stellen am Ufer bemerkten wir Möven und Meerschwalben, und
zahlreiche Flüge des Verkehrtschnabels (*Rynchops nigra*, LINN.), der
wegen seines sonderbaren Schnabels bekannt ist. Jenseits des Flusses dehnen sich Waldungen aus, in welchen die Pflanzungen der Indier zerstreut
liegen; sie bauen hier besonders Mays, Mandiocca und Baga (*Ricinus*),
aus dessen Saamen sie Oel pressen. Hier traten wir wieder in einen
finstern schönen Wald, wo auf mannigfaltigen Blüthen die schönsten
Schmetterlinge umher schwärmten, und das Tosen der Brandung der
See an unser Ohr schlug. Der Ruf der *Jacupemba* (*Penelope Marail*,
LINN.), eines fasanenartigen Waldvogels, machte unsere Jäger aufmerksam, allein es gelang ihnen nicht, dieses sehr scheue Thier zu tödten.
Bald erreichten wir die Sandküste der See wieder, und setzten nun unsere
Reise noch 4 Legoas weiter fort, bis wir gegen Abend zu dem Militär-
posten *Quartel do Riacho* gelangten. Die See macht in dieser Gegend
viele Buchten, was dem Wege eine unangenehme Einförmigkeit giebt,
denn so wie man eine Landzunge zurückgelegt hat, erscheint in der
Ferne schon wieder eine andere. Wir fanden hier mehrere Arten von

Seetang (*Fucus*), welche die See auswirft, aber wenig Conchilien. Auf einigen Felsgruppen im Meere nistet die stahlblau glänzende Schwalbe (*Hirundo violacea*). An dieser Küste liegen weit von einander entfernt, und in dem dichten Gebüsche zerstreut, einzelne Wohnungen der Indier; ein Theil ihrer Bewohner wagt sich in Canoen weit in die See hinaus, um Fische zu fangen. Ein kleiner Bach, in dessen Bette der Boden so weich war, daſs unsere Thiere tief in denselben einsanken, hielt uns lange auf, unsere *Tropeiros*, Mariano und Felippe, suchten und fanden endlich mit den Reitthieren eine festere Stelle, indem sie sich ihrer Kleidungsstücke entledigten, und wir alle kamen glücklich, obgleich etwas benetzt, hinüber. Noch vor dem Einbrechen der Dämmerung erreichten wir das *Quartel*.

Quartel do Riacho ist ein Militärposten, bestehend aus einem Unterofficier und sechs Soldaten, zur Weiterbeförderung der Befehle und zur Verbindung mit der Postirung am *Rio Doçe*. Am Meeresufer liegen zwey Häuschen, in deren einem die Familien einiger Soldaten wohnen, die auf den nahen Pflanzungen ihren Unterhalt gewinnen. Der hier commandirende Unterofficier war ein vernünftiger Mann, der uns manche interessante Nachricht gab. Von nun an erhielten wir von dem Kriege, den man in den Wäldern am *Rio Doçe* mit dem feindlichen Stamme der *Botocudos* führt, immer genauere Kunde, da wir jetzt an den Gränzen der Wildnisse jener Nation angelangt waren. Der Unterofficier selbst hatte einen Pfeilschuſs durch die Schulter erhalten, als er noch auf einem der *Quartelle* am *Rio Doçe* diente; er war aber völlig von dieser gefährlichen Wunde geheilt. Der Stamm der *Botocudos* (von den Europäern so genannt) streift an den Ufern des *Rio Doçe*, bis hinauf zu dessen Ursprunge in der *Capitania* von *Minas Geraës*, in den Wäldern umher. Diese Wilden zeichnen sich durch die unter ihnen herrschende Sitte, Menschenfleisch zu essen, und durch ihren kriegerischen Geist aus; sie leisteten den Portugiesen bisher beharrliche Gegenwehr. Wenn sie auch zuweilen an einem Orte mit allen Zeichen friedlicher Gesinnungen erschienen, so begiengen sie dagegen an einem andern Feindseligkeiten und Ausschweifungen, und es hat daher nie ein dauerndes Einverständnifs mit ihnen statt gefunden. Schon vor vielen Jahren hatte man, acht oder zehn Legoas aufwärts am *Rio Doçe*, an der Stelle, wo jetzt die *Povoação* von *Linhares* erbaut ist, einen Militärposten (*Destacamento*) von sieben Soldaten errichtet, und ihn mit einer Kanone versehen, um die neu anzulegende Strafse nach *Minas* zu decken. Anfangs wurden die Wilden wirklich dadurch zurückgescheucht; als sie aber nach und nach mit den Europäern und ihren Waffen bekannter geworden, verlor sich allmählich ihre Furcht. Einst überfielen sie das *Quartel*, tödteten einen der Soldaten, und würden auch die übrigen, die schnell entflohen waren, noch eingeholt und getödtet haben, wenn diese nicht in dem Flusse ihr Heil gesucht und auf dem zufällig eben mit der Ablösung anlangenden Canoe sich gerettet hätten. Da die Wilden sie nicht erreichen konnten, so verstopften sie nun die Kanone mit Steinen und zogen sich dann wieder in ihre Wälder zurück. Der kürzlich verstorbene Staatsminister, *Conde* DE LINHARES, erklärte ihnen hierauf in einer bekannten Proclamation förmlich den Krieg; auf seinen Befehl wurden die am *Rio Doçe* schon früher errichteten Militärposten verstärkt und vermehrt, um die Ansiedelungen der Europäer und den Verkehr nach *Minas* stromaufwärts zu decken. Seitdem verschonte man die *Botocudos* nirgends mehr; ohne Unterschied des Geschlechts und des Alters wurden sie ausgerottet, wo man sie fand, und nur hie und da bey besondern Veranlassungen wurden einzelne, noch völlig unmündige Kinder erhalten und aufgezogen. Der Ausrottungskrieg gegen sie wurde mit um so gröfserer Erbitterung und Grausamkeit geführt, je fester man sich überzeugt hielt, dafs sie alle in ihre Hände gefallene Feinde tödteten und ihr Fleisch verzehrten. Und als man erfuhr, daſs sie hie und da am *Rio Doçe*, nach ihrer Weise, durch Händeklatschen friedliche Gesinnungen an den Tag gelegt, und dann Portugiesen, die im Vertrauen auf diese Friedenserklärung gutmüthig zu ihnen hinüber gefahren waren, heimtückisch mit ihren furchtbaren Pfeilen getödtet hatten, da erlosch auch der letzte Funke des Glaubens, bey diesen Wilden Menschengefühl zu finden. Daſs man indessen in diesem, die Würde der Menschheit verletzenden Urtheil zu weit gieng, und daſs man an der Unverbesserlichkeit dieser Wilden, durch die Art, sie zu behandeln, wenigstens eben so viel Antheil hat, als ihre eigene Rohheit, das ist auffallend sichtbar in den sehr günstigen Wirkungen, welche das gemäſsigte und menschenfreundliche Benehmen des Gouverneurs *Conde* DOS ARCOS in der *Capitania* von *Bahia* bey den am *Rio Grande de Belmonte* sich aufhaltenden *Botocudos* hervorgebracht hat. Wirklich in hohem Grade überraschend, und zu den wichtigsten Betrachtungen veranlassend ist der Contrast, den der Reisende findet, wenn er von dem Schauplatze des unmenschlichen kleinen Krieges am *Rio Doçe*, nach einem Zwischenraume von wenigen Wochen in die Gegenden am *Rio Grande de Belmonte* eintritt, und daselbst die Einwohner durch einen seit etwa drey oder vier Jahren geschlossenen Frieden mit eben jenen Wilden in den friedlichsten Verhältnissen leben sieht, die diesen die gewünschte Ruhe, und jenen Sicherheit und die bedeutendsten Vortheile gewähren.

Um die merkwürdige Gegend am *Rio Doçe*, wovon man uns schon zu *Capitania* so manches Anziehende erzählt hatte, näher kennen zu lernen, verlieſsen wir früh Morgens, von zwey Soldaten begleitet, das *Quartel do Riacho*, und setzten unmittelbar bey den Hütten über den *Riacho* (Bach), von dem jenes *Quartel* den Nahmen hat. Wir hatten von hier aus einen sehr beschwerlichen Weg von acht starken Legoas im tiefen Sande und in der glühenden Decemberhitze zu machen.

Der Boden ist ein schwer mit Quarz und kleinen Kieseln gemischter Sand, der die Füſse der Menschen und Thiere gar sehr ermüdet. Nach dem Lande hin bedeckt niedriges Gesträuch, besonders von der Zwerg-Cocospalme (*), den Sand; hinter diesem steigt der dichte Wald in die Höhe, in welchem, nicht weit von der *Praya* entfernt, das *Quartel dos Comboyos* liegt, wo drey Soldaten zur Erhaltung der Communication stationirt sind. Wir fanden hier Spuren von den colossalen Seeschildkröten (*Tartarugas*), die aus dem Meere aufs Land kriechen und ihre Eyer in dazu in den Sand gescharrte Gruben legen. An vielen Stellen lagen noch Ueberreste von diesen Thieren, Panzer und Skelette, an welchen wir die sehr groſsen Schedel bewunderten; ich fand einen, der nicht weniger als drey Pfunde wog. Die Indier essen das Fleisch dieser Schildkröten, und gewinnen eine Menge Fett von ihnen; auch suchen sie die Eyer derselben, deren man oft 12 bis 16 Dutzend in einer Grube findet, sehr sorgfältig auf. Diese Eyer sind rund, weiſs, mit einer lederartig biegsamen Haut überzogen und enthalten ein wasserhelles Albumen und einen schön-gelben Dotter, der schmackhaft ist, aber doch etwas Fischartiges im Geschmacke hat. Wir begegneten einigen indischen Familien, die ganze Körbe voll dieser Eyer nach Hause trugen. Die Gröſse dieser Meerschildkröten kann man nach den Panzern beurtheilen, die wir hier fanden, und deren Länge an fünf Fuſs betrug. Beym Eintritt der drückenden Mittagshitze befand sich unsere *Tropa* schon in einem etwas erschöpften Zustande, da es durchaus an Trinkwasser fehlte, um den brennenden Durst der Lastthiere, und besonders der von Schweis triefenden Fuſsgänger zu löschen. Wir hielten an und suchten im Schatten der niedrigen Gesträuche Schutz, allein der Boden war so heiſs, daſs wir auch hier wenig Erfrischung fanden; nur die Füſse ruheten und den Thieren verschafften wir durch das Abladen ihrer Lasten einige Erholung. Hier kam

(*) Weiterhin folgt eine Aufzählung der verschiedenen Palmenarten.

uns jetzt die Erfahrung unserer jungen Indier vortrefflich zu statten; sie giengen mit einigen Gefäfsen in die Gesträuche und sammelten das zwischen den Blättern der Bromelia-Stauden befindliche Wasser. Dieses Wasser ist nach eben gefallenen Regen rein und klar, allein jetzt, da es lange nicht geregnet hatte, war es schwarz und schmutzig; wir fanden sogar Froschlaich und junge Frösche darin. Man gofs es durch ein Tuch, vermischte es mit etwas Branntwein, Limonensaft und Zucker, und so gab es uns jetzt eine herrliche Erquickung. Wir fanden hier auf den Bromelia-Stauden häufig einen kleinen gelblichen Laubfrosch (*), der hier, so wie viele Thiere dieser Gattung, seine Brut über der Erde aus-bringt; öfters fanden wir auch seine kleinen schwarzen Larven. Man darf sich nicht wundern, dafs hier zu Lande der Erde angehörende Reptilien ihre Brut auf Bäumen erziehen, da selbst der Mensch in die-sem, an sonderbaren Erscheinungen so reichen Welttheile an manchen Orten auf den Bäumen lebt, wie zum Beyspiel die Guaraunen, von denen uns Herr von Humboldt interessante Nachrichten mittheilt. Wir brachen nach einiger Ruhe wieder auf, setzten unsere Reise tief in die Nacht hinein fort, und fanden uns endlich bey Mondschein in einer san-digen, ebenen, von Holz entblöfsten Gegend, unweit der Mündung des *Rio Doçe.* Hier verirrten sich die beyden als Führer mitgenommenen Soldaten, und wir waren genöthigt, so ermüdet wir auch waren, den-noch lange zu warten, bis sie den rechten Pfad fanden, auf dem sie uns dann nach dem *Quartel da Regencia* führten. Dies ist ein Militärposten von fünf Soldaten, welcher an der Mündung des Flusses errichtet ist, um Befehle längs der Küste hin weiter zu befördern, die Reisenden über den Flufs zu setzen und mit der *Povoação* von *Linhares* die Verbindung zu unterhalten. Wir brachten die Nacht in dem ziemlich geräumigen Hause

(*) Ein noch unbeschriebener kleiner Laubfrosch, *Hyla luteola*, von blafsgelblicher Farbe mit einem dunkleren Striche durch das Auge.

der Soldaten hin, in welchem sich mehrere Zimmer mit hölzernen Pritschen und einem Tronck (*) befanden.   Diese Leute leben hier schlecht; Fische, Mandioccamehl, schwarze Bohnen und zuweilen etwas Salzfleisch machen ihre einzige Nahrung aus.   Sie waren alle farbige Leute, Creolen, Indier, Mamelucken oder Mulatten.   Kaum war der folgende Morgen angebrochen, als die Neugierde uns hinaustrieb, um den *Rio Doçe*, den bedeutendsten Fluſs zwischen *Rio de Janeiro* und *Bahia* zu sehen; stolz und majestätisch wälzte sich jetzt der hochgefüllte Strom dem Meere zu; seine groſse Wassermasse wogte in einem Bette hin, das uns noch einmal so breit als das unsers deutschen Rheins, an seinen breitesten Stellen, erschien.   Nach einigen Tagen war er jedoch schon wieder etwas von seinem hohen Stand gefallen.   Nur in den Wintermonaten, besonders im December, erreicht er jene beträchtliche Stärke; zu andern Zeiten, besonders nach anhaltend trockner Witterung, erscheinen überall Sandbänke in seiner Mitte, wovon man jetzt keine Spur erblickte.   Seine Mündung ist daher nie zugänglich, und groſse Schiffe können wegen der Untiefen und Sandbänke nicht einlaufen; selbst Lanchas nur bey dem höchsten Wasserstande.   Seinen Ursprung hat der *Rio Doçe* in der *Capitania* von *Minas Geraës*, wo er durch die Vereinigung des *Rio Piranga* mit dem *Ribeirâo do Carmo* gebildet wird; erst nach dieser Vereinigung nimmt er den Nahmen *Rio Doçe* an (**).   Er durchströmt eine bedeutende Fläche Landes, und macht mehrere kleine Caxoeiras, wovon drey bald aufeinander folgende die *Escadinhas* genannt werden.   Die Ufer dieses schönen Stromes sind von einem dichten Urwalde bedeckt, der eine groſse

(*) Der *Tronco* ist eine Strafe für die Soldaten. Er besteht in einem langen auf die Kante senkrecht gestellten Bret, worin der Reihe nach runde Löcher eingeschnitten sind, durch welche der Kopf des Delinquenten geschoben wird; das Bret umschlieſst den Hals, während der Mensch in horizontaler Stellung auf der Erde ausgestreckt liegen muſs. S. von Eschwege's Journal von Brasilien, Heft I. S. 128.

(**) S. v. Eschwege's Journal von Brasilien, Heft I. S. 52.

Menge verschiedener Thierarten ernährt.   Hier findet man häufig den *Anta* (*Tapirus americanus*), zwey Arten von wilden Schweinen (*Dicotyles*, Cuvier), den *Pecari* oder *Caytetu* und das *Porco a quechata branca* (*Taytetu* und *Tagnicati* von Azara), zwey Arten von Rehen (den *Guazupita* und *Guazubira* des Azara), und über sieben verschiedene Katzenarten, wovon die gefleckte Unze (*Yaguaréte*, Azara) und der schwarze Tiger (*Yaguaréte noir*, Azara) die gröfsten und gefährlichsten sind.   Allein weit furchtbarer als diese Raubthiere, und der Schrecken jener undurchdringlichen Wälder ist der hier lebende Urbewohner, der rohe wilde *Botocude*.   Aus Mangel an Menschen ist diese Gegend noch sehr wenig bevölkert, so dafs bis jetzt noch blos auf dem Flusse eine Communication unterhalten wird.   Vor wenig Wochen hatte man zwar längs des südlichen Ufers herab eine Picade (Waldpfad) eröffnet, allein sie ist jetzt noch lange nicht vollendet, und der Wilden wegen nur mit Bewaffneten zu passiren.   Der Staatsminister *Conde* de Linhares hatte sein Auge besonders auf diese fruchtbare schöne Gegend gerichtet; er legte neue Militärposten an, und erbauete, acht oder zehn Legoas am Flusse aufwärts, die *Povoaçâo*, die jetzt nach ihm *Linhares* benannt ist, an der Stelle, wo ehemals das erste *Quartel* gewesen war.   Er sandte desertirte Soldaten und andere Sträflinge hierher, um die neue Colonie zu bevölkern, und ohne Zweifel würden diese Ansiedelungen in kurzer Zeit sich gehoben haben, wenn nicht der Tod jenen thätigen Minister zu früh abgerufen hätte. Seitdem ist diese Gegend völlig in Vergessenheit gerathen, und werden nicht kräftigere Mafsregeln ergriffen, so kann sie bald völlig verödet seyn.

Wir sehnten uns nun mit Ungeduld, den schönen *Rio Doçe* hinauf zu schiffen, um uns wo möglich von dem interessanten Schauplatz des Waldkrieges mit den *Botocudos* durch die eigene Ansicht zu unterrichten. Dennoch mufsten wir wegen eines ungestümen Windes, der am 25ten December die Wassermasse des Flusses zu sehr bewegte, auf den Rath der

Soldaten, die Abreise noch um einen Tag verschieben. Der folgende Morgen war warm und still, und wir schifften uns daher mit Anbruch des Tages in einem langen Canoe ein, welches von sechs Soldaten regiert wurde. Wir waren zusammen neun Personen, alle wohl bewaffnet. Um den *Rio Doçe* bey seinem hohen Stande hinauf zu schiffen, werden wenigstens vier Mann erfordert, welche das Canoe mit langen Stangen (*Varas*) aufwärts schieben. Da sich überall seichte Stellen finden, die in der trocknen Zeit Sandbänke bilden, so ist auf diesen auch selbst bey hohem Wasser immer Grund zu fassen, und man kommt, wenn alle Umstände möglichst glücklich zusammentreffen, in einem Tage, jedoch erst Abends spät, nach *Linhares*. Das Wetter war sehr günstig, und als wir uns einmal an das Schwanken des schmalen Canoes, welches die dasselbe fortschiebenden Soldaten durch ihr Umhergehen verursachten, gewöhnt hatten, fanden wir die Fahrt sehr angenehm. Als es völlig Tag wurde, sahen wir den weiten Spiegel des reißenden Stromes in der Morgensonne glänzen, die fernen Ufer waren mit finstern Urwäldern so dicht bedeckt, daß auf der ganzen weiten Strecke, die wir beschifften, auch nicht ein freyes Plätzchen erschien, wo ein Haus hätte stehen können. Zahlreiche Inseln verschiedener Größe und Bildung treten aus der Wasserfläche hervor; sie sind üppig grün mit Urwald bedeckt. Eine jede von ihnen hat ihren besondern Nahmen, ihre Anzahl soll weiter aufwärts immer zunehmen. In seinem hohen Stande hat der *Rio Doçe* ein trübes, gelbes Wasser, welches nach der allgemeinen Sage der Einwohner sehr leicht Fieber erzeugen soll. Fische leben in Menge darin, selbst der Sägefisch (*Pristis Serra*) steigt bis weit über *Linhares* hinauf und bis in die *Lagoa* von *Juparanán*, wo er häufig gefangen wird. Aus den Wäldern schallt das Geschrey einer Menge von Affen hervor, besonders der *Barbados* (*Mycetes ursinus*), der *Saüassü's* (*Callithrix personatus*, GEOFFROY) u. a. Eine der größten Zierden der brasilianischen Wälder, der prachtvolle

Arara (*Psittacus Macao*, Linn.), bey uns in Europa gewöhnlich Aras genannt, war uns wild noch nie zu Gesicht gekommen; jetzt hörten wir laute, rabenartige Stimmen, und über die stolzen Kronen der hohen Sapucaya-Bäume erhoben sich diese prachtvollen Vögel. An ihrem langen Schweif erkannte man sie von fern schon, und ihr brennend rothes Gefieder schimmerte unbeschreiblich schön im Glanze der heitern Sonne. Perikitten, Maracaná's, Maitacca's, Tiriba's, Curica's, Camutanga's, Nandaya's und andere Arten von Papageyen, strichen laut schreyend in zahlreichen Schwärmen von Ufer zu Ufer, und die große stattliche Bisam-Ente (*Anas moschata*, Linn.) ließ sich am Ufer im Saume des Waldes auf dem Aste eines Cecropia-Stammes nieder. Auf den Sandbänken (*Coroas*) saß der Verkehrtschnabel (*Rynchops nigra*, Linn.) unbeweglich mit eingezogenem Halse da; Tucane und der Çurucuá (*Trogon viridis*, Linn.) ließen ihren lauten Ruf erschallen. Blos von diesen wilden Thieren und von den rohen *Botocudos*, die jedoch jetzt seltener sind, werden die Ufer dieses Stroms bewohnt. Ansiedler giebt es hier beynahe gar nicht, nur an zwey Orten haben einige wenige Menschen, mit Waffen zu ihrer Vertheidigung hinlänglich versehen, sich niedergelassen. Sie führen immer eine Flinte bey sich, wenn sie nach ihren Pflanzungen gehen, und diejenigen von ihnen, die keine Gewehre besitzen, haben wenigstens einen Bodock, um mit Kugeln oder Steinen zu schießen. Die *Botocudos* lassen sich hier in den untern Gegenden des Flusses nur von Zeit zu Zeit, und durchstreifend, sehen. Gegen Mittag erreichten wir noch die kleine Insel, welche man ihrer Gestalt wegen *Carapuça* (Mütze) benannt hat. Hier ruheten unsere ermüdeten Schiffer, und wir fanden nun, daß es durchaus unmöglich sey, heute *Linhares* zu erreichen. Um vor dem Zuge des reißenden Stromes gesichert zu seyn, schifften wir zwischen dem festen Lande und einer Insel hindurch in einen schmalen Canal, wo eine Menge von schönen Vögeln, besonders von Papageyen umher flogen, unter denen die prachtvollen rothen *Araras* in dem Scheine der untergehenden Sonne vorzüglich glänzten. Die Ufer dieser Inseln und des Canals waren grofsentheils durch das hohe Fächerrohr (*Ubá*), dessen Blumenschaft die *Botocudos* zu ihren Pfeilen benutzen , noch dichter verflochten. Als der Abend anbrach, hielten unsere Soldaten Rath, ob es besser sey auf der *Ilha Comprida* (der langen Insel) oder einer andern zu übernachten. Die erstere verwarf man, weil sie nur durch einen schmalen seichten Canal vom festen Lande getrennt ist, und wir deshalb nicht sicher vor einem Besuche der Wilden gewesen seyn würden. Wir fuhren daher nach der *Ilha de Gambin*, wo vor Zeiten die Gouverneure zu übernachten pflegten, wenn sie die Colonie am *Rio Doçe* besuchten. Der jetzige Gouverneur hat diese Besuche nicht fortgesetzt, und wir fanden das Gebüsch am Ufer so dicht verwachsen, dafs einer meiner Jäger mit dem Waldmesser erst Platz hauen mufste, um den Fufs ans Land setzen zu können. Auf einer freyen Stelle, von welcher eine grofse Eule (*Curuja*) und eine Bisam-Ente durch die unerwarteten Gäste aufgeschreckt, entflohen, loderte bald ein grofses freundliches Feuer auf. Wir litten etwas von den unzähligen Moskiten, schliefen aber ruhig bis zum Morgen. Sehr früh am Tage verliefsen wir die Insel, schifften den Flufs weiter aufwärts bey mehreren Inseln vorbey und in einen zwischen der *Ilha Comprida* und dem nördlichen Ufer des Flusses gelegenen Canal hinein; hier war der Trieb des Wassers lange nicht so stark, allein wir fanden dagegen viele dürre, umgefallene Stämme und grofse Aeste, welche hinweggeräumt werden mufsten, um die Fahrt fortsetzen zu können. Die Gebüsche und hohen Urstämme, die diesen Canal einfassen, sind mannigfaltig und prachtvoll. Verschiedene Arten von Cocos, besonders die schlanke *Cocos de Palmitto* (an andern Orten *Jissara* genannt) mit ihrem hohen dünnen Schafte und der kleinen glänzend grünen, schön gefiederten Krone, zieren diese schattenreichen Wälder, aus deren dichten Verflechtung sonderbare Lock-

stimmen hervor schallen.   Unten, nahe über dem Wasser, blühten einige
uns noch neue Prachtblumen, unter andern ein *Convolvulus* (oder eine verwandte Pflanze) mit besonders großer weißer Blüthe, und ein bohnen-
artiges Gewächs aus der *Diadelphia* mit hochgelber großer Blume, das in
dichten gedrängten Guirlanden das Gebüsch durchflocht.   Ein *Jacaré*,
ruhig im Schlamme sich sonnend, entfloh vor unsern Ruderschlägen.   Die
5te Tafel ist eine Abbildung der Schifffahrt in diesem engen Canale und sie
giebt dem Beschauer einen sehr lebendigen Begriff von der Ueppigkeit und
der Fülle dieser herrlichen Natur.   Wir erreichten jetzt mehrere Inseln,
wo man schon von *Linhares* aus Pflanzungen angelegt hatte; denn auf
diesen Inseln allein ist man ganz sicher vor den Wilden, die keine
Canoe's haben, und deshalb nur übersetzen können, wo der Fluß wenig
Breite und Tiefe hat.   Auf der *Ilha do Boi* (Ochsen-Insel) wohnt der
Guarda Mor und auf der *Ilha do Bom Jesus* der Geistliche von *Linhares*.   Gegen Mittag erblickten wir *Linhares* und landeten, nachdem
wir mit großer Anstrengung den reißenden Strom durchschnitten, und
dabey zwey Stangen (*Varas*) zerbrochen hatten, am nördlichen Ufer.
Als wir in *Linhares* angekommen waren, traten wir im Hause des
Herrn *Alferes* CARDOSO DA ROSA ab.   Dieser Officier commandirte
die Postirung hier am *Rio Doçe;* er war jetzt gerade im andern Theil
der *Povoaçâo* jenseits des Flusses auf der *Fazenda* von *Bomjardim*,
wohin wir bald nach unserer Ankunft ebenfalls eingeladen wurden.   Wir
setzten in einem leichten Canoe, von den Negern der *Fazenda* vortrefflich geführt, pfeilschnell quer über den breiten reißenden Fluß, und
fanden eine sehr freundschaftliche biedere Aufnahme im Hause des Herrn
Tenente JOâO FELIPPE CALMON, wo wir eine muntere Gesellschaft
versammelt fanden.   Hier trafen wir auch den Herrn *Alferes* noch
an, den wir von unsern Absichten und dem Zweck unserer Reise unter-
richteten.   Wir nahmen die *Fazenda* in Augenschein, bey welcher der

Besitzer das erste Zucker-Engenho am *Rio Doçe* angelegt hat.   Seine Pflanzungen von Zuckerrohr, Reis, Mays, Mandiocca u. s. w. standen im üppigsten Wuchse; die Mandiocca gedeiht in dieser Gegend am wenigsten. Herr CALMON hat durch seine Einsicht und Thätigkeit sich um die hiesige Gegend sehr verdient gemacht, indem er durch sein Beyspiel zu Bearbeitung des Bodens ermunterte.   Mit 17 Sclaven — so viel hatte er wenigstens jetzt — hat er ein beträchtliches Stück Wald angerodet, und durch seine vortrefflich gedeihenden Pflanzungen gezeigt, daſs der Boden an diesem Strome äuſserst fruchtbar und aller möglichen Cultur fähig sey.   Wir brachten hier einen Tag (den 28. December) sehr vergnügt zu, da der Herr *Alferes* und Herr *Tenente* CALMON sich beeiferten, uns angenehm zu unterhalten.

Linhares ist bis jetzt eine sehr unbedeutende Ansiedelung, ungeachtet, wie weiter oben gesagt worden ist, der Minister *Conde* DE LINHARES sich viele Mühe gegeben hatte, sie empor zu bringen.   Auf seinen Befehl wurden die Gebäude im Quadrate auf einem von Holz befreyten Platze nahe über dem Fluſsufer und einer steilen Thonwand errichtet.   Die Häuser des Orts sind klein, niedrig, mit Cocos- oder Uricanna-Blättern gedeckt, von Lehm und unbeworfen.   Eine Kirche existirt hier noch nicht, man liest die Messe in einem kleinen Hause. Auf der Mitte des Quadrates, das die Gebäude bilden, hat man ein hölzernes Kreuz aufgestellt, und hat zu diesem Endzwecke einen mäſsig groſsen Sapucaya-Baum, der hier gestanden, blos abgeschnitten und mit einem Querbalken versehen.   Die Bewohner haben ihre Pflanzungen theils in dem das Dorf rund umgebenden Walde angelegt, theils auf den Inseln im Flusse.   Herr *Tenente* CALMON war jedoch der erste, und blieb bis jetzt der einzige, welcher eine *Fazenda* und Engenho anlegte.   Als er sich hier, *Linhares* gegenüber, niederlassen wollte, nahm er etwa 30 bis 40 bewaffnete Leute, und gieng auf die daselbst in Masse versammelten *Botocudos*, die ihm den Platz streitig machen wollten, los.   Einer dieser

27

Wilden wurde getödtet, man sah aber bald, daſs man diese bey 150 Bogen starke Horde durch Gewalt allein nicht vertreiben würde, schlug also einen andern Weg ein, bedrohte sie im Rücken und vertrieb sie auf diese Art mit List. Seitdem haben sie ihn, während der drey Jahre, die er nun hier lebt, nicht mehr beunruhigt. Eben so wie auf seiner *Fazenda* der fruchtbare Boden, könnten auch hier bey etwas Handel die verschiedenen kostbaren Holzarten benutzt werden, welche diese Wälder in Menge anfüllen. *Peroba*, ein vortreffliches Schiffbauholz, wird zwar als ein Regal betrachtet, allein Herr CALMON erhielt die Erlaubniſs, einige groſse schöne Seecanoes davon zu bauen, die er mit den Produkten seiner *Fazenda* und mehreren vortrefflichen Hölzern, die schon öfter genannt worden sind, nach *Capitania* und nach andern Orten sendet. Um diese Ansiedelung im allgemeinen gegen die Angriffe und Grausamkeiten der *Botocudos* zu schützen, hat man acht Destacamente oder Quartelle angelegt, die in verschiedener Richtung in die groſsen Waldungen vorgeschoben sind; sie sollen zugleich, und ganz besonders, die Handelsverbindungen decken, die man seit kurzer Zeit den Fluſs aufwärts nach *Minas Geraës* hin zu eröffnen gestrebt hat. Wirklich sind schon Soldaten von dort herab gekommen, die in hinlänglicher Anzahl, wohl bewaffnet und mit dem Panzerrock (*Gibâo d'armas*) versehen waren. Diese Panzerröcke, deren sich auf allen Quartellen einige befinden, sind eine unentbehrliche Bedeckung gegen die kräftigen Pfeilschüsse der Wilden. Sie sind weit, von baumwollnen Zeug und mit mehreren Lagen baumwollner Watte dicht gesteppt, haben einen hohen, stehenden Kragen, der den Hals deckt, kurze Aermel, die den Oberarm schützen, und reichen bis etwa auf die Knie herab, sind jedoch wegen ihrer Schwere besonders an heiſsen Tagen höchst lästig. Ein Paar auf diese Art gerüstete Soldaten stellt die Vignette dieses Abschnittes dar. Nicht leicht dringt, selbst in der Nähe darauf abgeschossen, der kräftigste Pfeil in einen solchen Rock ein, und nie bleibt ihm so viel

Kraft, den Körper bedeutend zu verwunden. Uebrigens hat man zu diesen Panzerröcken zu grofses Vertrauen, denn man behauptete uns, selbst
eine Kugel würde nicht eindringen. Ich liefs daher, um mich von der
Wahrheit dieser Versicherung zu überzeugen, einen meiner Jäger auf 80
Schritte mit einer Pürschbüchse darauf schiefsen, und die Kugel durch-
bohrte beyde Seiten des Rockes, der noch dazu nicht ausgefüllt war. Es
zeigte sich indessen aus unsern weiteren Versuchen allerdings, dafs die
schwersten Schroote auf 60 Schritte völlig platt geschlagen auf die Erde
herabfielen, ohne einzudringen, und dafs diese Röcke also den Pfeilen
hinlänglichen Widerstand leisten.

    In *Capitania* und an andern Orten verfertigt man Panzerröcke von
Seide, welche zwar weit leichter, aber auch weit kostbarer sind. Bey
dem letzten Gefecht zu *Linhares* ward von einem besonders starken Botocuden ein äufserst kräftiger Pfeil in geringer Entfernung auf einen der
angreifenden Soldaten abgeschossen. Er drang durch den festen Rock,
verletzte aber den Soldaten nur schwach in der Seite; jedesmal aber
giebt doch selbst ein abprallender Pfeil einen sehr heftigen Stofs.

    Von der *Fazenda* zu *Bomjardim* hat man in neuern Zeiten einen Weg
nach dem *Quartel do Riacho* angelegt, der bey einer *Lagoa* vorbey zieht,
welche den Nahmen *Lagoa dos Indios* trägt (*). Dort befindet sich ein
zweytes Destacament, welchem man den Nahmen *Quartel d'Aguiar* gegeben hat. Hier wohnen einige indische Familien, und acht indische Soldaten versehen den Dienst. Die civilisirten Indier dienen als Soldaten gegen
ihre rohen Stammverwandten sehr gut. Die Wilden hassen sie daher sehr,
und sollen zuerst nach ihnen schiefsen, weil sie diese für Verräther an
ihrem Vaterlande halten. Von *Linhares* etwas vorwärts in den Wäldern

────────────

(*) Auf diesem Wege sind nach meiner Anwesenheit in *Linhares* im Monat April 1816,
drey Soldaten von den *Botocudos* ermordet worden, worüber weiter unten eine nähere Nachricht gegeben wird.

befindet sich das *Quartel segundo de Linhares* (da man das Dorf *Linhares* selbst als das erste *Quartel* rechnet) mit 23 Soldaten; auf der südlichen Seite des *Rio Doçe* errichtete man von *Bomjardim* aufwärts zwey *Quartelle* am Ufer. Das *Quartel d'Anadya* besteht aus 12 Soldaten, und das am weitesten vorgeschobene *Quartel* von *Porto de Souza* hat 20 Mann. Zu *Linhares* sind acht Panzerröcke, zu *Porto de Souza* vier, und im *Quartel d'Anadya* einer, die damit bekleideten Leute müssen bey Gefechten den ersten Angriff thun. Der commandirende Officier zu *Linhares* hat einen beschwerlichen Dienst, denn er muſs alle Monate einmal, ohne Rücksicht auf Hitze oder Regen nehmen zu dürfen, die ganze Postirung bereisen, welches einen Weg von 90 Legoas ausmacht. Herr *Alferes* CARDOSO DA ROSA, welcher schon lange hier steht, läſst zur Sicherheit der Bewohner die Waldungen von den *Quartellen* aus durchstreifen. Findet man Wilde, so sind zwey schnell nach einander gegebene Schüsse das Signal, auf welches alles, was schieſsen kann, hinaus eilt. Oft greifen aber auch die Wilden die Pflanzungen an, und haben auf diese Art schon mehrere Bewohner von *Linhares* getödtet. Noch im vergangenen Augustmonat (1816) widerfuhr dies dem *Quartel segundo de Linhares*, wo indessen ein sehr entschlossener *Mineiro* als Unterofficier das Commando führte, und die Wilden zurückschlug. Die jetzt zu *Linhares* lebenden Menschen sind gröſstentheils Soldaten mit einem Fähndrich, einem Chirurgen und einem Geistlichen, so wie einige wenige Pflanzer, welche ihren Unterhalt durch ihre Rossen gewinnen. Der Geistliche, wie man sagte ein Günstling des Gouverneurs RUBIM zu *Capitania*, maſste sich ein ihm nicht gebührendes Ansehen in der Colonie an, und mischte sich in alle Angelegenheiten, wenn sie gleich mit seinen Amtsgeschäften gar nicht in Berührung kamen; man fürchtete ihn um so mehr, da er abwechselnd hier und in *Villa de Victoria*, in der Nähe des Gouverneurs, sich aufhielt. Diese Colonie, aus der man leicht einen der wichtigern Plätze an der Ostküste machen könnte, wurde zur Zeit meiner

Anwesenheit daselbst sehr unzweckmäfsig und stiefmütterlich behandelt. So mufsten die Menschen, welche von hier verreisen wollten, immer erst um eine Erlaubnifs ansuchen; keine Familie durfte in drey Monaten mehr als eine Bouteille Branntwein consumiren und dergleichen mehr. Jetzt wird diese Ansiedelung wohl ihrem Ende nahe seyn, wenn sie nicht unterstützt worden ist, denn im Verfolg dieses Reiseberichts wird sich Gelegenheit finden zu erzählen, wie es ihr später ergieng.

Der Aufenthalt am *Rio Doçe* war unstreitig einer der interessantesten Punkte meiner Reise in Brasilien, denn an diesem Flusse, der an herrlichen Naturscenen und an naturhistorischen Merkwürdigkeiten so reich ist, findet der Naturforscher auf lange Zeit Beschäftigung und die mannigfaltigsten Genüsse. Noch bedeutender würde aber seine Ausbeute seyn, wenn man ungehindert und gefahrlos jene noch undurchforschten Wälder durchwandern könnte. Reizendere Ansichten soll man selten finden, als z. B. die *Lagoa de Juparanan* (*), ein grofser Landsee, nicht weit von *Linhares*, der mit dem nördlichen Flufsufer durch einen schmalen Canal zusammenhängt. Dieses schönen See's wird schon in älteren Schriften erwähnt. Sebastiam Fernandes Tourinho, der 1572 zuerst den *Rio Doçe* hinauf schiffte, will in westlicher Richtung einen See gefunden haben, welches höchst wahrscheinlich diese *Lagoa* ist, nur pafst die Richtung des in den Strom fallenden Baches, so wie die *Cachoeira* (Wasserfall) nicht, und die Entfernungen sind ebenfalls verschieden. Man lese hierüber Southey in seiner Geschichte von Brasilien und Simam de Vasconcellos nach.

Herr Freyreiss, welcher einige Monate später *Linhares* noch einmal besucht hat, theilte mir von seiner Fahrt nach dieser *Lagoa* folgende

(*) Das Wort *Juparanan* oder eigentlich *Juparaná* kommt nicht aus der Sprache der *Botocudos*, welche diese Gegend jetzt bewohnen, sondern aus der *Lingoa geral*, und *Paraná* bedeutet Meer oder grofses Wasser. Auf Arrowsmith's Karte ist diese *Lagoa* nicht angegeben; Faden hingegen hat sie unter dem richtigen Nahmen angemerkt, ihre wahre Lage aber verfehlt

Beschreibung mit, die ich mit seinen eigenen Worten gebe: „Ein Canal, der selten mehr als 60 Fuſs breit, der aber tief ist und an 1½ Legoa lang seyn mag, führt zum groſsen fischreichen See. Die Ufer dieses Canals sind noch gegenwärtig die Wohnsitze der Botocuden oder der ehemaligen *Aymores*, die ungefähr in der Mitte des Canals einen Uebergang aus Lianen hatten, den die Portugiesen unschicklich Brücke nannten. Seit mehreren Jahren ist diese Brücke von den Portugiesen durchgehauen, ohne daſs die Antropophagen es versucht hätten, sie wieder herzustellen oder eine neue zu spannen; und schon überlieſs man sich, hierdurch getäuscht, unkluger Sicherheit, als plötzlich Botocuden vor dem, ohnweit *Linhares* an der Seite des Canals errichteten Quartel (*Quartel segundo de Linhares*) erschienen und einen Soldaten mit Pfeilen erschossen. Diese Begebenheit hatte sich wenige Tage vor unserer Ankunft zugetragen, doch war diesmal der Körper des Ermordeten den Botocuden nicht zu Theil geworden. Wegen dieses Vorfalls und der unbeträchtlichen Breite des Canals wählen die Ansiedler des *Rio Doçe* gern die Nacht, wenn sie den See der Fischereyen wegen besuchen. Der von hüglichen Ufern eingeschlossene See hat etwa 7 Legoas Länge von SO. nach NW., eine halbe Legoa Breite, und kann 16 bis 18 Legoas im Umfang halten. Seine Tiefe ist ungleich, beträgt aber an mehreren Stellen 8 bis 12 Klafter. Diese groſse Wassermasse wird durch ein Flüſschen und mehrere Bäche gebildet, die NNW. sich in den See ergieſsen. Bey *Linhares* ergieſst er diesen Zufluſs durch den vorerwähnten Canal in den *Rio Doçe*, wächst aber beträchtlich, wenn durch starke Südwinde dieser Ausfluſs zum Theil gehindert wird. Das Bette und die Ufer des See's sind feiner Sand, in dem hie und da eisenschüssige Sandsteine gefunden werden. Ungefähr 4 Legoas vom Eingang entfernt, erhebt sich eine anmuthige kleine Insel von Granit, die von den Wilden, wegen ihres Abstandes von den Ufern, nicht besucht wird, und deswegen den Fischern einen sichern Aufenthalt gewährt. "

VASCONCELLOS nennt schon im Jahr 1662 unter den Stämmen der *Tapuyas* am *Rio Doçe* auch *Aymores* (Botocuden), *Puris* und *Patachos*, und obgleich die erstern eigentlich diese Gegend beherrschen, so streifen doch zuweilen auch die andern bis hieher. Derselbe Reisebeschreiber bemerkt schon sehr richtig, daſs einige der *Aymores* oder *Botocudos* beynahe so weiſs sind als die Portugièsen. Der traurige Krieg, welcher am *Rio Doçe* gegen die *Botocudos* geführt wird, macht es unmöglich, diese merkwürdigen Menschen hier näher kennen zu lernen; bekommt man sie hier zu sehen, so muſs man sich sogleich auf einen Pfeil gefaſst machen. Weiter nördlich aber am *Rio Grande de Belmonte*, lebt man in Friede mit ihnen, dort kann man sie ohne Gefahr beobachten, und ich verspare daher alle Nachrichten über diesen interessanten Stamm der Ur-bewohner bis zur Beschreibung meines Aufenthalts in jener Gegend.

Für den Jagdliebhaber ist der Aufenthalt zu *Linhares* sehr angenehm; denn am frühen Morgen bey Anbruch des Tages, kommen die Affen den Häusern der Bewohner so nahe, daſs man nicht weit nach ihnen zu gehen braucht; Papageyen sammeln sich in groſsen Schaaren, und die pracht-vollen *Araras* werden in der kältern Jahreszeit durch gewisse Arten von Früchten herbey gelockt. Diese groſsen schönen Papageyen pflegen ge-wöhnlich alljährlich in denselben Baum zu nisten, wenn sie einmal einen recht starken ausgehöhlten Ast oder Stamm gefunden haben. Sie werden häufig geschossen; ihr Fleisch iſst man, die Schwungfedern benutzt man zum Schreiben, und die Wilden befiedern ihre Pfeile, oder schmücken sich auch wohl selbst damit. Es wird in solchen selten beunruhigten Wild-nissen nicht schwer, ein ganzes Canoe mit Jagdbeute angefüllt am Abend heim zu bringen; allein bey diesen Jagdzügen ist es nöthig vor den Wilden beständig auf seiner Huth zu seyn. Durch öftere Uebung sind die Soldaten zu *Linhares* sehr bekannt mit der Art, die Wilden im Walde zu verfolgen; dennoch müssen sie alle eingestehen, daſs die *Botocudos* weit bessere Jäger

sind, und den Wald weit besser kennen als sie, und es ist daher die höchste
Vorsicht bey jenen Gefechten und Waldunternehmungen nöthig.   Im allgemeinen hält man die *Mineiros* (Bewohner von *Minas Geraës*) für die besten
Wilden-Jäger, da sie mit dieser Lebensart und dem kleinen Waldkriege
sehr vertraut und zugleich ein herzhafter starker Schlag von Menschen sind.
Auch hier zu *Linhares* ward die letzte bedeutende Entrada gegen die *Boto-*
cudos im vergangenen Augustmonate durch den *Guarda Mor* geführt,
der ein *Mineiro* und von *Minas Geraës* hierher verbannt war.   Man
machte uns hier ein Geschenk mit Waffen und Zierrathen der *Botocudos*,
auch bot man uns sogar ein kleines Kind an, welches zu *Bomjardim* erzo-
gen wurde, nachdem seine Mutter bey einem Gefechte getödtet worden
war.   Als wir den Zweck unseres Aufenthalts in *Linhares* erreicht hatten,
nahmen wir Abschied von da, um unsere Reise weiter nördlich längs
der Küste fortzusetzen.   Wir schifften uns in einem bequemen großen
Canoe ein, welches Herr *Tenente* CALMON uns geliehen hatte, auch war
der zuvorkommende Eigenthümer selbst so gefällig uns zu begleiten.   Bey
unserer Hinabfahrt besuchten wir den Herrn *Guarda Mor* auf der *Ilha do*
Boi, wo er schöne Pflanzungen von Milio und Mandiocca angelegt hat.
In seinem Hause erkannten wir bald, daß er ein *Mineiro* ist, denn er lebte
mehr von Milio-als von Mandioccamehl, eine charakteristische Gewohnheit der Einwohner jener Provinz.   Um den Milio zu Mehl zu stoßen, bedient man sich einer Maysstampfe, die man *Preguiza* (Faulthier) nennt.
Der Engländer MAWE hat sie in der Beschreibung seiner Reise nach
Tejuco abgebildet (*).   Unser sicheres bequemes Canoe mit einem Verdeck
von Tüchern versehen und mit mancherley Lebensmitteln ausgerüstet,
brachte uns in vier Stunden bis zur *Barra* des *Rio Doçe* nach *Regencia*
hinab, eine Fahrt, auf welcher wir aufwärts 1 ½ Tage zugebracht hatten.

(*) S. MAWE's travels etc. p. 134. mit dem Kupferstich unter dem Nahmen *Sloth*.

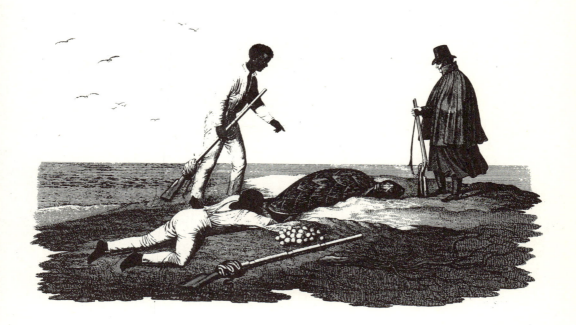

Eyerlegende Schildkröte an der Seeküste.

Reise des Prinzen von Neuwied in Brasilien I. Bd. 8.

VIII.

Reise vom Rio Doçe nach Caravellas, zum Flusse Alcobaça und nach Morro d'Arara am Mucuri zurück.

Quartel de Juparanán da Praya. — Fluſs und Barra von S. Matthæus. — Mucuri. — Villa Viçoza. — Caravellas. — Ponte do Gentio am Flusse Alcobaça. Aufenthalt daselbst.

Nachdem wir mit unsern Freunden die Nacht auf dem *Quartel* zu *Regençia* zugebracht hatten, setzten wir am folgenden Morgen, den 30ten December, mit vieler Mühe unsere Maulthiere in dem groſsen Canoe über den Fluſs. Wir folgten ihnen alsdann selbst nach, und ritten Nachmittags, begleitet von den beyden Herren aus *Linhares*, noch zwey Legoas längs der öden Sandküste, und langten auf dem *Quartel de Monserra* oder *de Juparanán da Praya* an, wo sieben Soldaten ihren Posten haben. Hier bey dem *Quartel* befindet sich eine schmale lange *Lagoa*, die man *Lagoa de Juparanán da Praya* nennt, zum Unterschied von dem weit beträchtlichern Landsee unweit *Linhares*. In der Zeit des hohen Wassers hat diese *Lagoa* hier an der Küste einen starken Abfluſs in die See, über welchen man alsdann mit dem Canoe übersetzen muſs; allein jetzt war er schon versiegt, und unsere Lastthiere konnten ihn trocknen Fuſses mit ihrer Ladung passiren. Das

28

Quartel liegt auf der Sandküste unmittelbar an der See, nahe dahinter dehnt sich die schmale *Lagoa* aus und jenseits derselben erhebt sich finsterer Wald, in welchem wir eine Menge wilde Cocospalmen unterschieden. Dort in der Nähe haben die Soldaten einige Pflanzungen angelegt, wo sie hinlänglich für ihren Bedarf Mandiocca, Mays und selbst schöne Wassermelonen (*Melançia's*) bauen. Sie haben dabey Canoe's und vermehren ihren Unterhalt durch Jagd und Fischerey. Wir fanden hier einen alten merkwürdigen Mann, einen gewissen SIMAM (Simon) der schon viele Jahre in völliger Einsamkeit in einem kleinen Häuschen in der Nähe dieses *Quartels* lebt, und nicht die mindeste Furcht vor den Wilden hat. Obgleich dieser Mann schon sehr alt ist, so besitzt er dennoch einen seltenen Grad von Körperkraft und Munterkeit, weswegen ihn alle Nachbarn lieben. Er baut seine Pflanzungen selbst, ist ein erfahrner Jäger und Fischer, und kennt die umliegende Gegend genau. Wir besuchten ihn mehreremal in seiner kleinen Eremitage und fanden ihn, bey seinen beschränkten Bedürfnissen, nicht nur völlig zufrieden mit seiner Lage, sondern auch so aufgeräumt und lustig, daſs seine Heiterkeit sich über die ganze ihn umgebende Gesellschaft verbreitete. Er beschenkte uns mit dem Felle des groſsen Ameisenbären (*Myrmecophaga jubata*, LINN.) hier *Tamandua Cavallo* genannt, den er kürzlich getödtet hatte. Zu *Monserra* erhielten wir noch mehrere naturhistorische Seltenheiten, wie z. B. den *Scarabœus Hercules*, den gröſsten Käfer von Brasilien, den ein Soldat gefangen hatte und noch lebendig brachte. Späterhin brachte uns einmal auch ein Mann vier oder fünf Köpfe von diesem seltenen Käfer, und als ich ihn wegen der kläglichen Verstümmelung dieses interessanten Gegenstandes befragte, erfuhr ich, daſs die Damen diese Köpfe an manchen Orten um den Hals gehängt als Putz zu tragen pflegen. Um durch eine wüste, von Menschen unbewohnte Wildniſs, 18 Legoas weit nach *S. Matthœus*, das erforderliche Geleit zu erhalten, hatten wir den Herrn *Alferes*, unsern Begleiter, um zwey Soldaten gebeten, da die Papiere, die wir vom Minister *Conde* D'AGUIAR erhalten hatten, uns ausdrücklich diese Unterstützung in Anspruch zu nehmen erlaubten. Diese Papiere hatten wir dem Gouverneur zu *Capitania* vorgezeigt, und ihn um die nöthigen Leute zur Fortsetzung der Reise ersucht. Wir erhielten hierauf ein Schreiben von ihm an den *Alferes* zu *Linhares*, worin er diesem befahl, uns einen einzigen Soldaten zu bewilligen. Bey der Weite des Weges nach *S. Matthœus* und der Unsicherheit desselben, schien es indessen dem Officier selbst bedenklich, den einen Mann bey seiner Rückkehr der Gefahr auszusetzen; unser Zureden bestimmte ihn völlig, und wir erhielten zwey Soldaten zu Begleitern. Später erfuhren wir aber, daſs ihn der Gouverneur mit einem langen Arrest sehr unbillig bestraft habe, und wir bedauerten es herzlich, diesem braven Mann eine so ungerechte harte Behandlung zugezogen zu haben.

Nachdem wir von unsern gütigen Reisegefährten Abschied genommen hatten, folgten wir der einförmigen Seeküste heute noch 6 bis 7 Legoas. Unsere beyden Soldaten, ein Neger und ein Indier, hielten sich sehr oft auf, um Schildkröteneyer aus dem Sande hervor zu graben, womit sie ihre Tornister anfüllten. Ob uns dies gleich unangenehm war, weil sie durch ihr Zurückbleiben unsere Reise aufhielten, so hatten wir Abends dennoch alle Ursache uns darüber zu freuen. Das Gebiet vom *Rio Doçe* bis zum *S. Matthœus* ist, wie schon gesagt, eine menschenleere öde Wüste, wo selbst an den meisten Plätzen kein Trinkwasser zu finden ist, man darf daher die wenigen Stellen, an denen man dieses nöthige Bedürfniſs finden kann, nicht verfehlen und aus diesem Grunde ist hier ein des Weges kundiger Führer sehr nothwendig. Leider hatte noch keiner unserer Soldaten diese Reise gemacht! Den ersten Wasserplatz, *Caçimba de S. João* genannt, verfehlten wir;

den zweyten aber, eine *Lagoa* in einer kleinen Thalvertiefung seitwärts vom Wege, die den Nahmen *Piranga* hat, fanden wir am Mittage, da wir uns nach allen Richtungen vertheilt hatten, um Wasser
aufzusuchen; er gab uns und unsern Thieren einige Erfrischung. An
der Stelle, wo wir am Abend bleiben mußten, war aber alles Suchen
nach Wasser ganz vergebens, wir fanden keins und konnten deshalb
auch unsere mitgebrachten Provisionen nicht benutzen, da diese harten
Speisen nur durch Wasser genießbar gemacht werden. Es blieb uns
daher nichts übrig, als unsern Hunger mit ein wenig trocknem Mays-
mehl, und den glücklicherweise von den Soldaten gesammelten Schild-
kröteneyern, die man in Seewasser abkochen konnte, zu stillen. Als
man sich beschäftigte dieses herbey zu holen und Treibholz auf dem
Strande zu sammeln, fanden wir, welche Merkwürdigkeit! in geringer
Entfernung von unserm Feuer, eine colossale Seeschildkröte (*Testudo
Mydas*, Linn.) die eben im Begriffe war, ihre Eyer zu legen; erwünsch-
ter konnte unserer hungrigen Gesellschaft nichts begegnen; das Thier
schien absichtlich hierher gekommen zu seyn, um für unsere Mahlzeit
zu sorgen. Unsere Gegenwart störte sie nicht bey ihrem Geschäfte;
man konnte sie berühren, und sogar aufheben, wozu aber vier Mann
nöthig waren. Bey allen den lauten Zeichen unseres Erstaunens und
den Berathschlagungen; was man wohl mit ihr anfangen solle, gab
sie kein anderes Zeichen von Unruhe, als ein Blasen, wie etwa die
Gänse thun, wenn man sich ihrem Neste nähert. Sie arbeitete mit
ihren flossenartigen Hinterfüßen langsam in der einmal begonnenen Art
fort, indem sie gerade unter ihrem After ein cylinderförmiges etwa
8 bis 12 Zoll breites rundes Loch in den Sandboden aushöhlte; die
herausgenommene Erde warf sie äußerst geschickt und regelmäßig, ja
gewissermaßen im Takte, zu beyden Seiten neben sich hin, und fieng
alsdann sogleich an ihre Eyer zu legen.

Einer unserer beyden Soldaten legte sich seiner ganzen Länge nach neben die Versorgerin unserer Küche auf die Erde nieder, griff in die Tiefe des Erdloches hinab, und warf die Eyer beständig heraus, so wie die Schildkröte sie legte; auf diese Art sammelten wir in einer Zeit von etwa 10 Minuten an 100 Eyer. Man berathschlagte nun, ob es zweckmäfsig sey dieses schöne Thier unsern Sammlungen einzuverleiben; allein das grofse Gewicht der Schildkröte, für welche man ein besonderes Maulthier einzig und allein hätte bestimmen müssen, und überdiefs die Schwierigkeit, die ungefügige Last aufzuladen, bestimmte uns, ihr das Leben zu schenken und mit ihrem Tribut an Eyern uns zu begnügen; die Vignette des 8ten Abschnittes giebt eine genaue Vorstellung dieser originellen Scene. Diese colossalen Thiere, die Midas- und die weichschalige Schildkröte (*Testudo Mydas* und *coriacea*), so wie die *Testudo Caretta* oder die *Caüanne*, legen besonders in diesen unbewohnten Gegenden der Küste, zwischen dem *Riacho* und dem *Mucuri*, ihre Eyer in den wärmsten Monaten des Jahres in den Sand; sie steigen dazu in der Abenddämmerung ans Land, schleppen ihren schweren Körper auf die Sandküste hinauf, höhlen ein Loch aus, legen ihre Eyer hinein, füllen es wieder mit Sand an, den sie fest stampfen, und eilen ein oder zwey Stunden nach Untergang der Sonne dem Meere schon wieder zu. Auch diese Schildkröte, die uns so reichlich versorgt hatte, fanden wir nicht mehr, als wir nach einigen Stunden auf den Strand zurückkehrten; sie hatte ihr Loch verdämmt und ihre breite Spur im Sande zeigte, dafs sie ihrem Elemente wieder zugekrochen war. Eine einzige dieser Schildkröten kann einer ganzen Gesellschaft mit ihren Eyern eine hinreichende Mahlzeit verschaffen, denn die Midas-Schildkröte soll gewöhnlich 10 bis 12 Dutzend, und die weichschalige, welche den gröfsten Umfang erreicht, 18 bis 20 Dutzend auf einmal legen. Diese Eyer sind ein sehr nahrhaftes Essen und werden daher an den öden unbewohnten Küsten von den

Indiern, und in der Nähe der Colonie selbst von den Weifsen begierig
aufgesucht.

Unsere frugale Abendmahlzeit war sehr schnell abgethan; nach derselben zündeten wir zwischen den Gesträuchen von Zwergpalmen mehrere kleine Feuer an, um die Raubthiere von unsern Maulthieren abzu-
halten.   Am andern Morgen fanden wir im Sande die frischen Spuren
der grofsen Katzen, die während der Nacht hier umher getrabt waren.
Nach der Versicherung des alten SIMAM soll in dieser Gegend der schwarze
Tiger oder die schwarze Unze (*Felis brasiliensis*), der *Yaguarété noir*
des AZARA, nicht selten seyn; die Portugiesen nennen ihn *Tigre* oder
Onça preta, schwarze Unze.   KOSTER in seiner Reise erwähnt ebenfalls
dieses furchtbaren Raubthiers (*), nennt es aber *Felis discolor*, eine un-
passende Benennung, da das ganze Thier wirklich nur eine Farbe hat.
Am richtigsten kann man diese Katzenart von ihrem Vaterlande benennen,
da sie ausschliefslich in Brasilien gefunden wird; selbst AZARA sagt uns,
dafs sie in *Paraguay* nicht vorkomme.   Wir vermutheten die Stimmen
dieser Raubthiere zu vernehmen, allein unser Schlaf wurde nicht unterbrochen und am folgenden Morgen brachen wir früh wieder auf.   Der
1te Januar, welchen in unserm Vaterlande Schnee und Eis zu bezeichnen
pflegen, brachte uns hier schon frühe um 7 Uhr warme Sonnenstrahlen,
und am Mittag eine seltene, unerträgliche Hitze. Wir hatten am vergangenen Abend, da uns der Durst so sehr plagte, nicht sehr weit von
einem trinkbaren Wasser uns gelagert ohne es zu wissen.   Denn kaum
waren wir eine Stunde geritten, als wir die *Barra seca* erreichten, den
Ausflufs einer *Lagoa* in das Meer, die zu gewissen Zeiten so klein wird,
dafs sie von demselben längs der Küste hin völlig getrennt ist, so dafs
man trocknes Fufses an der See hinreiten kann.   Allein jetzt stand ihr
Wasser noch hoch, daher mufsten wir ihre tiefe reifsende Mündung

(*) KOSTER's travels etc. p. 102.

passiren, welches einen langen Aufenthalt verursachte. Man lud alle
Lastthiere wieder ab; die des Wassers kundigen Indier und Neger ent-
kleideten sich, und nachdem sie auf ihren Köpfen die Kisten an das jenseitige Ufer gesetzt hatten, wurden auch wir Europäer sämmtlich hinüber
getragen. Jenseits fanden wir die Ruine der Hütte eines hier ehemals
unterhaltenen *Quartels* oder Militärpostens, in deren Nähe sich gutes
trinkbares Wasser befand. In dieser Gegend hatten einige Indier übernachtet, wahrscheinlich um Schildkröteneyer zu suchen, und zu fischen,
da die *Barra seca* sehr fischreich ist; auch befinden sich in ihrer Nähe
grofse *Campos* (offene von Wald entblöfste Stellen), die zur Viehzucht
sehr geeignet sind. Die Hütten (*Ranchos*) jener Indier, von Palmblättern,
waren noch zu sehen. In der Mittagsstunde gelangten wir zu einer Erdhöhle, in welcher sich eine Quelle von klarem frischem Wasser befand,
eine Entdeckung, die in diesem Augenblick von unschätzbarem Werthe
für uns war. Der Abend und die folgende Nacht wurden wieder in einer
Wüsteney an der Küste zugebracht; hier bildete an einzelnen Stellen im
tiefen Sande die *Remirea littoralis* einiges Gras, in Menge aber wachsen
hier die Zwergpalmen, hinter welchen tiefer ins Land hinein der hohe
Wald sich erhebt. Nur die Spuren der Raubthiere im Sande zeigen,
dafs hier einige lebende Wesen zuweilen umherwandeln. Wir hatten
hier kein Trinkwasser, und daher auch beynahe nichts zu essen. Bey
Annäherung der Nacht wurde eine starke sichere Hütte von Cocosblättern
vollendet, woran wir sämmtlich gearbeitet hatten. Wir hofften darin von
der Ermüdung des Tages auszuruhen, allein unzählige Moskiten quälten
uns dermafsen, dafs an Schlaf nicht zu denken war. Unglücklicher Weise
konnten wir uns auch vor ihnen nicht ins Freye retten, weil ein heftiger
Gewitterregen herab stürzte. Am folgenden Morgen fand sich, dafs alle
unsere Lastthiere, um Wasser zu suchen, bis zu der Quelle zurück gelaufen waren, wo sie am vergangenen Mittag ihren Durst gelöscht hatten; ·

wir verloren daher einen halben Tag, ehe wir sie wieder herbey holen konnten; glücklicher Weise hatten sich unsere Reitmaulthiere mehr in unserer Nähe gehalten, wir bekamen sie daher eher wieder und ritten einstweilen voran. Am Abend erreichten wir die *Barra* des *S. Matthæus*, eines mäfsigen Flusses mit angenehmen Ufern von Mangue- (*Conocarpus*- und *Avicennia*-) Gebüschen und weiter hinauf von Wald umgeben. Ein Paar Lanchas (kleine Seefahrzeuge) lagen am südlichen Ufer vor Anker; am nördlichen befindet sich die *Povoaçào*, die den Nahmen *Barra de S. Matthæus* trägt, und welche aus 25 Feuerstellen besteht. Der Flufs kommt aus den Urwäldern herab, die mit freyen *Tapuya's* angefüllt sind, macht mehrere kleine Cachoeiras, und ist etwa 9 Legoas aufwärts für Sumaca's schiffbar. Seine Ufer sind die fruchtbarsten der *Comarca*, da die Ameisen hier wenig Schaden anrichten sollen; auch findet man in seinen Wäldern viel *Jacarandá*, *Vinhatico*, *Putumujú*, *Çergeira* und andere nützliche Holzarten. Er nimmt mehrere kleine Flüsse auf, unter welchen der *Rio de Sta. Anna*, der *Rio Preto* oder *Mariricú* und *S. Domingos* die beträchtlichern sind. Er war jetzt stark, da gerade die Fluth eintrat, und niemand wollte daher auf unser Rufen und Schiefsen hören, um uns mit einem Canoe abzuholen. Wir irrten lange in Gebüschen und in tiefem Sande umher, und schon hatten wir uns beynahe in unser trauriges Schicksal, die Nacht hier ohne Feuer und Lebensmittel zubringen zu müssen, ergeben, als ein Canoe, von zwey Negersclaven geführt, herüber kam und uns einnahm. Unsere *Tropa* kam erst spät in der Nacht an, sie konnte jenen Bivouac eher ertragen, da sie Lebensmittel, Feuer und wollene Decken mit sich führten, und eine schöne Quelle unweit der Seeküste ihrem Durste Befriedigung gewährte.

In der kleinen *Povoaçào* zu *Barra de S. Matthæus* traten wir in einer *Venda* ab, deren Eigenthümer *Capitam Regente* genannt wurde. Unsere Papiere und die Empfehlungen des Ministers verschafften uns überall eine sehr gute Aufnahme. Die *Barra* des Flusses *S. Matthæus* liegt nach ARROWSMITH unter 18¼°, nach Andern unter 18° 50′ oder wohl gar noch etwas hiervon abweichend; es scheint indessen die letztere Bestimmung richtiger zu seyn, da an der Stelle, wo jene Karte den *S. Matthæus* angiebt, der Fluſs *Mucuri* in die See fallen muſs.   Etwa 8 Legoas aufwärts ist die *Villa de S. Matthæus* erbaut, deren Lage wegen einiger Sümpfe nicht die gesundeste seyn soll.   Sie hat etwa 100 Feuerstellen, und zählt in ihrem Distrikt an 3000 weiſse und farbige Einwohner. Als eine der neuesten *Villa's* der *Comarca* von *Porto Seguro* ist sie in erfreulicher Aufnahme.   Ihre Bewohner bauen viel Mandiocca; man führt jährlich etwa 60000 Alkeren Farinha aus; auſserdem aber auch Breter aus den benachbarten Urwäldern.   Nur etwa 8 Legoas von *Villa de S. Matthæus* aufwärts findet man noch bebautes Land, nehmlich bis zum *Quartel* von *Galveyas*, die letztere Schutzanlage gegen die Wilden. Etwa eine halbe Legoa von der *Barra* aufwärts befindet sich die Indier-*Povoaçâo* von *Sta. Anna*, die aus etwa 20 indischen Familien zusammengesetzt ist und an 70 Köpfe zählt.   Bald nach unserer Abreise von hier wurde in *Sta. Anna* ein Botocude getödtet.   Dieser Getödtete war ein bejahrter Mann, der in den Ohren und in der Unterlippe groſse Holzpflöcke trug.   Herr FREYREISS, der im Monat Februar diese Gegend noch einmal besuchte, nahm dessen Kopf mit, und es befindet sich derselbe jetzt in den Händen des Herrn Professor SPARRMANN.

In den Wäldern an den Ufern des *S. Matthæus* giebt es noch sehr viele uncivilisirte Indier (*Tapuyas* oder *Gentios*), die hier sämmtlich mit den Weiſsen im Kriege leben.   Noch in dem letztverflossenen Jahre kamen 17 Personen durch sie ums Leben.   Auf dem nördlichen Ufer streifen *Patachos, Cumanachos, Machacali's* (von den Portugiesen auch *Machacari's* genannt; sie selbst sollen das *r* nicht gut aussprechen können) und andere bis *Porto Seguro* hin.   Auch die *Botocudos* ziehen hier häufig herum, und sollen hauptsächlich das südliche Ufer in Besitz haben; sie werden von den andern Stämmen gefürchtet, und gelten als Feinde der übrigen, die ihrer geringern Zahl wegen gegen sie gemeinsame Sache machen. Auf einer *Fazenda*, weiter aufwärts am Flusse, wurden die Pflanzungen von den Wilden häufig beraubt. Da ersann der Besitzer derselben ein ganz eigenes Mittel, sich dieser feindlichen Gäste zu entledigen. Er lud eine eiserne Kanone, die sich auf der *Fazenda* befand, mit gehacktem Bley und Eisen, brachte ein Flintenschloß daran an, stellte sie auf dem schmalen Pfade, welchem die Wilden immer in Colonne zu folgen pflegten, auf, und legte ein Holz über diesen Weg, mit welchem der Abzug des Schlosses durch eine Schnur in Verbindung stand. Die *Tapuyas* erschienen in der Dämmerung, traten auf das Holz und die Explosion erfolgte, wie man beabsichtigt hatte. Als man herbey eilte um den Erfolg zu sehen, fand man die Kanone zersprungen, und an 3o Indier getödtet und verstümmelt theils noch auf dem Platze, theils hier und da im Walde zerstreut. Das Geheul der Entfliehenden soll man weit in der Gegend gehört haben. Seit dieser fürchterlichen Niederlage soll die *Fazenda* nie wieder heimgesucht worden seyn.

Im Flusse *S. Matthæus*, dessen ursprünglich brasilianischer Nahme *Cricaré* ist, findet man eine naturhistorische Seltenheit, die heut zu Tage nur in sehr wenigen Flüssen der Ostküste gefunden wird; dies ist der Manati (*Peixe Boi* der Portugiesen). Ueber die Naturgeschichte dieses sonderbaren Thieres schwebt noch manche Dunkelheit; besonders ist sein innerer Bau noch immer nicht gehörig untersucht. Es findet sich in diesem Flusse ziemlich häufig, soll aber auch in die See gehen und längs der Küste hin zuweilen in andere Flüsse steigen; so hat man es z. B. im *Alcobaça* gefangen. Der Manati liebt zu *S. Matthæus* besonders eine *Lagoa* oder ein Binnenwasser mit vielem Rohr und Gras bewachsen. Die Jagd desselben ist nicht ohne Schwierigkeit. Der Jäger fährt mit einem kleinen Canoe vorsichtig und ohne Geräusch zwischen dem Grase und Schilf umher; erblickt er das Thier mit dem Rücken über dem Wasser, wie es gewöhnlich erscheint, wenn es mit Grasen beschäftigt ist, so nähert er sich ihm behutsam, und wirft einen an einem Strick befestigten Harpun nach ihm ab. Der Manati giebt viel Thran und sein Fleisch ist beliebt. Der Paukenknochen aus dem Ohr wird von dem unwissenden Volk als ein wirksames Arzneymittel aufgehoben und theuer verkauft. Ob ich gleich während eines drey - bis vier-monatlichen Aufenthalts in dieser Gegend wiederholt die gröfsten Versprechungen machte, um ein solches Thier zu erhalten, so wurden meine Hoffnungen doch nicht erfüllt, und ich mufste mich mit der Ansicht der ausgestopften Manati's begnügen, welche ich bey meiner Rückkehr aus Brasilien im Naturalien-Cabinet zu *Lisboa* sah.

Aufser dieser sonderbaren Thierart ernährt der Flufs *S. Matthæus* eine grofse Menge von Fischen. Mehrere Arten einer Gattung, die man *Piau* nennt, besonders die eine, welche von ihrer Nahrung *Piau de Capim* (Gras-Piau) genannt wird, finden sich zur Zeit des hohen Wassers besonders auf überschwemmten Grasplätzen ein. Hier fahren die civilisirten Indier mit ihrem kleinen leichten Canoe umher, und schiefsen diese Fische mit Pfeilen. Diese Art von Fischjagd findet man an vielen Orten unter den Indiern. Der dabey gebräuchliche Bogen ist 2 ½ bis 3 Fufs lang, und von der Gröfse des Kugelbodocks; der etwa 3 Fufs lange Pfeil ist von *Taquara* (Rohr) und mit einer Spitze von Holz oder von Eisen, welche an jeder Seite einen Widerhaken hat, versehen.

Etwa eine halbe Legoa von *S. Matthæus* ergiefst sich der kleine Flufs *Guajintiba* in die See. Auf diesem pflegt man sich einzuschiffen, und 3 Legoas nach der *Fazenda* von *As Itaünas* zu machen, welche dem *Ouvidor* der *Comarca* von *Porto Seguro*, MARÇELINO DA CUNHA gehört. Der kleine jetzt aber starke Flufs hat dicht mit Gebüsch bewachsene Ufer;

am häufigsten sieht man, besonders nach der See hinab, die Mangue-Gebüsche, deren Rinde mit Vortheil zum Gerben der Häute benutzt wird. Das Wasser des Flusses ist dunkelbraun, wie an den meisten kleinen Wald-flüssen in Brasilien, und sehr fischreich; einige Fischer hatten eben, als wir vorüber fuhren, ein ganzes Canoe voll schöner Fische gefangen. Wir landeten an einer verödeten und wie es schien verlassenen Pflanzung, wo die köstlichen Ananasse (*Bromelia*) verwildert wuchsen, grofs, saftig und aromatisch. Die efsbare Ananas wird in Brasilien nicht wild gefun-den, allein man zieht sie sehr häufig in den Pflanzungen, und da wuchert sie dann gleich einer wilden Pflanze fort. Man benutzt sie hier auch, um Branntwein daraus zu machen. Gleichen Gebrauch macht man von der Frucht des Acajú-Baumes (*Anacardium*). Der Acajú-Baum (*Cajúeiro*) wächst in Brasilien an der Ostküste überall in sandigen Gegenden. Sein Wuchs gleicht dem unseres Apfelbaumes; er hat starke Aeste, und ein-zeln stehende Blätter, und giebt daher wenig Schatten; die Blüthe ist klein und hellröthlich; die schwärzliche nierenförmige Frucht sitzt auf einem fleischigten Fruchtboden, der die Gestalt und Gröfse einer Birne hat. Diesen Theil der Frucht ifst man, er hat aber eine etwas herbe Säure. Den schwarzen Kern röstet man; er ist alsdann sehr schmackhaft, jedoch mufs er vorher geschält worden seyn. Der Saft des fleischigten Theils der Frucht ist, da er auf den Urin wirkt, ein sehr wirksames Mittel für alle venerische Uebel und für die Wassersucht.

Gegen Abend ward unsere Fahrt um so angenehmer, als wir hier von keinen Moskiten geplagt wurden, die uns sonst oft die schönsten Abende verdarben. Hoher, finsterer Wald bildete romantische Gruppen an den Ufern, und der heitere Vollmond, der jetzt hervor trat, vollendete noch das reizende Gemählde. Von der *Fazenda* her tönte uns von fern schon die Trommel der Schwarzen entgegen. Die Negersclaven behalten gar gern ihre vaterländischen Gebräuche, so viel sie können, bey; so

sieht man unter ihnen alle die musikalischen Instrumente, von denen
die Reisebeschreiber von Afrika reden, und unter diesen spielt die Trommel eine Hauptrolle. Wo auf einer *Fazenda* viele Neger zusammen
leben, da feyern sie, wie schon oben gesagt worden, ihre Feste, bemahlen und kleiden sich wie in ihrem Vaterlande, und führen ihre National-
tänze auf. Dies sieht man zum Beyspiel in *Rio de Janeiro* sehr originel
auf einem besonders dazu bestimmten Platze unweit der Stadt. Wir fanden
auf der *Fazenda* von *As Itaünas* auch einen jungen *Puri*, der vom *Ouvidor* aufgezogen wird; er sprach schon portugiesisch und soll von sehr
guter Gemüthsart seyn. Die wenigen Worte, die wir von seiner Muttersprache verstanden, erwarben uns bald sein Vertrauen. Leid that es uns,
daſs wir unsern jungen *Puri* von *S. Fidelis*, der am *Jucú* zurückgelassen
worden war, jetzt nicht bey uns hatten. *Itaünas* ist eine Vieh-*Fazenda*
mit einem Coral für das Rindvieh, und einer schlechten Hütte, wo einige
Neger und Indier die Thiere warten. Der Besitzer hat hier einige indische Familien versammelt, die mit der Zeit eine Ansiedelung bilden sollen;
sie waren früherhin bestimmt, die Seeküste gegen die *Tapuya's* zu schützen,
daher wird *Itaünas* eigentlich als ein *Quartel* angesehen. Einige Indier,
die zufällig mit uns dieselbe Bestimmung hatten, begleiteten uns nordwärts von *Itaünas*. Sie waren mit ihren Gewehren versehen und des
Weges vollkommen kundig. Wir durchritten ein Paar kleine Bäche, den
Riacho Doçe und den *Rio das Ostras*, die beyde sehr unbedeutend sind,
aber aus einem mahlerischen finstern Waldgrunde voll schöner Cocospalmen hervor tretend, eine romantische Landschaft bilden. Etwas später
erreichten wir eine sehr verrufene Stelle, an der man schon öfters feind-
liche *Tapuya's* getroffen hat. Diese Stelle führt den Nahmen *Os Lenzôes*
(die weiſsen Tücher), weil hier an einer felsigen Landspitze blendend
weiſser Sand mit Grasboden abwechselt, und es darum von der See aus
scheint, als habe man hier weiſse Tücher aufgehängt. Die *Patachos*,

welche diese Gegend bewohnen, hatten seit langer Zeit Friede gehalten, als einer ihrer Landsleute getödtet und sie dadurch von neuem zu Feindseligkeiten angereizt wurden. Unweit des *Rio das Ostras* trafen wir zufällig auf der Sandfläche an der See ein *Jacaré* von etwa 5 Fufs Länge, das wahrscheinlich aus einem Flüfschen in das andere über Land hatte wandern wollen, und während dieser Reise von uns überrascht worden war; zu seiner Rechten hatte es die Felswand, zur Linken das Meer, es konnte daher nicht ausweichen und blieb unbeweglich sitzen. Bey heftigem Reizen mit einem Stocke bifs es wohl ein wenig um sich, dennoch konnte man es ohne Gefahr angreifen. Dies Thier, welches jung so gewandt und schnell ist, scheint, wenn es älter wird, auf dem Lande äufserst unbehülflich zu seyn, denn es kroch nur sehr langsam fort. Nach einem Wege von etwa zwey Legoas erreichten wir den Bach *Barra Nova* mit einer kleinen *Povoaçâo* von einigen Häusern, die auf einer mäfsigen aber steilen Höhe erbaut sind. Hier ruheten wir während der Mittagshitze und erreichten dann mit der Abenddämmerung die Mündung des *Mucuri*, eines nicht sehr starken schönen Flusses, der aus dichten Wäldern hervor tritt; Mangue-Gebüsche an seinen Ufern geben ihm hier ein freundliches Ansehen.

Villa de S. José do Port'Allegre, gewöhnlich *de Mucuri* genannt, ist am nördlichen Ufer des Flusses unweit seiner Mündung erbaut. Es ist ein kleiner Ort von 30 bis 40 Häusern, in deren Mitte eine kleine Kapelle steht, und bildet ein, an der vordern Seite nach dem Flusse zu, offenes Quadrat. Die Häuser sind klein, und beynahe sämmtlich mit Stroh gedeckt; Schaafe, Schweine und Ziegen weiden auf dem innern Platze umher. Die Einwohner, grofsentheils Indier, sind arm und haben keinen Handel; sie führen zuweilen etwas Farinha aus, allein Engenho's giebt es hier am Flusse gar nicht; nur der *Escrivam* (Amts- oder Stadtschreiber) der *Villa* verkauft Branntwein und einige andere Lebensbedürfnisse.

Aufserdem befindet sich hier ein Geistlicher, und zwey der Einwohner versehen abwechselnd das Amt des *Juiz* (Richter) wie in allen *Villa's* von Brasilien. Der Geistliche des Orts, Herr *Padre* VIGARIO MENDES, ist der einzige Bewohner dieser Gegend, der eine etwas bedeutende *Fazenda* besitzt; er hat daselbst einiges Rindvieh, das ihn mit Milch versieht, eine wahre Seltenheit an dieser Küste! Herr MENDES, dem wir durch den Minister *Conde* DA BARCA besonders empfohlen waren, empfieng uns sehr zuvorkommend. Der Minister besaſs hier am Flusse *Mucuri* ansehnliche Ländereyen, denen man jetzt Sicherheit vor den Wilden zu verschaffen beschäftigt war. Die hiesigen Wälder sind mit einer Menge des kostbarsten Holzes angefüllt. Um sie zu benutzen, hatte man die Absicht, ein Holzsägewerk hier anzulegen, und ein Mühlenmeister aus Thüringen, Nahmens KRAMER, erhielt den Auftrag, dasselbe einzurichten. Alle vorzügliche Holzarten der Ostküste finden sich beynahe hier vereint, *Jacarandá*, *Oitiçica*, *Jiquitibá*, *Vinhatico*, *Çedro*, *Caicheta*, *Ipé*, *Peroba*, *Putumujú*, *Pao Brazil* u. s. w. Da indessen jene Gegend bis jetzt noch ganz im Besitz der *Patachos* und der wilden Thiere, und deshalb die Anlegung des Holzsägewerks noch nicht ausführbar war, so gab der Minister zuvörderst dem *Ouvidor* (Oberamtmann) der *Comarca* von *Porto Seguro*, JOSÉ MARÇELINO DA CUNHA, den Befehl, sich hierher zu begeben, die nöthigen Leute zur Anlegung einer *Fazenda* und der zum Unterhalt der Bewohner und Sclaven nöthigen Pflanzungen zusammen zu bringen und sie gegen die Anfälle der *Tapuyas* zu schützen. Es traf sich zufällig, daſs der *Capitam* BENTO LOURENZO VAS DE ABREU LIMA, ein Bewohner von *Minas Novas*, welcher mit 22 Bewaffneten von den Gränzen der *Capitania* von *Minas Geraës* am *Mucuri* herab, durch die Wildnisse durchgebrochen war, gerade zu dieser Zeit glücklich die Seeküste erreicht hatte. Durch sein unerwartetes Erscheinen in der *Villa do Port' Allegre* bewogen, gab der Minister dem *Ouvidor* auch noch den

Auftrag, mit den nöthigen Leuten jenen unternehmenden *Mineiro* zu unterstützen, um auf der von ihm gemachten Picade eine völlig gangbare Strafse durch jene Wälder hinauf schlagen zu lassen. Ich hatte die Freude, diesen interessanten Mann hier zu finden, und erfuhr von ihm die nähern Umstände seiner kühnen, äufserst merkwürdigen und gefahrvollen Unternehmung. Mit Nachsuchen nach Edelsteinen beschäftigt, fafste er bey seinem täglichen Aufenthalt im Walde den Entschlufs, jene dichten Wildnisse zu durchbrechen und längs des Flusses, den er für den *S. Matthæus* hielt, hinab vorzudringen. Er liefs einige Jahre hindurch auf eigene Kosten eine Strafse durch den Wald fortführen, und als die Arbeit bis zu einem gewissen Grad vorgerückt war, unternahm er zu Fufs diese Reise mit 22 Soldaten und bewaffneten Freywilligen. Er stiefs auf die *Aldea* des *Capitam* T o m é, eines berühmten indischen Anführers, welcher Indianer von verschiedenen Stämmen in den inneren Waldungen am obern *Mucuri* versammelt hatte; schon früher hatte er an dieser Stelle viele von ihnen getauft. Jetzt besteht die *Aldea* nicht mehr, da der Heerführer gestorben ist; doch sieht man an der Stelle, wo sie stand, noch verwilderte Bananenstämme und andere Gewächse, welche gegenwärtig von umherziehenden Wilden benutzt werden. Nach einer Reise von etwa 50 Tagen gelang es dem *Capitam*, die Seeküste zu erreichen, wo er nun erst bemerkte, dafs er nicht dem *S. Matthæus*, sondern dem *Mucuri* gefolgt sey. Diese Reise war mit grofsen Beschwerlichkeiten verbunden. Oft fehlte es der Truppe an Lebensmitteln; es zeigten sich ihnen alsdann keine jagdbaren Thiere und der Fischfang war nicht ergiebig. Sie kaueten dann einige Früchte und Wurzeln, oder hielten sich mit etwas Palmit oder wildem Honig, den sie im Walde fanden, hin, bis ein glücklicher Zufall wieder ein Thier ihnen in den Schufs führte. Auf *Botocudos*, die in dem obern Theile dieser Wälder wohnen, trafen sie zum Glück nicht, allein sie fanden oft die verlassenen Hütten derselben und vermutheten selbst, einigemal von jenen Wilden beobachtet worden zu seyn. Zur Jagd und zum Schutz gegen die Wilden waren dem *Capitam* die verschiedenen indischen Soldaten sehr nützlich; denn er hatte *Capuchos* und andere, auch selbst einen unter den Portugiesen auferzogenen Botocuden unter seinen Leuten. Bey dem vier Tagereisen weit den Fluſs aufwärts sich befindenden Falle des *Mucuri* hätten sie bald ihr sämmtliches Gepäck verloren. Sie hatten nehmlich einen Floſs von Baumstämmen erbauet, um ihre Gewehre, Lebensmittel, Kleider u. s. w. darauf zu laden; das Fahrzeug wurde aber vom Strome fortgerissen, das Gesträuch am Ufer streifte die ganze Ladung ab, und nur mit der gröſsten Mühe fischte man die Waffen noch aus dem Wasser. An den letzten Tagen dieser kühnen, gefährlichen Waldreise trat eine völlige Hungersnoth unter der Truppe ein; schon waren sie davon ganz entkräftet, als sie unerwartet, etwa zwey Tagereisen von der *Villa de Mucuri*, die letzte unbewohnte Pflanzung am Flusse, welche zu *Morro d'Arara* gehört, erreichten. Mit Heiſshunger fiel die ganze Gesellschaft über die rohen Mandioccawurzeln her, unter welchen sich unglücklicher Weise auch viel *Mandiocca brava*, eine schädliche Art (*), befand. Ein heftiges Erbrechen, welches auf den Genuſs derselben erfolgte, hatte die muthlosen Abentheurer noch mehr geschwächt, als einige ihrer Jäger so glücklich waren, einen groſsen Anta (*Tapirus americanus*) zu erlegen. Alle konnten sich nun durch eine gesunde Nahrung wieder stärken. Am folgenden Tage erreichte die vielgeprüfte Truppe das Ziel ihrer kühnen Anstrengungen und rückte in der *Villa* zu *Mucuri* unter dem Freudenfeuer und dem Jubelruf der Einwohner ein. Nunmehr sollte auf der Picade des *Capitam* die Straſse durch jene Wälder eröffnet werden, und man erwartete dazu nur noch die Ankunft des *Ouvidor*. Nach und nach fanden sich schon die dazu bestellten Waldarbeiter von *S. Matthæus*,

(*) Selbst der ausgepreſste Saft dieser Art Mandiocca ist schädlich und tödtet Thiere, zum Beyspiel Schaafe, wovon uns KOSTER p. 370 ein Beyspiel erzählt.

Viçoza, Porto Seguro, Trancozo und andern Orten der Ostküste, meistentheils Küsten-Indier, ein.

Zwischen den Gebürgen von *Minas Geraës* und der schwach bewohnten Ostküste dehnen sich weite Wildnisse aus, in welchen noch viele
Horden von den freyen wilden Stämmen der Urbewohner umherziehen,
die auch wahrscheinlich sich noch lange von den Portugiesen unabhängig
erhalten werden. Diese Wildnisse sucht man von verschiedenen Punkten
aus mit gangbaren Strafsen zu durchbrechen, um die Produkte von *Minas*
der ärmern menschenleeren Küste leichter zuführen, und ihnen eine
schnellere Verbindung mit den Hauptstädten und dem Meere verschaffen
zu können. Da die Flüsse die schnellste Communication gestatten, so
hat man diese Strafsen auf und an denselben fortzuführen beschlossen.
Man eröffnete eine derselben am *Mucuri*, eine andere am *Rio Grande
de Belmonte*, eine dritte am *Ilheos*, und noch zwey andere ist man
beschäftigt am *Espirito Santo* und am *Itapemirim* nach *Minas* zu führen.
Die Wälder in der Gegend des *Mucuri* werden hauptsächlich von
Patachos bewohnt. *Botocudos* streifen nur zuweilen durch dieselben
an die Küste herab. Uebrigens halten sich noch mehrere Stämme der
Tapuyas in jenen Einöden auf; an den Gränzen leben förmlich angesiedelt die *Maconi's*, die *Malali's* und andere. Die *Capuchos* oder Caposch-
Indianer dagegen, die *Cumanachos*, *Machacali's* und die *Panhamis* (Pa-
niamis) ziehen noch in den Wäldern umher. Die letztern vier Stämme
sollen sich mit den *Patachos* verbunden haben, um vereint den zahlreichern *Botocudos* die Spitze bieten zu können. Diese Stämme scheinen,
nach der Aehnlichkeit in Sprache, Sitte und Gebräuchen zu urtheilen,
einander näher verwandt zu seyn. Von den *Maconi's*, die für sich allein
leben, wurden vor etwa 20 Jahren viele getauft, andere taufte *Capitam*
Bento Lourenzo, als er sich unter ihnen befand. Sie haben sich jetzt
zum Theil am *Mucuri* angebaut; ein anderer Theil derselben soll aber

mehr nördlich, nach dem Flusse *Belmonte* hin, wohnen. Dieser Stamm steht am *Rio Doçe* im Rufe grofser Wildheit, wiewohl, näheren Nachrichten zufolge, mit Unrecht. Die *Malali's*, ein jetzt nur noch sehr schwacher Stamm, wohnen weit oben am *Rio Doçe* bey dem *Destacamento* von *Passanha*, und haben sich in der Nähe desselben unter dem Schutze der Portugiesen niedergelassen, um sich vor ihren Feinden, den *Botocudos*, zu sichern. Die Sprachen dieser beyden Stämme, von denen man einige Proben in dem Anhange zum zweyten Theile dieses Reiseberichts finden wird, weichen sehr von jenen der andern Stämme ab. Die fünf vereinten Stämme haben, wie bemerkt worden, im Allgemeinen verwandte Bildung, Sitten und Sprache. Sie durchbohren gewöhnlich ihre Unterlippe, und stecken in die Oeffnung ein kurzes, dünnes Rohrstäbchen, welches sie an dem einen Ende mit *Urucú* roth färben. Ihre Haare schneiden sie im Genicke und über den Augen rund ab; einige scheeren selbst den gröfsern Theil des Kopfes. Uebrigens bemahlen sie, wie alle *Tapuyas*, ihren Körper mit rother und schwarzer Farbe. Sie glauben sämmtlich im Donner ein mächtiges Wesen zu vernehmen, das sie *Tupan* nennen: ein Wort, welches vielen Stämmen, unter andern auch den *Puri's*, angehört, und selbst den Küstenstämmen der *Tupi's* gemein war. Nahe Blutsverwandte sollen einander nie heirathen, übrigens aber binden sie sich an keine Regel und folgen ganz ihren Neigungen. Junge Mädchen sehen es als das höchste Zeichen ihrer Gunst gegen junge Männer an, wenn sie dieselben bemahlen, zu welchem Ende sie gewöhnlich etwas *Urucú* bey sich tragen (*). Die *Patachos* zeigten sich am *Mucuri* bis jetzt immer feindselig, noch unlängst erschossen sie auf der *Fazenda* des Herrn JOÃO ANTONIO einen Indier in der Thüre seines Wohnhauses.

(*) Aufser den hier genannten Stämmen der Urbewohner werden für diese Gegend in der *Corografia brasilica T. II. p.* 74 noch einige andere angeführt, deren Nahmen ich aber an der Ostküste nie nennen hörte.

Nachdem wir uns zehn Tage hier verweilet, setzten wir unsere Reise fort. In angenehmer Nachtkühle verließen wir bey dem schönsten heitersten Mondlichte den *Mucuri*; der Vollmond spiegelte sich mild und freundlich auf der breiten Fläche des ruhig glänzenden Meeres, und entschädigte uns für die Einförmigkeit des Weges auf der ebenen Sandküste; sanft von ihm beleuchtet schwebte über uns die große Nachtschwalbe, aber leider für unsere Jagdgewehre in unerreichbarer Höhe (*).

Von dem *Mucuri* bis zum *Peruipe*, einem andern Flusse, hat man fünf Legoas. Ehe man die Landspitze der Seeküste erreicht, führt der Weg nach der *Villa Viçoza*. Hier verirrten wir uns und kamen an die Mündung des *Peruipe*, wo einige Fischerhütten herum lagen. Wir sahen uns genöthigt, wieder zurück zu gehen. Es war heller Tag, als wir durch die Gesträuche zu einem Wiesenplatze am Flusse gelangten, wo wir unter einem reizenden Cocospalmen-Haine, die aus etwa 100 Häusern bestehende *Villa Viçoza* erblickten. Ein durch seine Größe unter den herumstehenden niedern Wohnungen sich auszeichnendes, weiß beworfenes Gebäude erkannten wir sogleich für das Haus der *Camara*, oder das königliche Gebäude, ritten hier an, und fanden den *Ouvidor* in Gesellschaft von zwey See-Capitainen, den Herren José da Trindade und Silveira José Manoel de Araujo, die von der Regierung beauftragt waren, die Küste in dieser Gegend astronomisch genau zu bestimmen und eine Karte von derselben zu verfertigen. Uebrigens war das Gefolge des *Ouvidors* von der seltsamsten Zusammensetzung, denn außer einigen Portugiesen und Negersclaven, hatte er zehn bis zwölf junge

(*) Dieser Vogel ist eine bis jetzt noch unbeschriebene Art dieses Geschlechts, welche ich *Caprimulgus œthereus* nannte, da er bis zu einer bedeutenden Höhe in die Luft steigt, und dort gleich einem Falken schwebend steht. Er wird 22 Zoll lang, und hat ein roströthlich, dunkelbraun und schwärzlich geflecktes Gefieder. Die obern kleinen Flügeldeck-Federn bilden einen schwärzlich braunen Fleck. Eine schwarzbraune gefleckte Querbinde bezeichnet das Ende der Brust.

Botocudos von *Belmonte* und einen jungen *Machacali* bey sich. Der Anblick der *Botocudos* befremdete uns über allen Ausdruck, wir hatten nie dergleichen sonderbare und auffallend häfsliche Wesen gesehen. Ihre originellen Gesichter waren durch grofse Blöcke von Holz, die sie in der Unterlippe und den Ohrläppchen trugen, verzerrt; die Lippe tritt dadurch weit hervor, und dié Ohren hängen bey einigen wie grofse Flügel bis gegen die Schultern herab; ihr brauner Körper war mit Schmutz bedeckt. Sie waren schon sehr vertraut mit dem *Ouvidor*, der sie im Zimmer beständig um sich hatte, um ihr Zutrauen immer mehr zu gewinnen. Er hatte einige Leute, die botocudisch sprachen, und liefs uns Proben ihres Gesanges geben, der einem unartikulirten Geheul gleicht. Die meisten dieser jungen Indier hatten kürzlich die Pocken gehabt, sie waren noch über und über mit Narben und Flecken bezeichnet, welches bey ihrem durch die Krankheit abgemagerten Körper ihre natürliche Häfslichkeit noch bedeutend vermehrte.

Die Pocken, zuerst durch die Europäer in diese Gegenden gebracht, sind den Indiern im höchsten Grade gefährlich; viele ihrer Stämme sind von dieser Krankheit völlig aufgerieben worden. Auch von der Begleitung des *Ouvidors* waren mehrere in *Caravellas* gestorben; die meisten aber hatte man hergestellt und zwar, wie man mir versicherte, durch Branntwein, den man ihnen in Menge gegeben hatte. Die Wilden haben vor dieser Krankheit eine schreckliche Furcht. Grausam und schauderhaft ist, was man mir von einem gewissen Pflanzer erzählte. Derselbe soll, um sich an den *Tapuyas*, seinen Nachbaren und Feinden, zu rächen, Kleidungsstücke, welche an den Pocken Gestorbene getragen hatten, in den Wald haben legen lassen, und viele dieser Wilden sollen durch diese unmenschliche Mafsregel elend ums Leben gekommen seyn.

Als der *Ouvidor* die Reise nach dem *Mucuri* antrat, schifften wir uns ein, um vorerst *Caravellas* und den Flufs *Alcobaça* zu besuchen. Das Canoe glitt den schönen grün eingefaßten *Peruipe* hinunter, und wendete sich dann da, wo der Fluß in die See östlich mündet, in einen breiten Seiten-arm hinein, der mit dem *Caravellas* in Verbindung steht. Cocospalmen erheben bey der *Villa* ihre stolzen Gipfel, und geben der Landschaft einen schönen originellen Charakter. Die Milch oder das in der Frucht sich befin-dende Wasser ist an den alten Nüssen, die man nach Europa bringt, sehr fade und von schlechtem Geschmack, hier aber werden sie etwas unreif abgenommen, und dann hat dieses Wasser etwas sehr angenehm Bitter-süßliches, und ist dabey ungemein kühlend und erfrischend. Man berei-tet hier zu Lande aus diesem wohlthätigen Geschenk der Natur verschie-dene sehr wohlschmeckende Gerichte; so schabt man zum Beyspiel die Nuß und kocht sie mit schwarzen Bohnen, denen sie einen angenehmen Geschmack mittheilt; auch verfertigt man daraus ein sehr gutes Confect mit Zucker und Gewürzen, das aber leider die Reise nach Europa nicht aushält. Ein Cocosbaum kann an hundert Früchte zugleich tragen, die man auf den Werth von etwa 5 bis 6 Thalern anschlägt; hat man also eine Pflanzung von 3 bis 400 dieser Bäume, so gewährt dieselbe schon eine beträchtliche Einnahme. Man verkauft einen solchen gesunden Baum für 4000 Reis, etwa eine Carolin. Das Holz des Baums ist eben-falls sehr brauchbar, denn es ist zähe und hart; der Stamm bricht des-wegen bey starkem Winde nicht leicht ab, sondern biegt sich und knarrt heftig. Die Wurzeln bilden horizontal unter der Oberfläche der Erde ein dichtes Gewebe. Vom *Peruipe* südlich nach *Rio de Janeiro* hin, sind ächte Cocospalmen (*Cocos nucifera*, Linn.) eine wahre Selten-heit, allein von *Viçoza* an nördlich, besonders zu *Belmonte*, *Porto Seguro*, *Caravellas*, *Ilheos*, *Bahia* u. s. w. sind sie äußerst gemein; sie haben an der ganzen Ostküste den Nahmen *Cocos da Bahia*. Es scheint dieser Baum das Seewasser besonders zu lieben, denn er ge-räth da am besten, wo der Sand des Ufers vom Salzwasser bespühlt wird (*). Eine Verdickung, die der Stamm dieser Art in der Jugend an seinem untern Ende hat, macht ihn sehr kenntlich. Auf der Wasserfahrt nach *Caravellas* wird man sehr häufig durch den Anblick kleiner Wäldchen von hohen Cocospalmen erfreut; die ländlichen Wohnungen liegen sehr mahlerisch im dunkeln Schatten jener hohen Stämme. Das ganze Ufer bedecken dichte Mangue-Bäume (*Conocarpus* und *Avicennia*) deren zum Gerben nutzbare Rinde nach *Rio de Janeiro* gesandt wird. Der Besitzer einer Lederfabrik daselbst unterhält hier am *Caravellas* eine Menge Sclaven, blos um ganze Schiffladungen der Mangue-Rinde abzulösen und zu trocknen. Ein ansehnliches Schiff segelt hin und her, um diese Rinde zu transportiren, das auch deswegen den Nahmen des *Casqueiro* trägt. Es giebt mehrere Arten des Mangue-Baumes; zur Lederbereitung zieht man aber die Rinde der *Mangue vermelha* oder rothen Mangi (*Conocarpus racemosa*) vor, die sich durch niedern Wuchs und ein dickes eyförmiges Blatt merklich von der *Mangue branca* (*Avicennia tomentosa*) unterscheidet, welche ein schmales, länglichtes Blatt hat, eine eyförmige, etwas wollige, die Gröfse einer kleinen Pflaume erreichende Fruchtkapsel trägt, und schlanker und höher wächst. Unsere Fahrt war gegen Abend sehr angenehm, wir schifften aus einem Canal in den andern; denn zwischen *Viçoza* und *Caravellas* befindet sich ein wahres Flufsnetz, das von einer Menge von Mangue-Inseln gebildet wird. In diesen Gebüschen schrieen eine Menge von Papageyen, aber alle waren von der Art des *Curica* (**). Auf den sonderbaren Wurzeln der Mangi-Bäume, welche hoch am Stamm entspringen, sich wölbend ins Wasser hinab senken, im Boden einwurzeln und dadurch vollkommene Bogen-

---

(*) Eine Bestätigung dieser Erfahrung giebt Herr von HUMBOLDT in der Beschreibung seiner Reise. Band I. S. 454.

(**) *Psittacus ochrocephalus*, LINN. oder *amazonicus*, LATHAM. S. LE VAILLANT *hist. natur. des Perroquets pl.* 110.

gänge in mannigfaltigen Richtungen darstellen, sah man weifse Reiher unbeweglich sitzen. An der Rinde dieser Bäume sitzt eine kleine Art von Austern in Menge, und die bunte Krabbe, *Aratú* (*), lebt ebenfalls in grofser Anzahl auf demselben.

Ein heftiges Gewitter, von einem Platzregen begleitet, überfiel uns hier, und hielt an bis zu unserer Ankunft in *Caravellas*, wo wir in der Dunkelheit eintrafen und im Hause der *Camara*, der Wohnung des *Ouvidors*, unsern Aufenthalt fanden. *Caravellas* ist die bedeutendste *Villa* der *Comarca* von *Porto Seguro*. Sie hat gerade und in rechten Winkeln sich durchschneidende Strafsen, darunter fünf bis sechs Hauptstrafsen und mehrere Nebengassen; alle aber ungepflastert und mit Gras bewachsen. Die ansehnlichste Kirche liegt nahe bey dem *Casa da Camara* auf einem freyen Platze; die Häuser der *Villa* sind nett gebaut, jedoch meist nur ein Stockwerk hoch. *Caravellas* treibt einen beträchtlichen Handel mit den Produkten der Gegend, besonders mit Mandioccamehl, etwas Baumwolle u. s. w. Man führt zuweilen in einem Jahre 54,500 Alqueiren Farinha aus, welches, die Alqueire in mäfsigem Preise zu 5 Patacken oder Gulden gerechnet, einen Ertrag von etwa 272,500 Gulden giebt. Dieser Handel führt eine ziemliche Anzahl von Schiffen, aus *Pernambucco*, *Bahia*, *Rio de Janeiro*, *Capitania* und den andern Häfen der Ostküste hierher; dreyfsig bis vierzig kleinere Fahrzeuge liegen zuweilen hier vereint, auch hat man oft Gelegenheit mit dem *Casqueiro* nach *Rio* zu reisen oder Briefe zu senden. Besonders geschäftig sind die Schiffe von *Pernambucco* für den Transport des Mandioccamehls, da jene Gegend an diesem wichtigen Produkte Mangel leidet; trockene Jahre bringen zuweilen dort eine vollkommene Hungersnoth hervor, wie das auch KOSTER in seiner Reisebeschreibung bemerkt (**).

(*) Der in Brasilien *Aratú* genannten Krabbe erwähnt MARCGRAF p. 185.

(**) S. KOSTER's travels etc. p. 123 u. a. a. O.

Da wir die Absicht hatten, nach der Reise an den *Mucuri*, wo wir einige Zeit zu verweilen gedachten, noch einmal hierher zurück zu kehren, so hielten wir uns jetzt nur drey Tage auf, und reisten dann nach dem *Alcobaça* ab, der nördlich vom *Caravellas* durch die Urwälder herab kommt. An demselben liegt eine *Fazenda* des Ministers *Conde* DA BARCA, *Ponte do Gentio* (die Brücke der Wilden) genannt, welche wir in Augenschein zu nehmen wünschten. Wir fuhren erst einige Stunden in einem Canoe den *Caravellas* aufwärts, und setzten dann die Reise zu Lande fort. Gegen Abend erreichten wir die kleine *Fazenda de Pindoba*, deren Eigenthümer Herr CARDOSO, uns für die Nacht recht gastfreundschaftlich beherbergte. Die Gegend hier ist wild und voll von noch undurchforschten Waldungen, wo nur hie und da eine Wohnung oder Pflanzung zu finden ist. Da das Gespräch mit Herrn CARDOSO sich auf diese Gegend und ihre Natur-Merkwürdigkeiten lenkte, ließ er einen Stein herbeyholen, den man unter der Oberfläche der Erde gefunden hatte; es war ein grober, in Figur einer kleinen Axt geschliffener Sandstein. Unser Hauswirth erklärte ihn aber für einen Donnerkeil (*Corisco*), der bey einem Gewitter in die Erde herabgefahren sey, und war eben so wie die übrigen Anwesenden mit unserer Erklärung: daß es ohne Zweifel ein von den Wilden verfertigtes und verlornes Instrument sey, höchst unzufrieden. Das Wunderbare hat für den ungebildeten Menschen immer den meisten Reiz.

Bey *Pindoba* setzten wir über einen kleinen Waldbach, bestiegen dann die von den Besitzern der benachbarten *Fazenda's* geliehenen Pferde, und ritten durch öde Wildnisse, in welchen Wald, Gebüsche und Heiden voll von hohem Rohrgras mit einander abwechselten. Auf den zerstreut liegenden *Fazenda's* oder Rossen findet man große Schoppen, in denen man das Mandioccamehl, das Hauptprodukt dieser Gegend, in Menge bereitet. Diese Gebäude sind von allen Seiten offen, und bestehen nur aus einem von starken Pfeilern getragenen Rohr - oder Palmdache, unter welchem sich verschiedene grofse eingemauerte Pfannen zum Trocknen des Mehls befinden. In einem Urwalde von schönen, schlanken, wild durchflochtenen Stämmen wurden wir durch den sonderbaren Chorgesang einer uns noch neuen Vogelart überrascht. Der ganze Wald erschallte von ihrem äufserst sonderbaren lauten Pfiffe, der aus fünf bis sechs durchdringenden Tönen zusammengesetzt ist. Diese lärmenden Waldbewohner waren hier in ganzen Schaaren zusammen, und sobald einer seine Stimme erschallen liefs, fielen gleich die übrigen alle ein. Unsere Jäger, von der lebhaftesten Neugierde ergriffen, warfen sich sogleich ins Gebüsch, aber ungeachtet ihrer Menge kostete es dennoch viele Mühe, endlich einige dieser Schreier zu erlegen. Dieser Vogel (*) hat die Gröfse einer Amsel, und eine sehr unansehnliche, schmutzig-aschgraue Farbe. Die Portugiesen an der Ostküste geben ihm den Nahmen *Sebastiam* und in der Provinz *Minas Geraës* nennt man ihn Drossel des Urwaldes, *Sabiah do mato virgem.* Am Ende des Waldes erreichten wir die Wohnung der SENHORA ISABELLA, Besitzerin ansehnlicher Mandioccapflanzungen, einer äufserst wohlthätigen und deshalb in der ganzen Gegend beliebten Frau. Da sie im Rufe steht, mancherley Krankheiten heilen zu können, so kommen viele Leidende und Arme zu ihrem Hause, die sie entweder heilt oder doch beschenkt und mit Nahrungsmitteln versieht. Sie nahm uns sehr gastfreundschaftlich auf und gab uns auf die Reise ein kleines Schwein und eine grofse Ente mit, da wir, wie sie behauptete, in *Ponte do Gentio* würden Hunger leiden müssen. Bald erreichten wir den Flufs *Alcobaça*,

(*) *Muscicapa vociferans*: 10 Zoll lang; alle oberen Theile dunkel-aschgrau, an einigen Stellen etwas bräunlich oder gelblich überlaufen; alle unteren Theile etwas blässer aschgrau, Brust und Unterhals am dunkelsten, die Federspitzen der untern Theile hier und da etwas gelblich. Auf dem zoologischen Museum zu Berlin hat man ihn unter dem Nahmen *Muscicapa ampelina* aufgestellt.

der hier klein ist, und schifften uns auf demselben ein. Die Fahrt gieng in der Abendkühlung etwa ein Paar Stunden weit aufwärts, bey der *Fazenda* des Herrn Munis Cordeiro vorbey; alsdann erreichten wir die auf dem nördlichen Ufer liegende *Fazenda* des Ministers. Die Farbe des Flusses, der fischreich ist und viele *Jacare's* nährt, ist dunkel; seine Ufer sind durchaus mit schönen, dichten Gebüschen und Waldungen bewachsen; im Wasser selbst wächst die Aninga (*Arum liniferum*, Arruda). *Ponte do Gentio* ist eine *Fazenda* mit einem dazu gehörigen Stück Land, welche der Minister von dem Erben des *Capitam Mor* João da Sylva Santos gekauft hat, und befand sich früher in einem sehr blühenden Zustande. Ihr vormaliger Besitzer war ein unternehmender Mann, der in mehreren Zügen gegen die Wilden bewiesen hatte, dafs er sie nicht fürchte, der aber auf seiner *Fazenda* immer mit ihnen in Friede lebte. Er war auch der erste, welcher den Flufs *Belmonte* bis *Minas Novas* hinauf beschiffte. Nach seinem Tode kam das Gut durch Mangel an gehöriger Aufsicht in Verfall. Anstatt den Frieden mit den Wilden zu unterhalten, reizte man sie. Ein Neger hatte einen der Wilden von dem Stamme der *Patachos* im Walde erschossen; dies entrüstete die Wilden, die, um sich zu rächen, die Neger in einer der Pflanzungen überfielen, und drey von ihnen mit ihren langen Pfeilen tödteten. Hiedurch vermehrte sich die Unordnung und mit ihr fiel der Werth der *Fazenda*; der Minister kaufte sie für einen sehr geringen Preis. Jetzt sucht man den Frieden mit den Wilden wieder herzustellen und die *Fazenda* wieder besser zu bewirthschaften. Gegenwärtig befinden sich hier einige indische Familien, sechs Familien der *Ilhores* (Bewohner der azorischen Inseln), neun Chinesen, einige Negersclaven und ein Portugiese als *Feitor* (Verwalter). Die Chinesen hatte die Regierung nach *Rio de Janeiro* kommen lassen, um dort Thee zu bauen; späterhin wurden einige nach *Caravellas* und andere hierher geschickt, um im Taglohn zu arbeiten; allein sie sind zu träge und verrichten nur äußerst leichte Arbeiten.   Sie bewohnen zusammen ein kleines Haus; einer von ihnen ist Christ geworden und hat eine junge Indierin geheirathet.   Die Gebräuche ihres Vaterlandes haben sie auch hier beybehalten; sie feyern ihre Festtage, essen alle Arten von Geflügel besonders gern, und sollen in der Wahl ihrer Lebensmittel nicht besonders streng seyn.   In ihrer Rohrhütte haben sie alles äußerst nett und sauber eingerichtet.   Ihre Betten zum Beyspiel sind mit feinen weißen Vorhängen versehen, die auf das netteste drappirt und an den Seiten mit sehr zierlichen bronzenen Haken aufgezogen sind.   Diese zierlichen Betten machen einen sonderbaren Contrast mit der elenden Rohrhütte, in der sie aufgestellt sind.   Die Chinesen schlafen übrigens auf einer feinen Rohrmatte und ruhen mit dem Kopfe auf einem kleinen runden Kissen.   Ihre Mahlzeit von Reis sahen wir sie nach ächt chinesischer Art mit zwey kleinen Stäbchen zu sich nehmen.   Sie sahen es sehr gern, wenn wir sie besuchten; alsdann erzählten sie uns in äußerst gebrochener portugiesischer Sprache von ihrem geliebten Vaterlande, und wie es dort so viel besser sey als in Brasilien.   Auch öffneten sie uns ihre Kasten, in welchen sie schlechtes chinesisches Porcellain und eine große Menge von Fächern aller Art, die sie zum Verkauf mit sich genommen hatten, sorgfältig verwahrten.   Das Gebäude der *Fazenda* mit der Mandiocca-Fabrik liegt in einer kleinen Vertiefung nahe am Flusse zwischen zwey Höhen. Ersteigt man die östlichste derselben, wo die *Povoação* ist, so überschaut man die ganze weite Gegend, und so weit das Auge trägt, ist alles bis zum fernsten Horizont ohne Unterbrechung mit finstern Urwäldern bedeckt, nur am rechten Ufer des Flusses zeigen sich einige wenige Stellen, wo Menschen sich angebaut haben.

Wir durchstrichen die nahen Wälder mit unsern Jägern und mit einigen hier wohnenden trägen Mamelucken.   Mancherley Thiere wurden erlegt, unter andern erhielten wir hier zum erstenmale das gemeine Faulthier (*Bradypus tridactylus*, LINN.), da wir bis jetzt nur immer das mit dem schwarzen Halskragen (*Bradypus torquatus*, ILLIGERI) gesehen hatten. Hier hätten wir bald das Unglück gehabt, Herrn FREYREISS zu verlieren. Er hatte sich eines Morgens allein mit der Flinte auf die Jagd begeben, und kam Mittags zur gewöhnlichen Zeit nicht zurück. Es wurde Abend, und die Dunkelheit nahm schon immer mehr zu, und noch immer erwarteten wir ihn vergeblich. Mit jeder Minute wurde unsere Besorgniſs um ihn gröſser; ich lieſs daher mehrere Leute beständig schieſsen, um ihm ein Zeichen zu geben; endlich hörten wir aus weiter Ferne den schwachen Laut eines Schusses. Nun lieſs ich schnell die Indier, mit brennenden Fackeln oder vielmehr glimmendem Holze versehen, nach der Gegend zu vordringen, von woher der Schuſs war gehört worden. Glücklicherweise fanden sie den Verirrten, und kehrten um Mitternacht mit ihm zurück. Sehr ermüdet und entkräftet erreichte er die *Fazenda* und erzählte uns nun sein gefahrvolles Abentheuer. Er war eine bedeutende Strecke einem wenig gangbaren Waldpfade gefolgt, der plötzlich aufhörte; er gieng weiter und weiter, und als er zurückkehren wollte, hatte er die Richtung gänzlich verloren. Nun brachte er den ganzen Tag zu, um sie wieder aufzusuchen, und zeichnete die Bäume, um zu bemerken, wo er bereits gewesen war, aber alle Versuche sich zu orientiren verunglückten; er erstieg endlich einen Berg und hoffte dort durch die freyere Aussicht sich wieder zu finden, allein auch dies war umsonst, überall zeigte sich ununterbrochener Urwald. Endlich fand er einen Waldbach, und watete in demselben hinab, in der Hoffnung, den *Alcobaça* zu erreichen und an dessen Ufer sich zur *Fazenda* zurück zu finden; auch diese Hoffnung täuschte ihn; denn der Bach breitete bald in einen Sumpf sich aus und versiegte. Jetzt wurde seine Lage im höchsten Grade beunruhigend. Durch Mangel an Nahrung

erschöpft, durch den mühsamen Gang erhitzt, von dem Wasser des Waldbaches durchnäfst, sank er ermattet nieder. Aber nun brach die Dämmerung ein; er sammelte seine Kräfte und bauete sich eine kleine Hütte von
Palmblättern. Hier quälten ihn die Moskiten auf eine schreckliche Weise,
aber nicht minder beunruhigte ihn die gegründete Besorgnifs vor den
Wilden und vor Raubthieren, um so mehr, da er aus Mangel an den
nöthigen Geräthschaften kein Feuer anzünden konnte, um sie abzuhalten.
So war er darauf gefafst den wiederkehrenden Tag zu erwarten, der ihm
jedoch wenig tröstliche Aussichten eröffnen konnte, da er die Richtung des
Weges nur durch einen glücklichen Zufall wieder zu finden hoffen durfte,
und mit Pulver und Bley so schwach versehen war, dafs er nicht lange
durch die Jagd sein Leben hätte fristen können. In dieser schrecklichen
Lage hörte er endlich — und wer vermag seine Freude zu schildern —
unsere Schüsse zu *Ponte do Gentio*. Von Hoffnung neu belebt sprang er
auf, und feuerte ein Paar starke Schüsse zur Antwort ab, die bey der
Aufmerksamkeit, womit wir in der Stille der Nacht lauschten, auch glücklicherweise von uns gehört wurden. Wäre er etwas entfernter oder zufällig hinter einer Höhe gewesen, so hätte er eben so wenig unsere Schüsse, als wir die seinigen hören können; es wäre uns unmöglich gewesen
ihn aufzufinden und sein Schicksal in der furchtbaren Wildnifs würde
höchst traurig geworden seyn, denn er hatte die Absicht gehabt, am folgenden Morgen ganz in der entgegengesetzten Richtung von der *Fazenda*
den Rückweg zu suchen. Dieser Vorfall mag als Beweis gelten, wie nöthig
die gröfste Vorsicht ist, wenn man in diesen weiten Wildnissen allein
jagen will, ohne mit denselben einigermafsen bekannt zu seyn, oder den
ausgezeichneten Ortssinn der Indier zu besitzen. Auch der *Feitor* von
Ponte do Gentio, ein der Jagd in dieser Gegend sehr kundiger Portugiese,
hatte einst bey einem solchen Gange den Weg verloren, und war sieben
Tage im Walde umher geirrt; da er aber mit Feuerzeug, Pulver und Bley

hinlänglich versehen war, um sich die dringendsten Bedürfnisse verschaffen zu können, so glückte es ihm endlich, auf einer Pflanzung am *Alcobaça* anzukommen; zwey Indier, welche der *Ouvidor* abgeschickt hatte, um seiner Spuhr zu folgen, und ihn aufzusuchen, kamen bald nach ihm an. Man irrt, wenn man denkt, daſs in diesen Wäldern überall Lebensmittel sich finden müſsten. Ungeachtet der Menge wilder Thierarten, die in denselben leben, geht man doch oft mehrere Tage, ohne ein lebendes Wesen zu sehen, und es bestätigt sich auch hier, daſs in der Nähe der menschlichen Wohnungen sich immer mehrere Thiere aufhalten, als im Innern der groſsen Wälder.

Unsere Sammlungen hatten einigen interessanten Zuwachs erhalten, allein unsere Insekten, besonders die Schmetterlinge, waren durch die kleinen rothen Ameisen stark beschädigt worden; wir retteten sie blos dadurch, daſs wir sie dick mit Schnupftabak überstreuten. Am 25ten Januar verlieſsen wir *Ponte do Gentio* und kehrten nach der Wohnung der Senhora Isabella zurück. Da fanden wir die Bewohner mit der Bereitung des Mandioccamehls beschäftigt. Ein zahm erzogener Tucan (*Ramphastos dicolorus*, Linn.) zog hier unsere Aufmerksamkeit auf sich. Seine possirlichen Bewegungen bey der ungeschickten Gestalt und dem sonderbaren groſsen Schnabel belustigte uns sehr. Aeuſserst gefräſsig verschluckte er alles Eſsbare, das ihm vorkam, selbst auch Fleisch. Man bot ihn uns zum Geschenk an; allein da dieser Vogel unser Clima nicht verträgt, so trugen wir Bedenken ihn anzunehmen. — Man zieht hier viel Honig von stachellosen gelben Bienen. Zu diesem Ende hängt man Abschnitte von ausgehöhlten Baumästen unter dem Dache auf, die an den Enden mit Lehm zugestrichen sind, und in deren Mitte sich ein kleines rundes Flugloch befindet. Dieser Honig ist sehr aromatisch, allein nicht ganz so süſs als unser europäischer. Aus Honig mit Wasser vermischt bereitet man hier ein sehr angenehmes kühlendes Getränk.

Am folgenden Tage ritten wir nach *Pindoba* zurück, und langten am Abend in *Caravellas* wieder an. Nach einem Aufenthalt von zwey Tagen waren auch hier unsere Geschäfte abgethan und wir schifften uns wieder nach *Viçoza* ein. Eine schöne mondhelle Nacht begünstigte diese Fahrt. An den Gebüschen der Ufer flogen tausend leuchtende Fünkchen (*Lampyris, Elater* und vielleicht noch andere leuchtende Insekten) umher. Als wir in *Viçoza* in das Haus der *Camara* eintraten, hausten hier noch die sämmtlichen *Botocudos* des *Ouvidors*. Noch beschwerlicher als diese unangenehme Gesellschaft, wurde uns das ununterbrochene Geheul eines Hundes, der von einer giftigen Schlange gebissen worden war. Man gab ihm den ausgepreßten Saft des *Cardo Santo* (*Argemone mexicana*) einer gelbblühenden Distel, die überall gemein ist (*), allein er starb. Man hält gewöhnlich irriger Weise die Zahl der brasilianischen Giftschlangen für größer, als sie wirklich ist. Selbst die Bewohner des Landes geben die meisten Schlangenarten für schädlich aus; nur von einigen wenigen, und nahmentlich von den großen Arten der *Boa*, wissen sie das Gegentheil. Es giebt indessen allerdings einige schädliche Arten, zum Beyspiel die grüne Viper und die *Jararacca*, beyde aus dem Geschlecht *Trigonocephalus*, allein bey weitem die gefährlichsten sind die Klapperschlange (*Crotalus horridus*) und der Çurucucú (*Lachesis mutus*, Daudin, oder *Crotalus mutus*, Linn.), die letztere, besonders die, welche 7 bis 8 Fuß lang wird, ist überall in Brasilien zu Hause. Die Klapperschlange, welche die Portugiesen *Cobra Cascavella* nennen, hält sich nur in den hohen trocknen Gegenden auf; in *Minas Geraës* zum Beyspiel und im Innern der *Capitania* von *Bahia* ist sie ziemlich häufig.

Wir kehrten von *Viçoza* nach dem *Mucuri* zurück, hielten uns aber in der *Villa* nicht lange auf, da der *Ouvidor* sich schon auf der Stelle

---

(*) Dieser Pflanze gedenkt ohne Zweifel Azara, wenn er in seinen *Voyages etc. Vol. I.* p. 132. von Heilung des Fiebers redet.

befand, wo man sich mit Anlegung der neuen *Fazenda* zu *Morro d'Arara* beschäftigte. Herr FREYREISS hatte beschlossen, von hier nach *Capitania* zu unserer *Tropa* zurückzureisen; ich zog es vor, den *Mucuri* hinauf zu der Arbeit im Walde zu schiffen, um dort in jenen Wäldern einige Monate zuzubringen. Wir richteten unser Gepäck ein, und brachten noch ein Paar Tage in *Mucuri* zu. Von hier aus unternahmen wir gemeinschaftlich noch einige Spazierritte, und besichtigten unter andern den Anfang der neuen Straße, welche *Capitam* BENTO LOURENZO mit seinen *Mineiros* und andern Arbeitern schon begonnen und etwa drey Legoas weit fortgesetzt hatte. Diese Straße fängt unmittelbar hinter den Häusern von *Port'Alegre* an, und durchschneidet anfangs sumpfige Wiesen und offene Gegenden (*Campo's*) mit hartem rohrartigem Grase, in welchen man von Zweigen Knüttelbrücken erbaut hatte; weiter hin hatte man sich schon durch Gebüsche und dichte Waldung durchgearbeitet. Sie war bis jetzt noch roh, nur eine Picade und nicht besonders breit; auch lagen hier und da noch ungeheuere Stämme. Man hatte mit einer Linie die Entfernung der Legoas gemessen, und sie an Baumstämme, die an ihrer Vorderseite eingehauen, geschält und geebnet waren, angeschrieben. An verschiedenen Stellen fanden wir im Walde noch die Hütten, wo die Truppe der *Mineiros* übernachtet hatte.

Bey der letzten Pflanzung am Flusse *Mucuri*, welche dem Herrn JOÂO ANTONIO gehört, näherte sich die Straße der *Mineiros* dem Ufer und den daran erbauten Wohnungen. Wir kamen daselbst in Begleitung des Herrn *Padre Vigario* MENDES und des *Escrivam* von *Mucuri* an, und fanden da den *Capitam* BENTO LOURENZO, der uns auf einer Höhe, wo das Wohnhaus sich befindet, mit allen seinen Leuten ein Ehrenfeuer zum Empfang brachte. Es ist nehmlich in Brasilien die Gewohnheit bewaffneter Trupps, oder der Soldaten, in den innern Wildnissen, besonders auf den Militär-Quartellen, wenn Fremde sie besuchen, ein Freudenfeuer zu machen, wozu man die Gewehre sehr stark ladet. Wir brachten bey dem biedern *Capitam* und dem ebenfalls wohlwollenden Besitzer der *Fazenda*, Herrn Joâo Antonio, einige Stunden recht vergnügt hin, und kehrten dann auf dem Flusse zur *Villa* zurück. Am 3ten Februar Morgens reisten wir nach unseren verschiedenen Bestimmungsorten ab. Herr Freyreiss ließ sich über den *Mucuri* setzen, um nach *Capitania* zurück zu kehren, und ich schiffte mit zwey andern Canoen den Fluß hinauf. Wir begrüßten uns wechselseitig durch ein Gewehr - und Pistolenfeuer noch einmal aus der Ferne, und verschwanden einander schnell aus den Augen.

Die für die *Fazenda* und das Holzsägewerk des Ministers *Conde* DA BARCA ausgewählte Stelle liegt etwa anderthalb Tagereisen aufwärts am *Mucuri* und führt von den vielen daselbst vorgefundenen *Araras* (*Psittacus Macao*, Linn.) den Nahmen *Morro d'Arara* (Araraberg). Dahin begab ich mich jetzt in Gesellschaft des *Escrivam* von *Belmonte*, *Capitam* Simpliçio da Sylveira, eines Mannes, der besonders mit gebraucht worden war, als man am *Belmonte* mit den *Botocudos* einen Vertrag zu schließen suchte. Er und ein junger *Meniän*-Indier (*), der ihn begleitete, redeten die Sprache jener Wilden.

Die Ufer des *Mucuri*, überall von dichtem Wald eingefaßt, bieten bey den wiederholten Krümmungen des im Ganzen schmalen Flusses, mannigfaltige, mahlerische Waldansichten dar. Wir mußten unser Canoe gegen den jetzt hohen reißenden Strom mühsam aufwärts schieben, eine Arbeit, die uns um so viel beschwerlicher wurde, da die Mittagssonne glühende Strahlen auf unsere Scheitel herabsandte, und das Holz des Canoes so erhitzte, daß man es kaum anzufassen vermochte. Der grüne rostbauchige Eisvogel (*Alcedo bicolor*, Lath.) und die schöne weißgrüne Schwalbe

(*) Die *Meniän's*, welche in *Belmonte* wohnen, sind ein ausgearteter Ueberrest der *Camacan*-Indier. Es wird weiter unten mehr von ihnen geredet werden.

(*Hirundo leucoptera*) waren hier sehr häufig; die letztere sitzt auf niedern Aesten und dürren Bäumen im Wasser, oder schwebt über demselben umher; auf dem Lande trifft man sie nur in der Nähe der Flußufer an. An alten über das Wasser hinaus geneigten Stämmen und an Felsen sahen wir in Menge eine Art graufarbiger Fledermäuse (*) sitzen, die hier in der Kühlung den Tag hinbringen; sie zeichnen sich durch ihre vortretende Nase aus. Von einem am Ufer stehenden Baume schossen wir die schöne Taube herab, welche an einem Theile der Ostküste den Nahmen *Pomba Trocaës* trägt, und bey *Bahia*, *Pomba verdadeira* genannt wird; sie ist die *Columba speciosa*(**) der Naturforscher. Nachmittags kamen wir bey der dem Herrn JOÃO ANTONIO zugehörigen letzten Pflanzung vorbey, wo uns vor wenigen Tagen *Capitam* BENTO LOURENZO mit einem Gewehrfeuer begrüßt hatte; jetzt befand er sich mit seinen Leuten schon weiter vorwärts in den Wäldern. Als die Abenddämmerung eintrat, stiegen wir im finstern Walde ans Land und zündeten unsere Feuer an. Die Nacht war sehr warm und schön, aber wie es in heißen Ländern gewöhnlich ist, äußerst feucht. Viele Stimmen von Vögeln, die des *Caburé*, der *Choralua*, des *Bacurau* (*Caprimulgus*) und der *Capueira* (*Perdix guianensis*), lassen sich nur in der Dämmerung hören, und beleben alsdann diese schauerlichen weiten Wildnisse. Das *Caburé* besonders kam uns sehr nahe, seine schwirrende Stimme schallte vom nächsten Baume am Feuer herab, welches der Vogel aus Neugierde zu betrachten schien. Unsere abgehärteten halbnackten Canoeführer, die Indier, legten sich ohne Bedeckung, und zum Theil entfernt vom Feuer, sogleich auf die feuchte Erde nieder, und

(*) *Vespertilio Naso*, eine neue Art, mit stark verlängerter, beynahe rüsselartiger Nase, welche um eine starke Linie über den Oberkiefer vortritt. Ganze Länge des Thiers 2 Zoll 4 Linien; Flughaut stark behaart; äußeres Ohr schmal und stark zugespitzt; Haar am Oberleibe dunkelgelblich graubraun, an den Untertheilen blässer gelblich grau.

(**) S. TEMMINCK histoire naturelle des Pigeons et des Gallinacées, Vol. I. p. 208.

schliefen sehr sanft; wir hingegen verbargen uns unter starken wollenen Decken auf einem aus Zweigen und Cocosblättern gebildeten Lager.

Während am kommenden Morgen das Frühstück zubereitet wurde, liefs sich nahe bey uns ein Schwarm *Araras* mit lautem Geschrey nieder. Einer unserer Leute, Mariano, sprang sogleich auf, ergriff die Flinte, und schlich sich an die Vögel hin; der Schufs schallte majestätisch durch die einsame Wildnifs, und der Jäger kehrte frohlockend mit dem ersten jener prachtvollen Thiere zurück, das wir auf dieser Reise erlegt hatten.

Nach der Mittags-Mahlzeit schifften wir weiter, und landeten Abends an einer Sandbank, auf welcher wir Feuer anzündeten. Als wir hier beschäftigt waren, unsern *Arara* für die Sammlung zu präpariren, sahen wir ein grofses Canoe voll Menschen zu uns heraufrudern. Es war der Engländer Charles Frazer mit seiner Begleitung, der zu *Comechatibá* an der Küste unweit *Porto Seguro* eine Niederlassung besafs; er hatte jetzt mit uns gleichen Reiseplan; wir übernachteten hier und brachen am folgenden Morgen mit einander auf. Gegen Mittag erreichten wir am nördlichen Ufer des *Mucuri* den Eingang eines engen schattenreichen Canals von etwa 10 bis 12 Schritten Breite. Dieser natürliche, früherhin dicht verwachsene Canal war vor einigen Tagen auf Befehl des *Ouvidors* aufgeräumt und die überhängenden Gebüsche weggehauen worden; er ist der Eingang in einen schönen, ziemlich ansehnlichen See, die *Lagoa d'Arara*, welche rund um von Waldbergen eingeschlossen ist. Etwa eine Viertelstunde an der *Lagoa* hinauf hatte der *Ouvidor* jetzt die Niederlassung des Ministers zu *Morro d'Arara* zu gründen angefangen; man hatte daselbst schon Holz ausgehauen und einige Hütten erbaut. Der *Ouvidor* empfieng uns höflich, und ich machte sogleich meine Einrichtung, mich ein Paar Monate in dieser einsamen Wildnifs aufzuhalten.

Ansicht unserer Hütten zu Morro d'Arara.

Reise des Prinzen von Neuwied in Brasilien I. Bd. 9.

IX.

Aufenthalt zu Morro d'Arara, zu Mucuri, Viçoza und Caravellas bis zur Abreise nach Belmonte,

vom 5ten Februar bis zum 23ten July 1816.

Beschreibung des Aufenthalts zu Morro d'Arara. — Jagdzüge. — Die Mundeos. — Aufenthalt zu Mucuri, zu Viçoza, zu Caravellas.

Um sich von der Lebensart, welche wir zu *Morro d'Arara* führten, einen Begriff zu machen, denke man sich eine Wildniſs, in welcher eine Gesellschaft von Menschen einen einsamen Vorposten bildet, der zwar durch Ueberfluſs an Wildpret, Fischen und trinkbarem Wasser von der Natur mit Lebensmitteln hinlänglich versorgt, aber dabey durch die Entfernung von bewohnten Orten ganz auf sich beschränkt ist, und gegen die überall ihn umgebenden rohen Urbewohner der Wälder beständig auf seiner Huth seyn muſs.

Patachos und vielleicht auch *Botocudos* umstreiften uns täglich, um uns zu beobachten, daher war bey uns alles bewaffnet; wir zählten 5o bis 6o streitbare Männer. Man hatte am Ufer der *Lagoa* bereits an der Wand des einen Berges das Gehölz niedergehauen, so daſs es gleich einem wilden Verhaue durcheinander gestürzt da lag. Täglich zogen am

Morgen etwa 24 Indier, die zu diesem Zweck vorzüglich brauchbar sind, zur Arbeit aus; ein Theil von ihnen war mit Aexten, ein anderer mit einem sichelartigen Instrument (*Fouçe*), welches an einem Stocke befestigt ist, versehen; die erstern hieben die Stämme nieder, die letztern das Unterholz und das jüngere Gesträuch. Wenn ein Hauptstamm gefällt wurde, so zog dieser eine Menge andere Bäume mit sich zur Erde, da alle diese Wälder durch die stärksten holzigten *Çipos* verschlungen und verbunden sind; viele Stämme wurden durch andere abgebrochen; hier blieben alsdann colossale Pfeiler stehen; dornigte Gewächse, besonders die mit Stacheln bedeckten Stämme der *Airi*-Palme lagen überall auf dem Boden umher, und machten diese Verhaue völlig undurchdringlich. Der *Ouvidor* hatte nahe an der *Lagoa* fünf bis sechs Hütten erbauen lassen, deren Dächer mit *Uricanna*-Blättern gedeckt waren. Vier unserer Indier, die, wie die meisten ihrer Landsleute, sehr gute Jäger und noch bessere Fischer und Canoeführer waren, mußten jeden Morgen auf den ganzen Tag hinaus, um zu fischen, zu jagen und unsere *Mundeos* oder Thierfallen nachzusehen, und immer brachten sie am Abend Wildpret und eine Menge Fische, besonders *Piabanhas*, *Traïras*, *Piau*, *Robal* und andere Arten, mit nach Hause. Sobald am Abend alle unsere Leute vereint waren, hatten wir einen offenen Angriff der Wilden nicht zu fürchten. Gegen einen nächtlichen Ueberfall, den sie nicht leicht in dunklen, aber desto lieber in mondhellen Nächten, wie wir sie jetzt hatten, wagen, schützte uns die Wachsamkeit unserer Hunde. Vorzüglich zeichnete sich unter ihnen ein großer Hund des *Ouvidors* aus, der die Menschen zu wittern schien, wenn sie jenseits der *Lagoa* in der andern Bergwand umher schlichen; er that in einem solchen Falle wie unsinnig und bellte lange ununterbrochen fort nach der verdächtigen Gegend hin. Die *Patachos* mochten in ihren finstern Schlupfwinkeln uns ohne Zweifel nicht ohne Verwunderung und Mißbehagen betrachten, und unsere Jäger bedurften großer Vorsicht, um sich denselben nicht unbehutsam zu nähern. Oft hörte man diese Wilden die Stimmen der Eulen (*Curuja*), der *Capueira* oder anderer Thiere, und besonders der Abendvögel nachahmen, allein unsere in dieser Kunst eben so geübten Indier unterschieden immer sehr richtig die Nachahmung von der Natur. Unkundige würden vielleicht versucht haben, den rufenden Vogel zu beschleichen, wo alsdann die Pfeile der *Tapuyas* sie über ihren Irrthum belehrt haben würden. Wenn unsere Leute Abends im Mondscheine die *Baduca* tanzten und die *Viola* (Guitarre) dazu spielten, wobey immer mit den Händen geklatscht wird, wiederholten die Wilden jenseits der *Lagoa* dieses Händeklatschen. Der *Ouvidor*, der sich überall viel Mühe gab, die Wilden zu gewinnen, versuchte auch hier oft, sie herbeyzuziehen, und rief ihnen zu: *Schamanih* (Camarad)! oder *Capitam Ney* (großer Anführer)! u. s. w.; doch alle seine Versuche waren fruchtlos, ungeachtet unsere auf Kundschaft ausgeschickten Indier häufig an der Spur der Wilden erkannten, daß dieselben bey Nacht die Holzschläge umkreist, und ringsumher unsern Aufenthalt beobachtet hatten. Da wir selbst eines Abends glaubten, plötzlich angegriffen zu werden, indem sich unsere Hunde ganz ungewöhnlich unruhig geberdeten, so waren wir stets auf unserer Huth und zum Wasserholen, Brennholz sammeln, so wie zu jeder andern Verrichtung im Walde, wurden immer eine Anzahl Gewehre mitgegeben.

Unsere naturhistorischen Sammlungen bekamen zu *Morro d'Arara* durch unsere *Mundeos* einen reichen Zuwachs, besonders an Quadrupeden. Diese Thierfallen verstehen die Indier vorzüglich gut zu machen. Man wählt zu ihrer Aufstellung gern die Nähe eines Flußufers im Walde. Hier errichtet man aus grünen Reisern einen langen Zaun, der auf das Ufer rechtwinklicht gestellt wird, und etwa $2\frac{1}{2}$ bis 3 Fuß hoch seyn muß. Alle 15 bis 20 Schritte wird in diesem Flechtzaun eine schmale Oeffnung

gelassen, in welcher drey lange starke Stücke Holz vermittelst verschiedener kleiner Hölzer schräge in einem Winkel aufgestellt werden. Das
kleine Wildpret sucht einen Durchgang, wenn es, seiner Gewohnheit
gemäs, längs des Flusufers hin und her wechselt, es findet eine Oeffnung unter den Schlagbäumen und tritt auf die Stellung, welche ein
kleiner von Reisig geflochtener Boden ist, die schweren Hölzer schnellen los, schlagen herab und tödten das Thier. Solcher *Mundeos* macht
man dreyssig, vierzig und mehrere in einer Linie, und in ihnen fängt
man täglich Wildpret. Oft, und besonders nach dunkeln Nächten, fanden wir fünf bis sechs und mehrere Stücke auf einmal. Es ist indessen
nöthig, täglich (ein - bis zweymal diese Fallen zu untersuchen, da in
der grossen Hitze die Fäulnifs und die Fliegen das gefangene Wildpret leicht verderben. Der *Ouvidor* hatte bey *Morro d'Arara* an zwey
verschiedenen Orten solche *Mundeos* anlegen lassen; sie waren unsere
vorzüglichste Nahrungsquelle, denn wenn man gleich hauptsächlich sich
von Fischen nährte, so zogen wir Europäer dieser Nahrung doch immer
frisches Fleisch vor. Der Paca (*Cœlogenys Paca*), das Aguti (*Dasyprocta Aguti*), die Macuca (*Tinamus brasiliensis*), und das gemeine
Tatú (*Tatou noir*, Azara), dessen Fleisch weiss, zart und schmackhaft
ist, waren uns für unsere Küche vorzüglich erwünscht. Eines Tages,
als wir ausgefahren waren, um die Fallen zu untersuchen, befanden wir
uns auf der *Lagoa*, als ein Indier, der mein Canoe dirigirte, uns plötzlich auf einen *Anta* aufmerksam machte, der in dem See schwamm und
das Ufer zu erreichen suchte. Wir schossen aus einiger Entfernung,
allein die meisten Schüsse versagten, bis endlich das unförmliche Thier
leicht verwundet wurde, indem durch sein dickes Fell die Schrote nicht
bedeutend eindringen konnten. Wir stiegen nun ans Land und verfolgten die blutige Spur, vergassen sie aber bald ganz über eine grosse
Gefahr, in welche hier mein Indier gerieth. Er kam einer 5 Fufs

langen *Jararacca* (*), welche im dürren Laube verborgen lag, zu nahe;
diese richtete sich auf, zeigte ihre furchtbaren Waffen, und war im
Begriff nach ihm zu beifsen, als ich sie durch einen glücklichen Schufs
tödtete und den erschrockenen Jäger errettete. Die Indier und selbst
die portugiesischen Jäger gehen beständig mit blofsen Füfsen auf die
Jagd; Schuhe und Strümpfe sind hier für den Landmann eine seltene,
theure Sache, deren man sich blos an Festtagen bedient. Sie sind eben
dadurch dem Bifse der Schlangen, die oft im dürren Laube verborgen
liegen, weit mehr ausgesetzt, dennoch trifft sich ein solcher Fall seltener, als man denken sollte. Uebertrieben grofs ist indessen in diesen
Gegenden der Abscheu und die Furcht vor den Schlangen; es herrschen
unter dem gemeinen Volke mannigfaltige, zum Theil lächerliche Vorurtheile über ihre Natur; so glaubt man zum Beyspiel, dafs es Schlangen mit zwey Köpfen gebe, dafs andere vom Lichte oder Feuer angezogen würden, und dafs die schädlichen Arten dieser Thiere ihr Gift
von sich speyen, wenn sie trinken wollen. Einige Tage später erhielt
ich eine andere unschädliche aber ganz vorzüglich schöne Schlange (***),

(*) Die *Jararacca*, von der in unseren neueren Reisebeschreibungen geredet wird, ist in
den Systemen unter dem Nahmen der *Vipera atrox* aufgeführt; sie unterscheidet sich aber von
den Vipern durch die Backenöffnung, welche bey allen südamerikanischen Giftschlangen, die
ich zu untersuchen Gelegenheit fand, gefunden wird. In dem dritten Jahrgange des Magazins
der Gesellschaft naturforschender Freunde zu Berlin S. 85, findet man von H H. Tilesius
eine Notiz über die *Jararacca*, wenn übrigens diese Benennung zu *Sta. Catharina* gleichbedeutend mit der am festen Lande ist. Der *Jararaccussú* ist blos ein sehr altes grofses Thier
dieser Art, welches natürlich in der Farbe etwas von jüngern Individuen abweicht.

(**) *Coluber formosus*, eine noch unbeschriebene Art: 32 Zoll 5 Linien lang, wovon der
Schwanz 7 Zoll wegnimmt; 202 bis 203 Bauchschilde und 65 bis 66 Paar Schwanzschuppen;
Kopf lebhaft orangefarben; Iris zinnoberroth; im Munde befinden sich 76 Zähne; vordere
Hälfte des Körpers mit schwarzen und blafsgelbgrünen Querbinden abwechselnd; hintere Hälfte
desselben mit schwarzen und breiten hochzinnoberrothen Binden abwechselnd. Ein unver-
gleichlich schönes Thier.

auf deren Haut zinnoberrothe, schwarze und grünliche Ringe miteinander abwechseln, die in ihrer Zeichnung einige Aehnlichkeit mit der Corallenschlange (*Cobra Caraës*) hat, dennoch aber von derselben sehr verschieden ist. Die Jagd gewährte uns in diesen einsamen Wildnissen die angenehmste und nützlichste, ja die einzige Beschäftigung, und obgleich die Unsicherheit der Wälder uns zu manchen Beschränkungen nöthigte, und es uns zum Gesetz machte, nicht anders als in hinlänglich zahlreicher Gesellschaft auszugehen, so war sie uns doch immer sehr ergiebig. So oft wir am Morgen vor unsere Hütten traten, hörten wir nahe bey uns die laut trommelnde Stimme des Barbado (*Mycetes*) und den röchelnden Laut des Gigó (*) , eines andern noch unbeschriebenen Affen. In dieses laut durch die Wälder tönende Concert stimmten Araras ein, die Paarweise oder zu dreyen bis fünfen lautschreyend über unsere Hütten hinzogen; eben so umschwärmten uns Schaaren von Papageyen, von Schaüä's, Maitacas, Jurú's (*Psittacus pulverulentus*, Linn.), Curicas und viele ähnliche Arten.

Bey den Hütten waren unsere Leute noch mit der Vollendung der Dächer beschäftigt. Die beyden größern Gebäude, worin ich in Gesellschaft des *Ouvidors*, der beyden See-Capitaine und des deutschen Mühlenmeister Kramer wohnte, wurden mit Lehmwänden versehen und die Dächer vollendet. Zu den letztern benutzt man hier die Blätter der *Uricanna*, eines Palmengewächses, welches ein dünnes biegsames Stämmchen bildet. Auf schlanken Zweigen (*petiolis*) wachsen die schönen großen gefiederten Blätter (*folia abrupte pinnata*); von diesen faßt man mehrere in ein Bündel zusammen; dann werden die *petioli* derselben, welche

_____

(*) *Callithrix melanochir*: 35 Zoll 10 Linien lang, wovon der Schwanz 21 Zoll 10 Linien wegnimmt. Haar lang, dicht und sanft; Gesicht und vier Hände schwarz; Haar schwärzlich und weißlich melirt, es erscheint daher aschgrau; Rücken röthlich-kastanienbraun; der Schwanz ist weißlich, oft beynahe weiß, auch zuweilen gelblich gefärbt.

sehr lang sind, um eine Latte von Cocosholz umgebogen, und unter derselben mit einer *Çipo verdadeira* (*Bauhinia*) zusammen gebunden, welche
die erforderliche Länge hat, um ein Gebund mit dem andern zu verbinden.
Die Latten mit den damit verbundenen Blättern werden dergestalt übereinander befestigt, daſs sie sich auf zwey Drittheile ihrer Breite decken.
Die obere scharfe Kante oder die Firste des Daches wird alsdann mit
andern Blättern, besonders den langen Cocoswedeln, bedeckt, um dasselbe völlig wasserdicht zu verschlieſsen. Ein solches Dach, welches man
hier vollkommen gut zu machen versteht, ist leicht und sicher; es muſs
indessen dafür gesorgt werden, daſs zuweilen Rauch darin umherziehe,
weil sonst die Insekten schon im ersten Jahre die trocknen Blätter zer-
nagen würden. Man erbauete jetzt auch eine geräumige Hütte zu einer
Werkstätte für den Schmid; denn wegen der Härte der Holzarten, die
umgehauen und bearbeitet werden muſsten, war sehr oft an den Werkzeugen etwas auszubessern. Der Schmid, den man hier angestellt hatte,
war ein Bewohner der Gegend am *Alcobaça*, den der *Ouvidor* zur Strafe
wegen eines Vergehens bey Nacht aus seinem Hause hatte holen, und
hierher führen lassen, um hier zu arbeiten. Während man noch an den
Wohnungen bauete, reinigten die Holzhauer die Stelle, wo man das
Holzsägewerk hin zu setzen gesonnen war. Der *Ouvidor* reiste auf einige
Zeit mit vielen Leuten nach *Caravellas*, wodurch unsere Gesellschaft sehr
vermindert wurde, allein wir erhielten bald wieder groſsen Zuwachs.
Capitam Bento Lourenzo hatte die neue Straſse mit seinen *Mineiros*
so weit fortgesetzt, daſs er unserer einsamen Wildniſs bereits nahe war.
Die *Picadores* (Leute, welche der Truppe voran ziehen, und die Rich-
tung, welche die Holzhauer zu nehmen haben, an den Bäumen bemerken)
kamen einen Tag früher und zeigten uns die Ankunft ihrer Truppe an.
Am folgenden Abend erschien der *Capitam* mit 80 bis 90 Mann und nahm
bey uns Quartier. Jetzt befanden sich eine Menge von Menschen auf dem

kleinen Raume zusammengedrängt; bis spät in die Nacht erschallte die
Viola, der Gesang und der Lärm der *Baduca*, und grofse Feuer erleuch-
teten rund umher die Verhaue und den finstern Wald; von ihrem Scheine
geröthet glänzte weit hin die *Lagoa*. Die Entfernung der Strafse von
Mucuri bis hierher beträgt etwa 7 bis 8 Legoas. Die *Mineiros* hatten
unweit *Morro d'Arara* eine andere grofse fischreiche *Lagoa* angetroffen, worin sich viele *Jacaré's* aufhalten; diese mufsten sie umgehen und
dort Sümpfe passiren, wodurch denn, wie durch ähnliche Hindernisse,
ihre Arbeit sehr verzögert worden war. Die verschiedenen Menschen-
Racen, welche der *Capitam* in seiner Truppe verband, machten den
Anblick unseres Lagers sehr originel und mahlerisch; aufser uns Deutschen und Portugiesen, befanden sich in unserer Mannschaft Neger,
Creolen, Mulatten, Mamelucken, Küsten-Indier, ein Botocude, ein Malali,
einige Maconis, Capuchos oder Caposch-Indier, alle Soldaten aus *Minas
Geraës*.

Der *Capitam* mit seinen Leuten verweilte noch einige Tage zu *Morro
d'Arara*, um das Eisengeräthe und die Flintenschlösser durch unsern
Schmid ausbessern zu lassen. Er liefs indessen seine Leute alle Tage
arbeiten; sie führten die Strafse bey unsern Holzschlägen über den Berg-
rücken hinweg, und bahnten eine Picade von unserer Hauptderobade
(Holzschlag) an, bis in die neue Strafse, einen Pfad, welchen wir später
zur Jagd benutzten. Am 22ten Februar verliefs die Truppe des *Capitam*
unsere Wohnungen, um von nun an weiter durch die Wälder hindurch
zu arbeiten. Einige von uns begleiteten sie eine Strecke weit auf der
neuen Strafse in die Wälder. Hier war es, wo wir unter alten Urwald-
Stämmen ausruhten, und von den *Mineiros* durch kühlendes Getränk
erfrischt wurden; eine Scene, wovon die 6te Platte eine anschauliche
Idee giebt. Wir sämmtlich ruheten im Kreise, während *Capitam* BENTO
LOURENZO, welcher an seinem grofsen grauen Filzhute leicht zu erkennen

ist, das Getränk, *Jacuba* genannt, in einer *Cuia* bereitet. An den Stämmen stehen die Gewehre angelehnt, deren Schlösser zum Theil mit *Pattioba*-Blättern gegen die Nässe verwahrt sind. Indier hauen noch Bäume nieder, während sie von indischen Soldaten bewacht werden, welche auf die in *Pattioba*-Blätter eingewickelten Mundvorräthe (*Mukäcke*, oder einge-wickeltes Mandioccamehl) gelagert sind. Ein Neger hat einen Affen erlegt, den er vorzeigt, und die *Mineiros* und indischen Soldaten versammeln sich allmählig. — Der *Capitam* selbst kehrte mit uns noch einmal nach den Wohnungen zurück, und reiste dann erst am folgenden Tage seinen Leuten nach. Wir wünschten ihm Glück für sein mühsames Unternehmen, das jetzt, da er bey der nahe bevorstehenden so leicht Krankheiten erzeu-genden Regenzeit, sich zu einer langwierigen Arbeit tief in die Wälder wagen mußte, mit sehr vielen Gefahren verbunden war. *Morro d'Arara* schien jetzt völlig verödet; wenn am Abend alle unsere Leute von der Arbeit nach Hause zurückgekehrt waren, so zählten wir nicht mehr als 29 Personen.

Unsere Jagd litt dabey nicht, denn man hatte noch neue *Mundeos* angelegt, welche sehr ergiebig waren. Eine Liste von den in dieser Zeit von fünf Wochen, theils geschossenen, theils in den *Mundeos* gefangenen Thieren, wird hier nicht am unrechten Orte stehen, da sie eine Idee von der Menge des Wildprets in diesen Urwäldern giebt:

Antas, *Tapirus americanus* 3

Rehe . $\left\{\begin{array}{l} \text{Guazupita, Azara . . . . 1} \\ \text{Guazubira . . . . 2} \end{array}\right.$

Wilde Schweine, *Dicotyles labiatus*, Cuv. 11

Affen . $\left\{\begin{array}{l} \text{Barbadós (Mycetes) . . . . 9} \\ \text{Micos, eine unbeschriebene Affenart . . . . . 14} \\ \text{Gigós . . . . 10} \end{array}\right.$

Cuatis, *Nasua* 10

Tamanduás, *Myrmecophaga* 2

Lontrás, *Lutra brasiliensis* 2

Iraras, *Mustela* 4

Mbaracayás, *Felis pardalis* 4

Gattos pintados, *Felis tigrina?* 3

Gattos muriscos, *Felis Yaguarundi* 2

Tatú's, *Dasypus* 3o

Pacas, *Cœlogenys Paca* 19

Cutias, *Dasyprocta Aguti* 46

E ſ b a r e   V ö g e l.

Mutum, *Crax Alector*, Linn. 8

Jacutingas, *Penelope leucoptera* 5

Jacupembas, *Penelope Marail*, Linn. 2

Macucas, *Magoua*, Buffon. 5

Chororào, *Tinamus variegatus*, Lath. 6

Patos, *Anas moschata*, Linn. 4

Im Ganzen 181 Quadrupeden und 3o gröſsere eſsbare Vögel.

Mit den erlegten Affen fielen auch viele Junge in unsere Hände; es glückte uns indessen nicht diese kleinen zärtlichen Thiere lange am Leben zu erhalten, wahrscheinlich weil es uns an zweckmäſsiger Nahrung für dieselben fehlte. Auſser dem Vorrath, den die Jagd unserer Küche verschaffte, lieferte sie mir auch Stoff für naturhistorische Forschungen, und so vergieng mir die Zeit auch in dieser Einsamkeit schnell. Unter den hier in den Wäldern vorgefundenen Thieren nenne ich nur einige bis jetzt noch unbeschriebene Arten, unter andern den purpurfarbigen Seidenschwanz (*), die *Sabiasicca*, einen Papagey mit merkwürdig abwech-

(*) *Ampelis atro-purpurea*: 7 Zoll 9 Linien lang; Gefieder bey dem alten Vogel schwärzlich-purpurfarben, am Scheitel etwas ins lebhaft rothe übergehend; Schwungfedern weiſs. Der junge Vogel ist aschgrau mit weiſsen Schwungfedern.

selnder Stimme (*), die *Maïtaca* mit rothem Kopf (**) u. s. w. Aus der
Klasse der Insekten erhielten wir häufig den *Cerambix longimanus*, und
aus der der Reptilien die Waldschildkröte *Jabuti* (*Testudo tabulata*) u. s. w.
Nach einer Abwesenheit von etwa drey Wochen kehrte der *Ouvidor*
mit einigen Canoen und vielen Leuten zurück. Er brachte uns die traurige Nachricht mit, daſs die Wilden etwa eine Legoa weit von *Villa do
Port'Allegre*, auf der neuen Minas-Straſse des *Capitam* BENTO LOU-
RENZO, am 28ten Februar, fünf Menschen, Weiber und Kinder, ermordet hatten; einige andere Personen, welche beym Anblicke des groſsen
geschlossenen Kreises der *Tapuyas* sich schnell in das Dickicht geworfen
hatten, waren so glücklich gewesen zu entkommen. Ein Mann aus *Mucuri*, der in jener Gegend seine Pflanzungen im Walde bearbeitete, hatte
das klägliche Rufen der Unglücklichen gehört; er und sein erwachsener
Sohn hatten schnell ihre Gewehre ergriffen, und waren den Jammernden
zu Hülfe geeilt; ehe sie aber den Schauplatz der Greuelthat erreichten,
hatte der Vater sein Gewehr abgeschossen, wodurch die Wilden sogleich
entflohen waren. Sie fanden die Ermordeten ohne Lebenszeichen, von
mehreren Pfeilschüssen durchbohrt, und mit vielen kleinen Wunden von
Pfeilstichen bedeckt, in ihrem Blute; ein Kind allein, welches sich sogleich
hinter einen Strauch verborgen hatte, war unbemerkt geblieben; durch
dieses erfuhr man die näheren Umstände des traurigen Ereignisses. Da
die Wilden nach dieser That sich nicht zurückzogen, sondern nach wie
vor in der Nähe der Pflanzungen von *Mucuri* herumschwärmten, so
wurden diese von ihren Besitzern verlassen, welche sich alle in die *Villa*

(*) *Psittacus cyanogaster:* Gefieder schön dunkelgrün; am Bauch ein himmelblauer Fleck;
Schnabel weiſs; Schwanz etwas verlängert; diese Art wird wegen ihrer Stimme gern in
Zimmern gehalten.

(**) *Psittacus mitratus:* kurzgeschwänzt, 7 Zoll 8 Linien lang; schön lebhaft grün, mit
dunkelblauen Schwungfedern und einen scharlachrothen Oberkopf bis ins Genicke und zu den
Augen herab.

begaben. Der *Ouvidor* hatte sogleich den Befehl gegeben, eine Entrade zu machen, und dazu bewaffnete Leute von *S. Matthæus*, *Villa Verde*, *Porto Seguro* und andern Orten sich versammeln lassen, worauf er selbst nach *Morro d'Arara* zurück kehrte.

Hier begab er sich mit 10 bis 15 Personen nach der neuen *Minas*-Straße und lag daselbst zwey Tage im Walde, um einen Wasserlauf für das Holzsägewerk des Ministers zu nivelliren. Die beyden Marine-Officiere, die mit ihm gekommen waren, schifften, um den Lauf des Flusses auf-zunehmen, denselben zwey Tagereisen weit aufwärts bis zur *Cachoeira* (Wasserfall); sie fanden daselbst den *Capitam* BENTO LOURENZO, der mit seiner Arbeit bis in jene Gegend vorgerückt war. Der *Ouvidor* ver-ließ *Morro d'Arara* am 9ten und kehrte nach der *Villa* zurück; er nahm uns nun auch hier die nöthigsten Leute und Waffen mit fort, um sie gegen die Wilden zu gebrauchen; die Entrade bewirkte indessen nichts, denn man traf die klugen vorsichtigen *Tapuyas* gar nicht an. Ich war jetzt wieder allein mit dem *Feitor* der *Fazenda*, meinen beyden deutschen Leuten, fünf Negern und sechs bis sieben Indiern, welche die Arbeit langsam fortsetzen sollten. Da unsere *Mundeos* bey dem einge-tretenen hellen Mondlichte nicht viel fiengen, so beschloß man noch neue anzulegen; dies geschah oben auf dem Berge jenseits der neuen Straße. Man verfertigte dreyßig Schlagfallen und drey Fallgruben (*Fojos*). Ungeachtet hier die *Patachos* uns manchen Schaden zufügten, indem sie einigemal die gefangenen Thiere raubten, und den Deckel einer Fall-grube einstießen, so fiengen wir doch noch immer einiges Wildpret, bis die Gegend durch Holzhauer beunruhigt wurde, welche von der *Villa* herauf kamen, um Canoe's zu machen; sie fällten Stämme von *Oitiçica*, *Jiquitibá* und *Çedro*, nächst dem *Sergeira* die besten zu Canoen.

Jetzt kam der Monat März, und mit ihm der Anfang der kalten Jahrszeit, die hier durch vielen Regen sich ankündigt. Häufig hatten

wir am Morgen große Hitze, und gegen Mittag heftige Gewitter, die
dann oft einen bis zwey Tage anhielten und wahre Regenströme zur Erde
sandten. Bey solchem Wetter war unser einsamer Aufenthalt in dem
kleinen finstern Waldthale sehr traurig; Dünste stiegen wie dicke Wolken aus den feuchten Urwäldern auf, und umhüllten uns so, daß man
kaum das nahe gegenüber liegende Dickicht erkennen konnte. Diese abwechselnde und feuchte Witterung erzeugte viele Krankheiten; Fieber und
Kopfschmerzen waren häufig, und selbst die eingebornen Indier blieben
davon nicht frey, so daß man mehrere derselben nach der *Villa* hinab
schicken mußte. Wir Ausländer litten besonders, es fehlte uns dabey an den
nöthigen Arzneymitteln, besonders an der Chinarinde, einem für fremde
Reisende in diesen Himmelsstrichen ganz unentbehrlichen Bedürfniß. Auch
in der Truppe des *Capitam* BENTO LOURENZO hatte das Fieber im höchsten Grade überhand genommen, und er selbst befand sich äußerst krank
und entkräftet. Bey dem Lager auf dem feuchten Waldboden, bey dem
Mangel an starken Getränken, bey der Beschränkung auf bloßes Wasser,
und dem völligen Mangel an zweckmäßigen Heilmitteln, wurden viele
seiner Leute so schwach, daß er sich ebenfalls genöthigt sah, sie nach
der *Villa* zu schicken. Er für seine Person begab sich nach *Morro
d'Arara*, wo wir ihn einige Zeit pflegten, und dann etwas hergestellt
wieder entließen. Ich griff, da das Fieber auch bey mir nicht weichen
wollte, zu der Chinarinde (*), welche ich als hier am *Mucuri* einheimisch

(*) Diese Chinarinde besteht aus Stücken, welche 4 bis 6 Zoll lang, $1\frac{1}{2}$ bis 2 Zoll breit
und $\frac{1}{2}$ Zoll (oft etwas mehr, oft weniger) dick sind. Die meisten Stücke sind der Länge nach
stark gebogen, so daß die inwendige Seite in die Höhe steht und eine Rinne von $\frac{1}{2}$ bis 1 Zoll
Breite und $\frac{1}{6}$ bis $\frac{1}{4}$ Zoll Tiefe bildet. Die Farbe der äußern Seite ist dunkel-braunroth mit
hellröthlichen Flecken vermischt; die innere Seite ist viel heller von Farbe und hat ein
holziges Ansehen. Die äußere Seite ist runzlich der Länge nach geadert und gefurcht, auch
fast wie die *Angustura* hin und wieder mit Querrissen versehen. Auch bemerkt man auf dieser
Seite Erhabenheiten von grauer und hellrother Farbe, welche das Ansehen haben, als ob es

34

kennen gelernt hatte. Die mir von dieser Rinde, womit sich der *Capitam* selbst hergestellt hatte, mitgetheilten Stücke waren sehr dick abgeschält und noch frisch, also nicht geeignet pulverisirt zu werden. Wir schnitten sie in kleine Stückchen, kochten sie sehr stark und tranken diesen Aufguſs. Den das Clima gewohnten Portugiesen half dieses Mittel, allein wir Deutsche verspürten davon nur einen Aufschub des Fieberanfalles, der nachher desto heftiger wieder eintrat. Da in diesem kläglichen Zustande der Mangel einer passenden Nahrung uns immer fühlbarer wurde, und ich einsah, daſs ich bey dem Genuſs von schwarzen Bohnen und fettem oder gesalzenem Fleisch, worauf wir jetzt beschränkt waren, meine Gesundheit nicht wieder erlangen würde, so entschloſs ich mich nach der *Villa* hinab zu reisen und führte diesen Entschluſs am

---

Ueberbleibsel einer dagewesenen Oberhaut wären; wahrscheinlich ist es eine auf der Rinde wachsende Flechte. Im Bruche ist sie springend und etwas glänzend, und zeigt gar keine Spur von Holz oder Faser. Die ganze Rinde scheint im Bruche nur aus einer einzigen Substanz zu bestehen, welche nach auſsen zu dunkelroth glänzend und sehr harzig, nach innen zu blaſsroth, matter und wenig harzig sich zeigt. Sie ist schwerer als Wasser. Der Geschmack ist anhaltend bitter-unangenehm adstringirender als der der rothen China. — Das Pulver gleicht dem der *rub. tinct.*, nur spielt das der China ins Violette und jenes der *rub. tinct.* ist braun; mit dem der rothen China ist es nicht zu vergleichen. — Ein Decoct dieser China ist dunkelrothbraun; gemischt mit einem Galläpfel-Infusum entsteht ein grau-röthlich-bräunlicher Niederschlag und eben so stark wie der der übrigen Chinasorten; mit salzsaurem Zinn wurde der stärkste und trübste Niederschlag braun-violett-röthlich; mit einem Eichenrinden-Decoct gab es keinen Niederschlag, sondern nur eine Vereinigung beyder; mit essigsaurem Bley wurde der Niederschlag schmutzig-hellbraun ins röthliche ziehend; Brechweinstein gab einen geringen leberfarbigen, so wie schwefelsaures Eisen einen blau-schwarzgraulichen, und schwefelsaures Kupfer einen grau-braunröthlichen Niederschlag. — Ueber den innern Gebrauch dieser China können keine genügenden Resultate abgegeben werden, da ich dem Herrn Dr. BERNSTEIN, welcher vorstehende Beschreibung unternahm, nicht die dazu nöthige Quantität mitgebracht hatte. Die Anwendung derselben scheint bey Magenschwäche gröſsere Kräfte zu versprechen, als die übrigen Chinarinden; gegen Wechselfieber konnte er sie nicht anwenden. Hierüber siehe auch v. ESCHWEGE's Journal von Brasilien Heft II. S. 36.

1oten März aus. Die heftigen Winde, die in dieser Jahrszeit an der Seeküste wehen, sind für die Gesundheit viel zuträglicher als die feuchte,
dicke, warme Luft in den Wäldern. Unsere Reise, den *Mucuri* hinab,
war sehr angenehm, da es während derselben nicht regnete. In der
Villa fehlte es ebenfalls an Lebensmitteln, da überhaupt hier viel Armuth
herrscht; man hatte nichts als Mandioccamehl, Bohnen und zuweilen etwas
Fisch; uns Kranken glückte es indessen, durch den Ankauf von Hühnern
eine angemessene Nahrung zu erhalten. Da die brasilianische China uns
nicht herzustellen schien, so sandte ich einen Bothen nach *Villa de St.
Matthæus*, der mir etwas ächte China von *Perú* zurück brachte. Diese
bewirkte zwar bald unsere Genesung, allein es dauerte noch viele
Wochen, bis wir uns völlig von der Entkräftung erholt hatten.

In den ersten Tagen des Monats May erschien Herr F REYREISS mit
dem Reste unserer Truppe am *Mucuri*. Zu *Linhares* am *Rio Doçe*
hatte er einen kurzen Aufenthalt gemacht; jedoch die Lage der daselbst
befindlichen Ansiedlungen schon nicht mehr so gefunden, als wie wir
sie zur Zeit unserer gemeinschaftlichen Anwesenheit daselbst gesehen.
Wilder und kühner als je hatten die *Botocudos* sich dort von neuem in
Masse gezeigt. Auf dem südlichen Flufsufer, unweit des Quartels *d'Aguiar*,
bey der *Lagoa dos Indios* hatten sie drey Soldaten ermordet, und wie
man behauptete, aufgefressen. Man hatte von *Linhares* aus mit allen
Leuten, die man auftreiben konnte — es waren deren etwa 38 — eine
Entrade gegen sie gemacht, war aber auf eine solche Menge von Wilden gestofsen, dafs man es für klüger hielt, sich zurück zu ziehen. Auf
dem einen der *Tocayas*(*) allein fand man an 4o schufsfertige Bogen.
Dieser Ausgang der Sache hatte panischen Schrecken in *Linhares* ver-

(*) *Tocayas* sind Plätze, welche sich die Wilden im dicken Walde zubereiten, um ihre
Feinde daselbst im Hinterhalte zu erwarten. Sie pflegen gewöhnlich mehrere an verschiedenen
Orten anzulegen; hierüber weiter unten mehr.

breitet, und es liefen nach Herrn FREYREISS Versicherung, die Einwohner zu vieren und achten davon, um nicht von jenen grausamen Wilden gefressen zu werden. Die *Fazenda* des Herrn *Tenente* CALMON war in einer sehr beunruhigenden und gefährlichen Lage. Der *Guarda Mor*, den man zu *Linhares* gefangen hielt, war nach *St. Matthæus* entwischt, der Commandant des Quartels von *Porto de Souza* war mit sechs Soldaten desertirt u. s. w., so daſs diese Ansiedlung in einer der fruchtbarsten Gegenden, wohl ihrem Ende nahe seyn wird, wenn die Regierung indessen nicht zweckmäſsigere Maſsregeln ergriffen hat.

Nachdem ich mit Herrn FREYREISS noch einige Wochen in *Mucuri* zugebracht hatte, die völlige Wiederherstellung der Kranken abzuwarten, reisten wir nach *Villa Viçoza*, nahmen dort unsere Wohnung im Hause der *Camara*, und durchstreiften von da aus die umliegende Gegend.

Villa Viçoza ist ein kleiner Flecken, der zwischen Cocosbäumen sehr angenehm liegt, und mit Farinha Handel treibt, welche längs der Küste hin versandt wird. Die Ausfuhr in letztvergangenem Jahre soll etwa 9000 Alkeren betragen haben, an Werth ungefähr 9000 Cruzados. Mehrere Einwohner besitzen kleine Lanchas, in welchen die Produkte der Pflanzungen längs der Küste zur See versandt werden. Hier wohnt ein deutscher Schiffszimmermann, der durch den Schiffbruch eines englischen Fahrzeuges hierher kam, und jetzt hier sein Gewerbe treibt; er fand sich sogleich ein, uns zu besuchen, aber seine Muttersprache redete er nur noch sehr gebrochen; hier im Lande wurde er für einen Engländer gehalten. Die Eigenthümer der Lanchas sind hier die reichsten und angesehensten Bürger, unter ihnen zeichnet sich Herr BERNARDO DA MOTTA durch seine wohlthätigen Gesinnungen und seinen redlichen Charakter aus. Er benutzt die Kenntniſs von mehreren Krankheiten des Landes, und eine bedeutende Erfahrung, die er sich nach und nach erworben hat, um

durch seinen Rath und die Mittheilung erprobter Heilmittel, seinen leiden-
den Landsleuten nützlich zu werden. In dem heißen Clima Brasiliens
sind die Einwohner zahlreichen Uebeln und vorzüglich mannigfaltigen
Hautkrankheiten und hartnäckigen Fiebern ausgesetzt, die bey zweckmäßiger Behandlung durch geschickte Aerzte oder Chirurgen zwar selten
gefährlich werden, an denen aber dennoch hier aus Mangel an zweckmäßiger Hülfe oder durch verkehrte Behandlung viele Menschen sterben.
Herr DA MOTTA suchte in *Viçoza* diesem Uebel so viel als möglich
abzuhelfen, und ob er gleich keine gründliche medicinische Kenntnisse
besitzt, so hat ihn seine Erfahrung doch manche treffliche Behandlungsart
kennen gelehrt, und bey der Bescheidenheit, mit welcher er alles Nützliche und Gute, das ihm von Andern mitgetheilt wird, prüft und an-
erkennt, erweitern sich seine Kenntnisse und seine nützliche Wirksam-
keit immer mehr. Die größte Wohlthat, welche der König seinen Unterthanen in Brasilien erzeigen könnte, würde die Anstellung tüchtiger Aerzte
und Chirurgen in den verschiedenen Theilen des Landes, und die Einrichtung guter öffentlicher Landschulen seyn, um die rohe Unwissenheit und
den blinden Aberglauben, die so viel Elend und Verderben stiften und
verbreiten, unter dem gemeinen Volke allmählig zu entfernen. An solchen Lehranstalten fehlt es gänzlich. Anmaßende Geistliche, denen es
an Kraft und Willen fehlt, an der Belehrung und Bildung des Volks zu
arbeiten, tragen vielmehr noch thätig zur Unterdrückung der gesunden
Vernunft und des eignen Nachdenkens bey, und erschweren jede Verbreitung einer vernünftigen Aufklärung. Bey seiner Rohheit besitzt der
gemeine Mann dennoch einen hohen Grad von Dünkel und Stolz, verbunden mit einer völligen Unkunde des Zustandes der übrigen Welt, welcher
wohl großentheils dem verderblichen System einer gänzlichen Sperre
zugeschrieben werden muß, das Portugal in Hinsicht auf Brasilien vormals beobachtete. Der Fremde wird hier als ein Wunder oder ein Halb-

mensch betrachtet. Höchst erfreulich sind beym Anblick dieser Finster-
niſs die Hoffnungen, zu welchen die jetzige aufgeklärtere Regierung
berechtiget.

Der Fluſs *Peruipe*, welcher mäſsig breit ist, bildet, bevor er in die
See fällt, ein Paar Ausflüsse, von welchen die *Barra Velha* unter 18°
liegen soll; er ist nicht weit aufwärts bewohnt, und man hat dort gegen
die *Tapuyas* das Quartel *Caparica* angelegt. Vor seiner Mündung befinden
sich Sandbänke, die die Schifffahrt unsicher machen. Während unserer
Anwesenheit hieselbst scheiterte an ihnen eine mit Farinha geladene
Lancha, wobey vier Menschen das Leben verloren. Die berühmten Fels-
Inseln, welche unter dem Nahmen der *Abrolhos*, ein Schrecken der Seefahrer sind, liegen etwa in der Höhe zwischen *Caravellas* und *Viçoza* nur
einige Meilen von der Küste entfernt; Fischer segeln mit ihren Canoen
dahin, bleiben mehrere Tage und Wochen daselbst und fangen viele Fische
und Seeschildkröten. Diese Inseln sind mit niedern Gebüschen bewachsen,
in denen eine Menge von Seevögeln, besonders die Grapirás (*Halieus for-*
ficatus), nisten.

Die Gegend um *Viçoza* hat aneinander hängende vortreffliche Waldungen, die jetzt zum Theil durch den häufig fallenden Regen unter Wasser gesetzt waren. Herrliche Baumarten verbreiten darin einen erfrischenden Schatten; besonders fanden wir hier viele Cocospalmen, deren von
den Bewohnern gekannte Arten man aus nachstehendem Verzeichniſs ersehen kann. In der Gegend am *Mucuri* und *Peruipe* kennt man nachfol-
gende Arten von Palmen, welche sämmtlich den äuſseren Habitus des
Genus *Cocos* haben, von denen sich indessen nicht mit Gewiſsheit behaupten läſst, daſs sie wirklich alle zu demselben zu rechnen sind, da
wir nicht bey allen Gelegenheit hatten, ihre Blüthe zu untersuchen.
Botaniker werden uns durch genaue Beobachtung auch über diesen
Gegenstand bald mehr Gewiſsheit verschaffen.

A. Stachellose Arten von Palmen.

1) *Cocos da Bahia* (*Cocos nucifera*, LINN.), wächst nicht wild, sondern angepflanzt vom *Mucuri* nordwärts, also vom 18ten Grade bis *Bahia* und *Pernambuco* hin, sehr häufig an der Küste, südlich sehr selten. Sie ist in der Jugend durch einen unten an der Erde verdickten Stamm kenntlieh.

2) *Cocos de Imburi;* mit unten silberweifsen, oben glänzend grünen schmalen Blättchen von mäfsiger Länge; bildet eine Rispe von sehr kleinen harten Nüssen, die nur von den Wilden gegessen werden.

3) *Cocos de Pindoba* (*); treibt keinen Schaft, sondern blos schöne lange Blätter aus der Erde; dicht am Boden entsteht alsdann eine Traube oder Rispe von efsbaren Nüssen.

4) *Cocos de Pati;* macht einen hohen dicken Stamm, sehr viele starke, breite, colossale *frondes*, und hat ein prachtvolles Ansehen; Fruchtähre sehr grofs, aus vielen kleinen harten Nüssen bestehend.

5) *Cocos Ndaiá-assú;* mit hohem, starkem Stamme, schönen breiten dicht gefiederten Blättern und stark holziger *rachis;* die *pinnulæ* (Seitenblätter) sind sehr glatt, plan, und ganz randig, zugespitzt, oben glänzend dunkelgrün und unten glänzend hellgrün. Sie macht eine grofse Fruchtrispe mit vielen etwa 5 Zoll langen efsbaren Nüssen. Ein Mann kann die Fruchttraube nicht tragen. Sie ist von majestätischem Wuchs und die schönste der Palmen dieser Gegend; an der *Lagoa d'Arara* befanden sich einige grofse prachtvolle Bäume dieser Art.

6) *Cocos de Palmitto* am *Rio Doçe* und in den südlicheren Gegenden nördlich am *Mucuri Cocos de Jissara* genannt. Die zierlichste und eleganteste von allen. Schaft sehr hoch und schlank; Krone klein, aus 8 bis

---

(*) Bey den verschiedenen aufgezählten Palmenarten sind die dem Worte *Cocos* zugesellten Beynahmen meistentheils die alten wahren Benennungen aus der Sprache der *Tupinambas* und der andern verwandten *Tapi*-Stämme. So hiefs z. B. ein berühmter Anführer unter ihnen *Pindobusú* oder der grofse *Pindoba*-Palmbaum. S. SOUTHEY's *history etc. Vol. I. p.* 289. u. a. O.

10 sehr schön glänzend grünen Blättern bestehend, welche dicht gefiedert sind und gleich Straufsfedern gewölbt erscheinen. Unter der Blätterkrone hat der silbergraue Stamm des Baumes einen 3 bis 4 Fufs langen glänzend grünen Aufsatz, der die jüngern Blätter und Blüthen als Mark enthält, dieses wird gegessen und mit dem Nahmen des *Palmit* belegt. Zwischen dem holzigen Theil des Stammes und jenem grünen Markbehälter bricht der gelbliche Blüthenwedel hervor, und hängt herab. Die Fruchttraube ist klein mit kleinen schwarzen Nüfschen, kaum von der Gröfse der Haselnüsse.

7) *Cocos de Guriri* (*Pissandó* der Indier). Eine Zwergpalme an der Seepraya im Sande; mit glatten federartig-geneigten Blättern, deren *pinnulæ* oft etwas eingerollt und dabey doppelt sind. Sie macht an der Erde eine Spica oder Kolbe mit aufsitzenden kleinen Nüfschen, die an ihrem Wurzeltheile etwas zugespitzt und hier mit einem süfsen gelbrothen Fleisch überzogen sind, welches man hier zu essen pflegt.

8) *Cocos de Piassaba* oder *Piaçaba*; eine der nützlichsten, merkwürdigsten und zugleich der schönsten Arten; Frucht von der Gröfse und Gestalt von No. 5, dabey etwas zugespitzt. Sie fängt erst in der Gegend von *Porto Seguro* an und wird von da an nördlich immer häufiger gefunden, am häufigsten in der *Comarca* von *Ilheos*. Ihr Stamm ist hoch und stark, die *pinnulæ* an den Blättern stehen etwas einzeln, alle *frondes* aber streben himmelan und senken sich nicht hinabwärts, wie bey den andern Arten; daher hat diese sonderbare Palme das Ansehen eines türkischen Reiherbusches. Die Blattscheide, wenn sie verwelkt ist, zerfällt in sehr lange holzige schlanke Fäden, aus denen man Stricke für die Schiffe dreht. Aus der festen Nufs dreht man Rosenkränze.

9) *Cocos de Aricuri* oder *Aracuí*; eine 15 bis 18 Fufs hohe Palme an der Seeküste im Sande, in der Gegend von *Alcobaça* und *Belmonte*, mit 3 bis 4 oder mehreren Blättern, deren Blattstiele (*petioli*) an ihrer Wurzel mit stumpfen stachelartigen Auswüchsen an beyden Seiten besetzt

ist. Wenn die *frondes* abfallen, so bleibt der Blattstiel stehen, dies bildet einen sehr rauen kurzen Stamm. *Frondes* schön gewölbt, glänzend grün und glatt. Die Fruchtrispe trägt eine Menge runder Steinfrüchte, von der Gröfse einer starken runden Pflaume, die mit einem schönen orangefarbenen Fleische überzogen sind. Man macht aus den Blättern leichte Strohhüte.

B. Mit wahren Stacheln besetzte Arten.

10) *Cocos de Aïri assú;* die grofse Aïripalme (*Bréjéuba* in einigen Gegenden von *Minas Geraës*); mit mäfsig und nur 20 bis 30 Fufs hohem Stamme, der schwarzbraun gefärbt und über und über mit 4 bis 5 Zoll langen schwarzbraunen Stacheln bedeckt ist, welche in Ringen stehen. Fruchtrispe mit kleinen sehr harten schwarzbraunen Nüssen, die eyförmig, ein wenig zugespitzt und von der Gröfse einer Pflaume sind. Diese Palme bildet da, wo sie in Menge steht, undurchdringliche Dickichte; sie wächst in trocknen Wäldern. Weiter nördlich kommt sie nicht vor, schon in der Gegend von *Porto Seguro* habe ich sie nicht mehr gesehen; daher machen die *Puris*, die *Patachos* und die *Botocudos* am *Rio Doçe* ihre Bogen aus dem schwarzbraunen Holze dieses Baumes, da hingegen die nördlich wohnenden Stämme der Urbewohner, selbst die *Botocudos* am *Rio Grande de Belmonte* und die *Patachos* am *Rio do Prado* sich des *Pao d'arco* (Bogenholzes, *Bignonia*) zu diesem Endzwecke bedienen.

11) *Cocos de Aïri mirim* (ausgesprochen *miri*); macht einen dünnen stachlichten Stamm; Blätter an der Erde und auf dem Stamme, die Früchte klein; sie werden von den Kindern gegessen.

12) *Cocos de Tucum;* macht einen 15 Palmen (Spannen) hohen Stamm, und wächst im Sumpfe, da hingegen die Arten der *Aïri* mehr die trockenen Gegenden lieben. Stamm und Blätter sind stachlicht. Die

Früchte kleine schwarze Nüsse, die inwendig einen efsbaren Kern enthalten. Bricht man die *pinnulæ* (Blätter), so zeigen sich feine zarte grüne
Fäden, die sehr stark sind und zu Schnüren gedreht werden; aus ihnen
wird ein Zwirn verfertigt, den man zu schönen grünen Fischnetzen und
auf andere Art benutzt.

So charakteristisch verschieden für den Blick des Botanikers alle
diese Palmenarten auch sind, so haben doch die meisten eine Hauptform
mit einander gemein, die des Genus *Cocos*, mit einem schlanken Stamme,
der bey einigen oben, bey andern unten verdickt, und wieder bey
andern in allen Theilen gleich ist; er ist bey den meisten Arten schräg
winklicht mit erhöhten Ringen versehen, geringelt oder am obern Theile
ein wenig geschuppt; die Blätter sind gleich den Federn des Straufses
gefiedert, sanft schön gewölbt, zum Theil mit gekräuselten etwas eingerollten, zum Theil mit etwas steifen Nebenblättchen: sie sind gekräu-
selt und silberfarben bey der *Imburi*, schön sanft federartig geneigt bey
der *Jissara*, hoch ansteigend und nach allen Richtungen stark und breit
ausgedehnt und bis zur Erde herabhängend bey der schönen erhabenen
Ndaiá, und himmelan strebend, steif aufsteigend bey der *Piassaba*-
Palme u. s. w. Die von mir bereiste Gegend ist, wie man aus dem
Gesagten ersieht, an verschiedenen Palmenformen weit ärmer, als die
dem Aequator näher gelegenen Regionen des Continents von Südamerika,
wo Herr von Humboldt einen grofsen Reichthum von diesen erhabenen Prachtgewächsen fand, den wir in seinen vortrefflichen Ansichten
der Natur (*) höchst anziehend beschrieben finden. An die Palmenform
schliefst sich in den hohen Regionen der *Andes von Peru*, die Form
der baumartigen Farrenkräuter (*Filix*) an, die man aber an der Ostküste
von Brasilien vermifst, obgleich einige neuere Schriften über Brasilien
dieselben irriger Weise hierher setzen. Dagegen sind die niedern Ge-

(*) Ansichten der Natur S. 243.

schlechter dieser Pflanzenfamilie auf der Erde und auf Bäumen sehr zahlreich und sehr mannigfaltig.   Unter ihnen zeichnet sich am *Mucuri* und
in der Gegend von *Caravellas* die *Mertensia dichotoma* aus, die ziemlich hoch in den Bäumen hinauf steigt, und durch zweytheiligen Wuchs
kenntlich ist.   Ihr glatter glänzend brauner Stengel wird von den Negern
vom Marke befreyt, und dann zu Pfeifenröhren benutzt, die man *Canudo
de Samambaya* nennt.

Nicht blos in botanischer Hinsicht fanden wir die Wälder um *Viçoza*
interessant, sondern auch in zoologischer.   Die kalte Jahreszeit, welche
eine Menge von Waldvögeln aus den innern *Sertôes* nach der Küste
herab drängt, verschaffte hier unsern Jägern eine reiche Ausbeute an
Papageyen, besonders Maitacas (*Psittacus menstruus*, Linn.) an Tuca-
nen u. s. w., welche uns zur Nahrung dienen mußten.   Das Fleisch der
Papageyen giebt sehr kräftige Brühen; daß es aber als Arzneymittel
gebraucht werde, wie Southey (*) sagt, habe ich nirgends bestätigt
gefunden.   Häufig war in diesen Wäldern der schöne schwärzlich pur-
purfarbene Seidenschwanz (*Ampelis atro-purpurea*), seltener zeigt sich
am *Mucuri* der schön blaue *Kiruá* oder *Crejoá* (*Ampelis Cotinga*, Linn.)
den sein glänzend blaues prachtvolles Gefieder unter allen Vögeln von
Brasilien auszeichnet, so wie eine neue Art von Papageyen (**) und
andere mehr.   Die unvergleichlichen Federn des *Kiruá* benutzen die
Nonnen zu *Bahia* zu ihren schönen Federblumen; man hat die Bälge

(*) Southey history of Brazil. Vol. I. p. 627.
(**) Fünf Zoll 9 Linien lang; kurz geschwänzt; grün; Brust, Bauch und Seiten ins Bläu-
liche fallend; Rücken dunkel-schwärzlich kaffeebraun oder rußschwarz; *Uropygium* beynahe
völlig schwarz; zwey mittlere Schwanzfedern grün mit rother Wurzelhälfte, die übrigen schön
roth mit breiter schwarzer Spitze. In dem Museum zu Berlin hat man diesen Vogel unter
dem Nahmen des *Psittacus melanonotus* aufgestellt. Der Hauptcharakter dieser Art, der aber
nur im frischen Zustande kenntlich ist, besteht in einer nakten mennig-rothen Haut, welche
das Auge umgiebt.

dieser Vögel zuweilen in bedeutender Anzahl nach der Hauptstadt gesandt. Unter den kleinen Vögeln ist *Nectarinia cyanea* (*Certhia cyanea*, LINN.) und *Spiza* zu bemerken, die man mit dem allgemeinen
Nahmen Çaï belegt. Auch einige schöne Schlangen erhielten wir, unter
andern mehrere Individuen der *Jararacca*, und eine Haut der *Jiboya*
(*Boa constrictor* des DAUDIN) die nicht, wie dieser Schriftsteller behauptet, in Afrika lebt, sondern die gemeinste Art dieses Geschlechtes in
Brasilien ist.

Am 11ten Juny verließ ich *Viçoza* und reiste nach *Caravellas*, wo
ich die Ankunft des Casqueiro von *Rio de Janeiro* abwartete.

Die Hütten der Patachos.

Reise des Prinzen von Neuwied in Brasilien. I. Bd. 10.

X.

Reise von Caravellas nach dem Rio Grande de Belmonte.

Flufs und Villa zu Alcobaça. — Flufs und Villa do Prado. — Die Patachos. — Die Machacalis. — Comechatibá. — Rio do Frade. — Trancozo. — Porto Seguro. — Sta Cruz. — Mogiquiçaba. — Belmonte.

Nachdem wir uns vier Wochen in *Caravellas* aufgehalten hatten, sahen wir endlich den lange ersehnten Casqueiro einlaufen. Er brachte uns mancherley nöthige Bedürfnisse aus *Rio de Janeiro*, und nahm unsere Sammlungen an Bord, um diese unsern Freunden in der Königsstadt zu überliefern. *Capitam* BENTO LOURENZO hatte auch *Caravellas* erreicht, nachdem seine Strafse grofsentheils vollendet war. Er reiste jetzt nach *Rio*, wo er, wie er mich später benachrichtigte, zur Belohnung seiner Ausdauer einen Orden erhielt, und zum *Coronel* und *Inspector* der Strafse am *Mucuri* erhoben wurde. Als alle unsere Geschäfte beseitigt waren, trat ich meine weitere Reise längs der Küste nordwärts an, Herr FREY-REISS mit seinen Leuten blieb am *Mucuri* zurück.

Ich verliefs *Caravellas* am Morgen des 23ten July. Obgleich jetzt die kälteste Jahreszeit des hiesigen Clima's eingetreten war, so war doch

an diesem Tage die Hitze drückend. Die Einwohner dieser Gegenden
litten jetzt sehr häufig an Catharren, Husten und Kopfschmerzen, denn
die sogenannte kalte Jahreszeit hat auf ihre an die Wärme gewöhnten
Körper denselben Einfluß, als auf uns die Kälte des ersten Frostes im
November oder December. Verschiedene Personen in *Caravellas* waren
an den Krankheiten gestorben, welche die Veränderung der Temperatur
herbey führte, während wir Fremde weniger dadurch litten. Der freye
Wiesenplatz, auf welchem *Caravellas* erbauet ist, wird rund um von
sumpfigen Wäldern und Gebüschen eingeschlossen, worin die Pflanzungen
oder Rossen der Bewohner zerstreut liegen. Dieser Wald ist zum Theil
in der bessern Jahreszeit viel angenehmer als wir ihn jetzt fanden; denn
er erschien weit reizender, als ich ihn im Monat November beym Eintritt
des Frühjahrs noch einmal besuchte. Der Gesang des Sabiah (*Turdus
rufiventris*) ertönte munter im finstern Schatten der Cocosstämme, von
welchen ich hier zufällig einen fand, der in der Höhlung eines alten
colossalen Waldbaumes gekeimt hatte und daraus schon zu einer bedeutenden Höhe hervor gewachsen war. Man durchreitet diesen Wald bis
zur Mündung des Flusses *Caravellas*, wo etwa zwölf Fischerhütten eine
schwache *Povoação* bilden. Von der *Barra* des Flusses, welche geräumig und sicher ist, folgt man dem flachen sandigen Seestrande, gegen
den das vom Winde bewegte Meer brausend seine Wellen heran rollte.
Nach der Landseite hin begränzen diesen flachen Seestrand dichte Gebüsche, die vom Winde niedergehalten werden; sie bestehen aus Bäumen
und Gesträuchen mit dunkelgrünen lorbeerartigen Blättern, die zum Theil
Milch gebend, saftig und steif sind, wie die beyden Arten der *Clusia* mit
ihren großen schönen weiß und rosenrothen Blumen, die längs des ganzen Strandes sehr häufig wachsen. Hier, so wie an der ganzen Ostküste,
findet sich häufig der in allen seinen Theilen sehr aromatische Strauch,
den man unter dem Nahmen der *Almeçiga* kennt (*Icica, Amyris, Aublet*).

Aus ihm schwitzt ein stark riechendes Harz aus, das man zu verschiedenen Endzwecken benutzt, besonders als Pech oder Harz an die Schiffe,
und als Balsam und Heilmittel bey Wunden. Einen Hauptbestandtheil der
niedrigen Dickung an der See bilden die beyden Arten von Cocos, die
gewöhnlich an der Küste wachsen und früher bey der Beschreibung des
Aufenthalts am *Mucuri* schon erwähnt worden sind, die *Cocos de Guriri*
und *de Aricuri.* Die erstere stand jetzt in der Blüthe und war mit ihren
unreifen Fruchtkolben beladen, die andere ist schöner und wächst 15 bis
20 Fuß hoch, wo sie der Seewind nicht zu stark trifft; an der Küste hingegen bleibt sie kleiner. Ihre schöne orangegelbe runde Frucht schmeckt
süßlich, soll aber der Gesundheit nicht zuträglich seyn. Auf dem flachen
festen Sande rankte da, wo die See ihre stürmische Brandung nicht
unmittelbar hinsenden kann, eine schöne purpurrothe Glockenblume (*Ipo-
mœa littoralis*) mit langen schwärzlich braunen, den Stricken ähnlichen
Zweigen und dicken rundlich - eyförmigen milchsaftigen Blättern; wir
hatten sie an den meisten Gegenden der Küste gefunden, wo sie den
Sand bindet. Eben dies thun auch zwey gelbblühende Gesträuche aus
der *Diadelphia;* der eine niederliegend, und über die Erde ausgebreitet
mit gegliederter Frucht, eine neue Art *Sophora;* und der andere, die
Guilandina Bonduc, Linn., oft 3 bis 4 Fuß hoch mit breiter kurzer sehr
rauh bestachelter Schote. Zwischen dergleichen Gewächsen findet man
überall in diesem Sande das harte etwas stechende Strandgras (*Remirea
littoralis*) in Menge.

Wir erreichten gegen Abend einen rasch fließenden Bach, den man
die *Barra Velha* nennt, da er die alte oder ehemalige Mündung des
Flusses *Alcobaça* ist, an dem wir bald nachher ankamen. Diese kleinen
Gewässer an der Seeküste sind oft für den Land-Reisenden große Hinder-
nisse, die ihn leicht 6 bis 8 Stunden aufhalten können. Wir hatten die
Barra Velha zur ungünstigen Zeit erreicht; sie war jetzt sehr ange-

schwollen und wild, daher blieb mir nichts übrig, als meine Thiere abladen zu lassen und hier zu lagern. Weiter zurück im Gebüsche wohnten einige Menschen, wovon wir indessen erst später Nachricht erhielten. Hinter einem alten umgefallenen Baumstamme, und durch ihn einigermaßen geschützt vor dem durchdringenden Seewinde, der den feinen Sand von der Küste nach uns zu trieb, loderte bald unser Feuer auf; alle legten sich auf die Decken und Mäntel im Kreise umher. Wir sahen hier einen der schönen Fregattvögel (*Pelecanus aquilus*, LINN., *Halieus*, ILLIG.), welche an den brasilianischen Küsten in ansehnlicher Höhe zu vieren, fünfen und mehreren umher fliegen. Die Nacht brachten wir nach einer sehr dürftigen Abendmahlzeit, gegen den alles durchdringenden Wind durch unsere Mäntel nur unvollkommen geschützt, in der öden Gegend hin. Sehnlich erwartet brach uns daher das Licht des jungen Tages an, das uns zur Fortsetzung der Reise aufforderte; allein erst um 10 Uhr war die Ebbe so weit vorgerückt, daß wir unsere Thiere über das Wasser schwimmen lassen konnten; das Gepäck trug man auf dem Kopfe hinüber.

Von hier aus erreichten wir in kurzer Zeit die Mündung des Flusses *Alcobaça*, der mäßig stark sich in die See ergießt. Seine Ufer sind in der Nähe des Meeres mit dichten Mangue-Gebüschen bedeckt, die aber bald dem hohen finstern Walde Platz machen. Unweit der Mündung des Flusses hat man an dem nördlichen Ufer desselben die *Villa de Alcobaça* auf einer weißen Sandfläche erbaut, die mit kurzem Grase, mit niedrigen kriechenden Mimosen, mit weißblühendem *Plumbago* und mit den schönen rosenrothen Blumen der *Vinca rosea* bedeckt ist. — *Alcobaça* hat etwa 200 Häuser und 900 Einwohner; die meisten der Gebäude sind mit Ziegeln gedeckt, und die Kirche ist von Steinen erbaut. Man treibt hier, wie an der ganzen Küste, etwas Handel mit Farinha, von welcher man etwa 40,000 Alkeren jährlich ausführen soll. Sie wird nach den größeren Städten der Küste und an alle die Orte verschifft, wo dieses Produkt weniger gedeiht. Einige Lanchas besorgen diese Ausfuhr und bringen dagegen aus *Bahia* andere nöthige Bedürfnisse zurück. Diese kleinen Seeschiffe gehen den Fluſs ziemlich weit aufwärts bis zur Pflanzung des Herrn MUNIS CORDEIRO, eines der angesehensten Bewohner von *Alcobaça*, der durch seinen biedern Charakter den Ruf verdient, welchen er unter seinen Landsleuten genieſst.

Der Fluſs *Alcobaça*, der ursprünglich in der brasilianischen Ursprache *Taniän* oder *Itaniän* (*Itanhem*) genannt ward, ist fischreich; man soll darin selbst schon *Manatis* gefangen haben; seine *Barra* hat Sandgrund mit 12 bis 14 Palmen Wassertiefe, welche groſse beladene Sumaca's passiren können. Seine *Sertôes* oder die Urwälder an seinen Ufern, werden von den *Patachos* und *Machacaris*, zwey wilden schon öfters erwähnten Stämmen, bewohnt, die von hier an, auch noch weiter nördlich, die Wohnplätze der Weiſsen friedlich besuchen, und sich zuweilen wohl gegen Wachs oder eſsbare Thiere andere Bedürfnisse zu erbitten pflegen. Da sich diese Wilden gegenwärtig tiefer in die groſsen Wälder begeben hatten, so bekamen wir keinen von ihnen zu sehen. Die Wälder am *Alcobaça* enthalten eine Menge von nützlichen Holzarten und Gewächsen, auch findet man hier *Pao Brazil*, besonders aber viel *Jacarandá* und *Vinhatico*, welches die civilisirten Indier gewinnen, aus denen die *Villa* ursprünglich gebildet worden ist, die aber jetzt groſsentheils von Weiſsen und Negern ersetzt worden sind. Die Lage von *Alcobaça* ist gesund, da die Seewinde beständig die Luft reinigen, doch sind diese Winde und Stürme in einem groſsen Theile des Jahres sehr unangenehm. Fünf Legoas weiter nördlich vom Flusse *Alcobaça* fällt der *Rio do Prado* in das Meer, der ehemals bey den Urbewohnern dieser Gegend den Nahmen *Sucurucú* (*) trug. Der Weg längs der Küste bis

(*) Die *Corografia brasilica* schreibt *Jucurucú*, während die Bewohner jener Gegend allgemein diesen Nahmen *Sucurucú* aussprechen.

dorthin ist ein ebener fester Sand, gegen den aber heute die See sehr
wild heran rollte, da starker Wind die Brandung bewegte. In den
dichten Gebüschen der *Guriri-* und *Aricuri-*Palmen, die sich längs dem
Ufer hinziehen und von höheren lorbeerartigen Bäumen überschattet
werden, findet man sehr häufig eine kleine Art von Penelope, die mit
dem *Parraqua* (*Penelope Parraqua*, Temminck) nahe verwandt zu seyn
scheint; sie wird an der Ostküste *Aracuan* (*) genannt, und als ein sehr
gut efsbarer Vogel gejagt; an Gröfse wie an Geschmack kommt er
ziemlich unsern Fasanen gleich. Mein Hühnerhund, der diese Gebüsche
beständig absuchte, fand viele dieser Vögel, welche immer paarweise
mit grofsem Geräusch aufflogen; nach ihnen zu schiefsen war hier nicht
leicht, da das Dickicht zu sehr mit Stachelgewächsen angefüllt und zu
verflochten war.

Gegen Mittag erreichten wir wieder eine *Barra Velha*, einen ehemaligen Ausflufs des *Rio do Prado*, wo aber unsere Thiere beladen durch-
gehen konnten, da wir gerade die Zeit der Ebbe getroffen hatten. Jenseits
sind wieder Mangue-Gebüsche in der Nähe des Flusses *Prado*, und an
dessen nördlichen Ufer liegt auf einer etwas erhöhten sandigen Fläche
die *Villa*. Hingestreckt im Sande des Ufers warteten wir sehr lange,
bis es einigen Bewohnern gefiel, uns in einem Canoe überzusetzen.
In dem *Casa da Camara* wies man uns eine leidliche Wohnung an.

Die *Villa do Prado*, welche anfänglich aus Indiern gebildet wurde,
ist unbedeutender als *Alcobaça*, denn sie hat nur etwa 50 bis 60 Feuerstellen und 600 Einwohner. Ihre Häuser sind zum Theil in Reihen, zum
Theil zerstreut auf einer weifsen Sandfläche erbaut. Die *Vinca rosea*

(*) Der *Aracuan* scheint auf den ersten Anblick eine Art mit dem *Parraqua* auszumachen,
ist aber ohne Zweifel eine besondere Species, da er beständig viel kleiner ist, und auch in
der Farbung seines Gefieders etwas abweicht. Er scheint v. Humboldts *Phasianus garrulus*
zu seyn.

bildet eine Decke auf diesem heißen Boden, wo übrigens unsere Lastthiere nur sehr schlechte und sparsame Nahrung fanden. Noch mehr
als in *Alcobaça* fehlt es hier in dieser kleinen *Villa* an manchen Bedürfnissen. Einige Lanchas unterhalten einen kleinen Küstenhandel mit Farinha, wovon man jährlich etwa 8000 Alkeren ausführt, mit etwas Zucker
und andern Produkten der hiesigen Wälder und Pflanzungen. Der Fluß
hat eine mäßige Stärke, ist fischreich und seine *Barra* ist nicht ungün-
stig für die Schifffahrt, indem beladene Sumacas einlaufen können. Auf
Befehl der Regierung machte unser Landsmann, der Herr Ingenieur-Major
FELDNER, eine Entrade in die Wälder von *Villa do Prado* in nordwest-
licher Richtung, um einen Weg nach *Minas Geraës* zu bahnen. Er über-
warf sich mit dem *Ouvidor* MARCELINO DA CUNHA, der dieses Vorhaben nicht unterstützte, und da er von den Anordnungen dieses Mannes
völlig abhieng, so scheiterte die ganze Unternehmung. Herr Major FELD-
NER war genöthigt, einige Zeit auf einer Insel zuzubringen; dort wurde
er sehr krank, und litt mit seiner Begleitung solchen Mangel, daß sie
genöthigt waren, einen Hund zu schlachten, um ihren Hunger zu stillen.
Ein entwilderter Botocude, SIMAM, stellte damals den Kranken durch
eine Schaale Honig, die er ihm gesucht, von einem heftigen Fieber
wieder her. Auf den Genuß desselben trat ein starker Schweiß ein, und
die Krankheit war gehoben.

In den Wäldern am *Sucurucú* liegen die Rossen der Bewohner
vom *Prado* zerstreut. Diese Wildnisse enthalten aber auch eine große
Menge jagdbarer Thiere, schöner Holzarten und wilder Früchte. Das
Brasilienholz ist hier in Menge; die Schuhmacher gebrauchen es, um
damit das Leder schwarz zu färben; setzt man aber Asche zu dieser
Farbe, so wird sie röthlich (*rocho*). Unter den Vögeln, welche die
Gebüsche in der Nähe der *Villa* beleben, ist der obenerwähnte *Ara-
cuan* sehr häufig; Tucane und Papageyen werden von den Bewohnern

in grofser Menge geschossen und als Leckerbissen an Festtagen gegessen, denn gewöhnlich sind Farinha, schwarze Bohnen, Salzfleisch und zuweilen etwas Fisch, der Brasilianer beständige Nahrung, an die auch der Reisende sich gewöhnen muſs. Zu den natürlichen Plagen dieser Gegend gehört vorzüglich der *Bicho do pé* (*Pulex penetrans*), der Sandfloh, der hier in dem Sande an der Küste ungemein häufig ist, selbst in den Häusern sind diese Thierchen in Menge und man ist daher genöthigt, die Füſse öfters zu besichtigen.

Da ein heftiges Regenwetter eintrat und überdies eines unserer Maulthiere entlaufen war, so sah ich mich genöthigt, ein Paar Tage in dieser traurigen Sandgegend zu bleiben. Ich ward indessen am letzten Tage meiner Anwesenheit reichlich für diesen Nachtheil entschädigt, denn zufällig erschien an demselben ein Trupp von Wilden in der *Villa*, auf deren Bekanntschaft ich längst vergebens gehofft hatte. Sie waren vom Stamme der *Patachos*, den ich bis jetzt noch nicht von Angesicht kannte, und erst vor wenigen Tagen aus den Wäldern zu den Pflanzungen herab gekommen. Völlig nakt traten sie, ihre Waffen in der Hand, in die *Villa* ein, wo sogleich eine Menge von Menschen sich um sie her versammelte. Sie brachten groſse Kugeln von schwarzem Wachse zum Verkauf, und wir tauschten gegen Messer und rothe Schnupftücher eine Menge von Bogen und Pfeilen von ihnen ein. Sie hatten nichts Auffallendes, waren weder bemahlt noch sonst entstellt; einige waren klein, die meisten von mittlerer, etwas schlanker Gestalt, mit groſsem knochigem Gesicht und plumpen Zügen. Nur wenige unter ihnen hatten Tücher umgebunden, die man ihnen früher geschenkt hatte; ihr eben nicht ausgezeichneter Anführer (von den Portugiesen *Capitam* genannt) trug eine rothe wollene Mütze und blaue Hose, die er auch früher irgendwo erhalten hatte. Nahrung war sogleich ihr Hauptanliegen; man gab ihnen etwas Mehl und einige Cocosnüsse, die sie mit einer kleinen

Axt sehr wohl zu öffnen wuſsten, worauf sie mit ihren gesunden starken Zähnen die weiſse Kernmasse aus der harten Schaale heraus bissen;
merkwürdig war dabey die Begierde, mit welcher sie aſsen. Die 7te
Platte stellt zwey dieser Wilden vor: der *Capitam* ist beschäftigt, eine
Cocosnuſs zu öffnen. Im Tauschhandel zeigten sich einige von ihnen
sehr klug, sie forderten vorzüglich Messer oder Aexte; jedoch ein rothes
Tuch lieſs sich einer von ihnen sogleich um den Hals binden. Man
steckte ihnen auf 40 Schritte eine Cocosnuſs auf eine Stange und lieſs
sie nach diesem Ziele schieſsen, das von ihnen nie gefehlt wurde. Da
niemand mit ihnen reden konnte, so hielten sie sich nicht lange auf,
und kehrten nach ihren Wohnungen zurück. Um sie noch näher kennen
zu lernen, schiffte ich am 30ten July den Fluſs *Prado* aufwärts bis zu
der Stelle, wo die Wilden ihre Hütten gehabt hatten; allein ich fand
sie nicht mehr, sie waren schon weiter gezogen. Es leben hier an
den Ufern des *Sucurucú* sowohl *Patachos* als *Machacaris* in den Wäldern; die letzteren sind immer mehr zum Frieden gegen die Weiſsen
geneigt gewesen, als die erstern, mit denen man erst seit 3 Jahren ein
friedliches Einverständniſs hat zu Stande bringen können. Noch kurz
vor jener Zeit hatten sie im Walde einige Bewohner vom *Prado* überfallen, bey welchem Vorfall der *Escrivam* (Stadtschreiber) verwundet
und mehrere Menschen erschossen worden waren. Man hat nachher
die friedlichen *Machacaris* gebraucht, um auch mit den *Patachos* einen
Vertrag zu Stande zu bringen. Die *Patachos* gleichen im Aeuſsern sehr
den *Puris* und *Machacaris*, nur sind sie gröſser als die erstern; sie ent-
stellen eben so wenig als diese ihr Gesicht, und tragen eben so ihre
Haare natürlich um den Kopf herabhängend, blos im Genicke und über
den Augen abgeschnitten, doch rasiren auch manche unter ihnen den
ganzen Kopf, und lassen blos vorne und hinten einen kleinen Busch
stehen. Die Unterlippe und das Ohr durchbohren einige und tragen in

der gemachten kleinen Oeffnung, ein dünnes kurzes Rohrstäbchen. Um den Hals trugen die Männer, so wie die aller andern Stämme der Ostküste, ihr Messer an einer Schnur, und die Rosenkränze, die man ihnen schenkte, hiengen sie ebenfalls um denselben. Ihr Körper war in seiner natürlichen röthlichbraunen Farbe, und nirgends bemahlt. Sehr sonderbar und auffallend ist ihr Gebrauch, an einem gewissen Theile ihres Körpers, die Vorhaut mit einer Schlingpflanze zuzubinden, wodurch derselbe eine höchst sonderbare Gestalt erhält. Ihre Waffen sind in der Hauptsache dieselben, als die der andern Wilden; ihre Bogen sind jedoch gröfser als bey allen übrigen Stämmen der *Tapuyas*; ich mafs einen derselben, und fand, dafs er 8 Fufs 9½ Zoll englisches Mafs in der Höhe hielt; sie sind von *Aïri*- oder *Pao d'arco* (*Bignonia-*) Holz gemacht. Die Pfeile, die sie gewöhnlich zum Gebrauch auf der Jagd bey sich führen, sind ziemlich kurz, diejenigen aber, deren sie sich im Kriege bedienen, machen sie wahrscheinlich, nach Art der andern Stämme, länger. Diese Pfeile sind unten mit *Arara*-, *Mutum*- oder Raubvogelfedern befiedert, und ihre Spitze ist mit *Taquarussú*- oder *Ubá*-Rohr beschaftet, allein nirgends fand ich unter den verschiedenen Stämmen der *Tapuyas* die Bogenschnur aus Darmsaiten oder Thiersehnen gemacht, wie dies LINDLEY (*) fälschlich berichtet. Auf dem Rücken trägt ein jeder Mann einen um den Hals befestigten Beutel oder Sack von *Embira* (Bast) oder andern Schnüren geflochten, worin er verschiedene Kleinigkeiten aufzuheben pflegt. Ihre Weiber sind eben so wenig bemahlt, und gehen völlig nakt. Die Hütten dieser Wilden unterscheiden sich durch eine abweichende Bauart von den früher beschriebenen der *Puris*. Junge Stämme und eingesteckte Stangen werden oben übergebogen, zusammengebunden, und darüber Pattioba- und Cocosblätter gedeckt. Diese Hüttchen sind sehr flach und niedrig; neben einer jeden von ihnen bemerkt man

(*) LINDLEY narrative etc. p. 22.

einen Rost, der aus vier in die Erde eingesteckten gabelartigen Pfählen besteht, in die vier Stäbe gelegt, und auf welche nahe aneinander Querstäbe gereiht werden, um die erlegten Jagdthiere darauf zu braten oder zu rösten. Eine Abbildung dieser Hütten giebt die Vignette dieses Abschnittes. Die *Patachos* gleichen in vieler Hinsicht den *Machacaris*, oder *Machacalis*, auch sind ihre Sprachen etwas verwandt, obgleich in manchem Betracht wieder sehr verschieden.

Beyde Völkerstämme sollen gegen die *Botocudos* zusammenhalten, und scheinen ihre Gefangenen zum Theil als Sclaven zu behandeln, denn noch unlängst boten sie zu *Villa do Prado* eine junge Botocudin zum Verkauf an. Nie hat man einen gegründeten Verdacht gehabt, daß diese *Patachos* Menschenfleisch essen. In den Hauptzügen gleicht sich zwar der moralische Charakter aller dieser Wilden-Stämme sehr, dennoch hat jeder von ihnen wieder seine verschiedenen Eigenheiten: so sind die *Patachos* unter allen am meisten mißtrauisch und zurückhaltend, ihre Mienen sind immer kalt und finster, auch geben sie den Weißen ihre Kinder nur äußerst selten, um sie bey ihnen erziehen zu lassen, wie es die andern Stämme nicht ungern zu thun pflegen. Diese Wilden ziehen umher, ihre Banden erscheinen abwechselnd am *Alcobaça*, zu *Prado*, *Comechatibá*, *Trancozo* u. s. w. Man giebt ihnen bey ihren Besuchen etwas zu essen, tauscht ihnen einige Kleinigkeiten gegen Wachs und andere Waldprodukte um, und sie ziehen nach ihren Wildnissen wieder zurück.

Erfreut, die Bekanntschaft dieses Stammes der Urbewohner gemacht zu haben, verließ ich *Villa do Prado* und ritt schnell meinen schon früher vorangezogenen Lastthieren und Leuten nach. — Die Küste von *Prado* nimmt weiter nordwärts eine andere Gestalt an, als sie vorher hatte. Es erheben sich an der See hohe Wände von rothem und anders farbigem Thon, der auf eisenhaltigen bunten Sandstein aufgeschichtet ist; Wald bedeckt die Höhe dieser Küste und häufige Thal-

Einschnitte öffnen sich nach dem Meere hin, die mit dunkelgrün belaub-
ten finstern Urwäldern, dem Wohnsitze der *Patachos*, angefüllt sind.
Aus allen diesen kleinen Thälern fließen Bäche hervor, deren *Barra's*
(Mündungen in die See) zur Zeit der Fluth dem Reisenden oft sehr
beschwerlich werden. Eine andere Unbequemlichkeit, welche diese
Küstengegend für die Reisenden hat, sind die Felsengruppen, welche
an den hohen Wänden derselben unmittelbar in das Meer vortreten.
Bey der Ebbe umreitet man diese Klippen trocknen Fußes, allein zur
Zeit der Fluth kann man an ihnen nicht vorbey, weil die Wellen, wild
schäumend und tobend, sich an ihnen brechen und weißen Schaum
in die Höhe spritzen. Befindet man sich während der Zeit, in welcher
gerade die Fluth zunimmt, in der Mitte zwischen ein Paar dieser Felsgruppen unter der hohen steilen Uferwand, so kann man sogar in große
Gefahr kommen, indem man alsdann der schnellen Zunahme der See
nicht mehr entgehen kann. Es ist daher nothwendig, daß der Reisende
bey den Bewohnern des Landes genaue Nachricht zu erhalten suche,
welche Zeit er zu wählen hat. Oft muß man sechs Stunden stille liegen,
um eine neue Ebbe abzuwarten, wenn man einmal den richtigen Zeit-
punkt hat verstreichen lassen; auch giebt es an dieser ganzen Küste keinen
andern Weg im Lande, als gerade diesen, welcher beständig der Seeküste folgt. Zwischen *Prado* und *Comechatibá* hat man an drey verschiedenen Stellen solche Felsen; ich selbst habe an einer derselben die Wellen der See, bis auf den Sattel benetzt, durchritten, zehn Minuten später
würde ich einen Aufenthalt von sechs Stunden gefunden haben, und
genöthigt gewesen seyn, bis zu einer geräumigen Stelle der Küste zurückzukehren. Schon jetzt gab die an den Klippen brechende Brandung
einen furchtbaren Anblick; wir, des Weges unkundige Reisende, getrau-
ten uns schon nicht mehr, unsere Reitthiere in die wilde Fluth hinein
zu treiben, allein ein Paar Neger einer benachbarten *Fazenda* ritten

durch die Brandung voran und zeigten uns den Weg. Nachdem wir ihn glücklich zurück gelegt hatten, eilten wir nun aber auch, aus dieser unsichern engen *Praya*, unmittelbar unter den Wellen des furchtbarsten der Elemente, hinweg zu kommen, und sprengten in raschem Galopp davon. An diesen Felsen findet man etwas weiter in die See hinaus mehrere Arten von Mollusken, unter andern zwey Species von Meer-Igeln (*Echinus*), wovon die eine von der ärmern Klasse der Einwohner gegessen wird. Die unefsbare ist weifslich mit violetten Stacheln dicht besetzt, die efsbare hingegen schwarz, ebenfalls mit langen Stacheln bedeckt. Auch befinden sich an allen diesen Felsen Schnecken, welche einen Purpursaft geben; besonders häufig findet man sie in der Gegend von *Mucuri, Viçoza, Comechatibá, Rio do Frade* u. s. w. Herr Sellow fand bey einer seiner Reisen Gelegenheit, einige Beobachtungen über diesen Gegenstand zu machen, auch der Engländer Mawe erwähnt desselben (*).

In einigen der Seitenthäler am Meere findet man die Wohnungen verschiedener Pflanzer, unter andern die des Senhor Callisto, der mir schon früher in *Villa do Prado* Gefälligkeiten erzeigt hatte. Von zweyen meiner Leute zu Pferde begleitet, erreichte ich in schnellem Ritte die Landspitze, welche den Nahmen *Comechatibá*, oder in der alten indischen Sprache eigentlich *Currubichatibá*, trägt. Der Vollmond spiegelte sich prachtvoll im Meere und beleuchtete die einsamen Hütten einiger Küsten-Indier, deren Bewohner von unsern vorangegangenen Lastthieren aus dem Schlafe geweckt worden waren. In geringer Entfernung von diesen Hütten liegt die *Fazenda* von *Caledonia*, welche der Engländer Charles Frazer vor etwa sieben Jahren hier angelegt hat. Herr Frazer, der einen grofsen Theil unserer Erde bereiste, kaufte etwa 3o starke Neger, um diese *Fazenda* anzubauen. Die Indier der

(*) J. Mawe's travels etc. p. 54.

umliegenden Gegend arbeiteten mehrere Jahre in seinem Dienste, reinig-
ten die schönen Höhen, welche sich längs der Küste hinziehen, von ihrem
Holze, und bebaueten das Ganze. An der Seeküste ließ er eine große
Menge von Cocosbäumen pflanzen; das Wohnhaus wurde von Lehm
erbauet und mit Stroh gedeckt, und in derselben Linie wurden eine
Menge Hütten für die Neger, so wie eine große Mandiocca-Fabrik und ein
Vorrathshaus eingerichtet. Das Fabrikgebäude war indessen jetzt in einem
sehr verfallenen Zustande. Acht oder zehn große irdene Pfannen zum
Trocknen des Mehls waren zwar noch da, aber zum Theil zerbrochen.
Die Lage und der Boden dieser Besitzung ist vortrefflich; grüne Hügel
mit Gebüschen erheben sich am Meere, und man hatte schon eine große
Strecke vom Walde befreyt. Man verstand aber, wie es scheint, nicht,
die Neger in der Zucht zu halten, denn diese waren in einem Zustande
der Meuterey; sie benutzten die Produkte der Pflanzungen für sich selbst,
und verweigerten oft die ihnen aufgetragene Arbeit, um statt derselben
in den umherliegenden Wäldern zu jagen oder sich mit dem Fang wilder
Thiere in ihren *Mundeos* zu beschäftigen. Herr F R A Z E R war gegenwärtig in *Bahia* und hatte während seiner Abwesenheit einem Portugiesen aus *Villa do Prado* die Aufsicht der *Fazenda* übergeben. Bey unserer
Ankunft nahm uns der *Feitor* auf; die Neger, welche eben versammelt
waren, um nach ihrer Trommel-Musik zu tanzen, kamen sogleich herbey-
gelaufen, die Fremden zu betrachten. Bald war das ganze Zimmer mit
diesen Sclaven angefüllt, die jung, schön gebildet, und zum Theil von
hohem kräftigem Körperbau waren, aber der *Feitor* hatte nicht so viel
Autorität, um uns ermüdete Reisende von dieser lästigen Gesellschaft
zu befreyen. Ich hielt mich einige Tage hier auf, und fand Gelegenheit, die kürzlich erst von ihren Bewohnern verlassenen Hütten der *Patachos* im Walde zu besuchen; einige Indier von *Comechatibá* führten
mich dahin.

Das Meer bildet in dieser Gegend einen guten Hafen, der zwar nicht besonders gegen die Winde, indessen doch gegen die See durch ein Felsenriff geschützt ist, auch einen guten Ankergrund und den Vortheil hat, daſs sein Eingang den Schiffern durch ein Merkmal kenntlich gemacht ist. Die Brandung wirft auf den Sand der Küste eine groſse Menge von Fucus-Arten, Sertularien und andere Zoophyten, allein nur wenige Arten von Conchylien. In der Abenddämmerung schwärmte häufig der groſse Wampyr (*Phylostomus Spectrum*) oder *Guandirá*, den man im Fluge leicht für eine kleine Eule halten könnte. Unsere Lastthiere wurden von einigen derselben verwundet und bluteten stark. Diese Eigenheit der gröſsern Fledermaus-Arten in der heiſsen Zone, Thieren Blut auszusaugen, will man in Brasilien selbst auf alle kleinere Arten dieses Geschlechts ausdehnen; allein das Vorgeben, daſs sie auch den Menschen auf diese Weise beschwerlich werden, habe ich nicht bestätigt gefunden. Die hier wohnenden Indier leben von ihren Pflanzungen, von der Jagd, besonders aber vom Fischfange; daher sieht man sie bey stillem Wetter häufig in ihren Canoen auf dem Spiegel des Meeres umher schiffen. Sie bringen eine Menge von Fischen mit zurück, und um ihre Häuser her liegen die Panzer, Schädel und Knochen der Riesen-Schildkröten (*Tartarugas*) zerstreut.

Von *Comechatibá* nördlich liegen wieder hohe Wände und Felsen an der See, die an einer Stelle selbst so in das Meer vorrücken, daſs man sich genöthigt sieht, einen Umweg über die Höhen zu machen; hier oben findet sich eine Fläche, welche den Nahmen *Imbassuaba* trägt. Sie ist ein von Wald ringsum eingeschlossenes *Campo* mit schönen Gräsern und mancherley wilden Pflanzen, die uns neu und für unsere Sammlungen willkommen waren; auf der Erde wuchs hier im Schatten der Bäume unter andern das Rennthier-Moos (*Lichen rangiferinus*, LINN.) in Menge; diese Pflanze, die im Norden eine der nützlichsten Thierarten, das Rennthier, ernährt, hat eine weite Verbreitung. Von da erreicht man bald wieder die Seeküste und nach einem Wege von 1½ Legoa von *Comechatibá* aus, den kleinen Fluß *Cahy*, der nur zur Zeit der Ebbe passirt werden kann.   Zu diesem Uebergang war es, als wir ihn erreichten, schon beynahe zu spät, allein die des Weges und der Gewässer vollkommen kundigen Neger und Indier der *Fazenda* durchwateten den Bach und trugen auf den Köpfen und Schultern unser Gepäck hinüber, welches glücklich genug, vollkommen trocken, an das jenseitige Ufer gelangte.   Der *Cahy*, welcher, wie alle jene Flüsse, aus einem finstern Waldthale hervortritt, ist zur Zeit der Ebbe unbedeutend, bey der Fluth aber reißend, wild und Wellen schlagend.   Weiter nördlich fanden wir in der Entfernung von drey bis vier Legoas einen andern, etwas stärkern Fluß, den *Corumbao*.   Auf diesem Wege war uns die Fluth schon etwas hinderlich, und eine drückende Hitze machte ihn noch beschwerlicher.   Das Ufer an der Küste war zuweilen hoch und steil und dann wieder niedrig, mit finstergrünem lorbeerartigem Walde bewachsen. Am Strande sah man häufig die *Aricuri*-Palme, so wie mehrere uns neue schöne Gras- und Rohrarten.   Die kleinen Thäler, welche sich nach dem Seestrande öffnen, sind zum Theil mit Seen oder *Lagoas* mahlerisch ausgefüllt; da wo sich diese eine Oeffnung in die See bahnen konnten, haben sie einen Abfluß; gewöhnlich sind sie voll von mancherley rohrartigen Gewächsen.   Bis gegen Mittag stieg die Fluth immer höher, und da an manchen Stellen umgefallene Baumstämme uns den Weg versperrten, so sahen wir uns genöthigt, durch die heranrollenden Wellen des Meeres hin zu reiten.   Glücklich erreichten wir so die Mündung des *Corumbao*, die unter 17° südlicher Breite liegen soll.   An der *Barra* dieses kleinen Flusses, dessen fruchtbare Ufer reich an mancherley schönen aber unbenutzten Holzarten seyn sollen, erheben sich mehrere Sand-Inseln, zwischen welchen jetzt die Fluth bedeutende Wellen bildete.   Seine sandigen oder sumpfigen Ufer sind mit Mangue-Gebüschen bewachsen, und jetzt nur von Reihern, einigen Strandläufern und Mövenarten (*Larus*) bewohnt, seitdem die *Aymores* oder *Botocudos* durch ihre grausamen Einfälle die Bewohner vertrieben haben. Unweit des Flusses am nördlichen Ufer lebt jetzt eine Familie aus *Prado*, die der *Ouvidor* hieher gesandt hatte, um die Reisenden überzusetzen, und die hier vom Fischfange sich nährte; da es aber in diesen einsamen, menschenleeren Wildnissen an der nöthigen Aufsicht fehlt, so haben sie späterhin diese Gegend bald wieder verlassen. Ich fand in deren Hütte eine Menge von Fischen, die zum Theil eben gefangen waren, und wir versahen uns auch noch für den Abend mit einem Vorrathe derselben, die wir jedoch theuer bezahlen mußten. Der Mann wollte von dem Hunger Vortheil ziehen, der den von der Hitze ermatteten Reisenden aus den Augen blickte, und forderte den dreyfachen Werth für seine Lebensmittel.

Von hier aus öffnet sich die Gegend etwas; man folgt dem Strande, wo auf der trocknen Sandhöhe eine große Menge des fünf - bis sechseckigen Cactus, die Füße der Thiere mit ihren scharfen Stacheln bedrohen. Anderthalb Legoas nördlich von *Corumbao* fällt der Fluß *Cramemoan* in die See. Man durchreitet bis dahin eine weite Ebene mit vielen rohrartigen Gräsern, niederen *Aricuri* - und *Guriri*-Palmen und mit schönen Gesträuchen u. s. w. besetzt, worunter eine strauchartige, schön violettblaue *Clittoria* sich auszeichnet, deren Stamm holzig und aufrecht stehend ist; hie und da trifft man auch auf Sumpfstellen. Zur Linken ins Land hinein, hat das Auge eine weite schöne Aussicht in die Gebürge nach *Minas Geraës* hin; mehr in der Nähe zeichnet sich ein hoher Berg in der Gegend der *Cachoeira* des Flusses *Prado* aus, welcher *Morro de Pascoal* genannt wird(*), und den Schiffern in der See zum Merkmal dient; er gehört zu der *Serra das Aymores*. Diese Ebene gewährt den Botanikern

(*) LINDLEY schreibt unrichtiger Weise *Monte Pascoa*. Siehe dessen *Narrative of a voyage to Brazil p.* 228.

eine reiche Unterhaltung und Beschäftigung. In der Dämmerung erreichte ich das kleine indische Dörfchen *Cramemoan*, das auf Befehl des *Ouvidors* hier auf einen Hügel am Flusse erbauet ist, und eigentlich als *Destacament*, unter dem Nahmen *Quartel da Cunha*, zur Sicherheit dieser Gegend dienen soll.   Die Indier waren nicht wenig erstaunt über den so seltenen und späten Besuch einer beladenen *Tropa* in dieser einsamen Gegend; sie drängten sich herbey, um sich mit uns zu unterhalten, während unsere Leute in einer verlassenen Hütte ein Feuer anzündeten. Sie leben von ihren Pflanzungen, vom Fischfange im Flusse und in der See, und machen im Walde *Estoppa* und *Embira* (Baumbast), die sie nach *Porto Seguro* verkaufen. Da hier an der Küste Pulver und Bley selten und äuſserst theuer ist, so jagen sie zum Theil mit Bogen und Pfeilen, die sie von ihren Nachbarn in den Wäldern, den *Patachos*, gegen Messer eingetauscht hatten. Obgleich diese Leute von dem *Ouvidor* eigentlich hieher gesetzt wurden, um die Ueberfahrt über den Fluſs zu besorgen, so sind sie doch mit dieser Einrichtung nicht zufrieden und leben gröſstentheils auf ihren Pflanzungen in der Nähe. Sie sind von starkem robustem Körperbau, aber so träge, daſs sie bey schlechtem Wetter lieber ohne Lebensmittel in ihren Hütten liegen bleiben, als daſs sie mit einiger Beschwerde arbeiten. Die Indier versorgten uns mit Fischen; auch erhielten wir von ihnen kleine Kuchen von Mandioccamehl, die sie in Vorrath verfertigt hatten. Die Bereitung der verschiedenen Gerichte aus Mandioccamehl haben sie noch von ihren Vorfahren, den *Tupinambas* und andern Stämmen der *Lingoa geral*, beybehalten. Der Fluſs *Cramemoan* hat an seinen Ufern *Rhizophora*- oder *Conocarpus*-Gebüsche. Hier riefen in der Kühlung des Morgens eine Menge Papageyen von der Art des *Psittacus amazonicus*, Latham, oder *ochrocephalus*, Linn., die man hier im Lande *Curica* nennt; dieser Vogel hält sich besonders gern in den Mangue-Gebüschen an den Ufern der Flüsse auf, wo er auch nistet.

Nachdem wir mit unserer ganzen *Tropa* am nördlichen Ufer angelangt waren, folgten wir der ebenen mit dichten Gesträuchen bewachsenen Fläche längs der See, welche in der Ferne von Höhen begränzt wird;
allein bald zeigten sich am Meere wieder steile Höhen von Thon - und
Sandstein-Wänden, die man ersteigen muſs, weil die Küste selbst durch
die heftige Brandung unzugänglich ist. Man folgt einem steilen Pfade auf
die Höhe jener *Barreiras*, und findet dort eine trockene hohe Fläche,
ein *Campo*, das den Nahmen *Jaüassema* oder *Juassema* hat. Hier soll,
nach der Tradition der Einwohner, in den früheren Zeiten der portugiesischen Einwanderung ein groſser volkreicher Ort, die Stadt gleiches Nahmens, oder *Insuacome*, gelegen haben, die aber eben so wie *S. Amaro*,
Porto Seguro und andere Niederlassungen von der kriegerischen und
barbarischen Anthropophagen-Nation der *Abaquirá* oder *Abatyrá* zerstört wurde. Ohne Zweifel bezieht sich diese Tradition auf die Verwü-
stungen, welche die *Aymores* oder die jetzigen *Botocudos* in der *Capitania* von *Porto Seguro* anrichteten, als sie im Jahr 1560 daselbst einfielen, wovon wir in SOUTHEY's *History of Brazil* und in der *Corografia Brasilica* die Nachrichten gesammelt finden; sie zerstörten damals
auch die Ansiedelungen am Flusse *Ilheos* oder *S. George*, bis der Gouverneur MENDO DE SA sie zurück trieb. Zu *Jaüassema* soll man noch
gegenwärtig Stücke von Backsteinen, Metalle und ähnliche Gegenstände
finden; sie sind die ältesten Monumente der Geschichte von Brasilien,
denn über die Zeit der europäischen Einwanderung hinaus findet man
keine Denkmähler an dieser Küste. Ihre rohen Bewohner hinterlieſsen
nicht, wie die Tultekischen und Azteckischen Völker in *Mexico* und *Peru*,
Denkmähler, welche die Nachwelt noch nach Jahrtausenden beschäftigen;
denn mit dem nakten Körper des rohen *Tapuyas*, welchen seine Brüder
in die Grabhöhle versenken, verschwindet von der Erde sein Gedächtniſs,
und es ist gleich bedeutend für die künftigen Geschlechter, ob ein Botocude

oder ein Thier der Wildniſs hier gelebt hat. Ich fand zu *Jaüassema* eine
besondere Art von Palme, deren in der Folge noch öfter Erwähnung
geschehen wird, die *Piassaba*-Palme, welche sich durch federbuschartig
aufsteigende hohe Blätter auszeichnet; bisher hatten wir diesen Baum
noch nie gesehen. Jetzt blühten hier nur wenige Pflanzen, als ich aber
im Monat November dieses Jahres noch einmal diese Gegend besuchte,
fand ich mehrere seltene und schöne Gewächse in der Blüthe, unter andern
ein herrliches *Epidendrum* mit scharlachrothen Blumendolden. Diese Art
wächst an allen Uferwänden an der See.

Die Aussicht, welche man von dieser erhöhten Fläche auf die fern
hinziehende Küste und das weite Meer hat, ist erhaben und geeignet, den
einsam hier vorüberziehenden Reisenden zum ernsten Nachdenken zu
stimmen. Aus- und einspringende Winkel der Küste zeigen sich dem
Auge bis in die trübe blaue Ferne; die rothen steilen Wände an der See
wechseln mit finstern Thälern, welche durchaus, so wie die Höhe, mit
dunkel-schwärzlichgrünen Wäldern angefüllt sind; trübe und dumpf brausend rollt in hohen Wogen der tobende Ocean heran, in weiter Ferne
noch erblickt das Auge seinen, an den Felsriffen weiſs aufspritzenden
Schaum, und majestätisch erhaben schallt längs der öden weiten Scene
das donnernde Getöse der ewig unabänderlich kämpfenden Brandung hin,
von keinem Laute eines sterblichen Wesens unterbrochen. Ernst und
groſs ist der Eindruck, welchen diese hohe Naturscene macht, wenn man
sich ihre Dauer und Gleichförmigkeit durch allen Wechsel der Zeiten
hindurch denkt!

Wir erreichten die See wieder und kamen gegen Mittag an eine
Stelle, wo die mit der hohen Fluth gegen die Felsen anprallenden Wogen den Weg völlig verschlossen; es war schlechterdings unmöglich,
mit beladenen Maulthieren über die Höhen zu klettern, wir faſsten uns
also in Geduld und luden unsere Thiere ab. In der Nähe eines kleinen

Corrego von klarem Wasser wurde ein Fe uer angezündet; Decken und Ochsenhäute schützten uns einigermaſsen gegen den frischen, alles durchdringenden Seewind, und unser frugales Mittagessen ward in einem Kessel ans Feuer gesetzt. Finsterer Wald schloſs rund um den kleinen Weideplatz ein, auf welchem unsere Lastthiere graseten; in den Gebüschen krochen zwitschernd die *Nectarinia flaveola* (*Certhia flaveola*, LINN.) und der grüne Sänger (*Sylvia Trichas*) umher. Der *Caracara* (*Falco crotophagus*) fand sich sogleich ein, und lieſs sich auf den Rücken unserer Thiere nieder, um ihnen die Insekten abzulesen. Die Maulthiere scheinen den Besuch dieses sonderbaren Raubvogels zu lieben, sie stehen stille, wenn er erscheint und auf ihnen umher geht. AZARA hat dieses Thier unter den Vögeln von *Paraguay* mit dem Nahmen *Chimachima* aufgeführt. Unser Aufenthalt an dieser einsam romantischen Stelle der Küste dauerte bis der Vollmond am Himmel hervortrat; jetzt waren die Felsen so weit entblöſst, daſs wir sie umreiten konnten. Noch unlängst ward diese Küste von *Prado* bis zum *Rio do Frade*, als sehr gefährlich wegen der Wilden angesehen, und niemand würde es gewagt haben allein hier zu reisen. LINDLEY(*) sagt dasselbe; allein jetzt steht man in friedlichen Verhältnissen mit den *Patachos* und fürchtet sie nicht; da man ihnen jedoch nicht ganz trauen darf, so ist es besser immer in gröſserer Anzahl zu reisen. Als ich im November dieses Jahres noch einmal diese Reise machte, fand ich bey starker Ebbe weite Bänke von Sand - und Kalkfelsen, die sich tief in die See hinaus erstrecken, und wohl groſsentheils durch Corallenthiere gebildet worden sind. Ihre Oberfläche ist in regelmäſsige parallele Risse getheilt; in den vom Wasser darin ausgewaschenen Löchern leben Krabben und andere Seethiere; die Oberfläche dieser Felsbänke überzieht zum Theil eine grüne Byssus-artige Masse. Die Ebbe trat nun immer stärker ein, wir umritten mehrere, bey der Fluth völlig

(*) Dessen *Narrative of a voyage to Brazil* p. 228.

unzugängliche Felsen-Vorgebürge, und der Spiegel des weiten Oceans glänzte prachtvoll im Schein des Mondes.

In der Mitte der Nacht befanden wir uns am Ufer des *Rio do Frade*, eines kleinen Flusses, der diesen Nahmen erhalten hat, weil einst ein Franciscaner-Missionar in demselben ertrank. Seine *Barra* ist schiffbar für große Canoe's, man kann ihn zwey Tagereisen aufwärts beschiffen und seine Ufer sind fruchtbar; zwölf Legoas weit westlich zeigt sich der *Monte Pascoal*. Auf dem jenseitigen Ufer wohnen auf Befehl des *Ouvidors* einige indische Familien, um die Reisenden überzusetzen; man hat diesem Posten den Nahmen des Destacaments von *Linhares* gegeben, ob sie gleich keine Soldaten sind. Ihre Pflanzungen liegen in den nahen Gebüschen zerstreut, in welchen sie auch, zu einigem Schutz vor dem Seewinde, ihre eigentlichen Wohnungen haben. Jetzt wohnten sie jedoch in einer gegen Wind und Wetter sehr schlecht verwahrten Hütte auf der Sandfläche am Meer. Immer gewohnt dem Zuge voran zu reiten, stieg ich an dem Flusse, der zu tief ist, um durchritten werden zu können, ab, und ließ mein, dem Anschein nach, sehr ermüdetes Reitthier stehen; dieses aber konnte die Zeit nicht erwarten, um die Bekanntschaft der jenseitigen Wohnungen zu machen, entsprang mir, setzte sogleich durch den Fluß und verleitete die meisten der Lastthiere, ihm zu folgen. Wir fanden nun in der Hütte der Indier zwar Unterkommen, aber wegen ihrer elenden Beschaffenheit wenig Bequemlichkeit und Erholung nach unserm nächtlichen Ritt. Rund umher hängten wir unsere durchnäßten Kleidungsstücke in den Seewind, welcher überall in die schlecht verschlossene Hütte hinein blies, und streckten uns dann, um zu schlafen, auf unsere in den Sand ausgebreiteten Decken. Indessen wir hier vom Frost nicht wenig litten, sahen wir die halbnakten Bewohner des Hauses in ihren Schlafnetzen liegen, wo sie das beständig unterhaltene Feuer dennoch unmöglich erwärmen konnte. Die Sorge, das Feuer

im Brande zu erhalten, war den Weibern übertragen, und der schon
erwachsene Sohn des Hauses rief von Zeit zu Zeit seine Mutter auf, ihr
Geschäft nicht zu versäumen. Kühl und windig erschien der neue Morgen; wir packten unsere nassen Kleidungsstücke zusammen und ritten
nach *Trancozo*. Die See hatte bey der völligen Ebbe weite Strecken
von flachen Felsbänken an der Küste entblöfst; hier suchten einige in
den nahen Gebüschen zerstreut wohnende Indier Mollusken zum Essen.
Verschiedene Arten von Muscheln werden von ihnen genossen, besonders
aber die schwarze efsbare Art der Meer-Igel (*Echinus*). Nach einem
Wege von drey Legoas erreichten wir eine Stelle, wo ein kleiner Bach
sich ins Meer öffnet, den man gewöhnlich *Rio de Trancozo* nennt, der
aber in der alten indischen Sprache *Itapitanga* (Sohn der Steine) genannt
ward, wahrscheinlich weil er aus steinigen Bergen herab kommt; er
fliefst in einem ziemlich tiefen Thale, eingeschlossen von Höhen mit
grofsen Flächen. Auf der südlichen Seite gewahrt man schon von der
Tiefe der Seeküste her die Kronen hoher Cocospalmen und das Dach und
Kreuz des Jesuiten-Conventes zu *Trancozo*. Einige voran gesandte Leute
führten uns einen steilen Weg hinauf nach der *Villa*, wo wir in dem
Casa da Camara für heute unsern Ruheplatz aufschlugen.

Trancozo ist eine in einem langen Quadrate erbauete Indier-*Villa*. In
der Mitte desselben steht das Rathhaus (*Casa da Camara*), und an dem
dem Meere zugekehrten Ende die Kirche, die ehemals ein Kloster der
Jesuiten war. Seit der Aufhebung dieses Ordens ist der Convent demolirt
und die Bibliothek verschleudert worden. Die *Villa* zählte im Jahr 1813
etwa 50 Feuerstellen und 500 Seelen; ihre Bewohner sind sämmtlich
Indier, zum Theil recht dunkelbraun, und nur einige wenige portugiesische Familien leben hier, zu denen der Geistliche, der *Escrivam* und ein
Krämer gehören. Die meisten Häuser standen jetzt leer, da die Bewohner
auf ihren Pflanzungen leben, und nur an Festtagen zur Kirche kommen.

Man führt von hier etwa 1000 Alkeren Farinha, Baumwolle und verschiedene Waldprodukte aus; zu den letztern gehören besonders Breter,
Gamellas (hölzerne Schüsseln) und Canoe's, ferner etwas *Embira* und
Estoppa (Bast zweyer Baumarten). In dem genannten Jahre 1813 war
die Einnahme für diese Gegenstände 539,520 Reis, etwa 4400 Gulden.
Die Pflanzungen der Indier sind ziemlich gut angebaut; sie bauen verschiedene eßbare Wurzeln, zum Beyspiel *Batatas, Mangaranitos* (*Arum
esculentum*), *Cará, Aypi* oder süße *Mandiocca* u. s. w., und verkaufen
auch wohl diese Gewächse. Der Fischfang ist ebenfalls eine Hauptbeschäf-
tigung der Indier; sie fischen bey ruhigem Wetter mit ihren Canoe's bis
weit in die See hinein, auch macht man *Corale* oder *Camboas* an der
Seeküste, die schon früher genannt worden sind. Auf dem erhöhten
Rücken zu *Trancozo* hält man etwas Rindvieh, besonders besitzt der
Escrivam eine ganz bedeutende Heerde; allein die Zucht dieser Thiere
ist hier mit großen Unbequemlichkeiten verbunden. Auf dem hiesigen
Campo ist eine trockene kräftige Weide, auf welcher das Vieh in kurzer
Zeit fett wird, giebt man ihm alsdann nicht gleich darauf eine kühle
nasse Weide, so fällt es sämmtlich; man schickt daher, um dieser Gefahr
zu entgehen, die Heerde von Zeit zu Zeit nach dem *Rio do Frade*.
Dieser Wechsel der Weide muß das Jahr hindurch mehrere Male wiederholt werden, und ist wohl mit Ursache, daß das Vieh eine sehr geringe
Quantität Milch giebt. — Als ich im November diese Gegend wieder
besuchte, hatte eine große Unze (*Felis Onca*, Linn.) ihren Stand hier
gewählt, und raubte täglich den Bewohnern der *Villa* von ihrem Rindvieh. Man stellte *Mundeos*, und war so glücklich, das Junge der Unze
zu erlegen; das alte Raubthier selbst indessen strich nun noch in jener
Gegend umher, und erfüllte die langen Nächte mit seiner rauhen Klage-
stimme. Hierauf stellten die Indier, auf einem von ihr gewöhnlich ein-
gehaltenen Pfade, einige Selbstschüsse auf, und erreichten glücklich ihren

Zweck. Die Unze tödtete sich selbst, und ich kaufte in *Trancozo* die Haut, welche mir zeigte, daß dies Thier zu der Varietät gehörte, die man im *Sertam* der *Capitania* von *Bahia*, *Cangussú* nennt, und welche sich durch eine gröfsere Anzahl von kleineren Flecken auszeichnet.

Die Lage von *Trancozo* ist sehr angenehm; von dem Ende der steilen Höhe bey der Kirche hatten wir eine grofse herrliche Aussicht auf den ruhig glänzenden dunkelblauen Spiegel des weiten Meeres; die jetzt deutlich sichtbare Vereinigung des grünen Meerwassers mit dem dunkelschwärzlichen der Flüsse, gab der Aussicht einen besondern Reiz; über den niedern Hütten der Indier sahen wir die schönen Kronen der stolzen Cocospalmen wehen, und rings umher zeigte sich uns die ganze Fläche des *Campo* grün bewachsen. Alle diese hohen Haiden oder Flächen sind von tiefen Thaleinschnitten durchkreuzt, die zum Theil ziemlich breit sind; sieht man über den Rücken hinweg, so scheint das Ganze eine aneinander hängende Ebene; nur am Rande der Höhe wird man erst die Einschnitte gewahr. Im Grunde der Thäler fliefsen kleine Wasser, die dem *Itapitanga* zueilen. Das Thal am Fufse der Höhe von *Trancozo* ist ein schöner Wiesenboden mit abwechselnden Gesträuchen, in welchen die schöne Taube häufig ist, welche hier *Pucaçu* oder *Caçaroba*, in den Systemen aber *Columba rufina* genannt wird. Gebüsche und hohes rohrartiges Gras fassen die Ufer des kleinen Baches ein, auf welchem man jetzt eine Lancha zu erbauen beschäftigt war. Die entferntern Wälder, welche im Hintergrunde von *Trancozo* sich erheben, werden von *Patachos* bewohnt. *Senhor Padre* IGNAÇIO, der biedere alte Geistliche des Ortes, erzählte mir, dafs diese Wilden in der *Villa* öfters erschienen; sie gehen immer völlig nakt, und wenn er den Weibern ein Tuch um die Hüften band, so rissen sie dasselbe immer sogleich wieder ab.

Der Weg von *Trancozo* nach *Porto Seguro* hat wenig Abwechslung. Hohe Wände von einer weis-blaulichen, rothen oder violetten

Substanz (*), die dem Thone gleicht, tragen oben auf ihrem ebenen Rücken *Fazenda's*, und man sieht die Gipfel der sie beschattenden Cocosbäume im Winde wogen. Man überschreitet den Bach *Rio da Barra* auf einer hölzernen Brücke, die als eine Seltenheit genannt zu werden verdient, und steigt öfters an den hohen Wänden der Küste, wegen Unzugänglichkeit der Felsen am Seestrande, hinauf und hinab. Eine dieser Stellen war so steil, daß wir beym Hinabsteigen unsere Thiere abladen und die Kisten einzeln hinunter schleifen mußten. Auf dem Sande unten am Meere fanden wir eine Menge Proben schöner *Fucus*-Arten (Seetang) und einige Conchylien. Man fischte jetzt an den, von der See entblößten Felsbänken, die eßbaren Meer-Igel. Nach einem Wege von drey Legoas traten wir aus einem kleinen Gebüsch hervor, und befanden uns an dem Flusse *Porto Seguro*, an dessen nördlichem Ufer unter hohen Cocospalmen der untere Theil der *Villa do Porto Seguro* mit freundlich rothen Ziegeldächern sich zeigt; der obere Theil liegt weiter zurück auf einem erhöhten Rücken, und man bemerkt von ihm nichts als die Spitze des Jesuiten-Convents. Ich schiffte sogleich nach der *Villa* hinüber, und erhielt meine Wohnung im obern Theile derselben, in der *Casa da Camara*.

Porto Seguro, im Range die erste *Villa* der *Comarca* von *Porto Seguro*, dennoch aber weniger bedeutend als *Caravellas*, ist ein wenig ansehnlicher Ort von 420 Feuerstellen, welcher in mehreren etwas voneinander getrennten Theilen erbauet ist. Der Haupttheil ist klein, und besteht aus wenigen mit Gras bewachsenen Straßen, in welchen meistens niedrige und einstöckige, und nur einige wenige Häuser von zwey Stockwerken stehen. Hier befindet sich die Kirche, der ehemalige Jesuiten-Convent, jetzt die Wohnung des Professors der lateinischen Sprache, und das Rathhaus mit den Gefängnissen. Der größte Theil der Bewohner hat

---

(*) Dieser Art von Steinmark ist weiter oben zwischen den Flüssen *Itabapuana* und *Itapemirim* schon gedacht worden.

sich indessen von der Höhe hinab gezogen, nach einem andern Theile der *Villa*, näher am Flusse, welchen man *Os Marcos* nennt, und welcher zur Betreibung des Handels vortheilhafter gelegen ist. Dieser Theil der *Villa* ist der beträchtlichste; er liegt am Abhang der Höhe und ist zerstreut und unregelmäfsig aus mehrentheils niedern Häusern zusammengesetzt, welche grofsentheils mit Gebüschen von Orangen - und Bananenbäumen umgeben sind. Hier wohnen die wohlhabendsten Einwohner, die Besitzer der Schiffe, welche den Handel von *Porto Seguro* betreiben. Der dritte Theil der *Villa* liegt unten unmittelbar an der Mündung des Flusses, er wird *Pontinha* oder *Ponta d'Area* genannt, und hat aufser einigen *Venda's* (Kramläden oder Buden) mehrentheils niedere zerstreute, von Fischern oder Seeleuten bewohnte, und von Cocospalmen beschattete Häuser. Die obere *Villa* ist gewöhnlich sehr öde und todt, manche Häuser stehen sogar verschlossen und verfallen, denn nur an Sonn- und Festtagen versammelt man sich hier oben; alsdann aber ist dieser Theil von geputzten Menschen sehr belebt. Die Portugiesen versäumen nicht leicht die Messe, und jedermann erscheint da gern in seinen besten Kleidungsstücken. Menschen, die in der Woche kaum ihre Blöfsen bedecken, zeigen sich am Sonntage auf das netteste gekleidet. Man mufs überhaupt allen Klassen der Brasilianer das Zeugnifs geben, dafs Reinlichkeit und Nettigkeit im Anzuge unter ihnen allgemein ist. Unmittelbar über dem ziemlich steilen Abhange liegt der Convent der Jesuiten, ein massives ansehnliches Gebäude. Hier nahm mich Herr Professor Antonio Joaquim Morreira de Pinha sehr gastfreundschaftlich auf; aus seinen Fenstern genossen wir der herrlichen Aussicht auf den ruhigen Spiegel des Meeres; unsere Blicke begleiteten die forteilenden Schiffe bis in die weite Ferne, und unsere Gedanken folgten ihnen nach dem entfernten Vaterlande; zu beyden Seiten dehnte die Küste sich weit aus, gegen welche unabänderlich und in ewig gleichem Takte der ernste Ocean seine Brandung dumpf donnernd heran rollt.

Hier in den vom Winde durchheulten Hallen des alten Gebäudes, wo einst Jesuiten ihre Herrschaft ausübten, fühlt man den Wechsel der Zeiten recht lebhaft. Verödet stehen die Zellen, die vor Zeiten von regsamer Geschäftigkeit belebt waren, und Fledermäuse hausen in den alten Mauern. Von der Bibliothek, die sich ehemals hier befand, findet sich keine Spur mehr.

Der Fluſs *Porto Seguro*, *Buranhem* (Buraniem) in der alt-indischen Sprache, hat eine sehr gute, durch ein vortretendes Felsenriff geschützte *Barra* oder Mündung mit steinigem Grunde, welche tief und dem nicht unbedeutenden Handel der *Villa* sehr günstig ist. Es befinden sich hier etwa vierzig Lanchas, kleine zweymastige Schiffe, welche auf den Fang der *Garupa* und des *Mero*, zweyer Arten von Seefischen, ausfahren, und immer vier bis sechs Wochen in See bleiben; alsdann kehrt eine jede derselben mit einer Ladung von 1500 bis 2000 eingesalzenen Fischen zurück, deren die *Villa* im Jahr etwa 90 bis 100,000 Stück ausführt. Man consumirt sie theils am Orte selbst, theils werden sie nach *Bahia* und andern Orten versendet. Da im Durchschnitte ein jeder Fisch nach einem Mittelpreise mit 160 bis 200 Reis bezahlt wird, so giebt dies einen beträchtlichen Gewinn für die *Villa*. Dennoch findet man unter den 2600 Einwohnern, welche diese *Villa* enthalten soll, wenig wohlhabende, indem es den meisten durchaus an der nöthigen Industrie fehlt, um ihren Wohlstand zu verbessern. Sie setzen ihre Fische gewöhnlich in *Bahia* und andern Orten gegen andere Produkte um, und verzehren einen groſsen Theil ihrer Salzfische selbst, die daher ihre Hauptnahrung ausmachen. Es finden sich deswegen auch sehr viele Menschen hier, die am Scorbut leiden, und der Reisende wird bey seinem Eintritt in die *Villa* sogleich von einer Menge armer Kranken heimgesucht. Landbau findet man hier sehr wenig, und nur ein geringer Theil der Einwohner besitzt Pflanzungen; man bezieht die nöthige Farinha groſsentheils aus *Santa Cruz*.

Das Kloster *S. Bento* zu *Rio* hat hier in der Nähe eine bedeutende *Fazenda*, welche ein Geistlicher verwaltet. Die Bewohner von *Porto Seguro* haben den Ruf sehr gute Seeleute zu seyn, und weil der Handelsverkehr mit *Bahia* stark ist, so findet man an dieser ganzen Küste nirgends so häufig Gelegenheit, die Reise dahin zu machen, als hier. Die Schiffe, welche dahin segeln, sind sämmtlich nur kleine *Lanchas Garupeiras*, welche vorzüglich schnell und auch bey ungünstigem Winde besonders gut segeln. Sie führen zwey kleine Masten, von denen der hintere der kürzeste ist; der Hauptmast hat ein breites viereckiges Segel, der Hintermast ein kleines dreyeckiges; sie lassen sich so stellen, daß das Schiff gegen möglichst widrigen Wind läuft, wo andere schon nicht mehr segeln können.

Die frühere Geschichte von *Porto Seguro* bietet manche merkwürdige Ereignisse dar. Während des holländischen Krieges in Brasilien hatte dieser Ort nicht mehr als 50 Einwohner, und in der Nähe lagen drey indische Dörfer. Am Flusse *Caravellas* befanden sich zu jener Zeit nur 40 Portugiesen. In der letzten Hälfte des 17ten Jahrhunderts vereinigten sich einige Reste der *Tupinambas* und *Tamoyos* mit ihren Feinden, den *Aymores* oder Botocuden, gegen die Portugiesen. Die *Tupiniquins* waren Alliirte der letztern; ihre Feinde aber waren ihnen weit überlegen, und zerstörten die Orte *Porto Seguro*, *St. Amaro* und *Sta. Cruz*; am erstern Orte überfielen sie, wie SOUTHEY (*) berichtet, die Einwohner in der Messe. Damals soll *Porto Seguro* beträchtlicher gewesen seyn, als es jetzt ist. Ein alliirter Anführer der *Tapuyas* vom *Rio St. Antonio*, Nahmens TATENO, soll die *Villa* gegen seine Landsleute unterstützt und vom völligen Untergange errettet haben (**). Von den erwähnten indischen Dörfern dieser Gegend existirt jetzt nur noch die

---

(*) SOUTHEY's history of Brazil, Vol. II. p. 665.
(**) Corografia Brasilica etc. T. II. p. 81.

Villa Verde, welche eine kleine Tagereise am Flusse aufwärts liegt. Sie besteht ganz aus Indiern; nur der Geistliche (*Padre Vigario*) und der *Escrivam* sind Portugiesen. Die meisten Indier leben indessen zerstreut auf ihren Pflanzungen und gehen nur an Sonn- und Festtagen nach ihren Häusern zur *Villa*. Es befindet sich hier ein zerstörtes Jesuiten-Kloster, dessen Kirche aber noch gebraucht wird. Die *Villa* hat 40 bis 50 Feuerstellen und 500 Einwohner; sie führt etwa 1000 Alkeren Farinha und etwas Breter aus. Etwas höher aufwärts hat der *Ouvidor* das Destacament *de Aguiar* angelegt, wo sich sechs Indier befinden, die schon 500 Alkeren Farinha ausführen sollen.

Mehrere kleine Flüsse vereinigen sich mit dem *Porto Seguro* oder *Buranhem*, den man auch *Rio da Caxoeira* nennt, unter andern der *Patatiba*. Nach dieser Vereinigung bis zu der *Barra*, die er von da nach einem Laufe von etwa 3 Legoas erreicht, führt er den Nahmen *Ambas as Agoas*. Wir verweilten einige Zeit zu *Porto Seguro*, um den Ort und seine Umgebungen kennen zu lernen, und setzten dann unsere Reise, nordwärts an der Küste hin, fort, da außer dem Wege längs des Strandes nirgends in das Land hinein eine andere Straße führt. Unsere *Tropa* hatte mehrere kleine Flüsse zu durchwaten, welche bey der Ebbe völlig unbedeutend, bey der Fluth aber nicht zu passiren sind, man kennt sie unter den Nahmen des *Rio das Mangues* und der *Barra de Mutari*. Landeinwärts begränzen Hügel mit dunkeln Wäldern den Horizont, Cocoswäldchen treten aus ihnen hervor und bezeichnen von fern die zwischen ihnen liegenden Wohnungen.

In dieser Gegend reden die Bewohner noch oft von einem Ueberfall, welchen vor etwa 22 Jahren ein Paar französische Fregatten daselbst machten. Die Mannschaft stieg ans Land, in der Absicht, die Orte dieser Gegend zu plündern. Die Fahne voran, zog ein großer wilder Haufen nach *Sta. Cruz*, allein die Einwohner bewaffneten sich schnell und warfen sich hinter die Gebüsche längs der Seeküste; ihr gut gerichtetes Feuer tödtete mehrere der Feinde und andere wurden verwundet, worauf der Haufe sich eiligst wieder einschiffte, nachdem er einen einzelnen unbesorgt daher kommenden Wanderer aus Rache ermordet hatte.

An der sandigen seichten Mündung des *Mutari* fanden wir einen Schwarm der *Anas viduata*, Linn., einer schönen Ente, die wir mehr südlich öfters geschossen, jetzt aber seit geraumer Zeit nicht mehr gesehen hatten. Obgleich unsere Jäger alle Vorsicht im Anschleichen gebrauchten, so gelang der Angriff auf diese scheuen Vögel dennoch nicht. Bey meinem zweyten Besuche in dieser Gegend, einige Monate später, fand ich hier auf der Küste eine Menge Ueberreste von grofsen Wallfischen, die eine sehr bedeutende Fischerey dieser Thiere vermuthen liefsen. Grofse Schwärme von schwarzen Geyern (*Urubú*) bedeckten die Ueberbleibsel, die die ganze Küste auf eine weite Strecke verpesteten.

Der Flufs *Sta. Cruz* öffnet sich etwa 5 Legoas weit vom *Porto Seguro* in die See; er ist etwas schmäler als dieser, hat aber ebenfalls eine gute sichere *Barra*, welche durch ein vorlaufendes Felsenriff gegen den Ungestüm der See gedeckt wird. *Sta. Cruz* ist bekannt als die älteste Ansiedelung der Portugiesen in Brasilien. Pedro Alvarez Cabral landete hier am 3ten May 1500, und ward von den Eingebornen friedlich empfangen. Man hielt die erste Messe, und belegte die Gegend mit ihrem gegenwärtigen Nahmen; dem zunächst, aber weiter südlich, gelegenen Flusse gab man damals wegen seiner sichern Einfahrt den Nahmen *Porto Seguro*. Später hat man zu *Sta. Cruz* das Kirchspiel gestiftet, welches noch jetzt den Nahmen der *Freguesia de Nossa Senhora da Bella Cruz* trägt. Die *Villa* zu *Sta. Cruz* liegt an der Mündung des Flusses auf dem südlichen Ufer; die Kirche und ein Theil des Orts befindet sich auf einer Höhe; ein Paar Cocospalmen machen sie sehr kenntlich, wie die 8te Tafel zeigt. Am Fufse dieser Höhe liegt der übrige Theil der *Villa* aus niedern Häusern bestehend, in Gebüschen von Orangen - und Bananenbäumen zerstreut. Die hiesige *Villa* hat mehr Landbau als *Porto Seguro*, denn dieses wird von hier aus mit Farinha versorgt, welche man auch noch nach andern Orten der Ostküste ausführt; die hiesigen Einwohner stehen übrigens allgemein im Rufe großer Trägheit und arbeiten wenig. Der Fang der *Garupa* beschäftigt auch hier einige Schiffe, jedoch wurde er jetzt nur mit vier Lanchas betrieben, überhaupt ist diese *Villa* auch weit unbedeutender als *Porto Seguro*. Ehemals soll der Ort viel blühender gewesen seyn, allein die reicheren Bewohner sind ausgestorben. Der Fluß *Sta. Cruz* kommt nur einige Tagereisen weit her, und entspringt aus zwey Hauptquellen, deren Ausflüsse sich vereinigen, und dann dem Meere zufließen. Jene Quellen liegen dem *Rio Grande de Belmonte* so nahe, daß man einen in ihrer Nähe abgefeuerten Schuß, an diesem Flusse, etwas über der *Ilha Grande*, von der späterhin die Rede seyn wird, hören soll; der *Rio Grande de Belmonte* nimmt jedoch bald darauf einen etwas südlichen Lauf. Am obern Theile des *Sta. Cruz* streifen schon *Botocudos*; der Küste näher aber macht dieser Fluß die Gränze des Gebiets derselben, denn an seinem südlichen Ufer streifen *Patachos* und *Machacalis*. Die am Flusse höher aufwärts gelegenen Pflanzungen wurden von den *Botocudos* noch unlängst zerstört, so wie die *Villa* in frühern Zeiten durch die *Abatyrás*, *Aymores* oder *Botocudos*; und noch vor ein Paar Jahren hat sich der *Ouvidor* genöthigt gesehen, das Destacament *de Aveiros* anzulegen, wo schon wieder einige Pflanzungen existiren. Die Gegend am *Sta. Cruz* ist zur Cultur von mancherley Produkten sehr gut geeignet, doch wächst das *Pao Brazil* hier nicht so häufig als um *Porto Seguro*.

Ich ließ in *Sta. Cruz* meine *Tropa* sogleich durch den Fluß setzen, und nahm alsdann meinen Aufenthalt in der *Povoação* von *S. André*, die in geringer Entfernung vom Flusse, auf dem nördlichen Ufer liegt.

Man nahm uns hier sehr gastfreundschaftlich auf, und mehrere Kranke kamen sogleich herbey, indem man hier alle reisende Fremde für Aerzte hält. Da die meisten am Fieber litten, eine hier nicht selten vorkommende Krankheit, so konnte ich ihnen zum Glück mit etwas ächter China helfen. Die Lage unseres heutigen Nachtquartiers war recht angenehm; die wenigen Wohnungen zu *S. André* lagen in mahlerischen Gebüschen zerstreut, Cocoswäldchen erhoben sich über einem mit frischgrünem Gras bedeckten Boden, wo in der Kühlung des Abends unsere Thiere nach einer heißen Sandreise längs der Küste eine angenehme Erholung fanden. Unter den Bäumen, welche die Wohnung umgeben, zeichnete sich ein colossaler *Gamelera*-Baum (*Ficus*) aus, der seine Riesenzweige horizontal weit hinaus sandte, und auf einem kurzen colossaldicken Stamme, eine prachtvoll majestätische Krone trug; die steifen eyförmigen Blätter sind breit und dunkelgrün, und in den Zweigen befindet sich ein Milchsaft. Auf diesem Baume, an seinem Stamme und auf seinen Aesten befand sich eine reiche botanische Collection; denn mancherley Arten von *Bromelia*, ein schöner *Cactus*, Schlingpflanzen, Laubmoose und Flechten waren, nebst einer Menge von andern Saft - und Laubgewächsen, auf die merkwürdigste Art im dunkeln Schatten dieses Feigenbaumes gesellschaftlich vereint. Mehr südlich an dieser Küste legt man den Nahmen *Gamelera* einer andern ganz verschiedenen Baumart bey, indessen scheint das von KOSTER (*) erwähnte *Gamelera preta* und *branca* hierhin zu gehören. Das Holz der *Gamelera* wird von den Wilden hie und da zum Anzünden des Feuers benutzt, indem sie es in einem Stück andern Holzes herumdrehen. Sehr häufig war hier ferner das *Anacardium occidentale*, LINN., der *Acajú*-Baum, dessen säuerliche birnförmige Frucht häufig gegessen wird; er stand jetzt gerade in voller Blüthe. Zu *S. André* fand ich einige Einwohner mit Bereitung von dünnen

(*) KOSTER's travels etc. p. 3o3.

Stricken beschäftigt, die man, als sie vollendet waren, mit der frischen saftigen Rinde des *Arueira*-Strauches (*Schinus molle*) einrieb, wodurch sie schwarzbraun glänzend und im Wasser sehr dauerhaft werden, indem der fettig harzige Saft der untern Rinde sie völlig überzieht und durchdringt; man wendet indessen dieses Mittel blos bey *Tucum*-Stricken an, die dann auf diese Art beharzt in *Bahia* gut bezahlt werden.   Stricke von Grawatha (*Bromelia*) oder von Baumwolle, reibt man mit Mangue- (*Rhyzophora*) Blättern.   Der Saft der *Arueira* wird von den Indiern auch in Augenkrankheiten angewandt, sie nehmen jedoch zu diesem Endzwecke nur den grünlichen Saft der jungen Zweige.

Da die unangenehme windige Witterung sich etwas gebessert hatte, so nahm ich Abschied von unserm Wirthe zu *S. André*, um an demselben Tage den Fluſs *Mogiquiçaba* noch zu erreichen, der von den Bewohnern der Gegend gewöhnlich *Misquiçaba* genannt wird.   Die Küste ist bis dorthin bey der Ebbe sehr schön und eben wie eine Tenne; Fucus und Conchylien liegen auf dem harten Sande zerstreut; auch fanden wir ein noch gutes Exemplar des blauen Petrel (*Procellaria*) auf dem Sande todt liegen, welcher wahrscheinlich bey dem letzten Sturm umgekommen seyn mochte.   An allen diesen ebenen Sandküsten des östlichen Brasiliens findet man sehr häufig die Krabbe, welche die Portugiesen *Çiri* nennen.   Dies sonderbare Thier hat einen grau-bläulichen Körper, und blaſs weiſsgelbliche Füſse und Unterseite.   Es gräbt sich Löcher in den weichen von der Brandung benetzten Sand, um sich darin bey herannahender Gefahr zu verbergen.   Nähert man sich ihm, so richtet es sich sogleich auf, öffnet die aufgerichteten Zangen, und rennt pfeilschnell seitwärts dem Meere zu.   Am Feuer gebraten oder gekocht sind diese Krabben recht wohlschmeckend; sie haben aber auch einen officinellen Nutzen, denn zerstoſsen soll ihr Saft ein wirksames Mittel gegen die Hämorrhoiden seyn.

Ich erreichte den kleinen Fluſs *S. Antonio*, der, wie jetzt, zur Zeit der Ebbe an seiner Mündung sehr seicht, bey der Fluth aber nicht zu passiren ist, da er in mehreren Armen dem Meere zuflieſst und alsdann bedeutende Wellen bildet. Etwas aufwärts an demselben haben die Botocuden unlängst noch Feindseligkeiten ausgeübt, und die sämmtlichen Bewohner eines Hauses ermordet. In dieser Familie hatte man einen jungen Botocuden auferzogen, der von der Annäherung seiner Landsleute Nachricht gab, man hatte aber auf seine Warnung nicht geachtet.

Jenseits des *S. Antonio* fand ich auf dem Sande eine groſse Menge Skelette von einer Art Meer-Igel (*Eschinus pentaporus*) mit fünf elliptischen Oeffnungen (*). Sie sind äuſserst zerbrechlich; man fand sie gemischt unter einer groſsen Menge gemeiner Conchylien. Die Gebüsche an der Küste sind in dieser Gegend von weiten Rohrgehängen eingefaſst, von der Art des *Ubá*, das einen schönen Fächer bildet, über welchen der lange Blumenschaft empor steigt. Hier weideten Pferde und Rindvieh. An einem kleinen Bache, der den Nahmen der *Barra de Guayú* trägt, haben einige wenige Familien sich angebauet und eine kleine *Povoação* gebildet. Von hier aus erreichte ich bald den Fluſs *Mogiquiçaba*, welcher unbedeutender ist, als der von *Sta. Cruz*. An dem südlichen Ufer, nahe an seiner Mündung, befindet sich eine *Fazenda* des *Ouvidors* dieser *Comarca*, die blos Rindvieh und einige schlechte Hütten enthält. Etwa achtzehn Negersclaven beschäftigen sich hier unter andern mit der Verfertigung von Schiffstauen aus den Fasern der *Cocos de Piassaba*, einer Palme, die in dieser Gegend wächst und sich von hier an nördlich häufig findet. Diese Fasern sollen sich in der Blattscheide des Baumes befinden, sie sind 4 bis 5 Fuſs lang, hart, trocken und stark, und fallen von selbst ab, wo man sie alsdann aufliest. Aus ihnen dreht

_____

(*) Wahrscheinlich die von Bruguières auf der 149ten Tafel Fig. 3, und von Bosc *Hist. natur. des vers Vol. II. pl.* 14. *fig.* 5 abgebildete Art.

man durch eine besondere Vorrichtung Stricke, die sehr haltbar und im Wasser ausdauernd, für die Manipulation aber etwas rauh und unangenehm sind; man versendet sie stark nach *Bahia*, wo sie auf den Schiffen gebraucht werden. Die Frucht dieses Baumes ist eine länglich zugespitzte, schwarzbraune und sehr harte Nuſs von etwa 3 bis 4 Zoll Länge; ich glaube sie in den Cabinetten gesehen zu haben, wo sie mit dem Nahmen der *Cocos lapidea* bezeichnet war; weiter südlich als *Sta. Cruz* kommt dieser Baum nicht vor. Diese Gegend am *Mogiquiçaba* hat übrigens nicht viel Merkwürdiges; dicke Wälder überziehen sie weit und breit, und nur wenige Menschen haben sich, etwas oberhalb der *Fazenda* des *Ouvidors,* angebaut. Der Fluſs ist fischreich und liefert den Bewohnern einen bedeutenden Theil ihres Unterhalts. Stromaufwärts giebt es in den den Fluſs einschlieſsenden Wäldern *Tapuyas*, doch zeigen sie sich an seiner Mündung nicht; sie sollen sämmtlich *Botocudos* seyn. An dieser Stelle ist der Eingang zu der Straſse, welche man am *Belmonte* hinauf nach *Minas* geführt hat; sie ist aber noch sehr unvollkommen, und zum Theil noch gar nicht zu gebrauchen.

Wir fanden zu *Mogiquiçaba* eine angenehme vaterländische Nahrung — nehmlich Milch — die wir seit langer Zeit entbehrt hatten. Die hier gezogenen Kühe sind schön und fett, dennoch geben sie nicht so gute und viele Milch, als unser europäisches Rindvieh, welches wohl von dem trocknen Sandboden herrührt. Jeden Abend treibt man die Heerde in viereckige eingezäunte Plätze, welche man *Coral* nennt; hier trennt man sogleich das Kalb von der Kuh, wenn man den folgenden Tag melken will. In der Hütte, wo wir unsere Wohnung für die Nacht aufschlugen, fanden wir eine sehr alte abgelebte Negersclavin des *Ouvidors*; solche alte Weiber hält der gemeine Mann in Brasilien häufig für *Feitiçeiras* oder Hexen. Sie hatte ihren Schlafraum fest verschlossen und schien sehr unzufrieden, als man ihr Heiligthum zu öffnen suchte,

um etwas Feuer zu erhalten; dennoch war es uns bey dem alles durchdringenden kalten Seewinde in der Nacht unmöglich, ohne Feuer zu schlafen; die verschlossene Thür der Alten wurde daher gewaltsam geöffnet.

Von *Mogiquiçaba* bis zum Flusse *Belmonte* dehnt sich eine 5 Legoas
weite Fläche aus. Ohngefähr auf der Hälfte des Weges kommt man an
eine Stelle, wo ein jetzt versiegter Arm des Flusses ehemals in die See
trat; diese Stelle heifst jetzt noch *Barra Velha*, oder die alte Mündung.
Der Weg auf der Küste geht über ebenen festen Sand, allein ein näherer Pfad führt durch eine einförmige, mit kurzem Grase bewachsene
Viehtrifft, in der hie und da einzelne Gruppen der *Aricuri* - und *Guriri*-
Palme stehen. Hier verirrte sich meine *Tropa*, und wir geriethen in eine
Menge von sumpfigen Gräben, Pfützen und Lachen, wo unser Gepäck in
Gefahr kam zu versinken. Wir kamen indessen glücklicher hindurch, als
wir es erwartet hatten, und erreichten nun die Seeküste wieder, wo
heute die Brandung mit ungewöhnlicher Heftigkeit tobte. Sie hatte an
diesem Tage eine von *Belmonte* ausgelaufene Lancha umgeworfen und
zertrümmert, deren Mannschaft jedoch gerettet worden war. Nach einer
ermüdenden beschwerlichen Tagereise in grofser Hitze auf trocknem brennenden Boden, erblickten wir am Abend, mit nicht geringer Freude, die
wogenden Gipfel des Palmenhains, unter welchem die *Villa de Belmonte*
erbaut ist. *Belmonte* ist eine kleine unansehnliche und jetzt zum Theil
verfallene *Villa*, die etwa vor 50 oder 60 Jahren aus Indiern angelegt
wurde, deren indessen jetzt nur noch wenige hier sind. Das Rathhaus,
von Lehm und Holz erbaut, war dem völligen Einsturz nahe; schon
fehlte eine ganze Wand, so dafs man von aufsen in das Innere des Hauses
hinein sehen konnte. Die *Villa* bildet ein Quadrat von etwa 60 Häusern
mit ungefähr 600 Einwohnern, an dessen einem Ende die Kirche liegt.
Die Wohnhäuser sind niedrige Lehmhütten, das einzige etwas ansehnliche
gehört dem *Capitam Mor*; das des *Ouvidors*, worin mir meine Wohnung

angewiesen wurde, war nicht besser als alle die andern Gebäude. Die großentheils mit Stroh gedeckten Hütten, und die ungepflasterten mit Gras bewachsenen, unregelmäßigen Straßen, machen die *Villa* einem unserer schlechteren Dörfer ähnlich, ihre alleinige Zierde ist die Menge von Cocospalmen in dieser Sand-Ebene, welche überall die Wohnungen umgeben und ihre stolzen Gipfel zu einem wogenden Hain vereinigen. Diese Bäume tragen hier besonders reichlich; man glaubt diese Fruchtbarkeit dadurch zu bewirken, daß man unten an den Bäumen, nahe über der Erde, ein Loch in den Stamm haut. Unmittelbar bey der *Villa* ergießt sich der bedeutende *Rio Grande de Belmonte* ins Meer; seine *Barra* soll unter 15° 40' südlicher Breite liegen. Er entspringt auf dem hohen Rücken von *Minas Geraës*, erhält aber den Nahmen *Rio Grande de Belmonte* erst in *Minas Novas* durch die Vereinigung des *Araçuahy* und des *Jiquitinhonha*, von dessen Gold- und Diamanten-Wäschereyen der Engländer Mawe schon Nachricht gegeben hat. In der Zeit des hohen Wasserstandes ist dieser ansehnliche Fluß reißend, seine Mündung bleibt aber immer schlecht und gefährlich, da sie hier und da Sandbänke hat, die man jetzt bey dem niedern Wasserstande sehen konnte, die aber auch bey hohem Wasser der Schifffahrt leicht gefährlich werden, und schon mancher Lancha den Untergang gebracht haben. *Belmonte* unterhält etwa drey bis vier Lanchas, durch welche ein schwacher Handel mit Farinha, Baumwolle, Reis und Holzarten nach *Bahia* betrieben wird. Man führt jetzt jährlich etwa aus: 1000 Alkeren Farinha, eben so viel Reis, und etwa 2000 Alkeren Milho, auch etwas Branntwein, obgleich nur zwey Enginhocas hier existiren. Die Ufer des Flusses sind fruchtbar, da sie zum Theil überschwemmt werden. Es befand sich hier gegenwärtig ein Schotte, der mit Baumwolle ein nicht unbedeutendes Geschäft betrieb; er hatte eben durch die Untreue eines Schiffers beynahe eine ganze Schiffsladung verloren. Diese arme kleine *Villa* hat jetzt durch die Communication, die man auf und an dem Flusse nach *Minas Novas* in der *Capitania* von *Minas Geraës* eröffnet hat, einigen Vortheil erhalten, aber doch hatte man noch jetzt kaum die nöthigen Lebensmittel hier vorräthig, und für Geld hätten wir Fremde nichts erhalten, wären wir nicht durch die Sorge einiger unserer Bekannten unter den Bewohnern, mit dem Nöthigsten versehen worden; von Zeit zu Zeit bringen indessen die *Mineiros* in ihren Canoe's Lebensmittel und andere Bedürfnisse, zum Beyspiel Milho, Speck, Salzfleisch, Schießpulver, Baumwolle u. s. w. an diese ärmere Küste herab, welche theils zur Versorgung der *Villa de Belmonte* dienen, theils weiter nach *Porto Seguro* und *Bahia* versandt werden.

Die Wälder am *Belmonte* sind der Hauptsitz des Stammes der *Botocudos*, dessen schon öfter Erwähnung geschah; ihretwegen konnte man früherhin nicht ohne Gefahr den Fluß beschiffen. In frühern Zeiten haben wohl einige Abenteurer in Canoen von *Barrigudo*-Holz sich den Fluß aufwärts gewagt, allein der *Capitam Mor*, João da Sylva Santos, war im Jahr 1804 der erste, welcher ihn bis nach *Villa do Fanado* in *Minas Novas* hinauf zu beschiffen wagte; er hat eine förmliche Beschreibung seines Laufes entworfen; ihn begleitete auf dieser Fahrt der *Escrivam* von *Belmonte*, *Capitam* Simpliçio José da Sylveira. Seit drey Jahren hat der *Ouvidor* Marçelino da Cunha, auf Befehl des Gouverneurs der *Capitania* von *Bahia*, *Conde* dos Arcos, nach vorhergegangener vernünftiger und zweckmäßiger Behandlung der Wilden, einen Vertrag mit ihnen zu Stande gebracht, wodurch alle Feindseligkeiten von beyden Seiten eingestellt wurden. Nur ein einziger Anführer jener Horden, mit Nahmen Jonué, der wegen seines unruhigen feindseligen Gemüths von seinen Landsleuten Jonué *iakiiam* (der Kriegerische) genannt wird, hat dieser Einladung noch nicht Folge geleistet; er zieht noch mit seinen Leuten hoch oben am *Belmonte* in der Gegend der *Caxoeira do Inferno* umher, und schießt nach den vorüberschiffenden Canoen; ja selbst mit seinen Landsleuten, die mit den Portugiesen Friede geschlossen haben, lebt er in Streitigkeiten. Um die *Botocudos* zu besänftigen, hatte man ihnen Messer, Aexte und andere Eisengeräthe, so wie Zeuge, Mützen, Tücher u. s. w. gesandt und dadurch den gewünschten Endzweck erreicht. Besonders hat sich Herr *Capitam* SIMPLIÇIO bey diesem Geschäft sehr thätig bewiesen; ein Beweiß des guten Vernehmens ist, daß viele Portugiesen jetzt schon etwas von der Sprache jener Wilden verstehen. Nachdem das von Seiten der Wilden zu befürchtende Hinderniß beseitigt war, hat man angefangen auf dem südlichen Ufer des Flusses eine Straße nach *Minas Novas* hinauf durch die großen Urwälder durchzuschlagen. Sie ist jetzt völlig vollendet, und würde sehr brauchbar seyn, wenn alles, was man von ihr gerühmt hat, wirklich geschehen wäre. Ueber die tiefen Schluchten oder Rinnen der kleinen Waldbäche oder *Corregos*, welche diese Straße an vielen Stellen spalten, hat man keine Uebergänge erbaut, weshalb beladene Thiere an solchen Stellen nicht fortkommen können; auch sollen an einigen Plätzen dieser langen Reise in ununterbrochenem Wald, schädliche Futterkräuter wachsen, welche die Thiere tödten. Im Vertrauen auf den verbreiteten Ruf von der Vortrefflichkeit dieser Straße, versuchte es ein *Mineiro* mit einer ansehnlichen mit Baumwolle beladenen *Tropa*, sich ihrer zu bedienen, allein er verlor den größten Theil seiner Maulthiere; man behauptet zwar, daß er durch Unvorsichtigkeit selbst einige Schuld an seinem Unglücke gehabt habe, allein sein mißlungener Versuch schreckte doch andere ab, so daß jetzt den untern Theil der Straße niemand mehr betritt, der obere hingegen wird gebraucht. Ich fand selbst Gelegenheit mich zu überzeugen, daß diese Straße, die, gut eingerichtet, von sehr bedeutendem Werthe für diese Gegend seyn würde, die ihr von Vielen gemachten Lobeserhebungen noch wenig verdiene, doch hat man seitdem angefangen, sie in einen bessern Zustand zu setzen. Besser als auf dieser Strafse wird die Communication durch Canoe's auf dem Flusse unterhalten. Alljährig kommen mehrere derselben mit Produkten von *Minas* herab, und nehmen gewöhnlich Salz und andere Dinge wieder mit zurück, zu welcher Fahrt sie bis zu den ersten bewohnten Gegenden von *Minas*, etwa 20 Tage gebrauchen, eine immer etwas beschwerliche Reise, die sich der Engländer MAWE wohl etwas zu leicht gedacht hat (*). Um diese Communication gegen die noch nicht friedlich gesinnten Wilden zu decken, hat man verschiedene Militärposten bis *Minas* hinauf angelegt; es sind deren sechs, das *Quartel dos Arcos*, *Quartel do Salto*, *Quartel do Estreito*, *Quartel da Vigia*, *Quartel de S. Miguel* und von *Tucaihos de Lorena*. Das erstere wird gewöhnlich *Caxoeirinha* genannt, von den kleinen Wasserfällen, welche in dem nahe dabey befindlichen Flusse durch Felsen gebildet werden. Die Schifffahrt auf dem Flusse bringt der *Villa de Belmonte* einige Nahrung; ihre Bewohner, welche sämmtlich auch Fischer sind, verstehen, wie die mehrsten Landleute in Brasilien, das Canoe sehr geschickt zu regieren.

In *Belmonte* findet sich noch eine besondere Race von civilisirten christlichen Indiern, welche man mit dem Nahmen *Meniens* bezeichnet, und die sich selbst *Camacan* nennen. Von ihrem, ihnen selbst wohl-bekannten wahren Ursprunge zeugen noch die schon sehr verunstalteten Reste ihrer Sprache. Vor Zeiten wohnten sie höher oben am Flusse, bis die Paulisten (Bewohner der *Capitania* von *St. Paulo*) sie von da vertrieben und viele von ihnen ausrotteten. Was von ihnen übrig blieb, floh hinab nach der *Villa* und bauete sich daselbst an. Da sind sie all-mählig ganz von ihrer frühern Lebensart abgewichen, und leben nun völlig entwildert und zum Theil mit der Race der Neger vermischt, theils als Soldaten, theils als Fischer und Pflanzer; nur noch ein Paar alte Leute

(*) J. MAWE's travels etc. p. 260.

unter ihnen verstehen noch einige Worte ihrer alten Sprache. Sie sind in Handarbeiten geschickt, und verfertigen Rohrmatten (*Esteiras*), an welchen man die durchgezogenen Bindfäden von außen nicht bemerkt, Strohhüte, Körbe, Fischnetze, auch kleinere Netze um Seekrebse zu fangen (*) u. s. w. Dabey sind sie gute Jäger wie alle Indier, doch haben sie Bogen und Pfeile längst mit der Flinte vertauscht.

In *Belmonte* hielt ich mich einige Zeit auf, um meinen Leuten und Thieren durch diese Ruhe Erholung zu verschaffen, obgleich die Gegend übrigens nicht die gesundeste seyn soll; Fieber und Catharre kommen daselbst oft vor, und man klagte, daß in diesem Jahre 1816, die Epidemie ungewöhnlich stark gewesen sey. Eine große Plage der hiesigen Gegend sind die Moskiten, unter denen sich hier eine Art, die man *Vincudo* nennt, besonders auszeichnet. Sie sollen, vorzüglich während der heißen Jahreszeit, in den Häusern so unerträglich werden, daß die Einwohner alsdann mit ihren Schlafmatten an den Seestrand flüchten, um in der frischen Seeluft einige Ruhe vor jenem plagenden Ungeziefer zu finden.

(*) Dieses Netz, *Puçá* genannt, ist ein starker geknüpfter Sack, und wird von zwey Menschen über den Boden des Wassers fortgezogen.

Der Botocuden = Chef. Krengnatnuck
mit seiner Familie.

XI.

Aufenthalt am Rio Grande de Belmonte und unter den Botocudos.

Quartel dos Arcos. — Die Botocudos. — Reise nach dem Quartel do Salto. — Rückkehr nach dem Quartel dos Arcos. — Schlägerey der Botocudos. — Reise nach Caravellas. — Die Machacalis am Rio do Prado. — Rückreise nach Belmonte.

Um die schönen interessanten Wildnisse am Flusse *Belmonte* kennen zu lernen, entschloſs ich mich einige Monate in den *Sertôes* zuzubringen, und vielleicht selbst bis nach *Minas* den Fluſs hinauf zu schiffen. Ich nahm in der *Villa* zwey Canoe's, bemannte sie mit fünf Menschen und belud sie mit meinen Leuten und meinem Gepäck. Am 17ten August verlieſs ich mit der steigenden Fluth *Belmonte*, und schiffte durch einen kleinen Seiten-Canal in den Fluſs, der hier ansehnlich breit, und zum Theil mit Sandbänken (*Corroas*) angefüllt ist. Die Ansicht desselben ist der des *Rio Doçe* in vielen Stücken ähnlich, nur ist er bey weitem nicht so beträchtlich, und mag etwa 5 bis 600 Schritte in der Breite halten. Wald und hohe Rohrgebüsche — von der Art, die man *Ubá* oder *Canna brava* nennt — fassen die Ufer ein, und werden hier und da von *Fazenda's* und Pflanzungen unterbrochen. Am Rande der Sandbänke sahen wir den Verkehrt-schnabel (*Rynchops nigra*, LINN.) unbeweglich sitzen, und der groſse

Carâo (*Numenius Carauna*, Latu.) ein schöner Sumpfvogel schritt, scheu um sich blickend, dort umher; mit Mühe gelang es uns, einen dieser vorsichtigen Vögel zu erlegen. Auf der *Fazenda* von *Ipibura*, welche den Erben des verstorbenen *Capitam Mor* von *Belmonte* gehört, hielt ich etwas an, um einige zur Reise nöthige Provisionen einzunehmen, besonders um mich mit dem gegen das Fieber so nöthigen Branntwein zu versehen. Diese *Fazenda* hat das einzige Zuckerwerk am Flusse *Belmonte*, das zwar seit langer Zeit still gestanden hat, aber doch, wie es scheint, jetzt wieder in Thätigkeit gesetzt werden soll; auch wurde hier *Agoa ardente de canna* (gemeiner Zuckerbranntwein) gemacht. Die Umgebung auf beyden Seiten des Flusses ist schön; hohes *Ubá*-Rohr weht hier in geschlossenen Parthien mit seiner fahnen-artigen Blüthe und den fächer-förmig gestellten Blättern; darüber erhebt sich, als zweyte Gradation, ein einfassender Streif von schlanken *Cecropia*-Bäumen, mit silberweißen geringelten Stämmen; den Hintergrund bildet sehr mahlerisch der dicht verflochtene finstere Urwald, dessen mannigfaltig dunkelgrüne Laubmasse hoch geschlossen empor steigt. Das Ufer selbst ist ein dichtes Gewebe von mancherley Pflanzen, wo Alles verflechtend, weißblau und hellviolet-blühende Winden ranken, und schöne Gräser, besonders *Cyperus*-Arten den übrigen Raum anfüllen.

Als die Sonne sich neigte, landeten wir auf einer *Corroa* in der Nähe von *Ipibura*, wo einige Menschen, meistens *Menien*-Indier zerstreut wohnen. Hier fand ich Gelegenheit, eine vorzüglich schöne Haut von einer erst kürzlich erlegten Unze zu kaufen. Gern hätte ich auch das Skelet des Thiers besessen, oder wenigstens gesehen, allein der Mann, der es selbst auf der Jagd geschossen hatte, sagte mir, daß er es fern im Walde habe liegen lassen, versicherte mich jedoch, daß ich den Schädel auf der *Corroa de Timicui* finden würde, an welcher man etwas weiter hin ebenfalls anzulegen pflegt. Einige Fischer, welche zu *Ipibura* ihre Hütten errichtet hatten, beschenkten uns mit Flußschildkröten-Eyern, welche ganz rund, von der Dicke großer Kirschen und mit einer harten glänzend weißen Schaale überzogen waren; sie haben nicht den unangenehmen Fischgeschmack, welchen man an den Meerschildkröten-Eyern findet, und sind daher eine sehr angenehme Speise. Die Zeit, wo man diese Eyer frisch findet, fieng jetzt an. Sie liegen auf allen Sandbänken in Menge verscharrt, und werden von den Fischern emsig aufgesucht (*). Mit dem Eintritte der Nacht fieng es an heftig zu regnen, wir flüchteten daher in einige alte verlassene Fischerhütten von Palmblättern, in welchen aber eine Menge von Flöhen und Sandflöhen (*Bichos*) unsere Ruhe störten. Auch Moskiten quälten uns hier, und nur der erstickende Rauch unserer Feuer verschaffte uns einige Ruhe vor ihnen. Am unerträglichsten waren diese Thiere am Rande des Waldes, wo wir auch den Vampyr (*Phyllostomus Spectrum*) umher flattern sahen. Wir hatten während der Nacht immer unsere Canoe's mit dem Gepäck im Auge behalten, daher waren wir sämmtlich völlig durchnäßt, und mußten die ganze Nacht in den nassen Kleidern zubringen.

Am folgenden Morgen fanden wir unser großes Canoe halb voll Wasser, und unser ganzes Gepäck naß, kaum hatten wir unsere Gewehre und unser Pulver in den Hütten trocken erhalten können. Man schöpfte nun eilig das Wasser aus, und zu allgemeiner Freude brach die Sonne heiter durch die dichten Wolken, und erwärmte und trocknete unsere halb erstarrten Glieder. Mit frohem Muthe setzten wir nun unsere Reise fort.

So wie man am *Rio Doçe* das Geschrey der Affen, besonders der *Guaribas* und *Saüassús* vernahm, so ertönten hier die Urwälder von dem lauten durchdringenden Geschrey der schönen *Araras*, der *Anacans*

(*) Diese Eyer sind von derselben Schildkröte, welche wir im *Mucuri* mit der Angel gefischt hatten. Sie scheint eine noch unbekannte Species zu seyn, welche sich durch zwey kurze Bartfäden unter dem Kinn und einen sehr plattgedrückten Rückenpanzer auszeichnet.

(*Psittacus severus*, Linn.) und vieler andern Papageyen; auf den ebenen Flächen der Sandbänke, die der mit schönen Inseln gezierte Fluſs jetzt in seinem niedrigen Wasserstande zeigte, hielt sich paarweise die Meer-Schwalbe mit gelbem Schnabel (*Sterna flavirostris*) auf: sie schwebt in der Luft und stöſst senkrecht auf die Fische ins Wasser herab; nähert man sich ihrem Aufenthaltsorte, so stöſst sie ebenfalls auf die Menschen herab, als wolle sie ihnen den Schädel durchbohren, welche Absicht die Bewohner ihr wirklich zuschreiben. Gegen Mittag erreichten wir die Mündung des *Obú*, eines kleinen in den *Belmonte* eintretenden Flusses; etwas landeinwärts befindet sich an demselben eine von ihm benannte *Povoação* von 12 bis 14 Feuerstellen, wo man besonders viel Mandiocca, Reis, Milio und auch etwas Zuckerrohr baut und nach der *Villa* zum Verkauf bringt. Zucker-Engenho's giebt es hier nicht; die Bewohner pressen den Zuckersaft blos zwischen zwey dünnen Walzen aus, und erhalten dadurch den zu ihrem Bedarf nöthigen Syrop. Die Mündung des kleinen Flusses nennt man *Bocca d'Obú*, vor derselben liegt eine Insel, welche den Nahmen der *Ilha da Bocca d'Obú* trägt. Ich lieſs die Canoe's an der Mündung dieses Baches anlegen, um das nöthige Mehl für meine Leute zur weitern Reise anzuschaffen, und wir benutzten diese Gelegenheit, um den nahen Wald zu durchstreifen. Ein zufällig von *Obú* herauskommendes mit Mehl beladenes Canoe setzte uns in den Stand, unser Geschäft zu beschleunigen, wir kauften von ihm den nöthigen Vorrath und stießen wieder vom Lande ab. An einer breiten Stelle des Flusses, in dem Winkel einer *Corroa*, erblickten wir einen Trupp Enten von einer uns noch nicht vorgekommenen Art, die sich durch ein gelbbräunliches Gefieder auszeichneten (*); wenn wir uns ihnen näherten, so flogen sie auf,

(*) *Anas virgata*: eine neue Art, von rostgelblichem Gefieder; ganzer innerer Flügel schwarz; erste Schwungfedern mit weiſsen Schäften; kein Spiegel; Seitenfedern des Körpers mit einem gelblich-weiſsen Längsstrich; ganze Länge des männlichen Vogels 17 Zoll 9 Linien.

beschrieben einen weiten Zirkel und fielen dann wieder ein; lange trieben wir uns so mit ihnen herum, bis sie sich endlich hinter eine Erhöhung des Ufers flüchteten. Wir setzten alsbald einen Jäger ans Land, der sie beschlich und zwey derselben mit einem Schusse erlegte, wodurch wir für den Abend ein gutes Essen erhielten.

Den Abend brachten wir auf der *Corroa de Piranga* zu, wo wir Schildkröten-Eyer aus dem Sande hervorgruben. In diesem tiefen Sande durchkreuzten sich in allen Richtungen die Spuren der Anta's und Unzen, die bey Nacht hier umher wandeln; von andern lebenden Wesen fanden wir nur Meerschwalben (*Sterna*), die aus Sorge für ihre Brut auf die fremden Gäste schreyend herabstiefsen. Wir baueten uns hier einige kleine Hütten von Cocosblättern, in denen wir die Nacht zubrachten. Am folgenden Morgen fuhren wir bey einem heitern und lieblichen Wetter weiter. Noch nie hatten wir die Ufer mit so schönen und mannigfaltig verflochtenen Gewächsen bedeckt gesehen. Hier zeigte sich uns besonders ein prachtvoller Strauch, ein den Trompetenblumen (*Bignonia*) sehr nahe verwandtes Gewächs — mit brennend hochrothen, grofsen Blumen — das im dunkeln Schatten glühend prangte. Ueberall umflochten rankende Sträuche und Gewächse die hohen Urwaldstämme mit einem undurchdringlichen Gewebe; sanft rosenroth trat das junge Laub der *Sapucaya*-Bäume hervor; unmittelbar am Ufer — wo *Cecropia*-Stämme gleich Girandolen ihre Aeste mit den handförmigen Blättern ausbreiteten — wiegten im Sande die hohen Gebüsche der *Canna brava*. Bey einer verlassenen Pflanzung erreichten wir die Mündung eines kleinen Flusses, des *Rio da Salza* oder *Peruaçú*, der den *Rio Grande* mit dem *Rio Pardo* vereinigt. Weil die *Barra* des Flusses *Belmonte* der Schifffahrt nicht sehr günstig ist, hat man jetzt den Plan entworfen, diesen Canal durch Wegräumung der darin befindlichen Hindernisse und besonders der umgefallenen Stämme, für Canoe's schiffbar zu machen. In der trockenen Jahreszeit soll dieser

Verbindungscanal sehr seicht, bey dem hohen Wasserstande hingegen hinlänglich tief seyn.

Da wir hier das Geschrey der *Araras* aus den benachbarten Wäldern laut zu uns herüberschallen hörten, so konnten wir dem Wunsche, Jagd auf sie zu machen, nicht widerstehen. Wir setzten einige Jäger ans Land, und hatten uns diesmal eines glücklichen Erfolgs zu erfreuen. Einer der Jäger schlich sich an sie heran, und sein in dem hohen Urwalde herrlich wiederhallender Schuſs erlegte zwey dieser groſsen schönen Vögel. Die Jäger wurden hier auch durch eine Bande von kleinen *Sahuis* (*Jacchus penicillatus*, GEOFFR.) überrascht, die aber, wie Eichhörnchen durch die Baumkronen springend, zu schnell davon eilten. Es giebt dieser kleinen affenartigen Thiere eine groſse Menge in den brasilianischen Wäldern; eine der bekanntesten Arten davon ist LINNÉ's *Simia Jacchus*, der etwas mehr nördlich in der Gegend von *Bahia* schon gefunden wird. Die pracht-vollen *Araras* und ihre schönen Geschlechts-Verwandten machen die Zierde dieser finstern, mannigfaltig belaubten Wälder aus; ein Schwarm von Zwanzigen, wie wir sie hier sahen, vom hellen Strahl der Sonne beleuch-tet, auf einem glänzend grünen Baume, gewährt in der That einen pracht-vollen Anblick, den man selbst gesehen haben muſs, um sich einen Begriff davon machen zu können. Sie klettern geschickt an den rankenden *Çipós* umher und wenden stolz ihren Körper mit dem langen Schweif von allen Seiten den Strahlen der Sonne zu. Sie hielten sich jetzt häufig in den niedern und mittlern Regionen eines stachlichen rankenden Gesträuches (*Smilax?*) hier *Spinha* genannt, auf, deren jetzt reifende Frucht sie sehr lieben, wie auch die häufig in dem Kropf der Erlegten vorgefundenen weiſsen Körner dieser Frucht bezeugten. Man kann sie daher zu dieser Zeit leicht schieſsen, da sie in dem übrigen Theile des Jahres ihre Nahrung nur auf den Gipfeln der höchsten Urwaldstämme suchen. Erfreut durch den ersten glücklichen Versuch einer *Arara*-Jagd schifften wir weiter an der *Corroa da Palha* vorbey, wo ein kleiner Bach, der *Riacho da Palha*, in den Fluſs fällt, und erreichten gegen Abend die *Corroa de Timicui*, wo alte verlassene Fischerhütten uns für die Nacht beherbergten. Hier war es, wo ich den Schädel der groſsen schönen Unze (*Yaguareté*) finden sollte, deren Haut ich zu *Ipibura* gekauft hatte, und welche nicht weit von hier im Walde vor etwa acht Tagen erlegt worden war. Ein Paar Jäger, welche mit einigen Hunden den Wald nach Rehen und anderm Wildpret durchstreiften, trafen zufällig das Unthier unweit des Flusses in der Nähe eines kleinen *Riacho* an; die Hunde giengen darauf los, und trieben es, wie dies gewöhnlich zu geschehen pflegt, auf einen schief liegenden Baumstamm, wo es einen tödtlichen Schuſs erhielt. Noch hatte es mit der Tatze einen Hund ergriffen, als ein zweyter Schuſs ins Genick es todt niederstreckte. Den Schädel fand ich auf der Sandbank bey unsern Hütten, aber leider schon sehr verletzt und beschädigt. Man hatte die Eckzähne, die der Aberglaube der hiesigen Gegend für wirksame Heil- und Schutzmittel gegen mancherley Krankheiten hält, herausgeschlagen, um sie als Amulete zu tragen. Die Haut dieser Unze war von einer auſserordentlich schönen Zeichnung; sie maſs ohne den Schwanz über 5 Fuſs in der Länge und gehörte noch nicht zu den groſsen Individuen dieser Art. Diese und die andern groſsen Katzenarten, der schwarze Tiger und die *Çuçuaranna* oder rothe Unze (*Felis concolor*, Linn.) sind in allen Waldungen am *Belmonte* nicht selten, sie werden aber wenig beunruhigt, da man keine zu dieser Art von Jagd brauchbaren Hunde in dieser Gegend hat. Auf allen Sandufern des Flusses findet man die Spuren dieser Raubthiere in Menge, und während der Stille der Nacht hört man häufig ihre rauhe abgebrochene Stimme. Gereizt durch die vielen Spuren (Fährten) jagdbarer Thiere, beschloſs ich am folgenden Tage zu *Timicui* zu bleiben und die nahen Waldungen in allen Richtungen durchstreifen zu lassen. Das Wetter war uns sehr günstig, dennoch aber erhielten wir keine

Quadrupeden, sondern blos efsbare Vögel, unter andern eine Bisam-Ente (*Anas moschata*, Linn.), eine *Jacupemba* (*Penelope Marail*, Linn.), eine *Arara* und fünf *Capueiren* (*Perdix guianensis*, Lath., oder *Perdix dentata*, Temminck.), die uns ein gutes Abendessen verschafften. Zur Jagd der *Capueiren* oder Waldrebhühner konnte ich meine einzige noch übrig gebliebene Hühnerhündin recht gut gebrauchen; sie fand die Gesellschaft derselben (Kette oder Volk in der Jägersprache) schnell, welche sogleich nach allen Richtungen auseinander flogen und sich auf die Bäume setzten, wo ein Jäger mit etwas geübtem Blick sie leicht auffindet, und gleich unsern Haselhühnern herabschiefst. Ein Beutelthier (*Gambá*), welches, um meiner Hündin zu entfliehen, an einem Stamme in die Höhe lief, ward von ihr herabgerissen; wegen seines unangenehmen Geruches aber fafste sie es nur mit den Spitzen der Zähne und schüttelte es zu Todte. Die *Araras*, so wie andere Papageyen gaben uns eine kräftige Suppe; das Fleisch der erstern ist von grobem Gewebe, allein nahrhaft und dem Rindfleische nicht unähnlich.

Als wir in der Abenddämmerung von der Jagd zurückkehrten, bemerkten wir eine Menge von grofsen Fledermäusen, welche nahe über der Oberfläche des Wassers umher flatterten. Man lud die Gewehre mit Vogeldunst und war so glücklich einige zu erlegen. Es zeigte sich nun bey genauerer Untersuchung, dafs sie von der Art der Hasenscharte (*Noctilio*) waren; ihre Farbe war ein einförmiges Rostroth, dahingegen andere einen gelblich weifsen Strich der Länge nach über den Rücken tragen. Diese schöne Fledermaus habe ich nirgends häufiger als in der hiesigen Gegend gesehen. Unsere beyden Leute, die wir des Kochens wegen auf der *Corroa* zurück gelassen hatten, waren sehr erfreut, als sie unsere Jagdbeute sahen; auch sie hatten indessen manches ihnen Interessante in ihrer Nähe gefunden: am traulich lodernden Feuer erzählten wir nun einander die Ereignisse des Tages, während die dunkle Wildnifs um uns her vom durchdringenden Rufe der *Capueira*, der *Choralua* und des *Bacurau* (*Caprimulgus*) wiederhallte.

Am 21ten verliefsen wir frühe *Timicui* und schifften nach einer langen Insel im Flusse hinauf, welche man *Ilha Grande* nennt; sie ist dicht mit hohem Urwald bewachsen und jetzt unbewohnt, ehemals befand sich aber auf derselben eine Pflanzung, welche die Bewohner von *Belmonte* ange- legt hatten. Wir befanden uns mit unsern Canoe's gerade dieser Insel gegenüber am nördlichen Ufer, als uns ein heftiger Regenschauer überfiel, und die Gegend so verhüllte, dafs wir den nahen Wald kaum zu erkennen vermochten; als wir anhielten, um das heftige Gewitter vorüberziehen zu lassen, hörten wir plötzlich Stimmen eines Rudels wilder Schweine in unserer Nähe, die uns bemerkt hatten und vor uns entflohen. Des starken Regens ungeachtet sprangen sogleich einige unserer Canoeführer (*Canoeiros*) mit ihren Jagdgewehren ans Land, verfolgten die Fährte, und kehrten auch wirklich nach einer halben Stunde mit einem Schweine (*Dicotyles labiatus*, CUVIER) zurück, das sie erlegt hatten. Als sie im Be- griff standen mit ihrer Beute ins Canoe zu steigen, zeigte sich in dem hohen Grase am Ufer eine grofse *Jararacca*, die man sogleich tödtete und ans Canoe anhieng. Meine Jäger entgiengen hier glücklich einer grofsen Gefahr; denn es war wirklich nur ein glücklicher Zufall, dafs die im Grase verborgen liegende Schlange nicht getreten wurde; sie würde, wenn sie berührt worden wäre, unfehlbar die blofsen Füfse der Jäger erreicht haben.

Nachdem das Gewitter vorüber war, fuhren wir weiter. Der Flufs ist hier breit und schön; an dem Ufer trifft man von Zeit zu Zeit Sand- bänke, auf welchen hier und da verlassene Hütten von Cocosblättern stehen, die den Bewohnern von *Belmonte* zum Aufenthalt dienen, wenn sie der Jagd und Fischerey wegen den Flufs befahren. Den *Anhinga* (*Plotus*) und die grofse wilde Ente (*Anas moschata*) sahen wir in dieser

Gegend öfters, und von der letztern zeigten sich vorzüglich Morgens früh zuweilen ganze Flüge. Am Abend ward auf einer *Corroa* in der Gegend, die man *As Barreiras* nennt, gelandet, die für die Jagd vorzüglich und beynahe die einzige Stelle am untern Theile des *Belmonte* ist, wo man die grofse graugelblich fahle Affenart findet, welche hier mit dem Nahmen des *Miriqui* (*Miriki*, *Ateles*) belegt wird.

Vor Tagesanbruch verliefsen wir am 22ten die *Corroa*, und hatten schon einen Theil unserer Reise zurückgelegt, als uns der Morgen sehr freundlich erschien. Unsere Ruderschläge und das Rufen unserer *Canoeiros*, die miteinander um die Prämie wetteiferten, welche ich dem Fleifsigsten unter ihnen bestimmt hatte, setzten die ganze Gegend in Unruhe. Von ihnen aufgescheucht, erhoben sich vor uns ganze Schaaren Bisam-Enten. Schon am vorigen Tage hatten wir in der Ferne vor uns ein Gebürge bemerkt, welches uns jetzt deutlicher wurde, es trägt den Nahmen der *Serra das Guaribas*; diese Gebürgskette durchschneidet die grofsen Urwälder in der Richtung von Süden nach Norden; sie schien nicht ausgezeichnet hoch zu seyn, ob sie gleich nicht weit von uns entfernt war. An der Stelle, wo wir uns jetzt befanden, fangen die Ufer des Flusses an, sich allmählig zu erheben; Berge mit dunkeln Urwäldern erscheinen an seinen Seiten; Stein - und Felsentrümmer verkündigen die Nähe von Urgebürgen, und die *Corroas* oder Sandbänke werden seltener, in dem Maase als das Bette eingeengt und die Wassermasse tiefer wird. Oft ist der dunkelglänzende Wasserspiegel zwischen steile Berge eingeprefst, behält aber doch immer noch eine ansehnliche Breite. Wir hörten und sahen nahe am Ufer die schönen *Araras* und beobachteten heute zum erstenmale einen noch nie gesehenen merkwürdigen Vogel, den *Aniuma* (*Anhuma*, *Palamedea cornuta*, Linn.), der in dieser Höhe des Flusses nicht selten ist. Dieses schöne Thier, von der Gröfse einer starken Gans, jedoch mit höhern Füfsen und langem Halse, hat auf der Stirn einen dünnen 4 bis 5 Zoll langen hornartigen Auswuchs, und an dem vordern Gelenke eines jeden Flügels zwey starke und zugespitzte Sporne. Er ist scheu, verräth sich aber bald durch seine laute Stimme, welche, obgleich viel tönender und stärker, doch in ihrer Modulation etwas dem Ruf unserer wilden Holztaube (*Columba Oenas*) gleicht, dabey aber von einigen sonderbaren Kehltönen begleitet ist; dieser Ruf schallt weit durch die Wildnifs und gewährte unserm Jagdsinn eine neue Unterhaltung. Mehrere dieser Vögel flogen, von unsern Ruderschlägen aufgescheucht, dem Walde zu, sie glichen im Fluge dem *Urubú* (*Vultur Aura*, LINN.)

Am Nachmittage erreichten wir eine Wendung des Flusses; hier überfiel uns ein furchtbares Ungewitter mit Platzregen und Sturm, von dem unser bedecktes grofses Canoe heftig bewegt wurde. Es gieng indessen bald vorüber, und als der Himmel sich wieder aufklärte, erblickten wir nahe vor uns die Insel *Cachoeirinha*, auf welcher das *Quartel dos Arcos* erbauet ist. Dieser Militärposten wurde auf Befehl des Gouverneurs, *Conde* DOS ARCOS durch den *Ouvidor* der *Comarca*, MARÇELINO DA CUNHA, vor zwey und einem halben Jahre errichtet. Man hatte zuerst ein *Destacamento* von etwa 60 Soldaten, drey Tagereisen aufwärts, an der Stelle angelegt, die man den *Salto* nennt; da aber die dort stationirten indischen Soldaten sehr unzufrieden waren, so zog man diese nach der Insel *Cachoeirinha* zurück und jenen Platz besetzte der Commandant der *Quartelle* von *Minas Novas*, *Capitam* JULIÃO FRZ. LEÃO mit 10 bis 12 Mann, die noch heut zu Tage das *Quartel do Salto* bilden. Einige wenige Lehmhütten mit Stroh gedeckt liegen am vordern Ende der Insel, die zur Hälfte vom Walde befreyt und zur Pflanzung gemacht ist; der hintere Theil ist noch mit hohem Holze bewachsen. Man hat hier Mandiocca-Pflanzungen angelegt, und um die Gebäude her eine grofse Menge von *Mammão*-Stämmen (*Carica*) und Bananen ange-

42

pflanzt; die Früchte derselben dienen aber häufig nur den Botocuden zur Nahrung, denen man sie willig Preis giebt, um das freundschaftliche Verhältnifs mit ihnen nicht zu stören. Zwischen der Insel und dem nördlichen Ufer ist der Flufs nur schmal und war jetzt zum Durchwaten seicht; am südlichen ist er breiter; dort hat der Insel gegenüber ein Geistlicher aus *Minas*, Herr *Padre* Farýa noch kürzlich ziemlich bedeutende Pflanzungen von Mays, Mandiocca, Reis, Baumwolle u. s. w. angelegt; er wohnt völlig isolirt; bey seinem Hause streicht die Minas-Strafse vorbey.

Das *Destacamento dos Arcos* wurde mit einem Fähndrich (*Alferes*) und 20 Soldaten besetzt, wovon aber so viele desertirt sind, dafs jetzt nur etwa noch zehn, grofsentheils farbige Leute, Indier oder Mulatten, übrig geblieben waren. Die Lebensart der Soldaten ist sehr schlecht, ihr Sold gering, und ihre Nahrung, die in Mandioccamehl, Bohnen und Salzfleisch besteht, müssen sie sich selbst erarbeiten. Der hiesige Vorrath an Pulver und Bley beträgt selten ein Paar Pfund, und von den alten Gewehren sind nur sehr wenige brauchbar, weshalb man sich im Fall eines Angriffs in grofser Verlegenheit sehen würde. Die Bestimmung dieser Soldaten ist zugleich, die Reisenden und ihre Waaren oder Gepäck den Flufs auf- und abwärts zu schiffen, daher sind sie meistens in diesem Geschäfte sehr erfahren, und einige können als vortreffliche *Canoeiros* gelten. Ihr Commandant war vor kurzem verreist gewesen, und hatte während seiner Abwesenheit einem Unterofficier das Commando übertragen; dieser hatte einem Botocuden, der sich eine Ungezogenheit erlaubt hatte, eine Strafe auferlegt, worauf sich alle Stammsverwandten des Bestraften, deren sich gewöhnlich eine bedeutende Anzahl hier aufhalten, sehr beleidigt fanden, und vereint in die Wälder zurück zogen. Als der *Alferes* bey seiner Zurückkunft das *Quartel* von den Botocuden völlig verlassen fand, und die Ursache ihres Aufbruches erfuhr, sandte er einen jungen Mann ihres Stammes, mit Nahmen Francisco, der sich in seiner Gesellschaft befand, ihnen nach, um sie zur Rückkehr zu bewegen. Die gewöhnlich in der Nähe des *Quartels* sich aufhaltenden *Botocudos* bestehen aus vier Haufen, von denen jeder seinen besondern Anführer hat, welche die Portugiesen *Capitães* nennen; sie hatten sich sämmtlich in die Wälder tiefer hinein begeben, aber nur von einem derselben, dem *Capitam* JUNE, unter den Wilden KERENGNATNUCK genannt, wußte man, daß er sich mit seinen Leuten drey Tagereisen höher aufwärts *am Salto* aufhielt; wohin sich die drey andern zurückgezogen hatten, war noch nicht bekannt. Die Sendung des FRANCISCO brachte nicht sogleich die gewünschte Wirkung hervor, ich beredete daher den Commandanten, noch mehrere junge *Botocudos*, die eben hierher von *Rio de Janeiro* — wohin sie der *Ouvidor* gesandt hatte — zurückgekehrt waren, in derselben Absicht abzuschicken.

Da ich mit Empfehlungen an den Commandanten versehen war, so befand ich mich auf diesem *Quartel* recht wohl. Zwar fehlt es in dieser einsamen Wildniß an den nöthigsten Bedürfnissen, und man ist in Ansehung der Nahrung auf gesalzene Fische, von einer Gattung, die im Flusse häufig gefangen wird, auf Mandioccamehl und Bohnen beschränkt; dagegen aber findet der an Entbehrungen gewöhnte reisende Naturforscher reichliche Beschäftigung und die angenehmste Unterhaltung in dieser Gegend. Täglich unternahmen wir Jagdzüge in die Urwälder, die unmittelbar am Ufer sich geschlossen erheben, und kehrten aus denselben am Abend so ermüdet zurück, daß uns kaum Zeit und Kraft genug blieb, um die gemachten Bemerkungen niederzuschreiben.

Ich benutzte besonders die Abwesenheit der *Botocudos*, um ihre vor kurzer Zeit verlassenen Hütten, die ziemlich weit vom Flusse entfernt in einer dicht geschlossenen Wildniß lagen, zu besuchen, und durch eigne Ansicht kennen zu lernen. Sie bestanden blos aus Blättern von Cocospalmen, welche in länglicht runder Gestalt so in die Erde

gesteckt waren, daſs ihre Spitzen, indem sie sich übereinander hinneig-
ten, oben eine Wölbung bildeten.   In den Hütten fand ich nichts von
ihrem Geräthe, als groſse dicke Steine, mit welchen sie gewisse wilde
Cocosnüsse, die sie *Ororó* nennen, aufzuschlagen pflegen.   Nicht weit
von einer der Hütten befand sich das Grab eines Mannes, das ich zu
untersuchen beschloſs.   Es lag auf einer kleinen freyen Stelle unter
alten hohen Urstämmen, und war oben über mit kurzen aber dicken
Stücken Holz belegt.   Nachdem man diese weggeräumt hatte, fanden
wir die Grube mit Erde angefüllt, aus welcher die Knochen einzeln zum
Vorschein kamen.   Ein junger Botocude, mit Nahmen BURNETTA, der
das Grab angezeigt hatte, äuſserte, als man auf die Knochen stieſs, sein
lautes Miſsfallen, man stellte daher das Nachgraben ein und kehrte für
diesen Tag nach dem *Quartel* zurück; doch gab ich den Gedanken —
einer Untersuchung jenes Grabes — nicht auf.   Nach mehreren Tagen
begab ich mich wieder an die Stelle, in der Hoffnung, noch vor der
Ankunft der Wilden meinen Zweck zu erreichen.   Wir hatten uns deswegen, auſser unsern Jagdgewehren, auch mit einer Hacke versehen.
Unser Vorsatz war, die Nachforschung mit der gröſsten Eile zu beendi-
gen, allein auf dem engen Pfädchen, welches zwischen den hohen Waldstämmen sich durchwand, stieſsen uns manche interessante Vögel auf,
die uns aufhielten; wir schossen einige davon, und eben war ich im
Begriff einen derselben aufzuheben, als ich plötzlich durch den kurzen,
aber unsanften Ton einer rauhen Stimme angerufen wurde; schnell
kehrte ich mich um, und siehe da, nahe hinter mir mehrere *Botocudos!*
Nakt und braun, wie die Thiere des Waldes, standen sie da, mit den
groſsen Pflöcken von weiſsem Holz in den Ohren und der Unterlippe,
Bogen und Pfeile in ihrer Hand.   Die Ueberraschung, ich gestehe es,
war für mich nicht gering; hätten sie feindselig gedacht, so war ich
von ihren Pfeilen durchbohrt, ehe ich ihre Nähe nur ahnden konnte.

Jetzt trat ich keck zu ihnen hin, und sagte ihnen, was ich von ihrer Sprache wußte; sie drückten mich, nach Art der Portugiesen, an die Brust, klopften mir auf die Schulter und schrieen mir laute rauhe Töne entgegen, besonders aber riefen sie bey Erblickung der beyden Röhre einer Doppelflinte mit Verwunderung wiederholt: *Pun Uruhú* (mehrere Flinten)! Einige mit schweren Säcken beladene Weiber kamen nun, eine nach der andern, auch herbey, betrachteten mich mit gleicher Neugier, und theilten einander ihre Bemerkungen mit. Männer und Weiber waren völlig unbekleidet; die erstern waren von mittlerer Größe, stark, muskulös und wohl gebildet, jedoch meistens etwas schlank, allein die großen Holzpflöcke in den Ohren und Unterlippe entstellten sie sehr; sie trugen Bündel von Bogen und Pfeilen unter den Armen, und einige auch Wassergefäße von *Taquarussú*. Ihre Haare trugen sie abgeschoren mit Ausnahme einer runden Krone oben auf dem Kopfe; eben so selbst die kleinen Kinder, deren die Mütter eine ziemliche Anzahl auf ihren Schultern trugen, und an der Hand führten. Einer meiner Leute, George, der die Sprache dieser Wilden etwas verstand, war während der Zeit herbeygekommen und unterhielt sich mit ihnen, wodurch sie denn sogleich sehr zutraulich wurden. Sie fragten nach ihren Landsleuten, welche der *Ouvidor* nach *Rio* gesandt hatte, und freuten sich sehr, als sie erfuhren, daß sie dieselben auf dem *Destacament* finden würden; ihre Ungeduld war nun so groß, daß sie schnell davon eilten. Ich aber war nun sehr froh über unser Verweilen; hätten die Wilden, die ihr Weg gerade an dem Grabe vorbey führte, uns bey der beabsichtigten Nachgrabung überrascht, so möchte leicht ihr Unwillen uns in große Gefahr gebracht haben (*).

(*) Den seitdem aus Brasilien von Herrn Freyreiss erhaltenen Nachrichten zu Folge, waren meine Besorgnisse über ein Zusammentreffen mit den Wilden bey der Eröffnung ihres Grabes, ungegründet; denn er eröffnete seitdem mehrere Gräber, wobey die *Botocudos* selbst thätig Hand anlegten, um zu helfen.

Ich verschob nun mein Vorhaben bis zu einer günstigern Zeit, und kaum
war ich einige Schritte gegangen, als der Anführer jener Truppe, *Capitam* June, ein alter Mann von rauhem Aeußern aber gutem Gemüthe,
mir plötzlich entgegen trat. Er begrüßte uns auf dieselbe Weise, wie
seine Landsleute, allein das Ansehen dieses Waldmenschen war noch
weit auffallender als das der andern, denn er trug Ohr - und Mundtafeln
von 4 Zoll 4 Linien englisches Maas im Durchmesser. Auch er war
stark und muskulös gebaut, doch hatte ihn das Alter schon mit Runzeln
gezeichnet. Da er seine Frau zurückgelassen hatte, so trug er selbst
zwey schwer angefüllte Säcke auf dem Rücken und einen großen Bündel
von Pfeilen und Pfeilrohr. Er keuchte unter dieser Last und lief mit vor-
geneigtem Körper schnell dahin, wie ihn die Vignette dieses Abschnittes
darstellt. Seine erste Frage an uns war ebenfalls: ob seine Landsleute
von *Rio de Janeiro* zurückgekehrt seyen, und lebhafte Freude äußerte
sich in seinem ganzen Wesen, als wir ihm dieselbe bejaheten.

Als ich bald darauf auch nach dem *Quartel* zurückkam, fand ich
schon eine große Menge von Botocuden in allen Zimmern des Hauses
nach ihrer Bequemlichkeit gelagert. Einige saßen am Feuer und brateten unreife *Mammâo*-Früchte; andere aßen Mehl, welches sie vom Commandanten erhalten hatten, und ein großer Theil von ihnen war im
Anstaunen meiner ihnen fremdartig vorkommenden Leute begriffen. Sie
waren nicht wenig verwundert über die weißere Haut, die blonden
Haare und die blauen Augen derselben. Alle Winkel des Hauses durch-
schlichen sie, um Lebensmittel aufzusuchen, und immer rege war ihre
Eßlust; alle *Mammâo*-Stämme wurden von ihnen bestiegen, und wo
nur irgend eine Frucht, durch eine etwas mehr gelblich grüne Farbe,
den Anfang der Reife verrieth, ward sie abgenommen; ja sehr viele
verzehrten sie ganz unreif; sie rösteten sie alsdann auf den heißen Koh-
len, oder kochten sie auch wohl. Ich trat mit diesen Wilden nun sogleich

in einen Tauschhandel, indem ich ihnen Messer, rothe Schnupftücher, Glascorallen und dergleichen Kleinigkeiten gegen ihre Waffen, Säcke und andere Geräthschaften gab. Sie liebten ganz vorzüglich alles Eisengeräthe, und befestigten, nach Art aller *Tapuyas* der Ostküste, die eingehandelten Messer sogleich an einer Schnur, die sie um ihren Hals trugen. Einen sehr interessanten Anblick gewährte uns die Bewillkommung der jungen, mit dem *Ouvidor* in *Rio* gewesenen und nun nach und nach herbeykommenden *Botocudos* von Seiten ihrer Landsleute und Verwandten; sie wurden recht herzlich von ihnen empfangen, der alte *Capitam* J U N E sang ein Freudenlied und einige wollten sogar gesehen haben, daſs er vor Freude geweint habe. Nach Einigen sollen die *Botocudos* zum Willkommen einander am Handgelenke beriechen; Herr S E L L O W unter andern will diese Erfahrung gemacht haben, allein, ungeachtet ich lange und oft unter diesen Wilden war, und sie öfters Ankommende bewillkommen sah, habe ich doch nie etwas Aehnliches bemerkt oder gehört. Der alte *Capitam* hatte sich mit seinen nächsten Freunden in den, von allen Seiten offenen, und blos mit einem Strohdache bedeckten Schoppen einquartiert, der zur Bereitung des Mandioccamehls bestimmt war; hier hatten sie sich neben das Mandioccarad, und den zum Trocknen des Mehls dienenden Ofen ein groſses Feuer angezündet, und lagen um dasselbe her, umgeben von einem dicken Rauche, in der Asche, von welcher ihre braune Hautfarbe jetzt zum Theil grau erschien. Oft stand der *Capitam* selbst auf, forderte barsch und rauh eine Axt, und gieng, um Brennholz zu holen; auch wagte er von Zeit zu Zeit einen Angriff auf uns und die Portugiesen, um Mehl zu erhalten, oder rüttelte die Melonen-Bäume, um ihre Früchte zu bekommen. Diese *Botocudos*, welche am *Rio Doçe* so unversöhnlich handeln, sind hier am *Belmonte* so wenig gefürchtet, daſs man es wohl schon gewagt hat, mehrere Tagereisen weit mit ihnen in die groſsen Wälder auf die Jagd zu gehen und

dort mit ihnen in ihren Hütten zu schlafen — indessen sind dergleichen
Versuche noch nicht sehr häufig, da das Mißtrauen gegen sie sich nicht
so leicht ganz verliert. Doch ists auch nicht blos dieses Mißtrauen, und
die Furcht sich in die Gewalt der Wilden hingegeben zu sehen, was
dem Europäer dergleichen Waldzüge in Gesellschaft der Wilden verleidet,
sondern selbst ihre große Muskelkraft und Ausdauer — denn äußerst ermüdet kehrten immer unsere Leute, nach jedem Waldgang mit den Botocuden, zurück. Die Stärke ihrer Muskeln setzt sie in den Stand, äußerst
schnell und behende in der großen Hitze Berg auf und Berg ab zu gehen,
sie durchdringen die verwachsensten, dichtesten Wälder; nichts hält sie
auf; jeden Fluß durchwaten oder durchschwimmen sie, wenn er nicht
zu reißend ist; völlig nakt, also durch Kleidungsstücke nicht belästigt,
nie in Schweiß gerathend, blos Bogen und Pfeile in der Hand tragend,
können sie sich mit Leichtigkeit bücken, mit ihrer abgehärteten Haut, die
weder Dornen noch andere Verletzung fürchtet, durch die kleinste Oeffnung im Gesträuche durchschlüpfen, und so in einem Tage weite Strecken
Weges zurücklegen. Diese körperliche Ueberlegenheit erfuhren meine
Jäger unter andern bey einem jungen Botocuden, der Jukeräcke hieß;
er hatte mit der Flinte sehr gut schießen gelernt, war aber dabey ein
ausgezeichneter Bogenschütze. Ich sandte ihn mit noch andern Botocuden
zuweilen in den Wald, um Thiere zu erlegen — für etwas Mehl und
Branntwein jagten sie willig einen ganzen Tag. Jukeräcke besonders
war sehr gut zu gebrauchen, da er sehr gewandt war und zu allen kör-
perlichen Uebungen viel Geschick zeigte. Anfangs begleiteten meine Jäger
diese Leute, allein bald klagten sie über die zu große Schnellfüßigkeit
der *Botocudos*, und ließen sie allein jagen. Die Jagd beschäftigte uns
in der Gegend des *Quartels* täglich. Die *Araras* pflegen sich, bey der
Anwesenheit der Wilden, in dieser Gegend nur wenig zu zeigen, weil
sie immer beunruhigt werden; während der kurzen Abwesenheit der

Botocudos hatten sie sich wieder eingefunden, und nun fanden sie auch an unsern Jagdgewehren furchtbare Feinde. Wir erlegten mehrere dieser schönen Vögel, die uns doppelt willkommen waren, da es hier ganz in der Nähe sehr an Wildpret für unsere Küche fehlte, und auch die übrigen Lebensmittel auf dem *Quartel* uns oft so sparsam zugemessen waren, dafs wir beynahe Hunger litten. Neben der Jagd wurde auch die Fischerey fortgesetzt; kurz nach unserer Ankunft wurden mehrere Sägefische (*Pristis Serra*) oder *Espadartas* gefangen, deren Fleisch wir sehr schmackhaft fanden. Im Netze fängt man hier nur eine Fischart, den *Crumatan*, allein an der Angel mehrere, als *Robal, Piabanha, Piau, Jundiáh* (*Silurus*), *Cassâo* (*Squalus?*), *Espadarta, Çucurupora* (*Squalus?*), *Çurubi, Camurupi* und noch andere Arten mehr. Den *Crumatan*, einen weichlichen Fisch mit sehr vielen Gräten, schiefsen die Wilden mit Bogen und Pfeilen (*).

(*) Die vorzüglichsten am Flusse *Belmonte* gebräuchlichen Fischergeräthschaften sind aufser der *Camboa* oder dem *Coral*, die *Taraffa*, ein grofses rundes Netz, welches von einer Person ausgeworfen wird; verschiedene kleine Arten von Körben; das *Puçá* von fein gespaltenem Holze oder Rohr geflochten, etwas platt und gekrümmt, mit einer Oeffnung in dem untern concaven Theile; das *Jiquiá*, ein langer conischer Korb von gespaltenen *Çipó*-Zweigen, inwendig durch *Çipó*-Reifen auseinander gehalten; das *Musuá*, gleich dem vorigen, aber cylindrisch, an beyden Enden mit einem Eingange, und aus dünnen Stäben des *Canna brava*-Rohrs verfertigt. In den Oeffnungen aller dieser Fischkörbe, und besonders an beyden Enden der letztgenannten Art sind spitzige Stäbchen so kegelförmig einwärts gestellt, dafs der Fisch sich hinein, aber nicht wieder heraus findet. In diesen Körben fängt man besonders den grofsen orange-bräunlich und schwarz gestreiften Krebs (*Camarâo*), den wir auch in kleinen Waldbächen des Innern gefunden haben. Man macht dies Instrument etwa 4 bis 5 Palmen lang. Ferner hat man Netze mit Zugleinen, welche oft eine grofse Breite einnehmen, und womit mehrere Personen in verschiedenen Canoen fischen. Zu den Fischgeräthschaften gehört auch die *Çiripoia*, welche gewöhnlich die Kinder in den Häfen auswerfen, und an den beyden daran befestigten Leinen wieder hervor ziehen, um Krabben und kleine Krebse damit zu fangen. Dieses Netz ist ein an einen Reif gebundener Garnsack. Der *Tapasteiro* endlich ist ein an einem Kreuze von Holz befestigtes Netz, welches man in den Häfen auf dem Grunde des

Die *Botocudos*, welche sich ihres Vortheils wegen gern in der Nähe der Europäer aufhalten, haben auch die Erfahrung gemacht, daſs es hier bey dem *Quartelle* zuweilen an Lebensmitteln gebricht, einige unter ihnen hatten deshalb selbst Pflanzungen angelegt; eine solche befand sich am nördlichen Ufer des Flusses, dem *Quartel* gegenüber. Es waren da einige Hütten, bey welchen die Wilden Bananenbäume gepflanzt hatten; die Hütten haben sie indessen wieder verlassen, nachdem sie einige von ihren Todten darin beerdigt hatten, und bey ihrer jetzigen Rückkehr verbrannten sie dieselben sogar, aber die Bananenbäume halten sie der Frucht wegen noch in Ehren. Auch weiter oben am *Belmonte*, in dem Gebiete von *Minas Novas*, ist eine Gegend, wo einige *Botocudos* sich eigene Pflanzungen angelegt hatten; aber auch da haben sie sich bald wieder in die Wälder verloren, und die *Machacaris* haben jetzt an derselben Stelle ein Dorf oder eine ansehnliche *Rancharia* gebildet. Diese Beyspiele zeigen, daſs die *Botocudos* wirklich sich schon der Civilisation zu nähern anfangen, aber zugleich auch, daſs es ihnen sehr schwer wird, ihrem angestammten, ungebundenen Jägerleben zu entsagen, da sie so leicht selbst von ihren angelegten Pflanzungen zu demselben wieder zurückkehren. Nur die anwachsende Bevölkerung der Europäer und die Einschränkung der Gränzen ihrer Jagdreviere, werden sie allmählig zu einer Veränderung ihrer Lebensweise bewegen können.

Die gegenwärtig mit uns unter einem Dache wohnenden *Botocudos* gewährten uns die gröſste Unterhaltung und öfters interessante Auftritte. So kam der alte *Capitam*, welchem ich seine Bogen und Pfeile abgekauft hatte, eines Tages zu mir, um mir dieselben wieder abzuborgen, weil er nach seinem Vorgeben ohne sie nicht jagen könne; ich willfahrte ihm

---

Wassers fortzieht, gleichfalls zum Fange der Krabben und Krebse. Der Fischer geht dabei meist bis an den halben Körper im Wasser und stets rückwärts. Um den Hals trägt er das Gefäſs, worin er die gefangenen Thiere aufhebt.

doch verstrich die anberaumte Zeit und meine Pfeile erschienen nicht
wieder; auch sah ich sie nie in der Hand des Wilden. Ich forderte sie
nun freundlich von ihm zurück, aber umsonst! Endlich erfuhr ich, daſs er
sie im Walde verborgen habe, und es dauerte lange, bis meine ernsteren
Worte, unterstützt von dem Commandanten des *Quartels*, ihn zuletzt
bewogen, sie wieder hervor zu holen und abzuliefern. Aexte (in ihrer
Sprache *Carapó*) und Messer, haben in ihren Augen den gröſsten Werth.
Der erstern bedienen sie sich besonders, um das zähe Holz des *Pao
d'arco* (*Bignonia*), woraus sie ihre Bogen machen, zu spalten; sie tau-
schen sie beyde für ihre Bogen und Pfeile ein, und doch ist ihre Eſslust
so überwiegend, daſs sie für ein wenig Mehl das eben eingetauschte
Messer wieder hingeben. Die Insel, worauf die Gebäude des *Quartels*
liegen, ist, wie schon gesagt worden, nur an ihrem vordern oder untern
Theile von Wald entblöſst und mit Pflanzungen versehen, welche sowohl den Soldaten als den Botocuden Nahrung geben; der hintere Theil
hingegen ist zum Theil mit Gesträuchen (*Capueira*) und mit Hochwald
bedeckt, worin man noch keine Wege hat; eben so ist es auch an den
benachbarten Ufern des Flusses. Die Minas-Straſse am südlichen Ufer
ausgenommen, findet man überall im dichten Wald nur einige schmale
Pfädchen, welche sich die *Botocudos* oder die wilden Thiere gebahnt
haben. Unsere meisten Jagdzüge unternahmen wir deshalb theilweise
auf Canoen; man machte ein Stück des Weges auf dem Flusse hinauf
oder hinab, stieg dann am Ufer aus, und vertiefte sich in die Wälder.
Unter diesen Excursionen waren einige sehr angenehm, besonders die
den Fluſs aufwärts gemachten. Die Fluſsstelle, welche der Gegend ihren
Nahmen giebt, — und *Cachoeirinha* heiſst — verdient besonders einer
Erwähnung. Stromaufwärts liegt sie etwa $\frac{1}{2}$ oder $\frac{3}{4}$ Stunden von der
Insel des *Quartels*, hinabwärts von der *Cachoeirinha* nach dem *Quartel*
braucht man mit der Schnelligkeit des Stromes nicht mehr als $\frac{1}{4}$ Stunde.

Hier fand ich die Wasserfläche des Flusses zwischen ansehnliche Berge eingeengt, die der finstere Hochwald ununterbrochen bedeckte. Diese Wälder erschienen jetzt mit der Farbe des Frühlings geschmückt im größten Reize: theils mit jungem Laube, aschgrau, dunkel - oder hellgrün, gelbgrün, röthlichbraun oder rosenroth, theils mit Blüthen, weiß, hochgelb, violet oder rosenroth prangend; am Fuße dieser Berge, unmittelbar am Flusse, machen Felsstücke, zum Theil sehr groß und sonderbar geformt, die Vorboten jener Gebirgsnatur von *Minas*, die hier wohl erst ihren Anfang nimmt; denn weiter unten am Flusse erscheinen die Felsblöcke noch nicht.

Ein Inselchen am Ufer, ganz aus Felsstücken bestehend, ist merkwürdig wegen der Menge von Vogelnestern, womit einige kurze krumme Bäume wirklich überladen waren. Der Vogel, der diese beutelförmigen Nester aus den Fasern der *Tillandsia* zusammenfitzt, ist der schwarz und gelb gefiederte, und mit den Pirolen verwandte *Japui* (*Cassicus* oder *Oriolus persicus*); südlicher als *Belmonte* habe ich ihn nicht mehr gefunden. Diese Vögel sind sehr gesellig; sie bauen, wie alle Cassiken, beutelförmige Nester, die sie an einem dünnen Zweige aufhängen, und legen zwey Eyer hinein; jetzt waren diese Nester unbewohnt, denn die Brütezeit ist im November, December und Januar. Die Fischer pflegen die jungen Vögel auszunehmen, um sie als Köder an die Angeln zu gebrauchen. Schwarze Pirole flogen auf den Felsen am Flusse in kleinen Flügen umher, und der schöne blutrothe *Tijé-Piranga* (*Tanagra brasilia*, LINN.) war auch hier, wie an allen Flußufern im dunkeln Gebüsche, sehr häufig. Man gelangt auf dieser Fahrt an eine Wendung des eingeengten Flusses, wo das ganze Strombette mit Felsblöcken so ausgefüllt ist, daß nur in der Mitte ein schmaler Canal für die Canoe's übrig bleibt; der Strom schießt reißend hindurch, und fällt nachher über die Felstafeln sanft hinab; diese Stelle ists, welche *Cachoeirinha* oder der kleine Fall genannt

wird. Der Stoſs der anprallenden Strommasse hat in den Felsstücken auf
die sonderbarste Art runde kesselförmige, zum Theil auffallend regelmäſsige Oeffnungen ausgehöhlt. Ich hatte ein groſses Canoe, welches
zwey Botocuden, Jukbräcke, Ahó, und einer meiner Leute regierten; der
Strom war aber hier so reiſsend, daſs die drey Personen nicht im Stande
waren, das Canoe so nahe als ich es wünschte an den Wasserfall hin zu
schieben. Aufwärts werden über diese und ähnliche Stellen die Canoe's
gezogen, hinabwärts aber beschifft man sie mit den dieser Gegend kundigen Soldaten der *Quartelle*. In der Zeit des hohen Wasserstandes gleitet
man beynahe ohne Gefahr und sehr schnell über die Hindernisse hinweg,
die bey niederm Wasser selbst geübten *Canoeiros* oft gefährlich werden.
In solcher Zeit, wo, wie jetzt, die Felsklippen hervorragen, erinnert
die hiesige Gegend an ähnliche mahlerische Scenen unserer Schweiz.
Es wachsen hier mancherley interessante Gewächse, unter andern ein
weidenartiger Strauch, von den Einwohnern *Çiriba* genannt, wahrscheinlich ein *Croton*; er hat sehr zähe ruthenförmige Zweige, welche dem
Schiffer, wenn sein Canoe von einem mäſsigen Strom ergriffen wird,
am sichersten dienen, um sich daran fest zu halten. Diese *Çiriba* scheint
der einzige Stellvertreter des Genus *Salix* (Weide) an der Ostküste von
Brasilien zu seyn, da ich wenigstens in dem von mir bereisten Theile
derselben keine einzige Art jener Familie angetroffen habe. Ferner
wächst hier ein Strauch mit weiſsen Blumenbüscheln, welche einen sehr
angenehmen Nelkengeruch aushauchen, und eine andere sehr niedliche
Pflanze, welche mit dem Genus *Scabiosa* verwandt zu seyn scheint, und
deren rosenrothe Blumen das nakte graue Urgestein zieren. Mehrere
Bignonia-Stämme neigten ihre Kronen über den Fluſs hinaus, sie waren
mit jetzt ausbrechenden, schön violetten groſsen Blumen überladen, welche
früher als das Laub erscheinen. Hier sieht man keine Thiere, auch keine
andern Vögel, als mehrere Arten von Schwalben, welche in der Kühlung

der Wasserstrudel den Insekten nachfliegen. Aber zwischen den Felsstücken im Sande bemerkte ich die Spur der Herren dieser einsamen
Wildnisse, der *Botocudos*, die sich um so reiner und vollkommener
abdrückt, da kein entstellender Schuh ihre Fußzehen zusammengepreßt
hat. Wir besuchten die verlassenen Hütten, welche reisende *Mineiros*
hier erbauet hatten, und kehrten dann nach dem *Quartel* zurück. Auf
dieser Fahrt hatten wir noch das Vergnügen, einen schönen *Myuá* (*Plotus Anhinga*, LINN.) zu erlegen. Dieser Vogel ist sehr scheu, und man
muß mit der Art, wie man ihn jagt, bekannt seyn und mit vieler Vorsicht zu Werke gehen, wenn man seiner habhaft werden will. Man
läßt zu dieser Absicht das Canoe längs des Ufers hinab treiben, ohne sich
zu bewegen; der Schütz hat das Gewehr schußfertig angelegt, und behält
den Vogel genau im Auge; sobald dieser anfängt die Flügel zu lüften,
muß man schießen, denn näher bekommt man ihn alsdann nicht mehr.
Meine Botocuden verhielten sich sehr still, ich hatte mich in den Vordertheil des Canoes völlig niedergelegt und schoß, worauf der Vogel sogleich
in den Fluß stürzte und unter dem Canoe hinweg tauchte; hier zog ihn
aber JUKERÄCKE sehr geschickt hervor.

Als wir auf dem *Destacament* wieder ankamen, fanden wir daselbst
Mangel an Lebensmitteln, weil die Fischzüge sehr unglücklich ausgefallen
waren; wir sandten daher sogleich unsere Jäger in zwey Canoen den
Fluß hinab, um zu jagen. Sie hatten diesmal mehr Glück als gewöhnlich,
denn nach 36 Stunden kehrten Abends die fünf Schützen zurück, und
überlieferten in dem einen der Canoen eilf, in dem andern zehen, zusammen ein und zwanzig wilde Schweine von der Art des *Queixada branca* (*Dicotyles labiatus*, CUVIER); sie hatten auf ihrem Jagdzuge vierzehn
Rudel dieses Wildprets angetroffen. Man kann sich aus dem Gesagten
eine Vorstellung von der Menge der wilden Schweine machen, welche
die Urwälder von Brasilien bewohnen; die Wilden ziehen diesem Wild-

pret nach; sie lieben nichts so sehr, als diese Thiere und die Affen. Die
Ankunft unserer Jäger mit den so köstlich beladenen Canoen, war nicht
allein für uns hungrige Europäer sehr willkommen, sondern besonders
für die versammelte Menge der *Botocudos*, die mit gierigen Blicken die
Beute schon zu verzehren schienen. Sie waren sogleich in der lebhaftesten Thätigkeit und boten sich sehr zudringlich an, die Schweine zu
sengen und zuzurichten, wenn wir ihnen etwas davon abgeben wollten.
Wirklich besitzen die Wilden in diesem Geschäft eine vorzügliche Fertigkeit; Jung und Alt legte sogleich Hand ans Werk, sie zündeten augenblicklich eine Menge Feuer an, warfen die Schweine in die Flamme,
sengten ihnen schnell die Borsten ab, schabten sie rein, weideten sie
aus und wuschen sie am Flusse; für ihre Mühe erhielten sie den Kopf
und die Eingeweide. Die Soldaten wurden alsdann angestellt, um das
Wildpret zu zerlegen, in dünne Schichten zu schneiden und einzusalzen,
wodurch wir nun Lebensmittel für einige Zeit besafsen. Aufser dieser
Befriedigung eines dringenden Bedürfnisses, hatte mir der erwähnte Jagdzug noch verschiedene interessante naturhistorische Merkwürdigkeiten
verschafft. Meine Leute hatten einen *Anhuma* (*Aniuma, Palamedea cornuta*, Linn.), der nicht leicht zu schiefsen ist, auf einer Sandbank beschli-
chen und geschossen. Da er nur flügellahm war, so ward er einige Zeit
lebend erhalten und beobachtet. Buffon hat diesen schönen Vogel ziemlich richtig unter dem Nahmen des *Camichi* abgebildet. Der jetzt erlegte
war männlichen Geschlechts, und hatte ein blos mit der Haut verwach-
senes und deshalb bewegliches ziemlich grofses Horn auf der Stirn, welches der weibliche Vogel ebenfalls trägt. Die *Botocudos*, durch unsern
Fleifs auf der Jagd angefeuert, machten ebenfalls Streifzüge in die Wälder,
von welchen sie einige Rehe, Aguti's und andere Thiere zurückbrachten,
die sie gröfstentheils sogleich verzehrten. Sie braten das Fleisch (welches man *Bucaniren* oder *Muquiar* nennt), und trocknen das, was sie

nicht gleich essen, am Feuer, um es aufzuheben. Mein Jagdgehülfe Aнó hatte einst von der Höhe eines Baumes herab mehrere jagdbare Thiere erlegt, und kehrte sehr vergnügt zurück; allein gutmüthig theilte er nach einer solchen glücklichen Jagd jedesmal mit seinen Landsleuten.

Mehrere *Botocudos* waren mit geborgten Aexten in den Wald gezogen, um sich für die an uns vertauschten Bogen und Pfeile, wieder neue zu verfertigen. Das *Pao d'arco* oder *Tapicurú*, woraus sie dieselben machen, ist ein hoher Baum mit hartem zähem Holze, der im Monat August und September mit schönem bräunlich rothem Laube hervorbricht und dann grofse schöne gelbe Blumen trägt. Sein Holz ist weifslich, hat aber inwendig einen schwefelgelben Kern, und aus diesem eigentlich verfertigen die Wilden am *Belmonte* und in den nördlicheren Gegenden ihre Bogen. Diese Arbeit macht ihnen viele Mühe, daher scheuen sie dieselbe, und wollten lieber Bogen von uns borgen, ja einige versuchten sogar, sie uns zu entwenden.

Da ich jetzt vollkommen Muse hatte, den Flufs *Belmonte* höher aufwärts zu beschiffen, um die zoologischen Produkte der ihn einfassenden Wälder näher kennen zu lernen, so unternahm ich eine Fahrt bis zum *Quartel do Salto*, welches zu Lande etwa 12 Legoas, zu Wasser aber etwa drey Tagereisen von dem *Quartel dos Arcos* entfernt ist; doch müssen vier Männer mit einem nicht besonders schwer beladenen Canoe schon stark arbeiten, um die Reise in dieser Zeit zurück zu legen. Mein Canoe war ziemlich leicht und hatte vier, des Flusses vollkommen kundige *Canoeiros*. Ich verliefs das *Quartel dos Arcos* erst gegen Mittag; wir überschifften daher heute nur die oben erwähnte *Cachoeirinha*, oder den untersten Theil des Flusses. Die Felsbänke, die hier den Strom einengen, und überall den Grund desselben anfüllen, und über welche etwa 10 Minuten weit der Flufs mit mäfsigem Fall schäumend herabschiefst, bilden für die Canoe's hier schon bedeutende Hindernisse. Bey dem Hinabschiffen über

diesen Wasserfall werden, wegen der reißenden Schnelligkeit des herab-
schießenden Wassers, die vortretenden Felsblöcke und verschiedene Wendungen zwischen denselben den Canoen gefährlich. Ehe wir die *Cachoeirinha* erreichten, hielten wir am südlichen Flußufer an, um in dem dichten Urwalde lange Stangen (*Varas*) von hartem zähem Holze zu hauen,
die man zum Fortschieben der Canoen gebraucht. Nächstdem schnitten
wir hier auch lange *Çipós*; von dreyen oder vieren dieser starken holzigen
Ranken drehte man ein starkes Seil (*Regeira*), das zum Ziehen an den
Vordertheil des Canoes befestigt wurde. So gerüstet unternahmen wir
die mühsame Fahrt über die *Cachoeirinha* hinauf. Zwey Schiffer, die
bald bis an die Hüften im Wasser wateten, und bald von Fels zu Fels
sprangen, zuweilen auch wohl zwischen die Steinblöcke bis an den Hals
ins Wasser fielen, zogen das leere Canoe, und die übrigen Leute schoben
hinten nach. Ich kletterte unterdessen mit meinem Jagdgewehre über
die Felsen am Ufer hinauf, und erlegte bey dieser Gelegenheit eine mir
noch neue Art von Schwalbe mit gabelförmigem Schwanze und einer
schwarzen Querbinde unter der Kehle (*); andere Arten, die weiße und
grüne und die rostkehlige Schwalbe (**) schwärmten überall in Menge
umher. In diesen Felsblöcken nistet auch eine *Muscicapa* (Fliegenfänger)
mit zum Theil roströthlichem Gefieder (***), die man im *Sertam* von *Bahia*,
Gibâo de couro oder die lederne Jacke nennt; sie findet sich in *Minas*

(*) *Hirundo melanoleuca*, eine neue Art: mit gabelförmigem Schwanze, schwarzem Oberleibe
und weißem Unterleibe, eine schwarze Binde unter der Kehle; ganze Länge 5 Zoll 4 ½ Linien.

(**) *Hirundo leucoptera* und *iugularis*; die letztere mit hell-roströthlicher Kehle und blaß-
gelblichem Unterleibe, ist wahrscheinlich AZARA's *Hirondelle à ventre jeaunâtre*. AZARA
voyages etc. T. IV. p. 105.

(***) *Muscicapa rupestris*, eine neue Art: 6 Zoll 11 Linien lang; alle obern Theile des
Gefieders dunkelgrau-braun, die untern so wie die Schwanzdeckfedern hell-rostroth; Schwanzfedern rostroth mit breiten schwarzbraunen Spitzen; Flügeldeckfedern schwarzbraun mit zwey
unregelmäßigen rostrothen Querstreifen.

und selbst an der Ostküste, jedoch seltener, und hält sich überall im
Gesteine oder auf den Dächern der Häuser auf. Hier in den Felsen
des *Belmonte* sieht man sie häufig auf der Spitze eines Blockes sitzen,
nach den Insekten gerade in die Höhe fliegen, und wieder auf ihren
Stand zurückfallen. Alle neulich an dieser Stelle gefundenen Gewächse
waren jetzt vollkommener in der Blüthe, und noch mehrere vor dem
Ausbrechen des Laubes blühende rosenrothe oder violette Trompetenblumen (*Bignonia*), deren Blumenbüschel leider nur zu schnell verblühen
und abfallen, waren noch dazu gekommen.

Als meine *Canoeiros* die Cascaden der *Cachoeirinha* überwunden
hatten, neigte sich der Tag; wir beschlossen daher auf einer Sandbank
am Ufer, etwas oberhalb des Falles, zu übernachten — man nennt diese
Stelle *Raçaseiro*. Noch leuchtete uns die Sonne, als es in dem benachbarten hohen Urwalde schon völlig Nacht war; die *Araras* riefen ihr
rauhes Abendlied und benachrichtigten die Eulen und Nachtschwalben
von dem Herannahen der Zeit ihrer Thätigkeit. Da es schönes heiteres
Wetter war, übernachteten wir ohne Hütten bey einem guten Feuer,
ich mit einer dichten wollenen Decke, die *Canoeiros* mit einer Stroh-
matte (*Esteira*) bedeckt; eine große trockene Ochsenhaut diente zur
Unterlage. Am folgenden Tage setzten wir unsere Reise fort. Von hier
aus hat der Fluß einen etwas geringern Fall, doch blieb seine Ansicht
in der Hauptsache dieselbe. Die Wassermasse war bey geringer Tiefe
durch große Granitblöcke unterbrochen, welche nach dem Ufer hin
sich mehrten und am Rande der hohen Urwälder am größten waren,
und dicht gedrängt lagen. An diesen Felsstücken, durch welche der
Fluß in mehrere Fahrwasser getheilt wird, kann man den Fall desselben vom hohen Rücken von *Minas* herab abnehmen. Viele dieser
Blöcke sind mit einer Menge von Glimmer gemischt, auch findet man
hier in allen Flüssen, besonders in den kleinen einfallenden Seitenbächen,

etwas Gold und selbst Edelstein. Das Wasser des *Belmonte*, das in der Zeit, wo die Flüsse anschwellen, gelb und trüb aussieht, war jetzt klar und hell, und wir konnten deswegen den unter Wasser befindlichen Felsstücken besser ausweichen. Die Ufer dieses Thales steigen schnell mit gebürgigen Urwäldern empor, und die großen Felsblöcke erstrecken sich nun schon in Menge bis in den Wald hinein. Da viele Baumarten um diese Zeit ihr Laub verlieren, die meisten aber immer grün bleiben, so erschien hier der Wald halb grün und halb grau; nach *Minas* hin ist diese Erscheinung noch viel auffallender, ja in vielen Gegenden soll das Laub ganz abfallen. Die mancherley jetzt ausbrechenden Arten des jungen Laubes fiengen indessen gerade jetzt an, der Landschaft wieder neues Leben und Reiz zu geben; das *Tapicurú* (*Bignonia*) war über und über mit seinen hervorbrechenden schönen, bräunlichrothen Blättern bedeckt, die Kronen der *Sapucaya*-Bäume (*Lecytis*) zeigten sich im schönsten Rosenroth, die *Bouginvillœa brasiliensis* umwand die Wipfel der zum Theil noch unbelaubten Bäume, und überdeckte sie mit ihren dunkel-rosenrothen Blumen; eben so prangten hier mehrere Arten theils hochstämmiger, theils auf der Erde fortrankender, theils aufsteigender Trompetenblumen (*Bignonia*), mit allen Abwechslungen rosenrother, violetter, weißer und gelber Blüthen. In dieser Jahreszeit würde es dem besten Landschaftmahler kaum möglich seyn, die mannigfaltig abwechselnde Farbenmischung der Riesenkronen dieser Urwälder darzustellen, und wenn er's vermöchte, so würde jeder, der diese Gegenden nicht selbst gesehen hat, sein Gemählde für eine bloße Dichtung der Phantasie halten. Mit vieler Mühe mußten wir uns auch hier auf die oben beschriebene Weise zwischen den häufigen Felsen hindurch und über Strömungen hinweg arbeiten, und nicht selten fielen unsere Leute, welche das Canoe zogen, bis an den Hals ins Wasser, ohne jedoch das Seil aus der Hand fahren zu lassen.

Die Hitze war in diesen Tagen schon bedeutend, und zahlreiche Schaaren von Moskiten quälten uns, doch sollen sie zur Zeit des hohen Wasserstandes noch weit unerträglicher seyn. Am Abende des zweyten Tages hatten wir wieder unser Feuer auf einer Sandfläche am Flusse angezündet, der Mond leuchtete uns in herrlicher Klarheit, und kündigte uns für den folgenden Tag schönes Wetter an. Am folgenden Morgen lag das ganze Thal des Flusses in dichten Nebel gehüllt, der aber sehr bald herab fiel. Hier sahen wir, als der Himmel sich aufgeklärt hatte, einen Schwarm großer Schwalben, zur Familie der Segler (*Cypselus*) gehörig, von einer neuen, uns bis jetzt noch unbekannten Art, deren ruß-schwärzliches Gefieder nichts Ausgezeichnetes hatte; ihres äußerst schnellen Fluges wegen konnten wir jedoch keine von ihnen erlegen.

Wir setzten unsere Reise fort, umschifften einige bedeutende Fels-wände und erreichten alsdann eine vorzüglich starke *Cachoeira*; mit Hülfe der *Regeira* überschifften wir auch diese, wie die andern, ohne das Canoe auszuladen. Von hier aus kamen wir an eine Stelle, wo der Fluß ziem-lich eben forteilt, und nur wenig Strom hat. Am nördlichen Ufer trifft man auf einen hohen von oben vortretenden Fels, unter welchem eine Art von Höhle befindlich ist. Diese Stelle trägt den Nahmen der *Lapa dos Mineiros* (Höhle der *Mineiros*). Die sogenannte Höhlung des Felsens ist eigentlich nur ein bedeckter, durch den Vorsprung gebildeter Winkel, wo die Reisenden zu übernachten pflegen, wenn der Abend sie in dieser Gegend ereilt, indem die Feuer hier vollkommen gegen Wind und Regen geschützt sind. Hinter dieser Stelle verengen sich die den Fluß ein-schließenden Berge, und große Felsblöcke liegen an seinen Ufern. An einem kleinen Bache (*Corrego*) hielten wir etwas an; meine *Canoeiros* stiegen ans Land, um, wie sie sagten, Schleifsteine zu suchen; das ganze Steingerölle dieses kleinen Wassers bestand aus den verschiedenen in *Minas* vorkommenden Arten der Urgebürge mit vielem Glimmer gemischt, auch behaupteten meine Leute, worunter sich ein erfahrner *Mineiro* befand, daß man hier nicht selten Gold finde, und nach dem Vorkommen des Gerölles, sicher auf das Vorhandenseyn dieses Metalles schließen könne. In dem wilden Bette dieses, durch menschenleere Gegenden herabkommenden, rauschenden Waldbaches fanden wir die Spuren der *Antas* (*Tapirus*) und der *Capybaras*, der ruhigen Bewohner dieser Wildnisse; sie haben in dem *Corrego*, selbst in der Regenzeit, klares helles Wasser, und die Urwildniß rings umher gewährt ihnen die bequemsten Schlupfwinkel. Wir legten noch einige kleine Fälle oder *Cachoeiras* im Flusse zurück, über die wir wegen der geringen Tiefe des Wassers, zum Theil nur mit großer Mühe das Canoe fortschaffen konnten. Der Abend fand uns an einer engen Stelle des Flusses; wir lagerten auf einer Sandfläche am Ufer zwischen Felsen. Zwey rothe Unzen (*Onça Çuçuaranna, Felis concolor*, LINN.) waren noch kürzlich hier umher getrabt, ihre Fährte war vollkommen frisch; wir waren noch mit Betrachtung derselben beschäftigt, als eine Gesellschaft von Fischottern (*Lontras*) unsere Aufmerksamkeit auf sich zog, die sich fischend den Fluß hinab treiben ließen. Oft kamen sie mit den Köpfen über das Wasser herauf und schnarchten dann heftig; zum Schusse waren sie aber leider zu weit von uns. Diese Ottern (*Lutra brasiliensis*) fangen in den Flüssen eine große Menge Fische, deren Ueberreste man auf den Felsen findet; so fand ich zum Beyspiel öfters an solchen Stellen den Kopf und den knöchernen Halspanzer einer mit runden schwarzen Flecken auf gelbbraunem Grunde bezeichneten Art von *Silurus* (*); diese harten Theile scheinen die Fischottern liegen zu lassen. In der Nähe unseres Nachtquartiers zeigten sich noch mancherley Thiere, *Araras* riefen im hohen Walde, und große Fledermäuse flogen hoch über unsern Köpfen

(*) Hier *Roncador* genannt, südlich von *Capitania* belegt man eine andere Fischart mit diesem Nahmen. Ich habe nicht Gelegenheit gehabt, den erstgenannten Fisch in seiner Vollkommenheit zu sehen.

in der dämmernden Abendluft umher. Selbst als die Nacht uns schon die
Gegend verhüllte, liefsen sich noch sonderbare unbekannte Stimmen von
Eulen und Nachtschwalben hören. Der folgende Morgen war wieder in
dichten Nebel gehüllt — der indessen nicht kalt, sondern nur sehr feucht
war — allein die kräftige tropische Sonne durchbrach bald den dichten
Schleyer des Thales und trocknete uns wieder. Wir schifften nun bis zu
der bedeutendsten *Cachoeira*, die wir auf dieser Reise zu überwinden hatten; hier mufste man das Canoe an einer Felsen-Insel ausladen, und jedermann legte Hand an, um dasselbe über eine 3 Fufs hohe Felsenstufe hinauf
zu heben, welches das herabströmende Wasser noch sehr erschwerte.
Man hatte das ganze Gepäck über das Land hinweg, an das andere Ende
der Insel getragen, allein es währte lange, bis das Canoe durch unsägliche
Mühe dahin gebracht wurde, und ausgeschöpft, wieder beladen und flott
gemacht werden konnte. Während meine Leute mit dem Canoe beschäftigt waren, blickte ich zufällig an das jenseitige Ufer, und nicht gering
war meine Ueberraschung, als ich dort einen grofsen starken Botocuden
mit untergeschlagenen Beinen ruhig sitzen sah. Sein Nahme war Jucakemet, er war meinen Leuten wohl bekannt, jetzt aber von ihnen nicht
bemerkt worden; er hatte unserer Arbeit zugesehen, ohne ein Lebenszeichen von sich zu geben. In den grauen Felsen war das graubraune
nakte Wesen kaum zu sehen; darum können diese Wilden sehr leicht
unbemerkt sich nähern, und die mit ihnen, in andern Gegenden im Krieg
stehenden Soldaten müssen deshalb äufserst vorsichtig seyn. Wir forderten den einsam da Sitzenden auf, zu uns herüber zu schwimmen, allein
er gab zu verstehen, der Flufs sey zu reifsend, er wolle nach dem *Quartel
do Salto*, welches nicht mehr weit entfernt war, zurückkehren und dort
uns erwarten. Auch auf dem nördlichen Ufer erblickten wir einige Botocuden, welche mit einem Soldaten des *Quartels* auf die Jagd giengen, diese
wollten ebenfalls nicht zu uns herab kommen. Wir umschifften nun eine

hohe schwärzliche mit gelben Quarz-Adern durchzogene Felswand, und
gelangten alsdann zu dem Landungsplatz (*Porto*) des *Quartels do Salto*.
Da in der Gegend dieses Militärpostens der Fluſs durch einen bedeutenden
Fall völlig unfahrbar wird, so muſs man vor dieser Stelle landen, und
zu Lande den Weg über einen Berg machen; jenseits des *Quartels* schifft
man sich alsdann in andern Canoen wieder ein. Ich lieſs mein Gepäcke
ausladen und nach dem *Destacament* hinüber tragen. Der Weg dorthin
führt an einer steilen Bergwand hinauf, wo man einen kleinen Schoppen
für die auszuladenden Waaren erbauet hat, welche nach *Minas* bestimmt
sind. Auf der Höhe tritt man in den hohen Wald ein, wo *Bromelia*-
Pflanzen an der Erde ein undurchdringliches Dickicht bilden, und 5 bis
6 Fuſs hohe *Begonia*-Stauden mit ihren groſsen Blättern (*) in Menge
wachsen. Hier stand in colossalem Umfange der *Bombax ventricosa* des
Arruda, mit unten an der Erde, und oben unter der Krone verdünntem,
in der Mitte aber bauchicht ausgedehntem Stamme, weshalb ihm die Portugiesen den Nahmen *Barrigudo* beygelegt haben. Es giebt mehrere
Arten dieser bauchichten *Bombax*-Stämme, die eine hat eine glatte, nur
etwas gereifte Rinde, bey einer andern ist der Stamm mit kurzen, starken, abgestumpften Stacheln versehen; die einzeln stehenden Blätter in
der dünnen, wenig ästigen Krone sind handförmig, und bey einigen
Arten zwey- oder dreylappig, bey andern ungetheilt. Die Blumen sind
groſs und schön von weiſslicher Farbe; sobald sie welken, fallen sie ab
und bedecken den Boden unter den Bäumen. Der weite Stamm dieser
Baumart ist mit einem sehr saftigen weichen Mark angefüllt, worin man
mehrere groſse Insektenlarven findet, welche die *Botocudos* aufsuchen,
an einem hölzernen Spies braten und begierig verzehren. Verwundet
man den Baum, so flieſst sehr viel klebriger Saft oder Harz aus. In dieser

---

(*) Das Genus *Begonia* ist in Brasilien sehr zahlreich an Arten, wovon einige zu einer
bedeutenden Höhe und Stärke heranwachsen.

Wildnifs führte seitwärts ein kleines einsames Pfädchen nach den Höhen hinauf, an welchen eine Gesellschaft von *Botocudos* ihr Wesen treibt; viele von ihnen besuchen oft das *Destacament*, und arbeiten da eine Zeit lang, wofür man ihnen zu essen giebt.

Man hat ungefähr eine halbe Legoa zu Lande bis nach dem *Quartel* zu machen; der Weg führt Berg auf und ab durch den Wald, wodurch die Fortschaffung der Waaren, die hier alle durch Menschen getragen werden müssen, sehr erschwert wird. Das *Quartel do Salto* liegt am Flusse in einer etwas breiten Stelle des Thales, wo jetzt bey dem kleinen Wasser eine Fläche von naktem Steingerölle zum Vorschein kam, die zu beyden Seiten den schmalen Flufs umgiebt. Die Gebäude sind von Lehm mit grofsen langen Tafeln von der Rinde des *Pao d'arco* gedeckt. Der Commandant, ein *Cabo* (Unterofficier) und farbiger Mann, nahm mich gut auf, und wiefs mir in einem der Gebäude ein Zimmer an. Er hatte nur ein Paar Soldaten hier, die übrigen waren mit einigen Canoen nach *Minas* hinauf geschifft; alle leeren Räume waren dagegen mit Botocuden angefüllt, welchen man diesen Aufenthalt gestattet, um den Frieden mit ihnen zu erhalten. Ich fand hier die alte, auch ganz nakt gehende Frau des *Capitam* J u n e, welche zurück geblieben war, als die übrige Gesellschaft sich nach der *Cachoeirinha* begeben hatte; aufser dieser überaus häfslichen Frau befanden sich hier aber auch noch andere, recht gut gebildete Botocuden, die zum Theil nach ihrer Art sehr schön bemahlt waren. Einige hatten den Körper in natürlicher Farbe und blos das Gesicht bis zum Munde herab mit *Urucu* glühend roth gefärbt, andere den ganzen Körper schwarz, nur Hände, Füfse und Gesicht in natürlicher Farbe u. s. w. Im ersten Abschnitte des 2ten Bandes wird man die verschiedenen Arten genau angegeben finden, auf welche diese Wilden sich zu bemahlen pflegen. J u c a k e m e t erschien ebenfalls, er war einer der gröfsten Botocuden, die ich gesehen habe, und trug in den Ohren und der Unterlippe sehr grofse Tafeln. Unlängst hatte er, wie man mir erzählte, mit dem *Capitam Gipakeiu*, dem Anführer einer andern Truppe, einen heftigen Streit gehabt, und Hand an ihn gelegt, worauf jener sogleich einen Pfeil nach ihm abgeschossen, und ihn am Halse leicht verwundet hatte; er zeigte uns noch die Narbe davon. JUCAKEMET vermied jetzt sorgfältig die Gegend, in welcher *Capitam Gipakeiu* umher zog; er war am *Salto* auf dem südlichen Ufer des Flusses, und letzterer am nördlichen, in der Gegend des *Quartel dos Arcos*, in den grofsen Wäldern mit der Jagd der wilden Schweine beschäftigt. Unmittelbar bey den Gebäuden des *Destacaments* läuft die Minas-Strafse vorbey, sie ist von hier an aufwärts sehr gangbar und gut, nach *Belmonte* hinab aber, wie oben bemerkt worden, noch nicht zu gebrauchen. Erst vor einigen Tagen war eine *Tropa* mit Baumwolle beladener Maulthiere von *Minas Novas* herab gekommen, und hatte als Rückfracht Salz mitgenommen, ein Bedürfnifs, welches in jenen hohen Gegenden sehr mangelt. *Mineiros*, welche des Handels wegen sich hier befanden, klagten ebenfalls sehr über die Vernachläfsigung jener vielgerühmten Strafse in den untern Gegenden des Flusses. Wenn sie diese Strafse bereisen, geben sie ihren Maulthieren täglich ein Gemisch von Oel und Schiefspulver ein, und behaupten, dies sey ein vortreffliches Mittel gegen die ungesunde Weide, die man an einigen Stellen der Strafse finde; auch pflegt man dann den Thieren öfters etwas Salz zu geben. Wäre diese Strafse wirklich so brauchbar, wie man sie geschildert hat, so würde in kurzer Zeit ein weit bedeutenderer Handel mit *Minas* eingerichtet seyn, da der Transport der Waaren zu Wasser vom *Salto* aus mit vielen Schwierigkeiten verbunden ist, um so mehr, weil alle Waaren von dem Landungsplatz mit aufserordentlicher Mühe nach dem *Quartel* geschafft werden müssen. Sehr leicht könnte man wenigstens einen brauchbaren Fahrweg vom *Salto* nach dem Landungsplatz machen, um die Waaren mit Karren und

Ochsen dorthin fortzuschaffen, doch so weit geht in diesen Wildnissen die
Industrie der Menschen nicht. Es ist zu hoffen, dafs die in der spätern
Zeit allgemein laut gewordenen Klagen über den schlechten Zustand
eines grofsen Theils dieser Strafse, endlich eine sorgfältige Untersuchung
und eine gründliche Verbesserung derselben veranlassen werden.

Ich blieb den folgenden Tag am *Salto* und unternahm früh Morgens
eine Wanderung nach dem nicht weit entlegenen Wasserfall, der sich
durch sein Geräusch schon von fern ankündigt. Man mufs grofse, wild
durcheinander gerollte Felstrümmer überklettern, um die Ansicht desselben zu geniefsen. Der sehr eingeengte Flufs stürzt tobend und schäumend
über Felsen in den tiefer liegenden Kessel hinab, und verbreitet Dampf
und einen feinen Staubregen um sich her; etwas tiefer hinab macht er
einen zweyten noch stärkern Fall über eine ansehnliche Felsstufe hinunter.
Ich erneuerte hier mit Vergnügen die Erinnerung an den Genufs, den
mir vor acht Jahren die noch ungleich bedeutenderen Wasserfälle in den
Gebürgen unserer Schweiz gewährten. Manche Cascaden in dem *Belmonte*, besonders die *Cachoeira do Inferno*, mögen wohl dem *Raudal
von Atures* und *Maypures* im Kleinen ähnlich seyn, von welchen Herr
von Humboldt eine so interessante Schilderung gegeben hat (*), nur
sind sie nicht so zusammengedrängt und aneinander hängend, als in dem
colossalen *Orinoco*. In den Felstrümmern, welche der Staubregen des
Salto benetzt, wachsen einige schöne Straucharten, unter andern ein
Myrthus mit schmalen Blättern, der jetzt sehr angenehm blühte.

Ein zweytes Anliegen, welches mich hier noch einen Tag zu verweilen bewogen hatte, war die Hoffnung, eines Botocuden-Schädels habhaft zu werden. Am *Quartel dos Arcos* war ich an der zu diesem
Zweck beschlossenen Ausgrabung eines Leichnams gehindert worden;
hier war ich glücklicher. In geringer Entfernung von den Gebäuden

(*) Ansichten der Natur S. 312.

hatte man in dem dichten Urwalde unter rankenden schön blühenden
Gewächsen, einen jungen Botocuden von 20 bis 30 Jahren begraben,
der einer der unruhigsten Krieger dieses Stammes gewesen war. Wir
begaben uns, mit Hacken versehen, zu dem Grabe, und befreyten den
merkwürdigen Schädel aus seiner Gefangenschaft. Er zeigte auf den ersten
Anblick eine osteologische Merkwürdigkeit; das grofse Holz der Unterlippe hatte nehmlich die untern Vorderzähne nicht nur hinweggeschoben,
sondern sogar schon an diesem noch jungen Schädel die Alveolen der
Zähne zugedrückt und verwischt, welches sich sonst nur bey sehr alten
Leuten zu finden pflegt. AZARA sagt in seinen Reisen in Süd-Amerika(*),
dafs die Köpfe der Amerikaner weit eher verwitterten, als die der Europäer. Dies stimmt nicht überein mit der Aussage des OVJEDO bey Sou-
THEY(**), wo es heifst, dafs die spanischen Klingen nichts gegen die
Härte der amerikanischen Schädel vermochten; beyde Aeufserungen mögen wohl gleich ungegründet seyn. Ob ich gleich alle mögliche Sorg-
falt angewandt hatte, diese Nachgrabung geheim zu halten, so verbreitete sich doch das Gerücht davon schnell auf dem *Quartel*, und erregte
grofses Aufsehen unter den ungebildeten Menschen. Von Neugierde getrieben, und doch mit einem heimlichen Grausen, kamen mehrere an
die Thür meiner Wohnung, und forderten den Kopf zu sehen, den ich
aber sogleich in meinen Koffer verborgen hatte, und so schnell als
möglich nach der *Villa de Belmonte* hinab zu senden suchte. Doch
hatten, wie ich jetzt beobachtete, die *Botocudos* weniger Anstofs an
meinem Unternehmen genommen, als die Soldaten des *Quartels*, von denen
auch mehrere sich geweigert hatten, bey der Ausgrabung die gewünschte
Hülfe zu leisten. Nachdem ich an diesem interessanten Orte meine Absichten erreicht hatte, kehrte ich nach dem Landungsplatze zurück, und

(*) AZARA voyages etc. Vol. II. p. 59.
(**) SOUTHEYS history of Brazil Vol. I. p. 630.

schiffte mich am zweyten Tage nach meiner Ankunft Morgens früh wieder
ein. Die Fahrt geht sehr schnell den Fluſs hinab; man erreicht in einem
Tage die Insel *Cachoeirinha* wieder. Ueber die *Cachoeirinha*, wo wir
beym Hinaufschiffen unser Canoe ausladen muſsten, fuhren wir jetzt ohne
bedeutende Beschwerde hinunter. Unser Canoe war sehr groſs, und doch
schöpfte es viel Wasser, da es mit dem Vordertheil in die, durch ihren
Fall sehr bewegten Wellen von dem Felsen herab schoſs; wir wurden
daher alle naſs, und ein kleiner Botocude, welchen ich mitgenommen
hatte, vergoſs aus Angst Ströme von Thränen. Eben so glücklich glitt
unser Canoe über alle die verschiedenen kleinen Wasserfälle hinab. In
der Gegend der *Lapa dos Mineiros* sahen wir am südlichen Ufer Botocuden, welche beschäftigt waren mit ihren Pfeilen Fische zu schieſsen.
Einer von ihnen, der uns am nächsten war, gab sogleich ein Zeichen
mit der Hand, daſs wir ihn abholen und ihm zu essen geben sollten.
Um ihn näher zu beschen und seine Waffen einzutauschen, lieſs ich dem
Ufer zusteuern, aber von gierigem Hunger getrieben, wartete er unsere
Ankunft nicht ab, sondern stürzte sich bis an den Hals in den Fluſs, und
kam theils schwimmend, theils watend, die Waffen in die Höhe haltend,
bis zu einem schon weit im Flusse liegenden Felsstücke, wo er blieb und
uns Zeichen von roher unbändiger Ungeduld gab. Als wir näher hinzu
kamen, fanden wir in diesem Botocuden einen groſsen starken Mann, der
aber in allen seinen Geberden die gröſste Wildheit verrieth. Er riſs den
Mund weit auf und brüllte: *Nuncut!* (zu essen), worauf man ihm einige
Hände voll Mehl in den Rachen warf; während er nun gierig mit dem
Verschlingen desselben beschäftigt war, sprang einer meiner Leute, der
die Sprache dieser Wilden ein wenig zu sprechen verstand, ans Land,
ergriff seine Waffen, und brachte sie in das Canoe in Sicherheit, indem er
uns ankündigte, dieser Mensch sey so wild, daſs man sich vor ihm sicher
stellen müsse; zugleich schlug er ein Messer in die Spitze seines Ruders ein,

und reichte es dem Wilden, der auch mit diesem Tausch wohl zufrieden zu
seyn schien, alsdann stießen wir schnell unser Canoe in den Strom hinaus.
Der Botocude, dessen Heißhunger noch nicht gestillt war, gab indessen
die Hoffnung noch nicht auf uns wieder einzuholen; er lief brüllend noch
lange neben uns am Ufer hin, sprang von Felsstück zu Felsstück, schwamm
und watete durchs Wasser, bis er endlich bemerkte, daß das Canoe zu
weit voraus war, um es einholen zu können, dann kehrte er mißmuthig
um und gieng in den Wald zurück. Etwas weiter hin trafen wir ein
Paar andere Wilde an, die sich ebenfalls mit uns unterhielten und ähnliche Ansprüche an unsere Vorräthe machten; wir hatten jedoch nicht
Lust uns mit ihnen einzulassen, um so mehr, da wir keine Zeit zu verlieren hatten. Als gegen Abend unser Canoe die *Cachoeirinha* hinab glitt,
prallte es gegen einen Felsen an, und saß plötzlich fest. Ich war vorher ausgestiegen und zu Fuß längs dem Flußufer hingeklettert, da ich,
unerfahren im Schwimmen, mich der Gefahr eines unerwünschten Bades
nicht aussetzen wollte; ich war erfreut, nur von fern den Stoß mit
anzusehen, der alle meine Leute in dem Canoe durcheinander warf.
Das Wasser war in das Fahrzeug getreten und mein kleiner Botocude
fieng wieder heftig an zu weinen; dennoch kam alles glücklich hinab
und wir erreichten noch vor Sonnenuntergang das *Quartel dos Arcos*.

Ich fand bey meiner Ankunft auf der Insel einen meiner Leute am
Fieber krank, welches mich nöthigte einige Tage hier zu verweilen;
durch gute China, womit ich versehen war, war er bald wieder hergestellt. Dann begab ich mich mit etlichen Jägern nach der, mehrere
Legoas weit den Fluß hinab liegenden *Ilha do Chave*, wo wir nach
den erhaltenen Nachrichten viele *Anhumas* (*Aniumas*) und überhaupt
eine reiche Jagd zu finden hoffen durften. Bey der Hinabfahrt erlegten
wir einige *Araras*, und fanden mehrere schön blühende Gesträuche am
Ufer, besonders zeichnete sich in der dichten Verflechtung des hohen

Waldes das junge rosenrothe Laub der *Sapucaya*-Bäume, und die *Petræa volubilis* mit ihren langen himmelblauen Blumenrispen aus. Unter einem heftigen Regen erreichten wir spät am Abend das Ziel unserer Reise und landeten an der Sand-Insel. Gegen die Nacht ließ der Regen etwas nach, allein an ein trocknes und ruhiges Nachtlager war hier nicht zu denken; völlig durchnäßt krochen wir in einige alte verfallene Fischer-hütten, von welchen längst die deckenden Blätter herab gefault waren. Durch einige Decken und Ochsenhäute suchten wir uns gegen den Regen zu sichern und zündeten ein Feuer an, um uns zu erwärmen und zu trocknen; allein bey dem immer durchfallenden Regen konnten wir kaum dasselbe im Brand erhalten und erwarteten daher mit Ungeduld das Ende der langen Nacht. Am folgenden Morgen wurden sogleich einige Leute mit einem Canoe nach dem Walde gesandt, um Brenn-holz zu hauen und Palmblätter, Stangen und *Cipó's* zu schneiden, damit wir sogleich eine große geräumige Hütte erbauen konnten. Die Witte-rung wurde uns zwar etwas günstiger, da aber unsere Arbeit noch öfters durch Regenschauer unterbrochen wurde, so nahm uns die Vollendung unserer Wohnung diesen und den ganzen folgenden Tag. Ich befand mich hier auf der Insel mit vier von meinen Leuten und einem Botocu-den, Nahmens Aнó, welcher mich der Jagd wegen begleitet hatte; von diesen waren immer zwey zu Hause, um unsere Insel zu bewachen und die Küche zu versehen, die andern schifften nach dem Walde, um zu jagen. Bey einer solchen Excursion war einst das Canoe kaum abgefah-ren, als ich meine Jäger schon schießen und dann gleich zurückkehren sah. Sie hatten aus dem Wasser die vier Füße eines Quadrupeds hervor-blicken sehen, das sie für ein todtes Schwein hielten; als sie aber näher hinzu kamen, sahen sie eine colossale Schlange, welche in meh-reren Windungen einen großen *Capybara* umschlungen und getödtet hatte. Sie brannten augenblicklich zwey Flintenschüsse nach dem Unthier

ab, und der Botocude schofs ihm einen Pfeil in den Leib; alsdann erst
verliefs sie ihren Raub und schofs, der Verwundung ungeachtet, schnell
davon, als wenn ihr nichts widerfahren wäre. Meine Leute fischten
den noch frischen, eben erst erstickten *Capybara* auf und kehrten zurück,
um mir Nachricht von diesem Vorfall zu geben. Da es mir äufserst
wichtig war, diese merkwürdige Schlange zu erhalten, so sandte ich
sogleich die Jäger wieder aus, um sie zu suchen; allein alle angewandte
Mühe war fruchtlos. Die Schrote hatten in dem Wasser ihre Kraft verloren, und den Pfeil fand man zerbrochen am Ufer, wo ihn die Schlange
abgestreift hatte; unbedeutend verwundet hatte sie sich schnell so weit
entfernt, dafs man zu meinem gröfsten Leidwesen sie nicht wieder auf-
finden konnte. Dieses Reptil, die *Sucuriuba* des Flusses *Belmonte*, oder
der *Sucuriú*, wie man sie in *Minas Geraës* nennt, ist die gröfste Schlan-
genart von Brasilien, wenigstens in den oben genannten Gegenden; sie
ist von den Naturforschern mit manchen Irrthümern und Verwechslungen
beschrieben worden; DAUDIN hat sie unter dem Nahmen der *Boa Ana-
condo* aufgeführt. Sie ist über ganz Süd-Amerika verbreitet und erreicht
die bedeutendste Gröfse von allen Arten dieses Genus in diesem Theile
der Welt. Alle Benennungen, welche auf den Aufenthalt der *Boa*-
Schlangen im Wasser deuten, gelten für diese Art; denn alle übrigen
bewohnen nie das Wasser, dahingegen der *Sucuriú* oder die *Sucuriuba*
beständig in und an dem Wasser lebt, und daher in der buchstäblichen
Bedeutung des Wortes eine wahre Amphibie ist. Diese Schlange hat
nichts Gefälliges in ihrer Zeichnung; ihr Rücken ist dunkel-olivenschwärz-
lich, und über demselben laufen der Länge nach zwey Reihen von runden
schwarzen gepaarten Flecken, welche meistens ziemlich regelmäfsig neben
einander stehen. In unbewohnten, von Menschen nicht beunruhigten
Gegenden, erreicht sie eine colossale Gröfse von 20 bis 30 und mehr
Fufs. DAUDIN hält in seiner Naturgeschichte der Reptilien die Schlange,

welche er für die wahre *Boa constrictor* ausgiebt, für afrikanisch: allein diese Art, wenn sie auch in Afrika vorkommt, lebt in Brasilien überall, ist daselbst die gemeinste Land-*Boa*, und unter dem Nahmen *Jiboya* allenthalben bekannt. Der *Belmonte* ist der südlichste von den Flüssen der Ostküste, in welchen man *Sucuriubas* findet, weiter nördlich kommt sie überall vor. Man hat sehr fabelhafte Schilderungen von der Lebensart dieser colossalen Reptilien gemacht und sie auch in neuerer Zeit älteren Reisenden nachgeschrieben. Auch die Nachrichten, die man von ihrem Winterschlaf giebt, sind nicht bestimmt genug. Wahr soll es allerdings seyn, daſs sie in den Sumpflachen der Steppen in der trocknen Jahreszeit erstarren (*), doch in den ewig wasserreichen Waldthälern von Brasilien, wo sie nicht in eigentlichen Sümpfen leben, sondern in weiten Seen, immer nassen Brüchern, Flüssen und Bächen, deren Ufer vom Schatten der alten Urwaldstämme abgekühlt werden, findet ein solches Erstarren nicht statt.

Meine Leute hatten an dem Tage der verunglückten Schlangenjagd mehrere interessante Vögel erlegt, unter andern einen schwärzlich braunen, bis jetzt noch unbeschriebenen kleinen Adler mit einer Federhaube auf dem Hinterkopf (**); auſserdem einige *Araras* und einen groſsen *Mutum* (*Crax Alector*, LINN.), welcher uns für unsere Küche sehr willkommen war. Der Adler war eben im Begriff ein *Jupati* (Beutelthier)

(*) Ansichten der Natur, S. 30 und 34.

(**) *Falco Tyrannus*, eine neue Art: männlicher Vogel 26 Zoll 7 Linien lang; Federn des Hinterkopfs verlängert und aufgerichtet; Hinterkopf, Hinterhals, Seiten des Halses und Oberrücken mit Federn bedeckt, welche weiſs mit schwarzbraunen Spitzen sind, die sich aber decken und die weiſse Farbe verstecken; der ganze übrige Vogel schwarzbraun; gröſsere Flügeldeckfedern etwas weiſslich gezeichnet; Schwungfedern mit einigen graubraunen, dunkler marmorirten Querbinden; der starke breite Schwanz mit vier weiſslichen, graubraun marmorirten Querbinden; Federn der Schenkel, Füſse, Unterrücken, After und *Crissum* schwarzbraun mit schmalen weiſsen Querlinien; Füſse bis auf die Zehen befiedert.

zu fangen, als man ihn schofs; sein ganzes Aeufsere zeugte von Kühnheit und Muth, sein Auge war lebhaft und feurig, und die verlängerten Federn des Hinterkopfes geben ihm ein schönes Ansehen.

Da das noch immer anhaltende Regenwetter uns oft hinderte zu jagen, und vorzüglich den *Anhumas* gehörig nachzustellen, so benutzte ich diese Zeit zu einem Besuche auf dem *Quartel dos Arcos*, wo während meiner Abwesenheit eine neue Horde von Botocuden angekommen war, deren Anführer Makiängiäng, bey den Portugiesen den Nahmen des *Capitam* Gipakeiu (des grofsen Capitain) führte. Es war schon gegen Abend und ich befand mich nicht weit mehr von dem *Destacament* entfernt, als ich zufällig auf einer Sandbank ein Paar grofse *Antas* (*Tapirus*) antraf. Da ich mir eine glückliche Jagd versprach, so hatte ich in der Stille meinen Botocuden Ahó am Walde herum geschickt, um die Thiere von ihrem Schlupfwinkel abzuschneiden. Dies gelang vollkommen; als sie sich von ihrem Rückzuge abgeschnitten sahen, warfen sie sich ins Wasser und suchten das jenseitige Ufer zu erreichen, allein hier kam ihnen unser Canoe zuvor. Der eine der beyden *Antas* erreichte auf dem Rückwege wieder die Sandbank, und würde von meinem Botocuden einen Pfeil in die Seite erhalten haben, wenn diesem nicht zufällig die Bogenschnur gerissen wäre, wodurch das Thier Zeit erhielt sich zu retten. Das andere hielt eine grofse Menge von Flintenschüssen aus, es tauchte lange unter und kam alsdann mit dem Kopfe wieder zum Vorschein, um Athem zu holen, allein unser Bley war zu leicht und das Canoe zu schwer, um sich schnell genug fortrudern zu lassen; Kugeln hatten wir nicht, auch kann man diese Thiere nicht eher schiefsen, als bis man ihren Kopf nahe bey dem Canoe über dem Wasser erblickt; dann mufs man besonders auf das Ohr zielen. Das geängstigte Thier verlor viel Blut, entkam uns aber doch, welches wohl nicht der Fall gewesen seyn würde, wenn wir Hunde bey uns gehabt hätten. Die Geschicklichkeit und Leichtigkeit,

mit welcher diese Thiere schwimmen, kommt ihnen bey den auf sie
gemachten Jagden sehr zu statten. Obgleich der *Anta*, dies grofse schwer-
fällige Thier, von 6 bis 7 Fufs Länge, durch eine sehr dicke Haut geschützt
ist, so wird er von den Portugiesen dennoch immer nur mit Schrot und
nicht mit Kugeln erlegt; hiezu gehören aber durchaus scharfschiefsende
lange Gewehre, und eine sehr starke Ladung von grobem Bley; auch
thun diese Jäger lieber auf ein Thier 12 bis 16 Schüsse mit Schrot, als
dafs sie Kugeln laden sollten. Um auf den Jagdzügen alle Arten von Thieren erlegen zu können, laden die Brasilianer ihre Gewehre immer mit
Schrot, und tödten damit eben so gut eine *Jacutinga* (*Penelope*), als
ein wildes Schwein oder einen *Anta*. Den letztern verfolgt man übrigens
ebenfalls seines Fleisches wegen, und Hunde erleichtern diese Jagd gar
sehr. Gewöhnlich trifft man den *Tapir* oder *Anta* Morgens und Abends
in den Flüssen an, wo er, um sich abzukühlen, gern badet. Ist dies Thier
stark angeschossen und schon etwas abgemattet, so greifen es die Brasilianer oft schwimmend mit dem Messer in der Hand an und suchen ihm
ein Paar Stiche beyzubringen. Auch so benutzen sie die Sitte ihrer Nation,
beständig ein Stilet oder Messer im Gürtel zu tragen, wovon oft selbst
die Geistlichen keine Ausnahme machen, — ein Gebrauch, der zu vielen
Mordthaten Anlafs giebt.

Durch die unglückliche Jagd aufgehalten, erreichte ich erst spät in
der Nacht das *Destacament*, und früh am folgenden Morgen wurde ich
schon von den neu angekommenen Botocuden geweckt, welche ungedul-
dig waren, den Fremdling kennen zu lernen. Sie klopften heftig an die
verschlossene Thür bis ich sie öffnete, und überhäuften mich sogleich
mit einer Menge von Freundschaftsbezeigungen. *Capitam* GIPAKEIU war
sehr für mich eingenommen, weil man ihm gesagt hatte, ich sey ein
grofser Verehrer der *Botocudos* und brenne vor Ungeduld ihn, den
grofsen Anführer, kennen zu lernen. Er war nur von mittlerer Gröfse,

aber stark und kräftig gebaut, in den Ohren und Unterlippe trug er grofse
Holztafeln; bis zum Munde herab war sein Gesicht glühend roth bemahlt,
dabey aber hatte er eine schwarze Linie von einem Ohr zum andern
unter der Nase hingezogen, den Körper liefs er übrigens in seiner natürlichen Farbe. Gegen die Portugiesen zeigte er sich aufrichtig und gut
gesinnt, und man hatte noch nie über ihn zu klagen gehabt. Obgleich
im Aeufserlichen von den übrigen Gliedern seiner Horde durch nichts ausgezeichnet, stand er doch bey seinen Landsleuten in grofsem Ansehen,
wodurch er selbst den Portugiesen zuweilen nützlich wurde. Als zum
Beyspiel die letztern zuerst friedlich mit den Botocuden zusammen kamen,
erschien ein anderer Anführer derselben auf dem *Quartel*, und forderte mit
Ungestüm eine Menge Eisengeräthe. Da das *Destacament* damals schwach
besetzt, und von vielen Wilden umgeben war, so sah man sich genöthigt
ihm seinen Willen zu thun. Bald nachher erschien *Capitam* GIPAKEIU,
man klagte ihm den Vorfall, worauf er in den Wald gieng und den
Besitzer nöthigte einen grofsen Theil der Instrumente wieder heraus zu
geben. Ich wurde mehreremale von ihm, nach portugiesischer Sitte, an
die Brust gedrückt, doch war unsere Unterredung höchst sonderbar, da
er mich und ich ihn nicht verstehen konnte; indessen machte mir der
Herr *Capitam* bald begreiflich, dafs er sehr grofsen Hunger habe, und
von mir eine Befriedigung desselben erwarte; ihren heftigen gränzen-
losen Appetit zu stillen, ist immer das dringendste Anliegen dieser Wilden.
Als ich ihn mit Farinha befriedigt und mir noch geneigter gemacht hatte,
sandte er nach seiner Hütte in den Wald, um einige Gegenstände zum
Tauschhandel herbey holen zu lassen; unter diesen zeichnete sich ein
kurzes Sprachrohr *Cuntschun Cocann* (*) aus, welches aus der Schwanz-

(*) Anstatt des Tatu-Schwanzes bedienen sich zu diesem Entzwecke die schon mehr
civilisirten *Coroados* in *Minas Geraës* eines Ochsenhorns. S. v. ESCHWEGE's Journal von
Brasilien Heft I.

haut des grofsen Gürtelthiers (*Dasypus maximus, Grand Tatou ou Tatou premier,* AZARA (*) gemacht war; es dient diesen Wilden, um sich im Walde zusammen zu rufen. Dem *Quartel* gegenüber am nördlichen Ufer des Flusses lag eine schon früher erwähnte Bananenpflanzung, die einige Botocuden daselbst angelegt hatten; darin befanden sich etliche verlassene Hütten, in welche sie ein Paar weibliche Leichen begraben hatten; jetzt bey der Ankunft des *Capitam* wurden diese Hütten verbrannt, da sie die Wohnungen nie mehr gebrauchen, worin Todte begraben liegen. An dieser Stelle indessen wurden nun eine Menge von neuen Hütten erbaut; überall in dem schattenreichen Walde herrschte ein reges Leben, denn nicht blos am Ufer, sondern viel weiter in den Wald hinein, hatten sich die neuen Ankömmlinge angesiedelt. Man sah aller Orten eine zahlreiche braune Jugend beschäftigt, hier sich im Flusse zu baden, dort sich Bogen und Pfeile zu verfertigen, nach den Früchten auf die Bäume zu steigen, oder Fische zu schiefsen u. s. w. Aller Orten waren Menschen in dem nahen Urwalde vertheilt, welche einander zuriefen, Holz einsammelten und andere Geschäfte betrieben. Man erhielt hier eine anschauliche Vorstellung von einer sich neu ansiedelnden Wilden-Republik, und beobachtete mit Vergnügen die unter ihnen herrschende lebendige Thätigkeit. Als *Capitam* GIPAKEIU mit seinen Leuten auf dem *Quartel* eintraf, trug ein jeder derselben ein Paar lange Stangen, als Herausforderung für die Gesellschaft des JUCAKEMET, den er hier vermuthete, der aber, wie schon gesagt, wohlweislich am *Salto* auf dem südlichen Ufer des Flusses sich aufhielt. *Capitam* GIPAKEIU blieb noch einige Tage mit seinen Leuten in der Nähe des *Quartels*, und zog dann auf dem nördlichen Flufsufer in die Wälder, um die verschiedenen jetzt reifenden Früchte aufzusuchen. Diese Gewohnheit haben alle Wilden; sie kennen die Zeit

(*) D. F. DE AZARA Essais sur l'histoire naturelle des Quadrupèdes du Paraguay etc. Vol. II. p. 132.

der Reife einer jeden Frucht genau, und sind nicht mehr zu halten, sobald dieselbe herannaht. Jetzt war die *Çipó* oder Sehlingpflanze an der Zeit, welche von ihnen *Atschá*(*) genannt wird. Sie wickeln die grünen Stengel dieses Gewächses in Bündel zusammen und nehmen sie mit nach ihren Hütten; dort rösten sie dieselben am Feuer und kauen sie; sie enthalten ein starkes nahrhaftes Mark, welches völlig den Geschmack unserer Kartoffel hat.

Als ich meine Absicht, die Bekanntschaft der im *Quartel* angekommenen Botocuden zu machen, erreicht hatte, kehrte auch ich wieder nach der *Ilha do Chave* zurück, wo meine Leute meiner harreten. Sie hatten auf einer kleinen benachbarten, mit dichtem Gebüsche bewachsenen, und nur durch einen unbedeutenden seichten Canal vom festen Lande getrennten Insel, Rehe entdeckt, und eines davon erlegt. Diese Rehart ist diejenige, welche A z a r a (**) unter dem Nahmen des *Guazupita* beschrieben hat, sie ist die gemeinste und überall in Brasilien verbreitet. Das Fleisch dieser Rehe fanden wir sehr verschieden von dem unserer europäischen; es ist nichts weniger als schmackhaft, äußerst mager, trocken und von so groben Fasern, daß man es kaum dem Fleisch einer alten Kuh an die Seite setzen kann. Da indessen die Wahl der Lebensmittel in diesen einsamen Wildnissen so äußerst beschränkt ist, so war uns jedes genießbare Thier willkommen. Wir verweilten etwa noch eine Woche auf dieser Insel bey sehr häufig eintretendem Regenwetter; meine Jäger entschädigten mich indessen für die dadurch verursachten Beschwerden, durch manche interessante Bereicherung meiner Sammlungen. Eine große Eule ließ regelmäßig alle Morgen und alle Abende in der Dämmerung ihre laut klopfende Stimme hören; nach langen vergeblichen Suchen gelang es uns endlich ihrer habhaft zu werden; sie scheint zu einer noch

(*) Diese Pflanze ist wahrscheinlich eine *Begonia;* sie steigt an den Stämmen in die Höhe.

(**) Essais sur l'hist. natur. des Quadrup. du Paraguay etc. Vol. I. p. 82.

unbekannten Art zu gehören (*); ferner erlegte man die große weißlich
bunte Nachtschwalbe (*Caprimulgus grandis*, LINN.), deren lauter Pfiff
weit durch die dämmernde Einsamkeit jener Wälder schallt, und noch
einige andere schöne Vögel, unter welchen ich den schwarzen Colibri
mit weißem Schwanze nenne, der in den naturhistorischen Werken noch
nicht beschrieben ist (**). Einige schöne große *Anhumas* waren ebenfalls
erlegt worden; diese Thiere haben in der hiesigen Gegend ihren Haupt-
aufenthalt; sie brachten uns fast täglich eine laute Musik, und ihre sonderbare weit schallende Stimme war für meine Jäger eine Aufforderung,
sogleich zu dem Gewehr zu greifen.

Am 25ten September verließ ich die Insel, und kehrte mit allen
meinen Leuten nach dem *Quartel* zurück. Auf dem Wege dahin traf ich
einen Trupp von *Botocudos* an, die um ihr Feuer gelagert waren; sie
gehörten zu den Leuten des *Capitam* GIPAKEIU, hatten hier den an dieser
Stelle seichten Fluß durchwatet, und sich gegen ihre Gewohnheit am
südlichen Ufer niedergelassen. Mehrere von ihren jungen Leuten sprangen in unser Canoe, um mit uns nach dem *Destacament* zu fahren. Kaum
waren wir daselbst angekommen, als ein anderer Trupp Wilde vom südlichen Ufer eintraf; dies war die Horde des *Capitam* JEPARACK (JEPA-
RAQUE), die ich noch nicht gesehen hatte. Höchst sonderbar war es

(*) *Strix pulsatrix*, so benannt wegen ihrer Stimme, welche dem Klopfen gleicht.
Ungeöhrt; männlicher Vogel 17 Zoll 4 Linien lang und 44 Zoll 9 Linien breit; größter Theil
des Gefieders von einer angenehmen schön hellgrau röthlichbraunen Farbe; an der Kehle ein
weißer Fleck; Scapularfedern fein dunkler marmorirt, eben so Flügel und Schwanz; Schwungfedern mit dunkleren und helleren Querbinden; alle untere Theile hellgelb, an der Brust und
dem Bauch ins roströthlich Gelbe übergehend.

(**) *Trochilus Ater*, ein noch unbeschriebener Colibri, dessen Gefieder nichts Angenehmes
hat; Männchen 5 Zoll lang; Schnabel nur sehr wenig gebogen; Körper beynahe schwarz, nur
an einigen Stellen stahlblau und kupfergrün glänzend; Seiten unter dem Flügel, After und
Schwanz weiß, am letzteren nur ein blauvioletter Spitzensaum, mittlere Federn dunkelstahlgrün
und schön stahlblau schillernd.

anzusehen, wie alle diese braunen Menschen, Bogen und Pfeile in die
Höhe haltend, durch die ganze Breite des Flusses herüber wateten; man
konnte das Geräusch, das ihr Zug im Wasser verursachte, von weitem
hören. Alle trugen Bündel von 6 bis 8 Fuſs langen Stangen auf der Schulter, um sich mit *Capitam* J u n e und G i p a k e i u und ihren Horden zu schlagen, allein der letztere war jetzt tiefer im Walde, und selbst J u n e mit
seinem Haufen war gerade vom *Quartel* abwesend. Eifrig liefen nun
die Wilden in allen Zimmern der Gebäude umher, um ihre Gegner zu
suchen; als sie niemand fanden, lieſsen sie ihre Stangen zum Zeichen der
Herausforderung auf dem *Quartel* stehen, und zogen gegen Abend wieder
ab. Sie unterhielten indessen an den folgenden Tagen, wie sie es gewöhnlich bey niedrigem Stande des Flusses zu thun pflegen, eine beständige
Communication zwischen beyden Ufern. Am 28ten traf *Capitam* J e p a r a c k
mit einem Trupp seiner Leute wieder bey uns ein, sie trugen auch jetzt
wieder lange Schlagstangen und fragten nach *Capitam* G i p a k e i u, doch
abermals umsonst. Da sie indessen immer in der Nähe blieben, so fanden
sie dennoch endlich die Gelegenheit, ihre Streitlust zu befriedigen. *Capitam* J u n e mit seinen drey erwachsenen Söhnen und seinen übrigen Männern, der sich zur Parthie des *Capitam* G i p a k e i u hielt, hatte die Herausforderung angenommen. An einem schönen vom heitersten Himmel ver-
herrlichten Sonntag Morgen sah man nun alle Botocuden vom *Quartel*,
theils schwarz, theils roth im Gesicht bemahlt, plötzlich aufbrechen, und
durch den Fluſs auf das nördliche Ufer waten, alle mit Bündeln von Stangen auf ihren Schultern. Bald darauf trat aus dem Walde, wo in einigen
daselbst befindlichen groſsen Hütten eine Menge Weiber und Kinder Schutz
gesucht hatten, *Capitam* J u n e mit seinen Leuten hervor. Kaum hatte sich
die Nachricht von dem bevorstehenden Kampfe auf dem *Quartel* verbreitet, als eine Menge von Zuschauern, unter denen die Soldaten, ein Geistlicher aus *Minas* und mehrere Fremde sich befanden, und denen auch ich

mich zugesellte, zum Kampfplatz hinüber eilten. Jeder von uns nahm zur
Sicherheit eine Pistole oder ein Messer unter den Rock, auf den Fall, daſs
die Schlägerey sich etwa gegen uns wenden sollte. Als wir am jenseitigen Ufer gelandet waren, fanden wir alle die Wilden gedrängt auf einem
Haufen stehen und bildeten einen Halbzirkel um sie her. Der Streit nahm
jetzt gerade seinen Anfang. Zuerst stieſsen die Krieger der beyden Parthien kurze rauhe Herausforderungstöne gegen einander aus, giengen ernst
wie böse Hunde um einander herum, und brachten dabey ihre Stangen
in Bereitschaft. Dann trat *Capitam* JEPARACK auf, gieng zwischen den
Männern umher, sah mit weit geöffneten Augen gerade und ernst vor sich
hin, und sang mit tremulirender Stimme ein langes Lied, welches wahrscheinlich von der ihm widerfahrenen Beleidigung handelte. Auf diese
Art erhitzten sich die Gegner immer mehr; plötzlich trafen zwey von
ihnen auf einander, stieſsen sich wechselseitig mit dem Arm vor die Brust,
daſs sie zurücktaumelten, und griffen alsdann zu den Stangen. Der eine
schlug zuerst aus allen Kräften auf den andern los, ohne Rücksicht, wohin sein Schlag fiel, der Gegner aber hielt ernst und ruhig den ersten
Angriff aus, ohne eine Miene zu verziehen, dann aber brach auch er los,
und so bearbeiteten sie einander mit kräftigen Hieben, deren Spuren in
dick aufgelaufenen Schwielen noch lange auf den nakten Körpern sichtbar
blieben. Da an den Schlagstangen öfters noch spitzige Reste von den
abgeschnittenen Aesten befindlich waren, so blieb es nicht immer blos
bey Schwielen, sondern manchem floſs auch das Blut vom Kopfe herab.
Wenn sich zwey Kämpfer weidlich durchgebläut hatten, so traten ein
Paar andere auf; öfters auch sah man mehrere Paar zugleich im Kampf,
doch griffen sie nie einander mit den Händen an. Wenn so die Zweykämpfe eine Zeit lang gedauert hatten, so giengen sie wieder einige Zeit
nachdenkend mit dem Herausforderungston zwischen einander herum, bis
wieder heroische Begeisterung sich ihrer bemächtigte und ihre Stangen

in Bewegung setzte. Die Weiber fochten während dessen ebenfalls ritter-
lich; unter beständigem Weinen und Heulen ergriffen sie einander bey den
Haaren, schlugen sich mit den Fäusten, zerkratzten sich mit den Nägeln,
und rissen einander die Holzpflöcke aus den Lippen und Ohren, die dann
als Trophäen auf dem Boden des Kampfplatzes umher lagen. Warf eine
die andere zu Boden, so stand wieder eine dritte hinter ihr, die sie beim
Beine ergriff und ebenfalls hinwarf; dann zerrten sie einander auf der
Erde herum. Die Männer erniedrigten sich nicht so weit, die Weiber
der Gegenparthie zu schlagen, sondern sie stießen sie nur mit dem Ende
ihrer Streitstangen, oder traten ihnen mit den Füßen dermaßen in die
Seite, daß sie davon über und über rollten. Auch aus den benachbarten
Hütten tönten die Klagen und das Geheul der Weiber und Kinder herüber,
und erhöhten den Eindruck dieses höchst sonderbaren Schauspiels. Auf
solche Art wechselte der Streit etwa eine Stunde lang; wenn alle ermüdet schienen, so zeigten einige der Wilden dadurch ihren Muth und ihre
Ausdauer, daß sie mit dem Herausforderungstone zwischen den andern
umher giengen. *Capitam* JEPARACK, dessen Bild die erste Figur der 17ten
Platte darstellen wird, hielt als Hauptperson der beleidigten Parthie bis
zuletzt aus; alle schienen ermüdet und abgespannt, als er immer noch
nicht gesonnen war Friede zu schließen, noch immer sein tremulirendes
Lied fortsang, und seine Leute zum Kampf aufmunterte, bis wir zu ihm
hin giengen, ihn auf die Schulter klopften, und ihm sagten, er sey ein
braver Krieger, allein es sey nun Zeit Friede zu machen, worauf er dann
auch endlich plötzlich das Schlachtfeld verließ und nach dem *Quartel*
hinüber gieng. *Capitam* JUNE hatte nicht so viel Energie gezeigt; als
ein alter Mann hatte er nicht mit geschlagen, sondern sich immer im
Hintergrunde gehalten. Wir kehrten nun sämmtlich von dem mit Ohr-
pflöcken und zerbrochenen Schlagstangen geschmückten Wahlplatz nach
dem *Quartel* zurück; da fanden wir unsere alten Bekannten, JUKERÄCKE,

MEDCANN, AHÓ und andere mit Schwielen kläglich bedeckt, allein sie
bewiesen, wie sehr der Mensch sich abhärten kann, denn keiner von
ihnen äußerte nur den geringsten Gedanken an seine geschwollenen Glieder, sondern sie setzten oder legten sich sogleich auf ihre zum Theil
offenen Schmarren, und liefsen sich das Mehl sehr wohl schmecken,
welches der Commandant ihnen reichte. Bogen und Pfeile aller dieser
Wilden hatten während des ganzen Vorganges an den benachbarten
Bäumen angelehnt gestanden, ohne dafs man darnach gegriffen hätte,
jedoch soll es bey ähnlichen Gelegenheiten zuweilen von den Stangen zu
den Waffen gekommen seyn, weshalb die Portugiesen dergleichen Schlä-
gereyen in ihrer Nähe nicht sehr lieben. Ich erfuhr erst späterhin die
Ursache des Kampfs, wovon wir Zuschauer gewesen waren: *Capitam*
JUNE mit seinen Leuten hatte auf dem südlichen Flufsufer im Jagdrevier
des JEPARACK eine Jagd gehalten, und einige wilde Schweine erlegt;
dies sah der letztere als eine grofse Beleidigung an, da die *Botocudos*
mehr oder weniger immer die Gränzen eines gewissen Jagdreviers beobachten und sie nicht leicht übertreten; ähnliche Beleidigungen geben
gewöhnlich die Veranlassung zu ihren Streitigkeiten und Kriegen. In der
Nähe des *Destacaments Dos Arcos* war vor diesem eben erzählten nur
ein einziger ähnlicher Zweykampf vorgefallen, und es war also ein besonders glücklicher Zufall, der mir hier gerade während meines kurzen
Aufenthalts an diesem Orte, den Anblick eines Schauspiels gewährte,
wovon ich auf der 11ten Tafel eine Abbildung gegeben habe. Reisende
kommen nur selten dazu, Zeugen einer solchen Scene zu seyn, die dennoch für die nähere Kenntnifs der Wilden und ihres Charakters so wichtig
ist. Nicht lange nach meiner Abreise vom *Quartel* soll eine abermalige,
noch bedeutendere Schlägerey daselbst vorgefallen seyn, die durch die
Rückkehr des mit *Capitam* JUNE verbündeten *Capitam* GIPAKEIU veranlafst wurde.

Da verschiedene Angelegenheiten mich nöthigten nach dem *Mucuri* zurückzukehren, so verließ ich am Ende des Septembers die Insel *Cachoeirinha* und schiffte nach der *Villa de Belmonte* hinab. Die Fahrt gieng zwar etwas langsam, weil das Wasser jetzt sehr niedrig war, aber die Jagd und manche Beobachtung von Naturmerkwürdigkeiten machte sie uns dennoch sehr angenehm und unterhaltend. An den jetzt entblößten Ufern des Flusses bemerkten wir die Löcher, die sich der sonderbare Fisch gräbt, welchen Linné *Loricaria plecostomus* genannt hat; hier hat er den Nahmen *Cachimbo* oder *Cachimbao*, in den nördlicheren Gegenden am Fluß *Ilheos* heißt er *Acari*, und Marcgraf, der ihn in *Pernambuco* beobachtete, beschreibt ihn unter dem Nahmen *Guacani*. Dieser Fisch gräbt Löcher von geringer Tiefe ins Ufer, um bey hohem Wasserstande in denselben, wenn er ruhen will, sich gegen die Heftigkeit des Stromes schützen zu können; zuweilen klopft er, wie die Fischer behaupten, an den Boden der Canoe's, und dieses Klopfen soll er mit dem Kopfe hervorbringen, wenn er beschäftigt ist den Schlamm und *Byssus* zu verzehren, der sich unten an die Schiffe anzusetzen pflegt. Das Frühjahr war schon vorgerückt, und wir hörten jetzt die in den Waldungen häufig erschallende, tief brummende Stimme des *Mutum* (*Crax Alector*, Linn.), die weit durch die Wildniß tönt, und die Jagd dieser großen schönen Vögel sehr erleichtert; am häufigsten zeigen sie sich um die Zeit, wo die Flüsse im Wachsen sind. Wir brachten zwey Nächte auf den *Corroas* im Flusse zu, und fanden dadurch Gelegenheit, einige *Araras* und andere schöne Vögel zu erlegen. Bey einer dieser *Corroas* in der Nähe der *Bocca d'Obu* trafen wir sehr viele Affen (*Macacos* oder *Micos*) an, worunter sich eine Art mit gelber Brust auszeichnet, welche man hier *Macaco di bando* nennt (*).

(*) *Cebus xanthosternos*, eine neue Art; mit starken schwarzbraunen Gliedern und Rollschwanz, dickem Kopf mit schwarzbraunem Backenbarte, bräunlichem Körper und gelblicher Brust und Unterhals; ganze Länge 32 Zoll 8 Linien, wovon der Schwanz 17 Zoll 7 Linien wegnimmt.

Am 28ten September erreichte ich die *Villa de Belmonte*. Sobald ich hier die nöthigen Vorkehrungen zu meiner Reise nach *Mucuri* getroffen hatte, begab ich mich auf den Weg, hatte aber, verfolgt von einem höchst ungünstigen Wetter, mit mannigfaltigen Beschwerden zu kämpfen. Ich war genöthigt, den *Corumbao* und den *Cahy*, die jetzt sehr stark angewachsen waren, zu durchreiten, und dann durchnäfst die Reise längs der Küste unter einem heftigen Platzregen fortzusetzen. Reisende Portugiesen, welche uns begegneten, erzählten uns, dafs sie auf ihrer Reise am *Cahy* die *Patachos*, jedoch auf dem jenseitigen Ufer des Flusses, gesehen hätten; uns kamen diese Wilden nicht zu Gesicht, welches uns auch in dieser einsamen Gegend ganz erwünscht war. Nach manchen überstandenen Mühseligkeiten und ohne ein bedeutendes Unglück, erreichten wir *Caravellas* und *Mucuri*, wo ich mit meinen früheren Reisegefährten, den Herren FREYREISS und SELLOW, drey Wochen verlebte; dann kehrte ich nach *Belmonte* zurück. Auf der Reise dahin machte ich am *Rio do Prado* oder *Sucurucu* die Bekanntschaft der *Machacaris*, von welchen schon öfters geredet worden ist. Ich wünschte sehr eine *Aldea* zu besuchen, die, wie man mir gesagt hatte, von diesen Wilden weiter aufwärts an dem *Prado* angelegt worden war. Ich begab mich daher von der *Fazenda*, wo ich im Monat July die *Patachos* vergebens aufgesucht hatte, weiter auf dem Flusse hinauf. An seinen Ufern liefsen sich deutlich die verschiedenen übereinander liegenden Sandschichten unterscheiden, und ich bemerkte, dafs etwa 10 Fufs tief unter der Oberfläche, aus den daselbst befindlichen Schichten, beständig eine beträchtliche Menge Wasser dem Flusse zuschofs. Aus diesen grofsen Anhäufungen des Wassers in der Erde kann man sich das schnelle Anwachsen der Flüsse während der Regenzeit in diesen heifsen Ländern leicht erklären; jetzt waren wir gerade im November, in der starken Regenperiode dieser Gegend, wo alle *Lagoas* angefüllt sind. Weiter am Flusse hinauf findet man an den Ufern desselben sehr mahlerische Ansichten; dazu gehört besonders eine am südlichen Ufer gelegene Gegend, die man *Oiteiro* (die Anhöhe) nennt; auf abwechselnden Anhöhen und im Schatten von Cocospalmen befinden sich da mehrere *Fazenda's* in der angenehmsten Lage. Am Ufer blüheten gegenwärtig bey der Rückkehr des Sommers manche schöne Bäume und Gebüsche, die *Visnea* mit ihren an der untern Seite rostbraun seidenartig glänzenden Blättern, *Rhexia*-Stämme mit grofsen violetten Blumen, die *Melastoma*-Arten mit auf der untern Seite schön silberweifsem Blatte, die Trompetenblumen (*Bignonia*), die in prachtvoll blühenden Ranken das Gebüsch zierten, aus welchem der *Genipaba*-Baum (*Genipa americana*) mit seinen ansehnlichen weifsen Blumen hervorstieg. Die natürlich finstergrüne Farbe der brasilianischen Wälder, war jetzt durch die jungen gelbgrünen oder rothen Triebe der Zweige geziert, finsterer Schatten war unter allen Gebüschen, der bey der grofsen Hitze sehr willkommen war, aber durch die Moskiten, die er herbey lockte, auch wieder dem Wanderer sehr verleidet wurde. Die Ufer fafste eine schöne Blume ein, eine weifse *Amaryllis* mit purpurfarbenen Staubfäden. Die Wasserfläche des Flusses hatte jetzt durch die aus den Wäldern, Sümpfen und Gebürgen herabkommenden Waldbäche, eine schwarzbraune Farbe, und bildete eine vollkommene *Camera obscura*, worin sich die grünen Gebüsche mit ihren Blumen wunderschön abbildeten. Auf der Fläche des Wasserspiegels befinden sich schwimmende Inseln der *Pontederia*; auf ihnen sah man den niedlichen *Jassana* (*Jaçana*, *Parra Jacana*, Linn.) umher steigen, dessen laute dem Lachen ähnliche Stimme man schon von weitem vernahm. Ich kam hier an eine Stelle, wo man eine Lancha erbauete; die damit beschäftigten Arbeiter sagten aus, dafs die Waldungen am *Sucurucú* eigentlich nicht viel Schiffbauholz mehr enthielten; noch finde man wohl sehr starke Stämme, die zur Verfertigung von Canoen dienlich seyen, allein zu diesen kann man auch weichere Holzarten gebrauchen. Am Ufer sah ich hier mehrere kleine mit Rohr, Binsen, Gras und Wasser ausgefüllte Busen, die man mit Rohrstäben verschlossen hatte, um Fische darin zu fangen. Man öffnet zu diesem Endzweck den Rohrzaun bey der ankommenden Fluth, weil durch diese die Fische heran kommen; sind sie eingetreten, so verschließt man die Oeffnung wieder, um nachher bey dem Ablaufen des Wassers den Busen auszufischen. Gegen Abend ward meine Fahrt äußerst angenehm; die Stille in der weiten Wildniß rings umher wurde, nachdem die Cicaden- und *Gryllus*-Arten verstummt waren, nur von dem klappernden Laubfrosche (*), mit seiner lauten sonderbaren Stimme, von der *Mandalua* (*Caprimulgus grandis*) mit ihrem melancholischen Pfiffe und von einigen in dem dämmernden Hochwalde laut klagenden Eulen unterbrochen. Ziemlich spät in der Nacht erreichte ich das *Destacament* von *Vimieyro*, wo auf einem hohen, längs dem Flusse hinziehenden Rücken, die Wohnung und Pflanzungen des *Juiz* der *Villa do Prado*, Senhor Balançueira, lagen. Der Herr des Hauses war zwar abwesend; ich fand aber dennoch auf seine Anordnung eine sehr freundliche Aufnahme und ein gutes Nachtquartier. Musik und Tanz erschallte in der Nähe bey den Häusern der hier wohnenden Indier, deren sich hier etwa zehn Familien befinden.

Der kommende Tag zeigte mir eine herrliche wilde Landschaft. So weit das Auge reichte, erblickte man nichts als finstere dunkelgrün belaubte Baumkronen, die dicht aneinander gedrängt, eine undurchdringliche, unabsehbar ausgedehnte Urwildniß bilden, über welche der rohe *Patachó* und *Machacari* mit Unzen und schwarzen Tigern die Herrschaft theilt. Zwey flache Gegenden, in deren Mitte eine Höhe sich erhebt, zeigen die Stellen an, wo die beyden Arme des *Sucurucú* (so ist der alte

---

(*) Dieser Frosch ist wahrscheinlich derjenige, welcher zu *Viçoza* und an andern Orten *Sapo marinhero* genannt wird.

indische Nahme des *Rio do Prado*), der eine nördlich, der andere südlicher herab kommen; jener trägt den Nahmen des *Rio do Norte*, dieser
heißt *Rio do Sul*. In der Ferne erblickt man die *Serra de João de Leão*
und *de St. André*, welche zu der *Serra dos Aymores* gehören, eine
Gebürgskette, die etwa vier Tagereisen von der Seeküste entfernt liegt,
nicht weit von der *Cachoeira* des Flusses, wo es viel Jagd und Fischerey
geben soll. Der *Sucurucú* nimmt sehr bald an Stärke ab, wenn man ihm
aufwärts nach seinen Quellen folgt — ein Beweis, daß er keinen bedeutend langen Lauf hat. Nicht weit von der Stelle, wo ich mich jetzt befand, vereinigen sich die beyden Arme, um den Fluß zu bilden; weiter
hinaufwärts hören dann sogleich auch alle europäische Ansiedelungen auf,
denn am *Rio do Norte* befindet sich gar keine Niederlassung, und am *Rio
do Sul* nur eine einzige, und zwar gleich oberhalb der Vereinigung der
beyden Arme.

Als ich der schönen wilden Aussicht lange genossen hatte, begab ich
mich hinab an das Flußufer zu den Wohnungen der Indier. Ich fand
unter diesen Leuten eine Frau vom Stamme der *Machacaris*, die, welches man höchst selten findet, vollkommen die Sprache der *Patachos*
verstand; da die letztern unter allen Stämmen der Wilden vorzüglich
mißtrauisch und zurückhaltend sind, so erlernt nicht leicht jemand, der
nicht zu ihrem Stamm gehört, ihre Sprache. Nicht weit von hier, etwas
tiefer in den dichten Urwald hinein, liegt die sogenannte *Aldea* (Dorf)
der *Machacaris*, die man mir öfters gerühmt hatte, wo aber nur etwa
vier Familien dieser Leute in einem Hause vereinigt wohnen. Sehr begierig, auch diesen Stamm kennen zu lernen, begab ich mich mit einigen
Indiern dahin. Der Weg war sehr unbequem, denn wir mußten eine
halbe Stunde weit durch Sumpf und Wasser waten, und über umgefallene
Baumstämme klettern. Ich fand die Wilden in einem ziemlich geräumigen Hause alle zusammen wohnend; sie leben nun schon seit 10 Jahren

hier, und sind ziemlich civilisirt. Einige unter ihnen waren recht freundlich und umgänglich, andere hingegen blieben scheu und verschlossen;
einige reden ein wenig portugiesisch, unter einander aber bedienen sie
sich immer ihrer Muttersprache. Sie haben Pflanzungen von Mandiocca,
etwas Milio und Baumwolle zu ihrem Bedarf; von dem *Ouvidor* haben
sie ein Rad erhalten, um die Mandioccawurzeln zu mahlen oder abzuschlei-
fen, dabey verschaffen sie sich aber nach angestammter Gewohnheit einen
grofsen Theil ihres Unterhaltes durch Jagen; Bogen und Pfeile sind noch
ihre gewöhnlichen Waffen, doch wissen einige von ihnen auch die Flinte
recht gut zu behandeln. Die Bogen der *Machacaris* unterscheiden sich
etwas von denen der andern Stämme, indem an ihrer Vorderseite eine
tiefe Furche der Länge nach eingeschnitten ist (*), worin während der
Schütz schiefst, ein anderer Pfeil liegen kann: so dafs der zweyte Pfeil —
welchen andere Indier erst von der Erde aufheben müssen — gleich schufs-
fertig da liegt. Ich fand hier einen ganz besonders grofsen schönen Bogen
von *Pao d'arco*, welcher an seinem Obertheil einen Haken hat, der zur
Befestigung der Bogenschnur sehr dienlich ist. Die Pfeile, so wie die
Bogen sind bey diesem Stamme vorzüglich gut gearbeitet. Auf Tafel 13
Figur 2 und 3 habe ich sie abbilden lassen. Sie haben vorn einen Aufsatz
von hartem Holze und unten am Ende steht der Schaft weit über die
Federn hinaus; übrigens sind hier, wie bey allen Stämmen der Ostküste,
dieselben drey Arten von Pfeilen im Gebrauch, die früher bey den *Puris*
beschrieben worden sind; auch fand ich hier dieselben geknüpften Säcke,
wie bey den *Patachos*, wie denn überhaupt die *Machacaris* mit diesen

---

(*) Hoch oben im Flusse *Belmonte*, in *Minas Novas*, befindet sich eine Insel, die *Ilha do
Pâo* (Brod-Insel), wo die *Machacaris*, *Panhamis* und andere Stämme vereinigt sich niedergelassen und Pflanzungen angelegt haben. Die Waffen der *Machacaris*, welche ich von dort
her erhielt, haben völlig dieselbe Bildung, als die des nehmlichen Stammes vom *Sucuracù*.
Auch unter den *Botocudos* habe ich von diesen Bogen und Pfeilen der *Machacaris* gefunden.

in vielen Hinsichten übereinstimmen. Ihre Körperbildung ist völlig dieselbe, und etwas plumper als die der *Botocudos*. Sie sind grofs, stark
und breitschulterig. Sie verstellen im allgemeinen ihren Körper wenig,
nur das *membrum virile* binden sie vorn, wie die *Patachos*, mit einer
Çipó zu; auch durchbohren die meisten von ihnen die Unterlippe mit
einem kleinen Loche, worin sie zuweilen ein Rohrstäbchen tragen. Ihre
Haare lassen sie wachsen und schneiden sie im Genicke rund ab, auch
rasiren sie wohl den Kopf wie die *Patachos*. Eben so wie diese sollen
sie auch ihre Hütten erbauen. Die Sprachen beyder Stämme sind indessen verschieden, wie man aus denen, am Ende dieses Reiseberichts, bey-
gefügten Sprachproben ersehen wird. Gegen die zahlreichern *Botocudos*
machen sie gemeine Sache, doch haben auch sie öfters Streit und Krieg
unter einander gehabt. Ich tauschte von diesen Leuten Waffen gegen
Messer ein; sie bewirtheten mich mit *Caüi*, dem allgemeinen Lieblings-
getränk der Indier, die, wie alle rohen Völker, starke Getränke besonders lieben; was dem Brasilianer die Wurzel der *Jatropha Manihot* liefert, ersetzt der *Guaraune* durch den Saft der Palme *Mauritia* (*) der
Südländer durch seine *Awa*, der Kalmuck durch sein Molkengetränk u.s.w.

Das Haus der *Machacaris* liegt in einer wahren Urwildnifs, wo man
ganz in der Nähe die Stimmen der Affen und anderer wilden Thiere ver-
nimmt; sie haben daselbst den Wald niedergehauen, verbrannt und ihre
Pflanzungen angelegt. Nach einem kurzen Aufenthalt schiffte ich den
Sucurucú wieder hinab.

Während der drückenden Mittagshitze erfreute ich mich an den
dunkelschattigen Pfädchen, welche unter hohen Waldstämmen durch die
üppig verflochtenen Zweige hindurch, zu den Wohnungen der Indier
führen, die hier einzeln zerstreut am Flusse liegen. Viele dieser Küsten-
Indier arbeiten bey den portugiesischen Pflanzern für Lohn, und bauen

(*) Ansichten der Natur S. 27.

dabey ihre eigenen Pflanzungen; andere, besonders junge Leute, dienen als Matrosen auf den Schiffen oder Lanchas der *Villa*.

In dieser Gegend zeigen sich wieder sehr reizende Ansichten, die man gern durch den Pinsel eines ausgezeichneten Landschaftmahlers nachgebildet sehen möchte, um sie sich lebhafter wieder vergegenwärtigen zu können. Hier fand ich einen alten über das Wasser überhängenden Stamm, der eine wahre botanische Collection darstellte: an seinem Ende sproßten der *Cactus pendulus* und *Phyllanthus*, ihre Zweige hiengen gleich Stricken herab; in seiner Mitte wucherten *Caladium* und *Tillandsia* auf mancherley Moosen, und an seiner Basis rankten Farrenkräuter (*Filix*) und andere Gewächse. Die Zweige dieses merkwürdigen Baums waren mit einer großen Menge beutelförmiger Nester des Guasch (*Oriolus hæmorrhous*, Linn.), der, wie alle Cassiken immer in Gesellschaft nistet, reichlich beladen. So ist überall und unter den mannigfaltigsten Formen ein reges Leben in diesen Tropenclimaten verbreitet. An vielen Stellen öffnen sich hier kleine dunkelbeschattete *Corregos* in den Fluß, an dessen Ufern häufig die schon früher erwähnte *Aninga* (*Arum liniferum*, Arruda) wächst; ihr kegelförmiger, unten verdickter und oben zugespitzter Stamm, erreicht eine Höhe von 6 bis 8 Fuß. An mehreren Plätzen findet man hier *Fazenda's*, bey welchen man den Wald weggeräumt hat, und jetzt daselbst etwas Rindvieh unterhält; auch hat man um die Gebäude herum eine große Menge von Orangenbäumen angepflanzt.

Von einem äußerst heftigen Gewitterregen überfallen, kehrte ich nach der *Villa* zurück, und setzte dann meine Reise nach *Comechatibá* fort. In dieser Gegend hatte kürzlich die See ein großes Boot auf den Strand geworfen, und sechs darin befindliche Menschen waren umgekommen — eine neue Bestätigung der Erfahrung, daß diese Küsten für die Schifffahrt sehr gefährlich sind; man hat von denselben keine Karten und bedient sich blos leichter kleiner Küstenfahrzeuge. Der König erzeigt seinem Lande eine grosse Wohlthat dadurch, dass er die Küsten aufnehmen und sicher bestimmen läfst.

Auf der *Fazenda* zu *Caledonia* wurde ich von Herrn CHARLES FRAZER gastfreundlich aufgenommen, und fand daselbst zu meiner grofsen Freude Zeitungen aus Europa. Am Flusse *Corumbao* mufste ich, da die Ebbe schon vorüber war, eine lange traurige Nacht zubringen. Es regnete beständig, und an die Erbauung einer Hütte war nicht zu denken, da wir weder Zweige noch Blätter hatten; kaum konnte man ein schwaches Feuer unterhalten. Am folgenden Morgen suchten wir Krabben (*Çiri*), deren es im Flusse und in der benachbarten *Lagoa* nicht wenige giebt; es leben hier zwey Arten dieser Thiere, die eine in der See, die andere in den Flüssen. Wir fischten eine grofse Meduse (*Medusa pelagica*, Bosc.), welche die See heran trieb, und befreyten aus ihren Eingeweiden eine kleine weifsliche Krabbe, welche noch völlig lebendig war. Wir bemerkten hier eine grofse Menge von Geyern (*Urubú*), die öfters alle auf ein und demselben Baume zusammen gedrängt safsen; aufser diesen Vögeln liefsen sich auch Möven sehen, welche schreyend die Mündung des Flusses umflogen, und der Fischaar (*Falco Haliætos*, LINN.) der nach Fischen begierig über dem Wasser schwebte. Ich hatte diesen schönen Raubvogel schon öfters gesehen, immer aber war er unsern Jägern zu vorsichtig gewesen; bey meiner Ankunft in *Belmonte* fand ich ihn indessen in der Sammlung, welche meine dort zurückgelassenen Leute während meiner Abwesenheit gemacht hatten; er gleicht in allen Stücken unserm deutschen Fischaar, und scheint, so wie mehrere andere Vögel, die Behauptung zu widerlegen, dafs die lebende Schöpfung von Amerika durchaus nichts mit der der andern Welttheile gemein habe.

Ich traf am 28ten December in *Villa de Belmonte* wieder ein, und machte nun die nöthigen Anstalten zur weitern nördlichen Reise längs der Küste hinauf. Während eines Aufenthalts von 3½ Monaten am *Belmonte* hatten unsere naturhistorischen Sammlungen einen sehr interessanten Zuwachs von merkwürdigen Gegenständen erhalten, die zum Theil im *Sertam* am Flusse aufwärts, und eben so in der Nähe der *Villa* an einer grofsen *Lagoa,* welche den Nahmen des *Braço* (Arm) trägt, und sich, wiewohl in nicht bedeutender Breite, mehrere Stunden weit ausdehnt, waren zusammen gebracht worden. Hier leben eine grofse Menge von Wasservögeln, besonders Enten, Taucher, Möven, Reiher, Störche (*Tuyuyú,* hier *Jabirú* genannt), Strandläufer u. s. w. Es fehlte meinen Jägern hier nicht an frischem Federwildpret, während in der *Villa* der Hunger die Bewohner quälte; auch an Fischen ist diese *Lagoa* sehr reich, daher man gewöhnlich die Einwohner dieser Gegend mit dem Fischfange beschäftigt findet. Dieses Wasser ist ringsum von einem weiten *Campo* (Haide) von fünf Legoas Ausdehnung, eingefafst, wo man viel Rindvieh zieht; anfänglich sollen hier einige tausend Stück gewesen seyn, doch hat die Zahl jetzt sehr abgenommen. Eine grofse Unze (*Yaguareté*), die sich gegenwärtig in der Nähe aufhielt, war den Heerden sehr verderblich; sie saugte dem Raube gewöhnlich nur das Blut aus, ohne das Fleisch zu berühren; dies erschwerte die Jagd sehr, tauchliche Hunde hatte man jetzt hier nicht, um den Schlupfwinkel des Raubthiers aufzuspüren; man sah daher ruhig zu, wie gewöhnlich jede Nacht ein oder ein Paar Stück Vieh getödtet wurden.

Verzeichnifs

der

mit dem 1ten Bande ausgegebenen Kupfertafeln und Karten.

A. Gröfsere Kupfer und Karten.

Taf. 1. Ansicht der Mission von *St. Fidelis;* radirt von W a g n e r in Leipzig, ausgeführt von H a l d e n w a n g in Carlsruhe.

» 2. Die *Puris* in ihren Wäldern; gestochen von S e y f f e r und R i s t in Stuttgardt.

» 3. *Puris* in ihrer Hütte; gestochen von E i c h l e r in Augsburg.

» 4. Ansicht des Felsens *Jucutucoara* am Flusse *Espirito Santo* unweit *Villa de Victoria;* gestochen von F r e n z e l in Dresden.

» 5. Schifffahrt auf einem Seitenarme des *Rio Doçe;* gestochen von V e i t h in Dresden.

» 6. Zusammenkunft mit *Capitam* B E N T O L O U R E N Z O und seinen *Mineiros* in den Urwäldern am *Mucuri;* gestochen von M. E f s l i n g e r in Zürich.

» 7. Die *Patachos* am *Rio do Prado;* gestochen von R i s t in Stuttgardt.

» 8. Ansicht der Mündung des Flusses und der Kirche zu *Sta. Cruz;* gestochen von F r e n z e l in Dresden.

» 9. Ansicht der Insel *Cachoeirinha* mit dem *Quartel dos Arcos* im *Rio Grande de Belmonte;* gestochen von F. H a l d e n w a n g Sohn in Carlsruhe.

» 10. Eine Familie der *Botocudos* auf der Reise; gestochen von S e y f f e r und K r ü g e r in Stuttgardt.

» 11. Zweykämpfe der *Botocudos* am *Rio Grande de Belmonte;* ausgeführt von M ü l l e r in Paris.

» 12. Waffen, Zierrathen und Geräthschaften der *Puris.*
Fig. 1. Der Bogen. Fig. 2 und 3 Kriegs - und Jagdpfeil für gröfsere Thiere. Fig. 4. Pfeil, um kleine Thiere zu schiefsen. Fig. 5. Halsband von Baumfrüchten. Fig. 6. Halsband von Dornauswüchsen eines Gewächses. Fig. 7. Tragkorb von Palmblättern.

» 13. Geräthschaften, Zierrathen und Waffen der *Puris, Botocudos, Machacaris* und der Küsten-Indier.
Fig. 1. Bodoque oder Kugelbogen der Küsten-Indier. Fig. 2. Bogen der *Machacaris.* Fig. 3. Pfeil derselben. Fig. 4. Ohrpflock der *Botocudos,* seine Gröfse ist genau nach denen des *Capitam* J U N E entworfen. Fig. 5. Mundpflock einer *Botocudin.* Fig. 6. *Jakeräium Jokä,* der gelbe Federfächer, welcher ehemals von den *Botocuden* vor der Stirn befestigt ward. Fig. 7. Schlafnetz der *Puris.* Fig. 8. *Caratu* oder steinerne Axt der *Botocuden.*

» 14. Zierrathen und Geräthschaften der *Botocudos.*
Fig. 1. Das Sprachrohr, *Kuntschun-Cocann.* Fig. 2. Die Feuermaschine *Nom-Nan; aa)* das Holz, welches auf dem Stocke *bb)* herumgedreht wird. Fig. 3. Reisesack der *Botocudos.* Fig. 4. *Giucann,* Futteral von Cocos-Blättern. Fig. 5. Halsschnur von Fruchtkernen, *Pohuit* genannt. Fig. 6. Messer, wie es eingerichtet ist, um am Halse getragen zu werden. Fig. 7. Thierknochen, um Cocosnüsse damit zu essen. Fig. 8. Trinkgefäfs von *Taquarussu, Häkrock* genannt.

Karte der neuen Strafse von *Villa de St. José do Port' Allegre* nach *Minas Novas,* gebahnt im Jahr 1816 vom Coronel B E N T O L O U R E N Z O V A Z D E A B R E U E L I M A.

Karte eines Theils der Ostküste von Brasilien, nach A R R O W S M I T H.

B. Vignetten.

Anmerkung, die Kupferplatten dieses Werkes betreffend.

Die Zeichnungen zu den Kupferplatten, welche den Bericht meiner Reise in Brasilien begleiten, sind meistentheils von mir an Ort und Stelle skizzirt, und nachher vollkommener ausgeführt worden; ich verdanke aber auch der Güte meines Reisegefährten, des Herrn SELLOW, einige jener Originalzeichnungen, besonders der charakteristischen Botocuden-Physiognomien des zweyten Theiles, welche er sehr ähnlich nach der *Camera-Lucida* zeichnete. Die mit dem zweyten Theile nachzuliefernden Ansichten der Küste zu *Tapebuçú*, der *Villa* von *Ilhéos* und der zu *Porto Seguro* sind ebenfalls von ihm, so wie andere interessante Zeichnungen, welche ich um die Gränze dieser Unternehmung nicht zu überschreiten, habe weglassen müssen, da ich sie zu spät erhielt. Den Stich der Platten haben verschiedene Kupferstecher besorgt; aller angewandten Mühe ungeachtet haben sich aber dennoch einige Unrichtigkeiten eingeschlichen. Unter diesen nenne ich auf der Vignette des VIII. Abschnitts die Zeichnung der grofsen Schildkröte, welche in den naturhistorischen Cabinetten nicht selten gefunden wird, und auf der Vignette, welche die Hütten zu *Morro d'Arara* vorstellt, müssen die jenseit des Wassers liegenden Gebüsche als mit Urwäldern bedeckte Berge gedacht werden. Die Zeichnung der Hütten selbst ist übrigens ganz naturgetreu; auch hat der Kupferstecher zu dem erlegten Aguti, welches der Wilde auf der 10ten Platte in der Hand trägt, einen Charakter hinzugefügt, welcher wohl alle Zoologen irre führen dürfte, da das hier vorgestellte Thier keinen sichtbaren Schwanz haben darf. — Die Ansichten einiger im 1ten Theile erwähnten Gegenden sollen mit dem 2ten Bande nachgeliefert werden.

Erklärung der Karte von der Waldstrafse des Coronel BENTO LOURENZO.

Diese Karte, welche ich der Güte des Coronel BENTO LOURENZO VAZ DE ABREU E LIMA selbst verdanke, zeigt die Waldstrafse dieses unternehmenden Mannes von *Villa de Nossa Senhora do Bom Successo* von *Minas Novas do Fannado* bis hinab nach der Seeküste, oder bis *Villa de St. José do Port' Allegre.* Da ich nicht selbst den Lauf des *Macuri* bereist habe, so kann ich über die richtige Aufnahme desselben kein Zeugnifs geben; derselbe scheint mir aber aus einer älteren Karte genommen zu seyn. Die Strafse selbst indessen, welche durch das Wort *Estrada* bezeichnet ist, hat der *Coronel* in jene Karte hinein getragen, und alle kleine Bäche, Flüfschen, Seen u. s. w. angemerkt, auch durch Buchstaben die Gegenden bezeichnet, wo er andere Bemerkungen hinzu zu fügen für nöthig fand. Ich lasse jetzt die Uebersetzung der erklärenden Notiz des *Coronel* BENTO LOURENZO mit seinen eigenen Worten folgen:

Anmerkung der verschiedenen Kostbarkeiten, Edelsteinen, Gold, officinellen Wurzeln und Rinden, Früchte und nutzbaren Holzarten, welche ich an der neuen Strafse gefunden habe, die von Villa do Port' Allegre, *wo der* Mucuri *in die See tritt, bis* Villa de Nossa Senhora do Bom Successo *von* Minas Novas do Fannado *geführt worden ist, wie die Karte zeigt. Diese Anmerkungen werden durch Buchstaben bezeichnet, wie folgt:*

A. In dieser Gegend der Wälder findet man China, deren Rinde zur Heilung der Fieber benutzt wird, etwas *Pualha* (*Ipecacuanha*) und *Bicuiba*, aus deren Frucht man ein Oel zieht, welches zu Einräucherungen gegen gewisse Schmerzen benutzt wird. In den *Corregos, do Morro* und *da Arara* findet man Chrysolithe (*Grizolitas*). Die Holzarten, welche ich hier erkannte, sind *Jacarandá, Cabiuna, Jacarandá tâo, Putumujú, Vinhatico, Çedro, Goitiçica, Tapicurú, Sapucaya* und viele andere Arten, deren Nahmen ich nicht kenne; auch findet man *Guinê*-Wurzel u. s. w.

B. In dieser Region findet man dieselben Holzarten, dabey aber auch Brasilienholz.

C. Aufwärts an diesem Flusse giebt es eben dieselben Holzarten, auch erhielt ich Nachricht, dafs sich an seinen Quellen *Campos* (offene von Wald entblöfste Gegenden) befinden; man findet Gold in Menge in demselben, wovon ich Proben gesehen habe.

D. Bis hierhin findet man fortwährend dieselben Produkte, welche weiter oben angegeben worden sind.

E. Hier ist die Stelle, wo man zuerst eine, sowohl durch Wohlgeschmack als durch Nahrhaftigkeit ganz vorzüglich ausgezeichnete Frucht findet, der wir die Erhaltung unseres Lebens verdanken; denn sobald wir zwey oder drey derselben gegessen hatten, fanden wir uns so sehr mit neuen Kräften gestärkt, als wenn wir viele Gerichte zu uns genommen hätten. Diese Bäume sind grofs, und die Früchte von der Gröfse eines Apfels. Uebrigens sind die Holzarten dieser Gegend dieselben, wie schon oben genannt.

F. Dieser Bach hat vorzüglich schöne Chrysolithe (*Grizolitas*), Aquamarine (*Agoas-Marinhas*), weifse Topase und Amethyste (*Amatistas*). Die Holzarten und andern Produkte dieser Gegend sind die schon früher genannten. Der Boden ist fruchtbar und besonders für Baumwollenpflanzungen geeignet.

G. Hier giebt es viele Muskatnüsse(*) und alle andere schon erwähnte Holzarten.

H. In diesem Flusse, besonders an seinen Quellen, hat man viele kostbare Edelsteine gewonnen, nahmentlich Aquamarine, Chrysolithe und weifse Topase.

I. Alle diese kleinen Bäche geben einige weifse Topase und Chrysolithe.

L. In dieser Gegend findet man *Butaa*-Wurzel, welche gegen heftige Catharre und ähnliche bösartige Zufälle dient; *Parreira brava*, deren Wurzel gekocht wird; dieses Getränk dient gegen venerische Uebel, die es aus den Gelenken vertreibt; es ist anerkannt und erprobt durch

---

(*) Die Muskatnüsse des *Coronel*, so wie die weiter unten erwähnte Rhabarber, sind wahrscheinlich Pflanzen, welche mit jenen bey uns unter diesem Nahmen gekannten Gewächsen Aehnlichkeit haben, aber keinesswegs dieselben. Ich habe diese Pflanzen nicht kennen gelernt. Die *Corografia Brasilica T. I. p.* 163 und 322 erwähnt übrigens ebenfalls dieser Rhabarber (*Ruibarba*).

die Anwendung, die man davon in *Minas* gemacht hat. Man findet hier auch etwas Rhabarber, China u. s. w.

M. Hier in diesen *Campos*, welche das Ende der grofsen Wälder bezeichnen, giebt es schon angebautes Land; man findet Wurzeln, Kalmus (*Calamo aromatico*) u. s. w.

Erläuternde Notiz zu der Karte der Ostküste von Brasilien zwischen dem 15ten und 23ten Grad südlicher Breite.

Da von der Ostküste von Brasilien nur unvollständige Karten in den Händen des Publikums sich befinden, und da es in meiner Lage unmöglich war eine neue, auf astronomische Beobachtungen gegründete zu entwerfen, so wählte ich die beste mir bekannte von ARROWSMITH, und legte diese zum Grunde. Sie ist um ein Drittel vergröfsert; einige Hauptpunkte und Flufsmündungen, als der Busen von *Rio de Janeiro*, die Mündung des *Paraiba*, des *Espirito Santo*, *Rio Doçe*, *Rio Grande de Belmonte* und des *Rio Pardo* sind in ihrer Lage geblieben, da man diese beträchtlichern Flufsmündungen wohl als astronomisch richtig bestimmt annehmen mufs. Alle dazwischen liegenden kleinen Flüsse und Ortschaften hingegen, habe ich nach der Zahl der Legoas ihrer Entfernung von einander zu berichtigen gesucht. Daher wird man hierin grofse Abweichungen von der englischen Karte wahrnehmen; denn auf letzterer sind Flüsse angegeben, welche nicht existiren, und andere sind ausgelassen; auch wird man die vielen falschen Nahmen ausstreichen, womit die alten Karten überschwemmt sind, und wovon im Lande selbst keine Spur ist. Ich habe auf diese Karte meine Reise längs der Küste und auf den Flüssen hinauf durch eine fein ausgezogene Linie angedeutet; die vordere Gränze des Gebietes der verschiedenen Stämme der *Tapuyas* habe ich mit Farben anzugeben versucht, auch deuten die farbigen Striche weiter im Lande einwärts den Zusammenhang dieser genannten Völker an; die Bedeutung der Farben selbst ist auf der Karte angegeben. Zur vollkommenen Erläuterung dieser in Farben angegebenen Gränzen der Wohnplätze verschiedener Völkerstämme, wird es nöthig seyn bey Gelegenheit der Erwähnung derselben in dem Texte, die Karte zu Rathe zu ziehen. Der Lauf des *Mucuri* ist auf dieser Karte nach der Angabe des *Coronel* BENTO LOURENZO abgeändert, auch ist dessen neue Waldstrafse darauf angegeben; schon ein flüchtiger Blick auf diese Darstellung der portugiesischen Ansiedelungen an der Ostküste zeigt übrigens sogleich, wie schwach die Bevölkerung dieses Landstriches ist, besonders wenn man bedenkt, dafs keiner, der hier in den Ocean mündenden Flüsse mehr als ein oder ein Paar Tagereisen aufwärts von den Europäern und ihren brasilianischen Abkömmlingen bewohnt ist. Eine genaue Aufnahme der Ostküste hat die portugiesische Regierung begonnen: wir würden diesen Theil von Süd-Amerika vollkommen kennen lernen, wenn es ihr gefiele, diese schätzbaren geographischen Arbeiten der Welt mitzutheilen.

Verbesserungen.

Seite 44. 91. und 347. lies: *Bougainvillea* statt *Buginvillæa*.

» 51. Zeile 9. fallen die Worte: »*Psittacus coronatus* des Berliner Museums oder« — weg.

» 52. und 175. lies: *Aranha Caranguejeira*, anstatt *Aranha Caranguexeira* und *Caranguecheira*.

» 215. Zeile 10. lies: *Belmonte* anstatt *Bellmonte*.

» 248. » 23. lies: »besonders die letztere, welche« — anstatt: die letztere, besonders die, welche —

» 311. » 10. lies: *Echinus* anstatt *Eschinus*.

» 319. und allenthalben lies: *Coroa* anstatt *Corroa*.

» 322. und allenthalben lies: *Boca d'Obu* anstatt *Bocca d'Obu*.

» 373. Zeile 6. lies: *Vismia* anstatt *Visnea*.

Milho und *Milio* sind gleichbedeutend für: Mays.

Cachoeira und *Caxoeira* sind gleichbedeutend für: Wasserfall.

MAXIMILIAN PRINZ ZU WIED

WERDEGANG

Maximilian Alexander Philipp Graf zu Wied-Neuwied wurde am 23. September 1782 als achtes von zehn Kindern von Friedrich Carl Graf zu Wied-Neuwied (1741-1809) und dessen Gemahlin Louise geb. Gräfin zu Sayn-Wittgenstein-Berleburg (1747-1823) im Schloss zu Neuwied am Rhein geboren. Nachdem das Haus 1784 in den Fürstenrang erhoben worden war, trug er den Titel Prinz. Nach der Vereinigung der beiden Häuser Wied-Neuwied und Wied-Runkel 1824 erfolgte die Namensänderung in Prinz zu Wied.

Kindheit und Jugend waren von den Folgen der Französischen Revolution überschattet. Während der Koalitionskriege musste Maximilian als Vierzehnjähriger mit Mutter und Geschwistern fliehen und vorübergehend in Meiningen Aufenthalt nehmen.

Die Erziehung scheint vorwiegend in Händen des Ingenieurleutnants Christian Friedrich Hoffmann gelegen zu haben. Selber naturkundlich und archäologisch interessiert, dürfte er die Interessen des jungen Prinzen entsprechend gefördert haben. Sehr wahrscheinlich hat Hoffmann auch durch seine Kontakte mit der Universität Göttingen das spätere Studium Maximilians an der Georgia Augusta angeregt.

> „Maximilian wurde im Geist der Klassik erzogen, die der Wesensart seines Elternhauses entsprach, und er blieb dieser Geistesrichtung zeitlebens verbunden. Obwohl er die Entfaltung der Romantik miterlebte, scheint er von ihr kaum tiefer berührt worden zu sein. Nur von dem im Schatten der napoleonischen Herrschaft aufkeimenden deutschen Nationalgefühl ließ er sich anstecken. Doch auch diese warme Vaterlandsliebe, die ihn, obwohl nicht Preuße von Geburt, Anschluß in Berlin eher als in Wien suchen und finden ließ, hat in keinem Augenblick seines Lebens die Unbestechlichkeit seines Blickes getrübt."
> (Karl Viktor Prinz zu Wied)

Schloss Monrepos oberhalb von Niederbieber als Sommersitz der Familie dürfte auch Maximilian heitere Kindheits- und Jugenderlebnisse beschert haben. Im übrigen ist auffallend wenig über diesen Lebensabschnitt des Prinzen bekannt.

Die Jagd gehörte mit zum Selbstverständnis adeliger Familien. Maximilian bewegte sich in dieser Tradition und war ein leidenschaftlicher Jäger. Selbst die wissenschaftliche Betätigung konnte gelegentlich hinter dieser Passion zurückstehen. Verständlich wird dies heutzutage nur, wenn man die hohen Bestandszahlen der herrschaftlichen Reviere des 19. Jahrhunderts berücksichtigt. Ausgeübt wurde die Jagd in den Wäldern bei Rengsdorf und Dierdorf sowie an der Westerwälder Seenplatte. Die hierbei erworbenen Fertigkeiten kamen dem Prinzen bei seinen Überseereisen sehr zustatten.

Selbstverständlich waren die Prinzen zum Wehrdienst verpflichtet. Weil das Fürstentum keine eigene Armee unterhielt, musste der Militärdienst auswärts geleistet werden.

Maximilian bewarb sich in Preußen und wurde 1802 im Rang eines Stabskapitäns endgültig übernommen. Bei den Schlachten von Jena und Auerstedt (1806) geriet er kurzzeitig in Gefangenschaft. Nach der Entlassung widmete er sich fast ausschließlich seinen Studien. Erst die Befreiungskriege (1813) riefen ihn erneut zu den Waffen. Mit dem Eisernen Kreuz ausgezeichnet, focht er als Kavallerist in der Champagne und zog mit den siegreichen Alliierten in Paris ein. Mit dem Sieg über Napoleon war der Weg in die Ferne frei geworden.

ÜBERSEE-REISEN

BRASILIEN

Nachdem Wied verschiedene Ziele, darunter vor allem Nordamerika, für die seit langem angestrebte Überseereise in Erwägung gezogen hatte, entschied er sich 1814 endgültig für Brasilien, wie er seinem Freund Schinz am 14. September brieflich mitteilte. Einer der Gründe war, dass Brasilien, das Humboldt noch nicht hatte besuchen dürfen, seit 1808 auch Nichtportugiesen die Einreise gestattete.

Wied hatte sich durch Lektüre einschlägiger Werke gut vorbereitet. Zitate im Reisebericht verraten ausgezeichnete Kenntnis der Literatur. Er führt unter anderem Jean de Léry (1534-1613), Hans Staden (1525/8-ca.1576), Charles Marie de la Condamine (1701-1774), Felix d'Azara (1746-1821), Adam Johann von Krusenstern (1770-1846) und Simão de Vasconcellos als Gewährsleute an. Der meist genannte Autor ist freilich Humboldt, dessen „Ideen zu einer Geographie der Pflanzen" (1807) und „Ansichten der Natur" (1808) Maximilian gründlich durchgearbeitet hatte und als Richtschnur für seine Beobachtungen betrachtete.

Bei der Suche nach geeigneter Begleitung empfahl ihm der Berliner Zoologe Martin Lichtenstein (1780-1857) den Dichter und Naturforscher Baron Adelbert von Chamisso (Louis Charles Adelaide de Chamisso, 1781-1838), dem er aber absagen musste, weil der Franzose die Kosten nicht aufbringen konnte. So griff der Prinz auf Bedienstete des Neuwieder Hofes zurück und engagierte den Jäger David Dreidoppel und den Gärtner Christian Simonis.

Anfang Mai 1815 fuhren sie mit einem Rheinschiff nach Holland, von wo sie nach England übersetzten. Am 15. Mai gingen sie in London an Bord des Seglers „Janus", der nach 72 Tagen am 16. Juli im Hafen von Rio de Janeiro einlief.

Überwältigt von den ersten Eindrücken, verlor Wied dennoch nicht den eigentlichen Zweck der Reise aus den Augen und suchte sofort Kontakte mit namhaften Intellektuellen und Reisenden, die sich auf der Facenda „Mandioca" an der Serra da Estrela des russischen Generalkonsuls Georg Heinrich von Langsdorff (1774-1852) zu treffen pflegten. Hier legte der „Baron von Braunsberg", wie Maximilian sich in Übersee nannte, endgültig seine Reiseroute fest.

Minas Gerais war durch Wilhelm Ludwig von Eschwege (1777-1855) und den Engländer John Mawe (1764-1829) seit etwa 1810 wissenschaftlich bearbeitet worden. Dagegen war Wied durch den deutschen Mineralogen Wilhelm Christian Gotthelf von Feldner (1772-1822) auf die küstennahen Gebiete zwischen Rio de Janeiro und Salvador aufmerksam gemacht worden, die noch weitgehend unbekannt waren.

Glückliche Umstände führten Wied mit dem Ornithologen Georg Wilhelm Freyreiss (1781-1825) und dem Botaniker Friedrich Sellow (1789-1831) zusammen, die mit bzw. wie Freyreiss durch Langsdorff (1813) nach Brasilien gekommen waren. Sie waren gerne bereit, Wied zu begleiten und ihm nicht zuletzt durch ihre Sprachkenntnisse hilfreich zu sein.

Die großzügige Unterstützung durch den brasilianischen Minister Silverio José Manoel de Araujo, Conde de Barca, ermöglichte am 4. August den Aufbruch von São Cristovão nach Cabo Frio und weiter nach Campos und zum Rio Paraiba, wo die erste Begegnung mit freien Indianervölkern – den Purí, Coroado und Pataxó – erfolgte. „Francisco", ein noch in Rio de Janeiro engagierter Coropó, war als Dolmetscher tätig. Die Flüsse Itabapuana und Itapemirim wurden Anfang November überquert. Am 17. November waren Guaraparim und zwei Tage später die heutige Landeshauptstadt Vitória erreicht, wo man die erste Post aus Europa empfing.

Am 19. Dezember brachen Wied und Freyreiss vorzeitig auf und erreichten nach Durchqueren von Mangrovengebieten „den Rio Doce, den bedeutendsten Fluß zwischen Rio de Janeiro und Bahia ... in einem Bette .., das uns noch einmal so breit als das unseres deutschen Rheins ... erschien." [...] „Der Aufenthalt am Rio Doce war unstreitig einer der interessantesten Punkte meiner Reise in Brasilien, denn an diesem Flusse ... findet der Naturforscher auf lange Zeit Beschäftigung und die mannigfaltigsten Genüsse." Man stieß flussaufwärts bis Linhares vor.

Am 30. Dezember ging es weiter nach Mucurí. Nach zehntägigem Aufenthalt führte die Reise über Viçoza (Marobá) nach Caravelas und „zum Flusse Alcobaca" und wieder zurück zum Rio Mucurí, wo man mit den übrigen Begleitern wieder zusammentraf.

Bei der Weiterreise nordwärts wurde „Aufenthalt zu Morro d'Arara, zu Mucuri, Vicoza und Caravellas bis zur Abreise nach Belmonte" gemacht. Nach vierwöchigem Verweilen brach Wied am 23. Juli 1816 von Caravelas auf nach Alcobaça und Prado, wo intensive Begegnungen mit den Pataxó stattfanden. Über Cumurixatibá gelangte die Expedition zu den historisch denkwürdigen Orten Porto Seguro und Santa Cruz Cabrália.

Von Villa de Belmonte folgte Wied dem Rio Jequitinonha flussaufwärts bis in das Gebiet der Botokuden. Bleibende Frucht dieses wichtigen Reiseabschnittes ist die Monographie einer längst untergegangenen Welt. Erneut kam es auch zu Begegnungen mit den Pataxó.

Am 28. September kehrte Wied nach Belmonte zurück. Er reiste noch einmal nach Caravelas und Mucurí, wo er Sellow und Freyreiss wiedertraf und mit ihnen drei Wochen verlebte. Am Rio Jucurucu lernte er auch Angehörige vom Stamme der Machacaris kennen.

Über Canavieiras und Una, wo die lange Ilha Comandatuba der Küste vorgelagert ist, führte der Weg weiter über Olivença nach Ilhéus. Von hier wandte sich die Reisegruppe landeinwärts in Richtung des heutigen Itabuna und weiter in vier anstrengenden Wochen durch dichte Urwälder, bis am 31. Januar der Sertão erreicht war. Diese von Wied „Catinga" bezeichnete Landschaft ermöglichte das Studium der innerbrasilianischen Buschsavanne mit ihrer den Reisenden noch unbekannten Tierwelt. Man erreichte schließlich das Tal des Rio Pardo und gelangte bis an die Grenze von Minas Gerais.

Nun ging es zurück und in nordöstlicher Richtung nach Vitória da Conquista, wo es noch einmal zu Begegnungen mit den Camacán kam. Der Rio das Contas und der Rio Jiquiricá waren überquert, als Soldaten die Expedition gefangen nahmen und nach Nazaré, brachten. Man verdächtigte sie, englische Spione zu sein und gemeinsame Sache mit Aufständischen in Salvador zu machen. Darüber und wegen des unnötigen Aufenthaltes war Maximilian sehr aufgebracht. Nach Aufklärung des Irrtums ging es weiter über Jaguaripe und die Insel Itaparica nach Salvador, dem Ziel der Reise.

Im Mai 1817 schiffte sich Wied mit Dreidoppel und Simonis auf der „Princesa Carlota" nach Europa ein. Über Lissabon und London kamen die Reisenden im August in Neuwied an.

NORDAMERIKA

Später sollte noch einmal das Fernweh Maximilian überfallen. Als Fünfzigjähriger unternahm er eine „Reise in das Innere Nordamerica". Von 1832 bis 1834 zog er von Boston, New York und Philadelphia über die Alleghannys zum Ohio. Nach längerem und wissenschaftlich nicht unwichtigem Aufenthalt in New Harmony (Indiana) erreichte er Saint Louis. Mit einem Dampfboot von Pelzhändlern fuhr er den Missouri aufwärts bis in den heutigen Bundesstaat Montana. Die Prärien dort gehörten noch nicht den Vereinigten Staaten, sondern waren freie Stammesgebiete.

Da ein Teil der naturkundlichen Sammlungen bei einem Schiffsunglück vernichtet wurde, erscheint der völkerkundliche Ertrag dieser Expedition in besonders hellem Lichte. Dies ist wesentlich der Tätigkeit des jungen Schweizer Malers Carl Bodmer (1809-93) zuzuschreiben, den Wied im Rheinland angeheuert hatte. Seine meisterhaften Darstellungen aus dem Leben der Prärievölker haben wesentlich die Vorstellungen geprägt, die man sich in Europa bis heute „vom Indianer" macht. Ob Karl May oder moderne Kinofilme – sie stehen alle irgendwie unter dem Einfluss der wiedischen Reise.

Jagd- und Sammelleidenschaft samt Reiselust haben Wied zur systematischen Aufzeichnung und gründlichen Darstellung seiner Eindrücke und Erkenntnisse geführt und ihn so zum Forscher werden lassen. Blumenbach wirkte dabei offensichtlich nicht nur inspirierend, sondern lenkte die Begeisterung des Anfängers in geordnete Bahnen.

Die Bewunderung für Alexander von Humboldt (1769-1859) hatte zur Folge, dass dessen Art zu reisen auch für Wied zur methodischen Richtlinie wurde. Die Gründlichkeit seiner Aufzeichnungen übertrifft nach Meinung vieler sogar noch die des berühmten Vorbildes. Lorenz Oken (1779-1851) schreibt: „So etwas war nur ins Werk zu setzen durch den festen Willen des Prinzen, durch seine Einsicht in den Wert der Naturgeschichte, durch die großen Aufopferungen, die er ... nicht gescheut hat."

In geradezu Humboldtscher Weite hat Wied Ergebnisse aus fast allen Disziplinen der beschreibenden Naturwissenschaften vorgelegt, wobei Zoologie und insbesondere Ornithologie den Schwerpunkt bilden. Nicht nur das „Illustrirte Thierleben" von Alfred Edmund Brehm (1829-84) zitiert den Prinzen wiederholt als Gewährsmann für die Fauna Brasiliens, auch sonst wurde Maximilian gerne konsultiert. So kam es dazu, dass das erste Gemälde des tropischen Regenwaldes ausgerechnet fernab von Brasilien in Neuwied entstand. Der französische Maler Comte de Clarac vollendete seinen Entwurf, den er in Tijuca angefertigt hatte, während eines längeren Aufenthaltes am Rhein (1819) unter dem kritischen Auge Maximilians.

Schon bei der Auswertung seiner Sammlung brasilianischer Tiere zog Maximilian auch Spezialisten hinzu. Lorenz Oken (1779-1851) bearbeitete die Schädel zweier Faultierarten. Blasius Merrem (1761-1824) übernahm die anatomische Beschreibung unter anderem von Kaiman und Tejú-Echse.

Während der Nordamerika-Reise machte Wied die Bekanntschaft mit Wissenschaftlern der Vereinigten Staaten. Die Akademie der Naturwissenschaften in Philadelphia ernannte den Prinzen 1834 zum Mitglied. Die erste Ehrung dieser Art war schon 1820 die Ernennung zum Ehrenmitglied der Königlichen Akademie der Wissenschaften in München, der 1853 die Aufnahme in die Preußische Akademie der Wissenschaften zu Berlin folgte. Schließlich verlieh die Universität Jena dem Prinzen 1858 die Würde eines Dr. phil. h.c.

In der Öffentlichkeit wurde Wied vor allem als Ethnograph bekannt. Er hat das Bild vom Indianer in Europa nachhaltig mitgeprägt, wobei er unvoreingenommen fremden Völkern gegenübertrat und sich vor Überzeichnungen hütete. Indem er Völkerschaften besuchte, die damals noch ihre ursprüngliche Lebensweise pflegten, sind die Schilderungen Wieds heute von höchstem dokumentarischen Wert. Er bemühte sich dabei sogar um Kenntnis ihrer Sprachen und lieferte zum Teil erstmals Materialien zu deutsch-indianischen Wörterbüchern. Als Schüler Blumenbachs, auf den er sich bei der Beschreibung der Botokuden ausdrücklich bezieht, schlug Wied sogar den Bogen zur biologischen Anthropologie, wie seine Beschreibungen von Schädeln eigens dazu exhumierter Indios zeigen.

Auch der Botanik schenkte Wied seine Aufmerksamkeit, führte ein umfangreiches Herbar, brachte tropisches Saatgut nach Europa und notierte alle auffälligen pflanzenkundlichen Beobachtungen. Er legte sogar ein Herbarium von 22 (erhaltenen) Bänden an, das kürzlich wieder entdeckt worden ist und zur Zeit ausgewertet wird.

Lange vor seinen Überseereisen hatte er mit dem Aufbau einer beachtlichen Sammlung von Jagdtrophäen und zoologischen Präparaten begonnen. So entstand in der Orangerie des Neuwieder Schlosses das erste Natur- und Völkerkundemuseum am Mittelrhein, dessen Besuch schon Baedecker empfahl. Nach dem Tode Maximilians wurde die Sammlung nach und nach aufgelöst. Die Objekte aus Brasilien befinden sich jetzt vor allem in Berlin und Stuttgart.

Von bleibendem Wert und in ihrer Art unerreicht sind die meisten Skizzen, Zeichnungen und Aquarelle, in denen Wied Landschaften, Naturalien und Einheimische festgehalten hat. Er selbst notierte: Der Feldforscher müsse „... hauptsächlich einen tüchtigen Zeichner mit sich führen, welcher die Tiere sogleich nach dem Leben abbildet. Bau der Schuppen und übrigen Bedeckungen, Verhältnisse der Körperteile, Zahl der Bauch- und Schwanzschilde bei den Schlangen, Zahl (und Gestalt der) Zähne usw. müssen sogleich hinzugefügt werden, überhaupt eine pünktlich genaue Beschreibung des Tiers .."

Die Forscherleistungen des Prinzen sind in der für die Wissenschaft üblichen Weise eindrucksvoll gewürdigt worden, indem über fünfzig Tier- und Pflanzenarten sowie ein Fossil nach Wied taxonomisch benannt wurden. Sogar in volkstümlichen Tiernamen deutscher, portugiesischer und englischer Sprache lebt die Persönlichkeit des Prinzen fort.

„Den Rest seines Lebens verbrachte Maximilian im wesentlichen in Neuwied", wenn er nicht auf Monrepos oder anderen fürstlichen Liegenschaften zur Jagd oder Erholung weilte. Wohl unternahm er noch kleinere Reisen, so nach Berleburg (1840), in die Schweiz (1850) oder nach Berlin.

Die Zeit war im übrigen mit der Bearbeitung seiner Aufzeichnungen und Sammlungen bis zuletzt restlos ausgefüllt. Seine neue Vorliebe, die Fischsammlung, umfasste 1854 bereits 354 Arten. Der Schreibtisch im sogenannten Neuen Bau des Schlosses war von einem Foto Humboldts mit dessen eigenhändiger Widmung geschmückt. Den Raum beherrschte ein Gemälde von Heinrich Richter, das den Prinzen mit dem Botokuden Quäck vor einer Urwaldkulisse zeigt.

Pfingsten 1863 veranstaltete der Naturhistorische Verein der preußischen Rheinlande und Westfalens seine 20. Generalversammlung zu Ehren des Achtzigjährigen in Neuwied. Der Prinz hielt aus diesem Anlass seinen letzten öffentlichen Vortrag über „Die amerikanische Urnation", der begeistert aufgenommen wurde. Als letzte Veröffentlichung erschien das „Verzeichnis der Reptilien, welche auf meiner Reise im nördlichen Amerika beobachtet wurden".

Am Morgen des 3. Februar 1867 starb Maximilian an einer Lungenentzündung und wurde wenige Tage später im Familiengrab des fürstlichen Schlosses beigesetzt. Anscheinend hatte er sich die Erkrankung zwei Wochen vorher bei der Teilnahme am Begräbnis seiner Nichte Thekla zu Wied († 10. Januar 1867) zugezogen. Die Grabstätte ist nicht erhalten.

> „Die Nachwelt erkennt in ihm einen klaren und ungewöhnlich disziplinierten wissenschaftlichen Denker, der durch die Wirren seines Jahrhunderts als wacher, aufgeschlossener und unbestechlicher Beobachter, persönlich davon aber merkwürdig unberührt schritt, seiner Wissenschaft verschworen, eine glückliche Synthese zwischen Forscher und Weltmann." (Karl Viktor Prinz zu Wied)

Sein Arbeitszimmer beließ man Jahrzehnte unverändert und unbenutzt bis in die fünfziger Jahre des 20. Jahrhunderts. Ebenso blieben die Sammlungen vorerst unangetastet. Wohl hatte Maximilian schon 1844 aus seiner indianischen Sammlung 38 Objekte an die Königlich Preußische Kunstkammer abgegeben, wovon noch 32 in Berlin vorhanden sind. Anlässlich des 24. Internationalen Amerikanistenkongresses 1904 wurde die in Neuwied verbliebene völkerkundliche Sammlung aus etwa 100 Stücken durch Karl Graf von Linden (1838-1910) „nach Stuttgart geschafft, um restauriert und für längere Zeit im ethnographischen Museum ausgestellt zu werden."

Vieles hat Wied bereits zu Lebzeiten weitergegeben: „In dem berühmten anthropologischen Kabinett des Herrn Ritter Blumenbach zu Göttingen habe ich den Schädel eines jungen zwanzig- bis dreißigjährigen Botokuden niedergelegt, der eine osteologische Merkwürdigkeit aufweist," notiert Wied in der „Reise nach Brasilien" (1820/21).

Etwa 3000 Bände der Bibliothek schenkten die Erben 1867 der Universität Bonn, etwa 400 dem Naturhistorischen Verein zu Neuwied. Mehr als 1000 Bände und der handschriftliche Nachlass blieben bis in die fünfziger Jahre unseres Jahrhunderts fast unbeachtet in Neuwied.

Es ist bleibender Verdienst des Koblenzer Archivdirektors Josef Röder (1914-1975), den Wert der Hinterlassenschaft erkannt und publizistisch gewürdigt zu haben. Einzelne Bücher waren allerdings zwischenzeitlich unbekannt verschenkt worden. Um 1960 wurden der überseeische Nachlass in die USA verkauft. Die Nordamerika betreffenden Stücke befinden sich heute samt 400 Zeichnungen von Karl Bodmer im Joslyn Art Museum in Omaha/Nebraska. Etwa 300 Handzeichnungen, 76 Bücher, Aufzeichnungen, Manuskripte und Briefe, die im Zusammenhang zur Brasilienreise stehen, lagerten zunächst bei einem New Yorker Antiquar, bis sie Anfang der siebziger Jahre von der Brasilien-Bibliothek der Robert-Bosch-Stiftung angekauft wurden, die ihre Edition betreibt.

> „Obwohl Prinz Maximilian ... zu den großen deutschen Forschungsreisenden in der Nachfolge Alexander von Humboldts gehört, gerieten er und seine Forschungsreise ... nach Brasilien ... nach seinem Tod fast in Vergessenheit. Etwas anderes war es mit seiner zweiten Reise ... in das ‚Innere Nord-America‘ ... Hier waren es aber hauptsächlich die Indianer-Zeichnungen seines Begleiters ... Carl Bodmer, die das Interesse daran wach hielten." (Götz Küster)

In Göttingen wurde erstmals posthum eine Gedächtnistafel für Prinz Maximilian gestiftet. Während seiner Studienzeit (1811/12) wohnte der Prinz in der Prinzenstraße 2. An dem Gebäude wurde auf Vorschlag der Philosophischen Fakultät im Jahre 1907 eine Gedenktafel angebracht. Als an dessen Stelle der Neubau entstand (1912), in dem sich heute eine Bank befindet, ersetzte man 1913 die alte Tafel durch die jetzige, auf der noch weitere ehemalige Bewohner adligen Geblüts erwähnt werden, darunter Maximilian II., König von Bayern.

Hoch über dem Missouri südlich von Omaha steht ein von deutschstämmigen Amerikanern gestifteter Gedenkstein mit Seitenportrait des Prinzen in Halbrelief. In Neuwied tragen eine Straße und eine Realschule seinen Namen. Vor dem Schlosstheater bilden die vollplastischen Figuren von Maximilian, dem Maler Bodmer und dem Indianerhäuptling Matotope das moderne Brunnendenkmal. Beim wiedischen Hof Schönerlen inmitten der Westerwälder Seenplatte wurde 1992 eine Gedenkplakette angebracht. Zum 125. Todestag gab die fürstliche Familie Gedenkmünzen heraus. Die Deutsche Bundespost fertigte einen Sonderstempel an.

Auf Anregung von Josef Röder kam es nach dem Krieg zu einer Ausstellung in Porto Alegre. Die Museen in Nordamerika heben bei der Dokumentation der Geschichte des „Wilden Westens" die Leistungen von Prinz Maximilian unübersehbar hervor (bes. St. Louis, Omaha, Pierre, Bismarck). Seit 1982 fanden auch in Deutschland Ausstellungen meist mit völkerkundlichem Schwerpunkt statt (Berlin, Stuttgart, Koblenz, Hachenburg, Neuwied, Bonn, Westerburg, Filderstadt, Radebeul, Remscheid). Wissenschaftliche Veranstaltungen (Montabaur, Wien, Koblenz, Neuwied) brachten entsprechende Beiträge. Eine Fülle von Veröffentlichungen in Fachorganen, Magazinen und Zeitungen sorgten für eine Rückbesinnung auf Leben und Werk Maximilians. Besonders anlässlich der 500-Jahrfeier Brasiliens wurden seine Verdienste bei mehreren Veranstaltungen (Bonn, Köln, Wiesbaden, Wirges) und Ausstellungen (Bonn, Köln) gewürdigt.

In den Gewächshäusern des Botanischen Gartens zu Bonn erblüht noch immer die *Goethea cauliflora*, ein tropisches Malvengewächs, dessen Sämereien der Prinz einst aus Brasilien an den Rhein brachte. In ihrem Leben bleibt Maximilian Prinz zu Wied uns nah.

GLOSSAR

Kurz erklärt sind die wichtigsten im Werk Maximilians verwendeten Begriffe, soweit sie für das Verständnis des Textes nötig erscheinen. Zunächst werden solche erläutert, die der brasilianischen Volkssprache entstammen oder sich aus indianischem Wortschatz oder dem Portugiesischem herleiten. Gesondert folgen veraltete Wörter und solche anderer Herkunft.

Die Namen von Tieren und Pflanzen lassen sich meist anhand der Erläuterungen Maximilians oder der wissenschaftlichen Bezeichnungen identifizieren. Sie werden deshalb nur gelegentlich berücksichtigt. Hierfür sollte die weiterführende Literatur zu Rate gezogen werden.

Airi	Bejaúba-Palme
Aldeia	Siedlung, Weiler, Dorf
Alféres	Fähnrich der Landmiliz
Anhuma	(wiss. *Anhima* [bei Wied: *Palamedea*] *cornuta*), Hornwehrvogel
Anta	brauner Tapir
Arrayal (= port. Arraial)	kleine Ortschaft, auch: Feldlager
Arrobe	Handelsgewicht (14,7 kg)
Atoléiro	Pfütze, sumpfige Stelle
Aypi	süße Manioca (*Manihot dulcis*)
Baducca	Tanz der Negersklaven
Barra	Flussmündung, Hafeneinfahrt
Barréiras	senkrecht abfallende Lehmwände
Bicho de pé	Sandfloh
Bodock	Bodoc: Bogen mit zwei Sehnen; kurz für: Besta de bodóque (port. eig.): Kugelarmbrust
Boiadas	Ochsenherden
Caburé	Kauz der Gattung *Glaucidium*; Wied entdeckte den Zwergkauz (*Glaudicium minutissimum*)
Cabo	Anführer, Unteroffizier
Cachoeira	Wasserfall
Cadeira	(port.) Stuhl, hier: Tragstuhl (eig. Cadeirinha)
Camboa	Fischzaun
Campo	Ebene, Feldflur
Capitam Mór	Kommandierender einer Provinz, auch: Dorfschulze
Carapatos	Zecken
Carasso	Niederwald im Campos
Carne seca	Trockenfleisch
Carolin	Goldmünze, ca. 6 Taler
Casa de Camera	Rathaus
Catinga	(eig. Caatinga) Waldform der Campos

Caüy	(eig. Cauim) Getränk aus vergorener Manioca oder Mais
Cavalerias	(port. Cavallarias) Reiterei, Pferdetrupp
Caxueren	von (port.) Cachoeiras = Wasserfälle
Chicote	Peitsche
Cidade	Stadt
Cipó	(port. Sipo) Liane, Schlinggewächs
Copaiva Balsam	Baumharz aus dem Schmetterlingsblütler *Copaifera officinalis*
Corrego	kleiner Bach
Corroa	Sandbank
Cru	(port.) ungekocht, roh
Cuía	Gefäß aus Flaschenkürbis oder Tierpanzer (Schildkröte, Gürteltier)
Curicáca	Ibis, hier wohl: Weisshalsibis *(Theristicus caudatus)*
Derobade	(port. Derrubado) Holzschlag
Destacament	(port. Destacamento) Truppeneinheit
Ema	südamerikanischer Straußenvogel, Nandu *(Rhea americana)*
Embira	Bast von Baumrinde
Engenho, Engenha	Zuckerrohr-Mühle
Entrada	hier: Kriegszug gegen Waldindianer
Escrivam	(port. Escrivães de camara) Amtsschreiber
Esteiras	Rohrmatten
Estoppa	(port. Estôpa) Werg, Bast
Facão	Buschmesser
Farinha	Mehl aus Manioca-Knollen
Fazenda	Landgut
Feitór	Verwalter, Aufseher
Freguesia	(port. Freguezia) Kirchspiel
Frondes	Laub, Blattwerk
Gamellas	Holzschüsseln
Gibão de Armas	(port.) Waffen- oder Panzerrock
Girandolen	(port. Girandola) Feuerrad, Sonne
Herenehediocá	Klapper aus Tapirhufen
Jararaca	Lanzenotter
Juiz	Richter
Kechiech	Klapper

Lagoa	Lagune
Lancha	Hafenboot, Beiboot der Marine
Legoa	(port. Légua) Meile Streckenmaß = 5,572 km bzw. 6,687 km (legua nova)
Lingoa geral	Sprache der Tupí, die lange Zeit als Umgangssprache anerkannt war
Llano	baumlose Steppe
Mangue-Sümpfe	Mangrove
Maracas	Kürbisrasseln
Maracanas	von Maracanã (Sing.): Art der Keilschwanzsittiche (*Ara maracana*)
Marimbondo	Wespe
Marui, Murui, Maruim	Gnitzen (*Ceratopogonidae*)
Milio	(port. Milho) Hirse
Minero	(eig. Mineiro) Bergmann, auch Grubenbesitzer
Mundeo	Schlinge, Falle
Mutuca	Bremsen (*Tabanidae*)
Mutum	Hokkohuhn (*Crax alector*)
Myuá	Schlangenhalsvogel (*Plotus anhinga*), im heutigen Bras.: Biguatinga
Onze	(auch Onza, Unze, Onça) Jaguar
Ouvidór	Schöffe, Amtmann
Palmen	(port. Palmo) Längenmaß: Spanne
Pavó	(*Pyroderus scutatus*) Art der Schmuckvögel (*Cotingidae*)
Paulisten	(eig. Paulistas) Einwohner von São Paulo
Picade	(port. Picada) Schneise, Waldpfad
Portaria	Ausweis
Porto	Hafen
Povoaçâo	Weiler
Praya	(port. Praia) Strand
Punella	Kessel, Kochtopf
Quartel	Militärlager, auch Militärposten
Quintäes	Binnenhöfe, ummauerte Gärten; im Port. bedeutet Quinta eig. Landgut
Rancho	Hütte, Schuppen
Rapadura	Zucker
Riacho	Flüsschen
Rossen	(sing. rossa) Pflanzungen
Sahuí	(*Jacchus penicillatus*)

Sargento Mór	Oberwachtmeister
Seriema	kranichartiger Steppenvogel (*Cariama cristata*)
Serra	Bergkette, Gebirge
Sertam, pl. Sertões	(port. Sertão) Trockensteppe
Tacanhoba	Penisfutteral aus Palmblatt
Taquarussú, Taquara	Bambusrohr (*Chusquea gaudichaudii*) für Wasserbehälter
Tatú	Gürteltier
Tira	(port.) Stoffstreifen, Binde
Trop(p)a	Lasttierkarawane
Tropeiro	Treiber einer Tropa
Uba	Bambusrohr (Canna brava)
Unze	Onze (s.d.)
Urubú	Geier, hier: Truthahngeier (*Cathartes* [bei Wied: *Vultur*] *aura*
Uricana-Blätter	Palmwedel
Urucú	roter Farbstoff aus Früchten des Orleanderbaumes (*Bixa orellana L.*)
Vaqueiro	Rinderhirte (svw. Cowboy)
Venda	Verkaufsladen, Imbissstube
Vil(l)a	Ortschaft, Stadt

EINIGE BEGRIFFE ANDERER HERKUNFT

Bauschen	auch: Pauschen (vgl. Bausch), Teil des Reitersattels
Boutaille	(frz. Bouteille) Flasche
Byssus	(eig. Fädiges Muschelsekret) hier: Aufwuchs (forstl.)
China	chininhaltige Rinde, pulverisiert als Fiebermittel
Cochenille	roter Farbstoff aus Schildläusen
Cryptogamische Pflanzen	blütenlose Pflanzen wie Farne, Moose, Schachtelhalme, Pilze, Flechten
Cuan	Bogen
Fuß	altes Längenmaß, z.B. preußischer Fuß = 0,134 m
Mamelucke	hier abweichend vom üblichen Sprachgebrauch Mischling, svw. Mestize
Maratten	(auch: Ma[ha]rathen) Volk in Indien
Membrum virile	(lat.) Penis
Myotheren	Ameisenvögel

400

Pinnulae	Fiederblättchen
Plumbago	Gattung Strandnelke
Quadrupeden	eig. Vierfüßer, hier: Affen
Sloop	Schaluppe
Solana	im Singular *Solanum*: botanische Gattung Nachtschatten
Stavrolith	(eig. Staurolith) Kreuzstein, Bezeichnung für verschiedene Minerale
Tinamus	zool. Gattung der Wald-Steißhühner
Tre(c)kschuit	Zugschiff
Tronck	Folterwerkzeug
Unguentum basilikum	Salbe aus Basilienkraut (*Ocimum basilikum*), krampflösend
Ynambus	svw. Tinamus
Zoll	altes Längenmaß, hier: englische Zoll = 2,54 cm

ORTSNAMEN

Maximilian Prinz zu Wied verwendet zum Teil Ortsbezeichnungen, die heute nicht oder in abgewandelter Form gebräuchlich sind. Um die Reiseroute anhand moderner Kartenwerke leichter nachvollziehen zu können, sind nachfolgend die wichtigsten der damals gebräuchlichen Orts- und Flussnamen oder sonstiger geographischer Begriffe den heute üblichen gegenübergestellt.

(Arrayal da) Conquista	Vitória da Conquista
Barra da Vareda	Vareda
(Fazenda) Campos Novos	Tamoios (RJ)
Barra de Jucu	Vitória
Barra da Vareda	Inhobim
Campos novos (Fazenda)	Tamoios
Caravellas	Caravelas
Coral de Batuba	Curral Ubatuba
Flat- oder Raza-Island (engl.)	Ilha Rasa
Goaraparim	Guarapari
Goytacases	Campos
Ilha Bom Jesus	Flussinsel im Rio Doce
Jucutuquara	Jucutucoara, Felsmassiv am Rio Espírito Santo
Mojekissaba	Mogiquiçaba
Morro d'Arara	Ehemalige Fazenda am Rio Mucurí, ca. 30 km vor der Mündung
Nazareth	Nazaré
Parrot Peak (engl.)	Pico do Papagaio
Quartel dos Arcos	Cachoeirinha
Quartel do Valo	Vale Fundo, damals nur Zollstation
Port'Allegre	Mucurí
Round Island (engl.)	Ilha Redonda
S. Pedro d'Alcantara	Itabuna
Shugar loaf (engl.)	Pão de Açúcar, Zuckerhut
Tamarica	Ilha de Itamaracá bei Salvador
Two brothers (engl.)	Morro Dois Irmãos
Viçoza	Cidade de Marobá
Villa dos Ilheus	Ilhéus
Vila Nova de Benevente	Anchieta
Vil(l)a Nova de Olivença	Olivença
Vi(l)la de Nossa Senhora da Vitória	Vitória
Rio Alcobasse	Rio Alcobaça
Rio Grande de Bel(l)monte	Rio Jequitinhonha
Rio Benevente	Rio Iritiba
Rio Braganza	Rio Bragança
Rio Iritiba	Rio Benevente
Rio Itanhaem	Rio Alcobaça
Rio Itapuana (oder Itabapoana)	Rio Itabapuana
Rio Taipé	Rio Almada

LITERATUR

Amaral, Afrânio do: Maximiliano, Príncipe de Wied. Ensaio bio-bibliographico. – Boletim do Museo Nacional, Rio de Janeiro 7, 1931, S. 187-210

Bokermann, Werner C.A.: Atualização do itinerário da viagem do príncipe de Wied ao Brasil, 1815-1817. – In: Arquivos de Zoologia do Estado de São Paulo 10, 1957, S. 209-251
[Aufklärung der genauen Reiseroute und Auflösung der alten Ortsbezeichnungen]

Brasilien-Bibliothek der Robert Bosch GmbH. Katalog Bd. II: Nachlaß des Prinzen Maximilian zu Wied-Neuwied. Bearb.: Birgit Kirschstein-Gamber, Susanne Koppel u. Renate Löschner. Teil 1: Illustrationen zur Reise 1815 bis 1817 in Brasilien; Teil 2: Briefwechsel und Zeichnungen zu den naturhistorischen Werken. – Stuttgart 1988, 1991
[Grundlegendes Quellenwerk]

Cascudo, Luis da Câmara: O Príncipe Maximiliano de Wied-Neuwied no Brasil 1815/1817. Biografia e Notas com Versões para o Inglês e Alemão. – Rio de Janeiro 1977
[Allgemeiner Überblick aus brasilianischer Sicht]

Freyreiss, G. Wilhelm: Reisen in Brasilien (= The Ethnographical Museum of Sweden, Etnografiska Museet Stockholm, Monograph Series, Publ. 13). – Stockholm 1968
[Über den wissenschaftlichen Begleiter der Brasilien-Expedition]

GNOR & Hermann Joseph **Roth** (Hg.). Maximilian Prinz zu Wied. Jäger, Reisender, Naturforscher (= Fauna u. Flora in Rheinland-Pfalz, Beiheft 17). – Landau 1995
[Grundlegender Sammelband mit allen Wissensgebieten, die Wied bearbeitet hat, sowie einer umfassenden Bibliographie]

Löschner, Renate: Fixsterne im System Alexander von Humboldt: Maximilian zu Wied, Johann Moritz Rugendas und der Comte de Clarac. – In: Brasilien. Entdeckung und Selbstentdeckung.- Bern 1992, S. 122-123
[Zur künstlerischen Bedeutung der Reiseskizzen]

Röder, Josef & Hermann **Trimborn** (Hg.): Maximilian Prinz zu Wied. Unveröffentlichte Bilder und Handschriften zur Völkerkunde Brasiliens. – Bonn 1954
[Erste kritische Sichtung des Nachlasses]

Roth, Hermann Josef: Maximilian Prinz zu Wied, 1782-1867. – In: Rheinische Lebensbilder, 14. Köln, Bonn 1994, S. 135-152
[Zum persönlichen Umfeld des Prinzen und seiner Familie]

Schmidt, Siegfried: Die Büchersammlung des Prinzen Maximilian zu Wied (= Bonner Beiträge zur Bibliotheks- und Bücherkunde, 30). Bonn 1985

Simone, Eliana de Sá Porto de: Das Brasilienbild in den künstlerischen Darstellungen des Prinzen Maximilian zu Wied. – In: Die Wiederentdeckung Lateinamerikas. Die Erfahrung des Subkontinents in Reiseberichten des 19. Jahrhunderts. Hg.: Walther L. Bernecker & Gertrud Krömer (= Lateinamerika-Studien, 38). – Frankfurt 1997

ÜBERSICHTSKARTE ZUR REISE VON MAXIMILIAN PRINZ ZU WIED-NEUWIED
IN DEN JAHREN 1815-1817

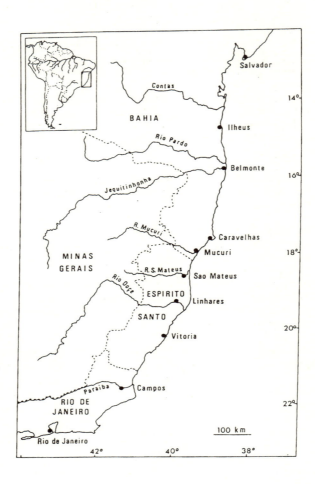

Nach Dr. Martin Berger, Münster, in: Fauna Flora Rheinland Pfalz, Beiheft 17, 1995,
S. 284, hg.: GNOR & Hermann Josef Roth.